Sylvia Steckmest
Salomon Heine

Brief von Salomon Heine an den Archivar Dr. Lappenberg, Esplanade 45

Sylvia Steckmest
Salomon Heine
Bankier, Mäzen und Menschenfreund
Die Biographie eines großen Hamburgers

Die Hanse

Gedruckt mit freundlicher Unterstützung
des Heine-Hauses e.V., Hamburg.

Bibliografische Information der Deutschen Bibliothek
Die Deutsche Bibliothek verzeichnet diese Publikation in der
Deutschen Nationalbibliografie; detaillierte bibliografische Daten
sind im Internet über http://dnb.ddb.de abrufbar.

© CEP Europäische Verlagsanstalt GmbH | Die Hanse, Hamburg 2017
Umschlagbild: Hamburg, Hartwig-Hesse-Stiftung
Frontispiz: Hamburg, Staatsarchiv, 622-1/52, Familie Lappenberg, C 33
Lektorat: Claudia Thorn
Gestaltung und Satz: Christian Wöhrl, Hoisdorf
Druck und Bindung: CPI books GmbH, Leck

Printed in Germany
Alle Rechte vorbehalten
ISBN 978-3-86393-077-6

Informationen zu unserem Verlagsprogramm finden Sie im Internet unter
www.europaeische-verlagsanstalt.de

Inhalt

Prolog... 9

Erster Teil: Glück und Elend
Das Heine Haus am Jungfernstieg... 11
Salomon Heines Vorfahren... 16
Familie Popert aus Altona... 20
Salomon Heines frühe Hamburger Jahre... 25
Unruhige Zeiten... 33
Rothschild, Mendelssohn und Voght... 35
Die Franzosenherrschaft... 38
Flucht und Befreiung... 41
Eine Villa in Ottensen... 46
Die belagerte Stadt... 48
Die Zeit nach Waterloo... 57

Zweiter Teil: Armut und Wohlstand
Die Düsseldorfer Heines... 65
Harry Heine in Hamburg... 70
Geschäft und Moral... 80
Sommerreisen und neue Bekanntschaften... 83
Salomons Töchter Amalie und Fanny... 86
Reformen müssen her!... 93
Die schönen Seiten des Lebens... 96
Erfolg verpflichtet... 101
Samsons Familie in der Obhut Salomon Heines... 105
Charlotte Heine wird Frau von Embden... 112

Dritter Teil: Kunst und Konflikte

Förderer, Gönner und Philanthrop 117
Eine Bank in London und die Finanzkrise von 1825/26 119
Theater und gutes Essen in Gesellschaft 128
Ein Journalist auf Reisen 137
Therese Heine 141
Die Revolution von 1830 145
Nach Paris! 148
Die Cholera 150
Max besucht seinen Onkel an der Elbe 154
Umgestaltung in Ottensen 158
Der Kunstförderer 164
Weitere Unruhen 170

Vierter Teil: Soll und Gaben

Carl Heine 175
Betty und ihr Kammermädchen 177
Die Hermann Heine'sche Stiftung 180
Der Gang der Geschäfte 183
Carl und Cécile 190
Beer Lion Fould 194
Unterschiedliche Lebensauffassungen 196
Gustav Heine 200
Die Gründung eines Krankenhauses 203
Mathilde Heine geb. Mirat 206
Weitere unterhaltsame Gäste bei Salomon 209

FÜNFTER TEIL: ERBEN UND ERINNERN
Die neue Börse und der Große Brand … … … … … … … …   215
Salomons Hilfe für die Stadt   … … … … … … … … … …   222
Das Betty-Heine-Krankenhaus … … … … … … … … … …   231
Die letzten Hamburg-Besuche Heinrichs   … … … … … …   236
Salomon Heines Testament … … … … … … … … … … …   241
Ein enttäuschter Erbe … … … … … … … … … … … … …   250
Weitere Erben … … … … … … … … … … … … … … …   256
Die 48er Revolution   … … … … … … … … … … … … …   258
Tod und Vermächtnis Heinrich Heines … … … … … … …   264
Anstelle eines Nachworts: Der alte Ottenser Friedhof … … …   268

Dank … … … … … … … … … … … … … … … … … …   273

ANHANG
Anmerkungen … … … … … … … … … … … … … … …   277
Zeittafel … … … … … … … … … … … … … … … … …   307
Register der Personen und Bankhäuser   … … … … … … …   313
Zur Quellenlage … … … … … … … … … … … … … …   325
Siglen und Quellen   … … … … … … … … … … … … …   326
Gedruckte Quellen und Literatur   … … … … … … … … …   327
Bildnachweis … … … … … … … … … … … … … … …   341
Stammtafeln … … … … … … … … … … … … … … … …   342

Das Heine Haus am Jungfernstieg um 1962.
So habe ich das Haus aus meiner Jugend in Erinnerung.

Prolog

Welcher Hamburger kennt nicht das Jugendstiljuwel am Jungfernstieg Nr. 34, das *Heine Haus*. Es liegt schräg gegenüber dem noch bekannteren Alsterpavillon, der bereits durch Heinrich Heine vor 150 Jahren Berühmtheit erlangte und zu einer Hamburger Institution wurde.

Mir ist das Heine Haus seit Kindertagen bekannt, denn dort befand sich in den 1950er-Jahren eine weitere Hamburger Institution – die Hamburger Kinderstube, das erste Fachgeschäft für Kindermode. Seit damals kenne ich auch den Namen Heinrich Heine. Mein Großvater erzählte oft von ihm und riet mir, als ich neun Jahre alt war, seine kleinen Gedichte zu lesen, denn gleich nach der Veröffentlichung der Weimarer Heine-Ausgabe von 1956 stand sie in fünf Bänden in unserem Bücherschrank. Ob ich den Dichter Heine mit dem Heine Haus am Jungfernstieg in Verbindung brachte? – Wohl eher nicht.

Später, in den 1970er-Jahren, besuchte ich einen Modesalon in der zweiten Etage des Heine Hauses. Von hier oben genoss ich den Blick über die Alster und hinüber zum Neuen Jungfernstieg, wie seinerzeit schon die Heines. Von Salomon Heine, dem bekannten Bankier und Onkel Heinrich Heines, wusste ich noch nichts. Doch der Onkel war es, dem das Vor-Vorgänger-Haus an dieser Stelle von 1824 bis 1842 gehörte. Sein Neffe war nur manchmal dort zu Gast gewesen. Der Name *Heine Haus*, in Goldbuchstaben heute in der dritten Etage angebracht, steht also für Salomon Heine, auch wenn das Emaille-Schild, das auf ihn verweist, kurioserweise nebenan am Hamburger Hof angebracht ist. Als die Patriotische Gesellschaft 1967 – zu Heines 200. Geburtstag – mit dieser Tafel auf den Standort des ehemaligen Bank- und Wohnhauses des Mannes aufmerksam machen wollte, der sich in der ersten Hälfte des 19. Jahrhunderts als Merchant Banker und Mäzen um die Hansestadt verdient gemacht hatte, lehnten die damaligen Mieter im Heine Haus dieses Ansinnen ab.

Um ihn, um Salomon Heine, dessen Wirken im Schatten seines Neffen leicht in Vergessenheit zu geraten droht, soll es hier gehen.

Sylvia Steckmest

Mate Schiff, geb. Popert (–1799), verwitwete Heine. Das Bild könnte 1794 anlässlich der Hochzeit ihres Sohnes Salomon Heine gemalt worden sein.

Erster Teil: Glück und Elend

Das Heine Haus am Jungfernstieg
Eine Spurensuche

Das Heine Haus, wie wir es heute kennen, zwischen Streit's Haus[1] und Hamburger Hof gelegen, hatte im Zweiten Weltkrieg stark gelitten. Bei der Renovierung nach dem Krieg wurde es mit einem Walmdach und anderen Neuerungen versehen, die 2003 zurückgebaut wurden, um das Haus anlässlich seines hundertjährigen Bestehens so weit wie möglich in seinen Originalzustand zurückzuversetzen.

Der ursprüngliche Entwurf zu dem Neubau von 1903 stammte von dem Architekten Ricardo Bahre, der den Auftrag erhielt, auf dem schmalen Grundstück ein modernes Kontorgebäude zu errichten. Auftraggeber war das Patenkind des Dichters Heinrich Heine, der 1846 geborene Julius Heinrich Wilhelm Campe, Sohn und Nachfolger von Heines Verleger Julius Campe.

Campe jun. hatte im Jahre 1900 zusammen mit seinem Partner Julius Kallmers das von Salomon Heine nach dem Großen Brand von 1842 hier errichtete weiße Haus des bekannten Architekten Franz Gustav Forsmann samt Grundstück für 450.000 Mark *auf Abbruch* gekauft und damit einen Besitz übernommen, dessen ehemalige Eigentümerfamilie in enger Beziehung zur Geschichte des Verlags stand. Ob der Kauf des Grundstücks aus nostalgischen Gründen erfolgte oder, wie die „Hamburger Nachrichten" am 11. Oktober 1900 berichteten, lediglich von einem *Speculanten*, der mit 89.000 Mark Mieteinnahmen pro Jahr aus dem Neubau rechnen könne, sei dahingestellt. Sicher ist, dass Campe jun. wenige Jahre später in seinem Testament dem Standort und der ehemaligen Besitzerfamilie durchaus Respekt zollte.

Aus seinem Nachlass ging 1909 die Camp'sche Historische Stiftung hervor, die mit den Erlösen aus den Mieteinnahmen den Erwerb von Kunstwerken für Hamburger Museen noch heute finanziell unterstützt. Auch Salomon Heine und seine Nachkommen waren wohltätig und der Kunst sehr zugetan. Sie hätten dieses Vermächtnis gebilligt. Trotzdem waren der Neubau und der ihm vorangegangene Abriss des Forsmann-Gebäudes um 1900 mit Bedauern begleitet worden. Denn das Vorgängerhaus war nicht nur eng mit der Familie Heine verbunden, sondern zugleich ein Stück städtische Wiederaufbaugeschichte nach den traumatischen Ereignissen des Brandes 1842. Ein Wiederaufbau, der nicht zuletzt durch das besonnene Handeln Salomon Heines in den heiklen Tagen nach dem Brand zügig realisiert werden konnte.

Den Neubau durch Forsmann hatte Salomon Heine kurz nach dem Brand in Auftrag gegeben, nachdem er der Sprengung seines ursprünglich auf diesem Grundstück befindlichen Stadthauses zur Schaffung einer Feuerschneise zugestimmt hatte.

Noch während des Baus vermachte Salomon Heine, der 1844 starb, das neue Haus seiner jüngsten und einzigen noch lebenden Tochter Therese. Er

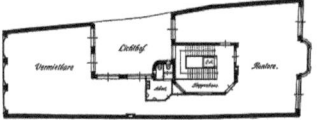

Das Heine Haus kurz nach der Fertigstellung um 1903.

selbst erlebte die Fertigstellung des weißen Hauses am Jungfernstieg, wie es später genannt wurde, vermutlich nicht mehr, aber in der Öffentlichkeit wurde der Bebauung des Jungfernstiegs nach dem Brand große Beachtung geschenkt. In der Zeitung konnten die Hamburger lesen, dass das Äußere wenig über die prachtvolle Gestaltung im Inneren des Gebäudes verrate. Der Eingang lag auf der linken Seite, rechts gab es vier Fenster mit Fenstergittern, darüber zwei Reihen mit fünf Fenstern. Hier oben lag der Mezzanin. Ein Kreuzgesims bildete den Abschluss. Innen hatte der Architekt eine Nachbildung des Plafonds aus dem Palazzo Farnese in Italien einbauen lassen.

Dieser klassizistische Stil, der sich bei vielen in dieser Zeit gebauten Häusern fand, wurde auch als *edle Einfalt und stille Größe* verspottet. Das Haus, das Therese mit ihrem Ehemann Dr. Adolph Halle bezog, war zwar außen schlicht, soll aber innen sehr elegant gewesen sein.

Als ihr Ehemann 1866 starb, beschloss Therese Halle, das Gebäude umbauen zu lassen, um dort eine Herberge für alleinstehende Frauen einzurichten. Am 12. September erhielt sie die Genehmigung des Senats für die Gründung eines Asyls am Jungfernstieg für *hilfsbedürftige Frauenzimmer, welche sich nicht zur Unterstützung durch die öffentlichen Wohltätigkeits-Anstalten eignen.* Der bekannte Architekt Martin Haller, ein entfernter Verwandter der Heines, wurde mit dieser Aufgabe betraut. Jahre später berichtete Haller dem alten Forsmann von diesem aus seiner Sicht bedauerlichen Umbau. Er habe den schön kassettierten Plafond des Speisesaals beseitigen müssen, „… weil Frau Therese Halle sich darauf capriciert habe, das schöne Wohnhaus ihres Vaters zu seinem ewigen Gedächtniß in ein Stift für 40 alte Jungfern umzugestalten".[2]

Das Heine'sche Asyl konnte nach dem ersten Umbau 35 Frauen aufnehmen. Schon im folgenden Jahr ließ Therese das Haus nach hinten ausbauen, denn das Grundstück erstreckte sich über einen langen Hof.

Therese selbst lebte da schon seit mehreren Jahren überwiegend in Dresden. Im weißen Haus am Jungfernstieg behielt sie eine kleine Wohnung, und auch für ihren Bruder Carl – Nachfolger seines Vaters im Bankhaus Salomon Heine – gab es im Haus ein Büro. Am 22. April 1880 starb Therese auf einer Erholungsreise in Baden-Baden. Sie hatte das Erbe ihres Vaters zunächst bewohnt, dann verwaltet und im Sinne seiner eigenen lebenslangen Wohltätigkeit sinnvoll genutzt. Als Bankensitz hat es nach dem Brand jedoch nie wieder eine Rolle gespielt – ganz anders als das Vorgängerhaus, das Salomon Heine nicht ohne Schwierigkeiten 1824 an eben diesem prominenten Standort Jungfernstieg erworben hatte, um seinen Geschäften den nötigen repräsentativen Rahmen zu geben.

Das graue Haus aus der Zeit vor dem Brand war im Barockstil erbaut; sein Entstehungsjahr ist unbekannt. Salomon Heine kaufte es mit einem Grundstück von ca. 100 Meter Länge. Es war zwar sehr lang, aber am Jungfernstieg nur ca. 14,5 Meter breit und im hinteren Bereich an der Königstraße, heute Poststraße, nur ca. 12 Meter. Auf dieser Seite des Grundstücks stand ebenfalls ein Wohnhaus, in dem der Schwiegersohn Salomons, Morris Oppenheimer, mit seiner Familie leben konnte.

Als Salomon Heine das Haus bezog, um es als privaten Wohnsitz in den Wintermonaten und als permanentes Bankhaus zu nutzen, zahlte er offiziell 5.500 Mark Miete im Jahr, denn bis zum Großen Brand war es Juden nicht gestattet, Häuser zu erwerben. Bei jüdischen Hausbesitzern wurde deshalb häufig ein Strohmann als Käufer eingesetzt, um allen Scherereien aus dem Wege zu gehen.

Ursprünglich hatte sich in dem Gebäude der Firmensitz der Kaufleute Luis & Jencquel befunden. Da Johann Dietrich Luis 1821 verstorben war, gab Adolph Jencquel das Haus auf und zog in kleinere Räumlichkeiten. Johann Dietrich Luis blieb bis 1836 als Eigentümer

Der Alte Jungfernstieg gezeichnet von Jess Bundsen 1826.
Das große Gebäude rechts gehörte Salomon Heine.

des Hauses eingetragen.³ Ab da übernahm Salomon Heines getaufter Schwiegersohn Adolph Halle die Eigentümerschaft auf dem Papier. Salomon Heines Mietzahlung war nur eine Tarnung gegenüber der Behörde. In dem barocken Gebäude befand sich im Parterre Salomons Bank mit den Büros. Publikumsverkehr oder viele Bankangestellte gab es seinerzeit nicht, denn Banken, wie wir sie kennen, existierten noch nicht. Ein Konto dort zu eröffnen, war nicht möglich; nur Kaufleute, die einen Wechselkredit benötigten, wurden empfangen. Die erste Etage, auch *Beletage* genannt, galt der Repräsentation mit Salons und Speisezimmer – der größte Raum wurde allgemein *Lustsaal* genannt. Darüber wohnte im Winter die Familie. Unter dem Dach befanden sich die Zimmer der Hausangestellten. Der Eingang in der Mitte des Hauses hatte eine zweiflügelige Tür mit Rundbogen. Die erste Etage wies eine Reihe mit sieben Fenstern auf, die sich darüber in kleinerer Form wiederholten, alle mit weißen Raffgardinen geschmückt; so zu sehen auf einer Lithografie von Peter Suhr und auf einer Zeichnung von Jess Bundsen. Im Barockgiebel gab es drei Fenster, rechts und links davon befand sich je ein Gaubenfenster. Das oberste Giebelfenster diente nur der Verzierung.⁴

Bei seinem Einzug war Salomon Heine bereits 56 Jahre alt. Aber erst jetzt ereigneten sich viele der Begebenheiten, die ihn bei seinen Mitmenschen so populär machen sollten. In den folgenden zwanzig Jahren bis zu seinem Tode wurde er berühmt. Erst jetzt stand er wegen seines ganz großen finanziellen Erfolgs und des guten allgemeinen Ansehens als Stifter und Philanthrop in einer Reihe mit angesehenen nicht-jüdischen Hamburgern, doch reduzieren auf diese Jahre kann man sein Leben und Wirken nicht. Sein Dichterneffe Heinrich Heine hat viel zu Salomons Image beigetragen – positiv wie negativ.

Während des Großen Brandes hatte Salomon Heine, der zu der Zeit seit fünf Jahren als Witwer allein mit seinem Personal am Jungfernstieg wohnte, schnell sein Einverständnis für die Sprengung des Hauses gegeben. Er hoffte damit auch, das Haus seines Sohnes an den Großen Bleichen Nr. 28 retten zu können. Tatsächlich brannte nur eine Seite der Großen Bleichen ab; die Straßenseite, an der Carl Heines Haus stand, blieb größtenteils vom Feuer verschont.

Wer also war dieser Salomon Heine, an den in der Stadt heute an verschiedenen Stellen erinnert wird und der durch seinen Neffen Heinrich zweifelhafte Berühmtheit als knickeriger Onkel erlangte? Wer waren seine Vorfahren, woher kam er und wie brachte er es innerhalb des hansestädtischen Bürgertums zu Ansehen?

Dieses Buch soll eine Annäherung an den Menschen Salomon Heine ermöglichen, indem es die vielen Facetten seines Lebens beleuchtet: Heine als Freund und Geschäftspartner, als Vermittler in politischen Fragen, als Lehrherr, als Bankier und Großhändler, als Förderer von Künstlern, als Mäzen – und nicht zuletzt als großzügiger Gastgeber und als Familienvater. Auch ist dieses Buch eine Annäherung an die Geschichte Hamburgs, an seine Wirtschaftsgeschichte und speziell an die Situation der Juden der Hansestadt in der ersten Hälfte des 19. Jahrhunderts und an die Hamborger, wie Heinrich Heine sie nannte.

Salomon Heines Vorfahren
„... was daan baumelt und Bamelt"

Der früheste bekannte Vorfahre der Familie Heine lässt sich im 16. Jahrhundert in Nordrhein-Westfalen in dem Ort Bockum[1] nachweisen. Er hieß Isaak Cohen, auch genannt Isaak Bockum. Er war ein Talmudkundiger, ein Gelehrter, somit ein angesehener Mann der jüdischen Gemeinde. Sein Sohn Behrens Isaak Cohen, der in Hannover lebte, war um 1600 geboren und mit Lea Jacob, Tochter des Jacob Göttingen, verheiratet. Ihr später bekannt gewordener Sohn hieß Leffmann Behrens (1634–1714). Dieser wohlhabende Hoffaktor wurde der zweite Ehemann von Jente Hameln-Goldschmidt, verwitwete Gans.[2]

Die Familien Gans in Hannover und die Familien Goldschmidt, die in verschiedenen Orten beheimatet waren, gehörten damals zu den angesehensten, ältesten und reichsten jüdischen Familien. Jente war Vorfahrin vieler bekannter Persönlichkeiten, so von Felix Mendelssohn Bartholdy, Theodor Lessing, Nicolaus Ferdinand Haller, nicht zu vergessen von der Familie van Geldern (Heinrich Heines Mutter war eine geb. van Geldern) sowie der Familie Heine.

Isaak Cohen hatte einen weiteren Sohn. Dieser hieß Chajim Cohen. Dessen Sohn wiederum war Jitzak ben Chajim, genannt Isaak Heine Rinteln (1653/4–1734).[3] Jener Isaak Heine zog von Rinteln nach Bückeburg, wo er 1682 einen Schutzbrief gegen jährliches Entgelt erhielt, der sämtliche Verbote und Gebote auflistete. Ihm wurde gestattet, Handel zu treiben, allerdings nicht mit zünftigen Waren, da diese Christen vorbehalten waren. 1691 wurde er Sprecher der dortigen Judenschaft, die aus circa 15 Familien bestand.[4] Sein Schutzbrief vermerkte auch, dass seine Kinder, sollten sie ebenfalls Handel treiben wollen, innerhalb von sechs Wochen das Land zu verlassen hätten, es sei denn, sie würden *dero Gnaden Schutz* erlangen.[5]

1697 reiste Heine, als Isaak Hehne verzeichnet, zur Leipziger Messe.[6] Heine war zu der Zeit als Vertreter seines reichen Cousins Leffmann Behrens unterwegs. Auch zu anderen Agenten oder Hoffaktoren bestanden Kontakte, denn durch geschickte Heiratspolitik war ein Netzwerk guter Geschäftsbeziehungen entstanden. Hoffaktoren gehörten innerhalb des Judentums zu einer kleinen Oberschicht. Ihr Lebensstil konnte sogar aristokratische Züge annehmen, was sie bei ihren Glaubensgenossen nicht unbedingt beliebt machte.[7]

Die Vergabe von Krediten, solange diese zurückgezahlt wurden, war ein einträgliches Geschäft für den Geldgeber auch bei niedrigen Zinsen. Wollte oder konnte der Kreditnehmer das Geld nicht zurückzahlen, war der jüdische Kreditgeber in einer misslichen Lage, denn einklagen konnte er sein Geld nicht. Einerseits waren Juden für den Geldbedarf der Herrscher unentbehrlich, andererseits waren sie auch gerade deswegen verhasst. So wurde manchmal der billigste Weg gewählt: Ein Fürst konfiszierte einfach das jüdische Vermögen.

Ein Hoffaktor war außerdem auch Händler und versuchte, alle Wünsche seines Auftraggebers zu erfüllen, waren sie auch noch so ausgefallen, wie z.B. Schmuck, Pferde und Pelze. Da Isaak Heine im Dienst des despotischen und unberechenbaren Grafen Friedrich Christian zu Schaumburg-Lippe in Bückeburg stand, hatte er *bei Tag und Nacht zu Diensten* zu sein.[8] Die gewaltigen Ansprüche seines Herrn konnte er aber nicht allein befriedigen. Dabei unterstützte ihn sein reicher Vetter Leffmann Behrens, der einst dem Bückeburger Hof sehr viel Geld geliehen hatte und mit dem Isaak Heine weiterhin eine intensive Geschäftsbeziehung pflegte. Als der Graf zu Schaumburg-Lippe den Hofjuden Heine 1706 aus dem Dienst entlassen wollte, setzte sich sein Cousin für ihn ein, und bat, dass er bleiben dürfe.

Seine Bitte hatte Erfolg, ebenfalls eine weitere Bitte im Jahre 1711; dennoch wurde die Familie von Isaak Heine 1717 ausgewiesen, ebenso alle anderen jüdischen Familien bis auf den Fleischlieferanten. Isaak konnte 1725 nach Bückeburg zurückkehren, wo er ein eigenes Haus besaß. Weitere Verwandte und Nachkommen der Familie Heine und ihrer Seitenlinien blieben dem Ort Bückeburg lange Jahre verbunden.[9]

Ob Isaak Heine eine oder zwei Ehefrauen hatte, ist nicht bekannt. Doch man weiß, dass seine Tochter Golde Joseph Herz Levi heiratete, einen Sohn des Hoffaktors Halevi Goldschmidt, und mit ihm nach

„Stammburg" der Familie Heine in Bückeburg, heute Restaurant „Zur Falle".
Das gelbe Haus rechts war eine spätere Heine-Bank.

Kassel zog. Ihr Sohn wiederum nahm in Offenbach den Namen Chajim ben Joseph Halewi Cassel an.

Goldes Bruder Aron David Simon Bückeburg (um 1685–1744)[10] heiratete Recha Gans (1700–1773), eine Urenkeltochter aus erster Ehe von Jente Hameln-Goldschmidt (1623–1695) mit Salomon Gans. Diese Linie führt direkt auf unsere Protagonisten Salomon Heine, seinen Neffen Heinrich und auf die anderen Familienmitglieder, von denen in diesem Buch berichtet wird.

Arons und Rechas Sohn, Chajim Bückeburg, der sich später Heymann Heine nannte, wurde 1722 geboren.[11] Er ehelichte zuerst seine Cousine Edel Gans, die 1757 verstarb. Aus dieser Ehe stammt der einzige Sohn Samuel Heine. Zwischen 1717 und 1725 lebten die Heines in Hannover, so dass davon auszugehen ist, dass Heymann (Chajim Bückeburg) nicht in Bückeburg geboren ist. Bevor sich die Heines nach wenigen Jahren in Bückeburg ab 1730 wieder in Hannover in der Langenstraße Nr. 33 niederließen, hatte Aron Simon Heine dem Bückeburger Hof die Summe von 20.000 Reichstalern geliehen. Er muss also sehr wohlhabend gewesen sein, zumal die Rückzahlung bis zu seinem Tod 1744 nicht vollständig erfolgt war.[12]

1743 hatte Heymann Heine mit seinem Vater die Leipziger Messe besucht. 1746, nach dem Tod des Vaters, war er mit einem Verwandten zur Messe gereist, ebenso 1748. Er könnte als Geldwechsler tätig gewesen sein, der in- und ausländische Geldsorten tauschte und dazu kleine Darlehen gab, denn auf Messen wurde meist mit Bargeld bezahlt und weniger mit Wechseln.[13] Hauptsächlich handelte er aber, wie auch andere Familienmitglieder, mit Tuchen (Wollstoffen).

Über das Wohnhaus der Heines in Bückeburg, das im 19. Jahrhundert das Gasthaus „Zur Falle" wurde, dichtet später sein Enkel Heinrich Heine:

Zu Bückeburg stieg ich ab in der Stadt,
Um dort zu betrachten die Stammburg,
Wo mein Großvater geboren ward;
Die Großmutter war aus Hamburg.[14]

Familie Popert aus Altona
„... von Vornehmheit eigenthümlicher Art"

Mate Chava Popert, Salomon Heines Mutter, war die Tochter von Meyer Samson Popert (–1768), einem angesehenen und wohlhabenden Wechselmakler und Armenpfleger in Altona, und seiner Frau Frummet geb. Heckscher. Mate war die jüngste Tochter. Zwei ihrer Schwestern sind bekannt, Bune Mirjam (–1772), die einen Jonathan Goldschmidt aus der Oldenburger Linie heiratete, und Jente, verheiratet mit einem reichen Stoffhändler namens Bendix Schiff in Altona. Als junger Mann war Mates Vater von Emden nach Altona gezogen. Ihr Onkel Juda Löb Popert und dessen Sohn waren ebenfalls im Bankgeschäft tätig, allerdings in Hamburg. Ihr Hamburger Bankhaus war *in der ganzen Handelswelt bekannt*.[1]

Die Stadt Altona stand unter der Verwaltung des dänischen Königshauses. König Christian VII. war, wie die dänischen Könige vor ihm, den Juden mit großzügiger Vergabe von Schutzbriefen entgegengekommen. So hatte sich in Altona schon früher eine größere jüdische Gemeinde bilden können als in der Nachbarstadt Hamburg. Erst um 1800 wies Hamburg die größte jüdische Gemeinde in Deutschland auf. In beiden Städten waren die meisten Juden arm und versuchten, ihr Einkommen mit dem Verkauf von Trödel und alten Kleidern zu verdienen. Die Tatsache, dass Juden in Altona Grundstücke erwerben konnten, war für den Großteil der jüdischen Gemeinde deshalb nicht relevant. Hamburg bot Juden durch seinen großen Hafen, seine weltweiten Handelsbeziehungen und die Börse insgesamt ein besseres wirtschaftliches Betätigungsfeld als Altona, auch wenn sie in Hamburg keine Grundstücke besitzen durften.

Mate Popert blieb zunächst jedoch weder in Altona noch in Hamburg. Sie heiratete Heymann Heine und zog mit ihm nach Hannover. Für Heymann war es die zweite Verbindung. Aus seiner ersten Ehe mit Edel Gans brachte er seinen Sohn Samuel in die Ehe ein. Gemeinsam mit Mate hatte er neun Kinder, von denen fünf Söhne überlebten:

Isaak (1763–1828), Samson (1764–1828, Vater Heinrich Heines), Salomon war der dritte Sohn (1767–1844), Henry (1774–1855) und zuletzt Meyer (1775–1813). Damals, als Heymann seiner zweiten Ehefrau Mate Popert aus Altona unter dem Traubaldachin die Ehe versprach, war er sicherlich ein wohlhabender Mann, der seiner Braut den gewohnten Lebensstandard bieten konnte, denn Mates Vater war vermögend. Sie wird eine nicht unerhebliche Mitgift in die Ehe eingebracht haben. Sie war Anfang zwanzig, als sie heiratete, ihr Mann Heymann bereits um die 36 Jahre alt. Er war fromm und wohltätig und war in der Gemeinde eine hoch angesehene Persönlichkeit, wie aus einem Memorbuch hervorgeht. 1762 gehörte er zu den Gründern der Chewra Kadischa, einer Beerdigungsbruderschaft in Hannover.

Da Meyer Samson Popert nur Töchter hatte, beerbten ihn 1768 die drei Schwiegersöhne. Ein Drittel des Popert'schen Vermögens ging also auf Mate und Heymann über.[2]

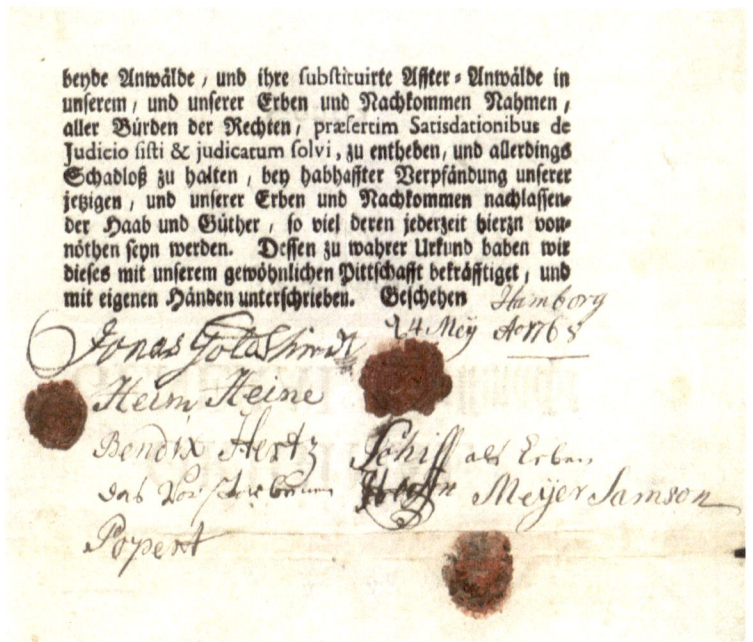

Unterschriften von Bendix Schiff, Jonathan Goldschmidt und Heymann (hier Heim) Heine auf der letzten Seite eines Gerichtsurteils in Wetzlar.

Heymann starb am 18. September 1780 in Hannover, wo er auf dem jüdischen Friedhof begraben ist.³ Mate stand nun mit fünf unmündigen Söhnen alleine da. Da es einer Witwe damals nicht zustand, allein über die Erziehung ihrer unmündigen Kinder zu entscheiden, musste ein Vormund für die Jungen bestellt werden.

Oft wählte man dafür eine Vertrauensperson aus der eigenen Familie und zusätzlich jemanden aus dem Freundeskreis. Bei Heymanns Tod 1780 lebten noch seine Schwester Golde und ihr Ehemann, der jedoch 1781 starb. Von den anderen Verwandten lebte nur noch ein Onkel in Bückeburg, Jehuda Löb Heine (1706–ca. 1787), ein älterer Herr von 74 Jahren, der nun zum Vormund der Kinder wurde. Er hatte bereits 1733 seinen Schutzbrief für Bückeburg erhalten.⁴

Der Dichter Heinrich Heine hat seine Großmutter Mate nicht mehr kennen gelernt. Er schreibt in seinem Memoirenfragment über sie: „Meine Großmutter väterlicher Seite, von welcher ich ebenfalls nur wenig zu sagen weiß, will ich jedoch nicht unerwähnt lassen. Sie war eine außerordentlich schöne Frau und einzige Tochter [er wusste es nicht besser] eines Bankiers zu Hamburg, der wegen seines Reichthums weit und breit berühmt war. Diese Umstände lassen mich vermuten daß der kleine Jude, der die schöne Person aus dem Hause ihrer hochbegüterten Eltern nach seinem Wohnorte Hannover heimführte, noch außer seinem großen Barte sehr rühmliche Eigenschaften besessen und sehr respektabel gewesen seyn muß. [...] Im Schlafzimmer meines Oheims Salomon Heine zu Hamburg sah ich einst das Portrait der Großmutter. Der Maler welcher in Rembrandtscher Manier nach Licht und Schatteneffekten haschte, hatte dem Bilde eine schwarze klösterliche Kopfbedeckung, eine fast eben so strenge dunkle Robe und den pechdunkelsten Hintergrund ertheilt, so daß das vollwangigte, mit einem Doppelkinn versehene Gesicht wie ein Vollmond aus nächtlichem Gewölk hervorschimmerte.⁵ Ihre Züge trugen noch die Spuren großer Schönheit, sie waren zugleich milde und ernsthaft und besonders die Morbidezza der Hautfarbe gab dem Gesicht einen Ausdruck von Vornehmheit eigenthümlicher Art."⁶

Der neue Vormund der Kinder, Jehuda Löb Heine, wurde allem Anschein nach Mate Heines zweiter Ehemann. Eine solche Ehe unter verschwägerten Personen wurde Leviratsehe genannt und galt der Versorgung der Witwe. Mit ihm zog sie, so lässt sich aus den Überlieferungen schließen, zurück in ihre Heimat Altona. Denn dort findet sich zu dieser Zeit ein Händler namens Jehuda Löb Heine. Auch Hermann Schiff, ein Enkel von Mates Schwester Jente aus der Ehe mit Bendix Schiff, berichtet später von Löb Heine, dem *mit Glücksgütern minderbegabten*.[7]

Unterdessen war ihr Sohn Salomon, der beim Tod seines Vaters dreizehn Jahre alt war, mit 16 Jahren nach Hamburg übergesiedelt. Ob er direkt aus Hannover kam, wie er gern erzählte, oder nur aus dem Hause seiner Mutter in Altona, ist ungewiss. Salomons Mutter hatte ihn zweifellos in die Hansestadt geschickt, damit er bei ihrem Cousin, dem Bankier Wolf Levin Popert, vorstellig werden konnte.

Salomon kam in eine große, geschäftige Stadt, die zwar in dem Ruf eines wichtigen Wirtschaftsstandortes, aber auch dem eines wenig angenehmen Ortes stand. Ein Reisender, der ein Jahr vor Salomon 1783 nach Hamburg gekommen war, schrieb: „Der erste Anblick des Innern der Reichs- und Hansestadt ist sehr ekelhaft und abschreckend. Die meisten Straßen sind enge, dumpfig und schwarz, und das gemeine Volk, welches sie durchwühlt, ist grob, wild und im Ganzen auch nicht reinlich."[8] In jenem Jahr war die Luft durch den Ausbruch der Laki-Krater auf Island stark vernebelt und es soll noch unangenehm nach Schwefel gerochen haben.

Um 1800 war Hamburg noch ganz von Wällen umgeben und es lebten weniger als 100.000 Menschen in seinen Mauern.

Das Herz der Stadt schlug seinerzeit an der Trostbrücke, wo sich das Rathaus, die Stadtwaage, die Börse und die Bank befanden. An der Stelle des alten Rathauses steht nun bereits seit über 150 Jahren das Gebäude der Patriotischen Gesellschaft. Das alte Haus der Börse, der wichtigste Ort für die Kaufmannschaft, konnte schon zu Salomon Heines Zeiten auf eine lange Geschichte zurückblicken, die bis ins Jahr 1665 reichte. Im Jahre 1767, dem Geburtsjahr Salomons, war der letzte große Ausbau der Börse erfolgt. In jenem Gebäude, im so genannten Börsengehege, wird Salomon Heine später bis ins hohe Alter fast täglich anzutreffen sein.

In Hamburgs Neustadt, östlich des nach der Vorstadt St. Pauli ausgerichteten Millerntors, war damals der größte Teil der Juden ansässig, wenn auch nicht ganz freiwillig. Die Obrigkeit hatte ihnen gewisse Straßen zum Wohnen zugewiesen, neben den Straßenzügen in der Neustadt auch zwei Straßen in der Altstadt, den Dreckwall (Alter Wall) und den Mönkedamm (damals nördlicher gelegen als heute). Einen Zwang, dort zu wohnen, gab es allerdings nicht.

Die Neustadt war zu jener Zeit weniger dicht besiedelt als die Altstadt. Wenn auch die meisten Juden in der Neustadt wohnten, so gab es doch viele nicht jüdische Bewohner in dem Viertel, auch in den so genannten Judenstraßen rund um den Großen Neumarkt.

Insgesamt wohnten zu dieser Zeit um die 6.000 Juden in der Stadt. Davon gehörten maximal zehn Prozent zu den „Bessergestellten". Manche machten für die schlechten hygienischen Bedingungen in der Stadt die Juden verantwortlich. So schrieb der dänische Dichter Jens Baggesen, der Hamburg 1793 besuchte: „Ob es nun von den geschmacklosen Häusern, den engen Straßen, dem großen Schmutz und den vielen Juden kommt, von denen es hier wimmelt, […] gewiß ist, daß mir der Gedanke nicht aus dem Kopf will, Judas berühmte Hauptstadt müsse dieser Stadt sehr ähnlich gewesen sein.[…] Überall stinkende Kanäle, stinkende Märkte und stinkende Israeliten."[9]

Salomon Heines Arbeitsplatz bei dem renommierten Bankier Popert lag zuerst am Neuen Steinweg in der Hamburger Neustadt, später in der vornehmeren Mühlenstraße bei der Michaeliskirche. Ebenfalls in der Mühlenstraße wuchs Salomons zukünftige Ehefrau Betty auf. Aber das war jetzt, bei Salomons Ankunft, noch kein Thema. Zunächst einmal musste Salomon Heine Fuß fassen. Die vielen familiären Kontakte seiner Eltern, die sich mit der dritten Heirat seiner Mutter weiter ausbauten, werden ihm eine große Hilfe gewesen sein.

Denn nach dem Tod von Jehuda Löb Heine um 1787 heiratete Mate den Witwer ihrer verstorbenen Schwester Jente, den Stoffhändler Bendix Schiff, mit dem sie weiterhin in Altona lebte.[10] Dort blieb sie auch, als ihr Mann starb, bis zu ihrem eigenen Tode 1799. Die Ehe ist auf ihrer Grabinschrift auf dem Friedhof Königstraße in Altona bezeugt: „Hier ist geborgen eine angesehene Frau, die züchtige und fromme Mate Chava, Tochter des geehrten Herrn Meir Popert, Gattin des Kassenverwalters des geehrten Herrn Bendit Schiff, verschieden und begraben am Tag 3,4. Nissan 559 der kleinen Zählung. Ihre Seele sei eingebunden in das Bündel des Lebens."[11]

Bendix war ein Merchant Banker[12], also Bankier und selbstständiger Händler mit unbehandelter Baumwolle, dem Kattun, mit verarbeiteter Baumwolle, dem Zitz, und mit Weißwaren. Außerdem war er Vorsteher der jüdischen Gemeinde. Seine Wohnung lag in der Kleinen Elbstraße in Altona. Seine sieben Kinder aus erster Ehe waren bereits erwachsen. Durch die neuen Stiefgeschwister oder Cousins erweiterten sich die familiären Bindungen auch für Salomon Heine.

Der älteste Sohn Isaak Schiff handelte wie sein Vater zunächst mit Kattun aus Westindien und wurde später Oberältester der jüdischen Gemeinde in Altona. 1810 erhielt er vom dänischen König die Erlaubnis zum Betrieb einer Zuckerraffinerie. Er lebte in einem eleganten Haus am Südhang der Palmaille, oberhalb der Elbe.[13] Seine Schwester Mathilde heiratete einen Talmud-Gelehrten, mit dem sie nach Düsseldorf zog. Er gründete dort eine jüdische Privatschule und wurde der Hebräisch-Lehrer des kleinen Jungen Harry (Heinrich) Heine.

Schließlich waren da noch Hertz Schiff und dessen Sohn David Bär, der sich später Hermann Schiff nannte und ein Freund Heinrich Heines wurde. Wie Heinrich zog es auch Hermann Schiff zu den schönen Künsten. Er war ein talentierter Dichter mit Doktortitel, doch ohne Fortune. Die beiden waren über ihre Großmütter miteinander verwandt und so nannte Hermann Schiff Heinrich Heine gerne seine *Verschwägerungsverwandtschaft*.

Salomon Heines frühe Hamburger Jahre
„Hamburg ist am Tag eine große Rechenstube"

In Hannover hatte Salomon Heine das Hebräische in Wort und Schrift erlernt. Viele seiner Briefe sind nur in hebräischen Buchstaben verfasst, einige davon an die Rothschilds in einer so genannten Geheimschrift, manche mit lateinischer Schrift gemischt. Sein Hochdeutsch blieb bis an sein Lebensende rudimentär.

Anders seine Brüder Henry und Samson; sie schrieben in recht gutem Hochdeutsch und beherrschten Französisch in Wort und Schrift. Salomon scheint nicht sprachbegabt gewesen zu sein. Er selbst schreibt als alter Mann an seinen Neffen Maximilian sogar, er sei „nicht erzogen, gar nicht erzogen" gewesen.[1]

Zu Beginn seiner Lehrzeit in Hamburg soll Salomon Wechselbriefe ausgetragen und nebenbei Bleistifte verkauft haben.[2] Möglicherweise konnte er en passant auf den Wegen durch die Stadt so sein erstes Geld verdienen. Als Lehrling in der Bank von Wolf Levin Popert, der auch Warenhändler war, wird er, wie allgemein üblich, zuerst nur gegen Kost und Logis gearbeitet haben. Das Lehrlingsleben war damals recht hart, die Arbeitszeit lang und eine Ausbildung konnte bis zu acht Jahre dauern. Zu den angenehmeren Arbeiten gehörten das Kopieren der eingegangenen und der zu verschickenden Briefe oder das Kontrollieren

Das alte Rathaus (links) und die Hamburger Bank um 1830. An der Stelle des Rathauses befindet sich heute das Gebäude der Patriotischen Gesellschaft.

der Rechnungen; weniger beliebte Aufgaben waren das Heizen und das Säubern der Räume.

Von seinem Onkel erhielt Salomon das richtige Rüstzeug mit auf den Weg. Er lernte neben der Bedeutung von Krediten für die Beschaffung von Waren die Werte Vertrauenswürdigkeit und Ehre als die wichtigsten Eigenschaften eines erfolgreichen Kaufmanns kennen. Das Talent, die gute Nase, das Gespür für dieses Geschäft schlummerten sicherlich in seinen Genen. Sein Selbstbewusstsein war ausgeprägt, ohne in falschen Stolz abzugleiten. Sein Verhalten gegenüber Geschäftspartnern war immer höflich, gegenüber den reicheren Rothschilds sogar leicht unterwürfig, wie aus seiner überlieferten Korrespondenz zu erkennen ist.

Neben diesen Tugenden waren es damals wie heute die Kontakte, das Netzwerk, die es einem Kaufmann und Wechselmakler ermöglichten, gute Geschäfte zu machen. Levin Popert hatte solche Kontakte, die gelegentlich durch unerwartete Begebenheiten entstanden, in denen Kaufleute ihre Werte lebten. Von einer solchen Begebenheit berichtet der reiche Konsul John Parish, der englischer Herkunft war und an der Elbe wohnte, in seinen Aufzeichnungen.[3] Sie trug sich ein Jahr, bevor Salomon in Hamburg eintraf, während der Handelskrise von 1783 zu, als Popert dem in finanzielle Not geratenen Parish aus einer Verlegenheit half. Parish wurde durch dieses Erlebnis zu einem Mittler zwischen Juden und Nichtjuden und lud in späteren Jahren sogar Juden, die er *meine Freunde* nannte, zusammen mit Christen ein. Diese Treffen ließen in Hamburg interessante Kontakte zwischen Juden und Christen entstehen, was sonst schwer möglich war. Aber in England war man Juden gegenüber bereits toleranter als in Deutschland.

Im Bankhaus Popert war auch der Sohn des Inhabers Meyer Wolf Popert beschäftigt, der zunächst Teilhaber der Bank wurde und nach dem Tod seines Vaters 1792 als Nachfolger das erfolgreiche popertsche Haus übernahm. Wie viele Bankiers war Meyer Wolf Popert gleichzeitig Großhändler. Er handelte unter anderem mit Kaffee, den er über London bezog.[4]

Salomon Heine blieb mindestens bis zum Tod seines Onkels 1792 im Bankhaus Popert. Nach Beendigung seiner langjährigen

Ausbildung suchte er sich ein Zimmer zur Untermiete und zog in die 2. Marienstraße.[5]

Beruflich wechselte er, laut seinem Biografen Mendelssohn, nach 1792 zum Bankhaus Halle, mit dem die Poperts verwandtschaftlich und geschäftlich verbunden waren.[6] Emanuel Aron von Halle war ein Verwandter, Freund und Nachbar von Meyer Wolf Popert und wohnte in der Mühlenstraße bei seinem Vater.[7]

Was sprach für Salomons Karriere in der Bank? Sicherlich war er ehrgeizig, sehr engagiert und verfügte über ein gutes Zahlengedächtnis. Verwunderlich ist es nicht, dass viele Juden einem Beruf nachgingen, der mit Geldhandel zu tun hatte: Die Zahlung mit Wechseln war bis ins 18. Jahrhundert den Hamburgern suspekt, ein Geschäft, das man deshalb lange den jüdischen Kaufleuten überließ.[8]

Nun, mit siebenundzwanzig Jahren und mit einer guten Anstellung, die eine Familie ernähren konnte, fehlte Salomon Heine eine Ehefrau. Seine Auserwählte lebte wie von Halle in der Mühlenstraße und galt als sehr hübsch. Die Initiative muss aber nicht unbedingt von Salomon ausgegangen sein; jüdische Eltern schauten sich gerne selbst nach einem passenden Ehemann für ihre Töchter um. Da sich in der Mühlenstraße auch das Bankhaus Popert befand, ist es durchaus vorstellbar, dass der spätere Brautvater Moses Lion Goldschmidt-Levi (–1802) den jungen Salomon Heine bereits kannte. Jedenfalls fanden Bela, Tochter des Kaufmanns und Merchant Bankers Goldschmidt und seiner Frau Jette (eine ebenfalls geborene Goldschmidt), und Salomon zueinander.

Die Goldschmidts, die wie die Poperts aus Emden kamen, hatten sich in Hamburg bereits Ende des 17. Jahrhunderts niedergelassen – ebenso wie der andere Hamburger Zweig der Goldschmidts, der aus Oldenburg stammte.

Bela, die von Salomon Betty genannt wurde, war die älteste Tochter aus zweiter Ehe von Moses Lion Goldschmidt. Betty hatte neben älteren Halbgeschwistern drei jüngere Brüder und zwei früh verstorbene Schwestern. Sie selbst wurde am 15. September 1777 geboren,[9] war also zehn Jahre jünger als Salomon Heine. Eine gut ausgehandelte Mitgift war für einen strebsamen jungen Mann wie Salomon sicherlich von großer Bedeutung. Da Salomon Heines

Schwiegereltern der jüdischen Oberschicht zuzurechnen waren, erhielt er 10.000 Mark Banco als Mitgift ausgezahlt, eine bedeutende Summe, wovon zwei Prozent Steuern an die jüdische Gemeinde zu zahlen waren. Moses Lion Goldschmidt war wie seine Brüder und wie Salomons Stiefvater Bendix Schiff überwiegend im Großhandel mit Kattun, Zitz und Litzen tätig. Sie importierten aber auch Indigo, Blauholz und Tabak, wie den Büchern des Admiralitätskollegiums zu entnehmen ist.

1794 fand die Hochzeit von Salomon mit Betty, dem schönen dunkelhaarigen Mädchen, bei der Witwe des Wirtes der Knochenhauerherberge in der Schlachterstraße statt. Die heute nicht mehr existierende Straße lag dicht bei der Michaeliskirche.

Nach fast vierzig Ehejahren schreibt Salomon an seinen Neffen Heinrich in Paris: „Ich liebe daß schöne, das weniger Schöne laße ich hinter [mir], meine Frau, noch recht hübsch, aber als Mädchen Wunder schön, stand am ersten von allen hübschen, nun wißen Sie warum ich vohr 39 ½ Jahr meine Geliebte Frau zu meiner Frau machte."[10]

Ein Jahr nach der Hochzeit wurde dem jungen Paar zum ersten Mal Elternglück zuteil. Am 24.4.1795 wurde ihre Tochter Cecilie Maria Friederike geboren, ihr jüdischer Vorname war Rachel, ihr Rufname Friederike. Sie war die erste von fünf Töchtern, die Betty in den folgenden Jahren zur Welt brachte. Es folgte am 25.9.1796 Baracha, die nach Bettys Großmutter benannt war, doch sie überlebte das Kleinkindalter nicht. Die dritte Tochter Fanny Friederike Marianne, geboren am 9.4.1798, erhielt den jüdischen Namen Frommet nach Salomons verstorbener Schwester, wurde aber Fanny gerufen. Am 5.9.1799 wurde dem Ehepaar Heine wieder eine Tochter geboren, Amalie, nach Salomons Mutter mit jüdischem Vornamen Mate genannt.[11] Salomon soll ein liebevoller Vater gewesen sein. Er habe seine Töchter – am 17.12.1807 kam noch das Nesthäkchen Therese, mit jüdischem Namen Thamor, dazu – geradezu vergöttert, sagte man.

Der ersehnte Sohn erblickte am 25.11.1802 das Licht der Welt; er hieß Juspa, starb aber früh. Am 1.2.1804 wurde wieder ein Sohn geboren, der nach seinem Großvater Chajim benannt, aber Hermann gerufen wurde. Ein dritter Sohn, geboren am 18.3.1805, hieß Moses;

auch er starb früh. Der am 21.1.1810 zuletzt geborene Sohn war Beer Carl Heine. Er wurde später als einziger überlebender Sohn der „Thronfolger" und Erbe Salomon Heines.

Wie lange Salomon Heine bei der Firma von Halle blieb und ob er Geld für eine Teilhaberschaft zahlen musste, ist heute nicht mehr rekonstruierbar. Es ist jedoch nicht unwahrscheinlich, dass er sich, gestützt durch Bettys Mitgift, kurz nach der Hochzeit als Wechsel- oder Waren-Makler selbstständig machte. In das Adressbuch ließ er sich bereits ab 1795 als Makler eintragen, doch verschwinden diese Einträge zwischen 1799 und 1801. In dieser Zeit ist er nur noch indirekt über seinen Bruder Meyer am Großneumarkt erwähnt, der in seinem Eintrag als kontoführende Stelle B.C. Salomon Heine angab.[12]

Seit 1797 war Samuel Heine, der älteste Bruder, in der Firma von Marcus Abraham Heckscher tätig. Heckscher war, wie schon sein Vater Abraham Marcus Heckscher, im Wechselgeschäft aktiv, das heißt, er vergab Kredite in Form von Wechseln an Kaufleute.[13] Bei der Hamburger Bank lautete das Girokonto ab 1797 auf den Namen Heckscher et Heine. Die Firma vergrößerte sich jedoch stetig und die Zahl der Teilhaber stieg. Zwei Jahre nach dem Eintritt Samuels wurde ein Schwager Heckschers *Associé*. Er hieß Levin Hertz (1765–1829).[14] Ab 1803 war ein weiterer Schwager, Jacob Oppenheimer (1778–1845), dabei, den Salomon Heine schon lange kannte: Jacobs Bruder George Oppenheimer war ein enger Jugendfreund von Salomon.[15] Um 1800 firmierte die Gesellschaft als Heckscher & Comp., Sitz Kohlhöfen Nr. 267, später Neuer Wall. 1801 bei Salomons Eintritt als Teilhaber in die Firma lag die Bilanzsumme des Bankhauses bei 61.118 Mark. Das *Waaren-Commissions-Conto* wies 16.839 Mark aus, das *Waaren-General-Conto* 65.686 Mark. Der Kundenkreis war bereits international.[16] So bestanden Geschäftsverbindungen nach Cádiz,[17] einem Einfuhrhafen für brasilianischen Zucker, nach Bordeaux, einem Einfuhrhafen für Zucker aus den französischen Kolonien, und zu anderen bedeutenden Hafenstädten sowie zu internationalen Firmen und Banken, wie beispielsweise Hope & Co. in Amsterdam.

Doch die wirtschaftliche Situation Hamburgs war nicht konstant, denn die politische Lage in Europa war seit der Revolution in

Frankreich sehr unruhig. Die Jahre der großen Veränderungen hatten Hamburg und seinem Handel zunächst Vorteile verschafft und einen großen Aufschwung. Nachdem aufgrund der politischen Veränderungen im Vorfeld der amerikanischen Revolution bereits seit 1769 Waren ohne Zwischenhandel der Kolonialmächte direkt aus den amerikanischen Staaten in der Hansestadt anlandeten, war das Handelsvolumen insgesamt stark gestiegen. Seit 1795 lief der niederländische Handel über Hamburg, da die Franzosen das Land besetzt hatten. Der Machtkampf zwischen Frankreich und England hatte zwischenzeitlich aber auch negative Auswirkungen auf die Stadt, denn die Engländer blockierten zeitweilig die Elbe: Die Dänen waren zu dieser Zeit zwar neutral, aber in den Augen der Engländer Unterstützer Frankreichs.[18] Durch die Blockade kam der Handel auch in Hamburg zum Stillstand, Wechsel konnten nicht mehr bedient werden. Nach Beendigung der kurzzeitigen Blockade 1798 stieg der Umfang des Warenverkehrs jedoch schnell wieder an.[19] Hamburg rückte zum führenden Finanzzentrum auf dem Kontinent auf – bis die Stadt ein Jahr darauf von der Wirtschaftskrise hart getroffen wurde.

Im März 1799 hatte das kalte Wetter mit Eisgang auf der Elbe den Schiffen die Fahrt nach Hamburg versperrt, im April ergoss sich dann eine riesige Warenflut über die Stadt. Lagerraum wurde knapp, der Absatz stockte aufgrund von Kriegen in verschiedenen Ländern und in der Folge brachen die Preise ein. Wechsel wurden nun hin und her geschoben, *Wechselreiterei* genannt, was auch Popert zum Verhängnis wurde. Der Diskonto stieg auf elf Prozent, die Kaufleute brauchten dringend Kredite. Infolge des wirtschaftlichen Einbruchs Ende 1799 gingen 134 Hamburger Firmen in Konkurs. Die gesamte Konkurssumme der Firmen in jener Wirtschaftskrise betrug schließlich über 38 Millionen Mark Banco.[20]

Die Krise traf neben vielen anderen auch Salomons Bruder Isaak schwer, der seit einigen Jahren auch in Hamburg lebte. Isaak Heine hatte allein einen Verlust von 34.560 Mark Banco zu vermelden.[21] Er handelte seit zwei Jahren als Warenmakler am Zeughausmarkt mit englischen und französischen Waren ebenso wie mit *Schweizer Waren*, Seidenstoffen und mit Juwelen.

Bald darauf verließ Isaak Heine Hamburg und zog nach Bordeaux, um dort sein berufliches Glück zu finden.[22] Meyer Wolf Popert, der auch als „König des Wechsels" bezeichnet wurde, hatte mit *2,7 Millionen Banco Mark ungedeckten Schulden unter den Fallierten obenan gestanden.*[23]

Wegen der Krise herrschte in Hamburg akuter Bargeldmangel. Die *Lutine*, eine Fregatte, die zur Entlastung mehr als eine Million in Silber bringen sollte, war untergegangen.

Am 3. Oktober hatte die Bank of England die Erlaubnis zur Verschiffung von Gold und Silber mit Paketbooten gegeben. Bereits am 8. Oktober erreichte ein Boot beladen mit Gold Cuxhaven. Um den bedrängten Hamburgern zur Hilfe zu kommen, hatte auch die Londoner Familie Goldsmid[24] die *Lutine* nach einer Sondergenehmigung der Bank of England mit 150.000 englischen Pfund in Wertmetallen beladen und am 9. Oktober von Yarmouth aus nach Hamburg geschickt, wo sie jedoch nie ankam.[25] Sie sank mit über 200 Personen an Bord vor der Insel Texel. Nach dem Untergang schickte man jedoch schnell Ersatz: Ein weiteres Postschiff beladen mit Münzgeld erreichte Hamburg am 1. November 1799. Bald darauf beruhigte sich die Börse. Doch die Folgen für die Kaufmannschaft zeigten sich auch noch in späteren Jahren.

In einem Gerichtsverfahren von 1801 ging es um Meyer Wolf Poperts Geschäftsvermögen. Er hatte bereits 1797 Leffmann Samson Hertz, einem Importeur von englischer Wolle, einen großen Kredit in Form von Wechseln gegeben, die dieser angeblich durch Kopien vermehrte. In seiner Verteidigungsschrift behauptet der angeklagte Hertz, dass nicht er der Betrüger sei, sondern der Kläger Popert.[26] Leffmann Samson Hertz ging bei seinem Gerichtsverfahren sogar so weit, dass er Popert als *Einfaltspinsel* und *Schwindelmaschine* bezeichnete.[27]

Der Prozess endete schließlich in einem Vergleich, der vor allem durch die Bemühungen von Salomon Heine und Marcus Abraham Heckscher zustande gekommen war. Der Vergleich half Popert jedoch nicht, er musste später seine Firma auflösen und mit dem Neffen seiner Frau eine neue Firma gründen.[28]

Während der Krise hatte Salomon Heine zusammen mit seinem Halbbruder Samuel im selben Haus gelebt, zumindest für ein Jahr, bevor er mit der Familie in die 2. Marienstraße Nr. 83 zog und dann in die 2. Marktstraße Nr. 122.

Salomon Heine muss über seinen Bruder Samuel schon seit längerer Zeit mit dem Wechselmakler Marcus Abraham Heckscher, mit dem die Heines auch verwandt waren, in enger Verbindung gestanden haben. Denn im Jahr des Prozesses von Meyer Wolf Popert wurde Salomon mit einer großen Kapitaleinlage Partner von Marcus Abraham Heckscher und nahm damit die Stelle seines Bruders ein, der nach London ging.[29]

Nach der großen Krise gab es weitere Blockaden der Elbe und weiterhin finanzielle Engpässe für die Großhändler. Möglicherweise war das der Grund, weshalb sich Salomon gerade jetzt mit einer hohen Einlage bei der Bank Heckschers beteiligte.

Unruhige Zeiten
Vun de Revolutschon

In Hamburg und in Altona waren in den vergangenen Jahren viele Emigranten aus Frankreich angekommen, die ihr Land in den Jahren nach der Revolution 1789 verlassen hatten. Einige wenige hatten ihr Vermögen retten können, die Mehrheit aber erreichte Hamburg mit geringem oder gar keinem finanziellen Polster. Darunter waren auch Adlige, die sich nun mühselig ihren Unterhalt verdienen mussten.[1] Sogar Louis Philippe, Herzog von Orléans, lebte unter einem angenommenen Namen als angeblicher Amerikaner ab 1795 in Hamburg.[2]

Das weiterhin neutrale Hamburg, das bis dato wirtschaftlich sehr gut dastand, bekam aufgrund der Aufnahme vieler französischer Flüchtlinge mit dem Handelspartner Frankreich Probleme. Man konnte *nicht ungestraft intensiven Warenaustausch mit Frankreich treiben, gleichzeitig aber ungeniert dessen erklärte Feinde beherbergen.*[3] Deshalb mussten die Hamburger ab 1798 an die Franzosen ein Strafgeld zahlen, um weiterhin mit Frankreich Handel treiben zu dürfen; es kam einer Erpressung gleich – Hamburg sollte sieben Millionen Francs bezahlen (später reduziert auf vier Millionen). *Dieser Gewaltstreich,* gemeint war die Erpressung, *stellte den eigentlichen Beginn einer anderthalb Jahrzehnte anhaltenden, zunächst vornehmlich ökonomischen, später auch politischen Abhängigkeit dar.*[4] Die Bürger nahmen nun Anleihen zu drei bis vier Prozent Zinsen über eine Laufzeit von zehn bis zwölf Jahren im Namen der Stadt auf. Diese Anleihen waren für die Bürger allerdings nicht so unattraktiv. Doch das jahrelange Eingehen auf die Forderungen der Franzosen hatte Hamburg am Ende nichts gebracht.[5] Um später über die Runden zu kommen, musste die Stadt nun Zwangsanleihen bei ihren Bürgern machen. Diese erhielten ein Inhaberpapier über den zu zahlenden Betrag, verzinst zu 3 Prozent, Laufzeit 20 Jahre. Als Hamburg auch 1803 und 1805 erneut an die Franzosen zahlen musste, gab es eine weitere Zwangsanleihe.[6] Auch in den Jahren 1807, 1808 und 1809 wurden Zwangsanleihen fällig. Damit waren innerhalb von elf Jahren sechs Anleihen mit insgesamt einer Summe von ungefähr 18 Millionen Mark Banco ausgeschrieben worden. Die Untergrenze der Anleiheverpflichtungen lag bei 15 Courant Mark pro Kopf. Alle Zwangsanleihen wurden verzinst und am Ende getilgt, wenn auch erst Jahrzehnte nach dem vorgesehenen Termin.

Salomon Heine wird den Bürgern, die nicht so lange warten wollten oder konnten, die Anleihen in späteren Jahren abgekauft und damit allen Beteiligten zu einem guten Geschäft verholfen haben.

Im Herbst 1806, zehn Tage nach der gewonnenen Schlacht von Napoleons Armee bei Jena und Auerstedt, erreichte eine große Anzahl französischer Soldaten Hamburgs Tore. Jetzt stand die Hansestadt als Dreh- und Angelpunkt des Nordens auf der Wunschliste des neuen französischen Kaisers, Napoleon Bonaparte. Hamburg, das mit Lübeck und Bremen nach Auflösung des Heiligen Römischen Reiches Deutscher Nation als eine von drei freien Städten verblieben war, war besetzt.

Es begannen die Einquartierungen der Soldaten Napoleons, die sieben Jahre lang andauern sollten. Damit war nicht nur das Logieren, sondern auch das Beköstigen verbunden.

„Zwei Tage nach dem Einzug der Franzosen, am 21. November, erschien auch schon eine Aufforderung an die Kaufleute, ihre englischen

Waren anzugeben, widrigenfalls man ihre Häuser durchsuchen, sie selbst aber militärisch bestrafen werde."[7]

Grund für diese „Aufforderung" war die Kontinentalsperre, die Napoleon am gleichen Tag per Dekret verhängt hatte. Im- und Exportgeschäfte mit England waren nun verboten. Napoleon bekämpfte die Engländer als größte Handelsmacht, um Frankreich aufsteigen zu lassen, und er wollte verhindern, dass seine Gegner weiterhin Geld aus England erhielten. Für Hamburg war die Sperrung der Schifffahrt eine Katastrophe, da der größte Teil der Waren, mit denen die Stadt ihr Geld verdiente, aus England kam oder nach England ging.[8] Der Schiffsverkehr kam zeitweilig zum Erliegen. Außer Handelsgütern fehlten auch Rohstoffe zur Weiterverarbeitung in den Manufakturen.

Doch es gab viele Ausnahmeregeln. 1807 gab die französische Regierung 18.000 Lizenzen aus, die die Kontinentalsperre durchlöcherten. Außerdem blühte ein gut koordinierter Schleichhandel.

Rothschild, Mendelssohn und Voght
und „... ein jüdischer Gauner"?

Wie genau die Geschäfte von Salomon Heine vor jener Zeit beschaffen waren, ist nicht bekannt. Aber sicher ist, dass er einen jungen, talentierten Cousin seiner Frau, Baruch Abraham Goldschmidt, nach London schickte, damit dieser dort 1804 ein Bankgeschäft eröffnen konnte. Der Kredit dafür kam von Salomon. Schon zuvor waren Salomons Brüder Samuel und Meyer Heine in London tätig, weil der Handelsplatz London für den Hamburger Im- und Export extrem wichtig war. Doch nun stockte der Handel mit England, denn die Engländer blockierten seit Juni 1803 wieder die Elbe. 1804 kamen nur 48 Schiffe, überwiegend mit Steinkohle, aus London in Hamburg an.[1] Tönning in Schleswig-Holstein dagegen erreichten 350 Schiffe.[2] Im Oktober 1805 hoben die Engländer die Elbblockade wieder auf; da lag aber der Warenhandel bereits danieder, noch bevor die Kontinentalsperre der Franzosen im November 1806 begann.

Salomon Heine arbeitete als Gesellschafter der Bank Heckscher & Comp. mit verschiedenen Banken zusammen, darunter Rothschild in Frankfurt, für die Heckscher & Comp. Geldtransfers an andere Hamburger Banken übernahmen. Sie handelten auch mit Gold. Der alte Meyer Amschel Rothschild hatte in Hannover seine Lehre bei einem Verwandten der Heines absolviert und war bereits Salomons Vater bekannt gewesen. Ab 1808 gab es guten Kontakt mit seinem Sohn Nathan Rothschild in London, der zuvor schon von Manchester aus mit John Parish in Hamburg Geschäfte gemacht hatte. Wegen des regen Geld- und Kapitalverkehrs war Hamburg für Meyer Rothschild ein interessanter Ort, und Salomon Heine wurde bereits sein leitender Repräsentant und Informant, Agent genannt. Salomons Partner Marcus Abraham Heckscher verließ Hamburg 1805 mit Frau und Kindern und zog für vier Jahre nach Paris. Daraufhin stieg Salomon Heine zum „Kopf" der Hamburger Bank auf.

Baron Caspar von Voght (1752–1839) vermietete seine Villa am heutigen Jenischpark kurzfristig an Marcus Abraham Heckscher.

Nicht wenige Hamburger zog es zumindest für eine gewisse Zeit nach Frankreich. Die politischen Ideale von Freiheit, Gleichheit, Brüderlichkeit waren auch in Hamburg auf fruchtbaren Boden gefallen. Nun war man allerdings ernüchtert; trotzdem bot Paris für Kaufleute Geschäftsmöglichkeiten sowie Interessantes und Sehenswertes für Vergnügungsreisende. So verbrachte zum Beispiel Baron Caspar Voght, der ein Handelshaus sowie ein Landgut an der Elbe besaß und sich vom Geschäft zurückgezogen hatte, den Winter 1809 in Paris.

Als Heckscher zu jener Zeit aus Paris nach Hamburg zurückkehrte, war seine Familie um drei Kinder angewachsen.[3] Er beabsichtigte deshalb, das gerade leer stehende, geräumige Landhaus von Baron Voght zu mieten. Doch dieses Mietansinnen stieß auf Widerstand. Ausgerechnet John Parish, Voghts alter Freund, der zuvor von *seinen Freunden den Juden* gesprochen hatte, lehnte es ab. Auch Voght war unsicher, ob er einem Juden sein Haus überlassen könne und es anschließend *vom Judengeruch* befreien müsse. Allerdings einigte man sich, trotz antijüdischer Reden, schließlich auf einen Mietzins im Sinne Voghts, und die Familie Heckscher zog in das voghtsche Landhaus ein. Finanzielle Überlegungen hatten die Oberhand gegenüber seinen antijüdischen Ressentiments gewonnen.[4]

Inzwischen lebte auch ein Teil der Berliner Familie Mendelssohn in Hamburg.

Joseph Mendelssohn, Sohn des berühmten Moses Mendelssohn, war 1801 aus Berlin nach Hamburg gekommen. Bereits 1795 hatte er in Berlin das Bankhaus Mendelssohn & Co. gegründet, nun, 1805, sollte in Hamburg eine Filiale entstehen. Dafür benötigte er seinen Bruder aus Paris. Abraham Mendelssohn war in Paris als Kassierer im Bankhaus Fould tätig, bevor er 1804 nach Hamburg beordert wurde. Zwei Jahre später fand sich auf der Gästeliste bei Parish in Altona der Bankier Beer Lion Fould aus Paris und mit ihm Marcus Abraham Heckscher, so dass sich erstmals ein direkter Kontakt zwischen dem Bankhaus Fould sowie Heines und Heckschers Bankhaus Heckscher & Comp. in Hamburg ergab. Das Bankhaus Fould sollte in der Familiengeschichte der Heines noch eine große Rolle spielen.

Abraham Mendelssohns Ehefrau Lea geb. Salomon, ebenfalls eine Nachfahrin der bekannten Jente Hameln-Goldschmidt und über sie mit den Heines verwandt, brachte 1805 in Hamburg ihre erste Tochter zur Welt. Sie hieß Fanny. Ihr später berühmter Bruder Felix wurde 1809 in der Michaelisstraße 119 geboren. Ganz in der Nähe, in der Michaelisstraße 71, befand sich jetzt die Filiale der Firma Mendelssohn & Comp.

Als in Hamburg 1806 die „Franzosenzeit" faktisch begann, hatten auch die Brüder Mendelssohn unter den neuen Bestimmungen, namentlich dem Verbot, mit englischen Waren Handel treiben zu dürfen, zu leiden. Die Waren englischer Herkunft mussten versteckt oder umdeklariert werden.[5]

Doch nicht nur das Bankgeschäft florierte trotz allem, sondern auch das Handelsgeschäft. Die Brüder Mendelssohn importierten Luxusgüter wie Kaffee, Tee, Gewürze und Tabak. Deklariert wurden die Waren *in Transito*, das heißt, es wurde kein oder nur ganz wenig Zoll erhoben, weil die Waren offiziell nicht in Hamburg verblieben, sondern angeblich gleich ins Umland weiterverkauft wurden.[6] Sie bestachen dabei Beamte und profitierten von der Korruption. Das Netzwerk der Mendelssohns zeigte Verbindungen mit Paris, London und Amsterdam. Ihre deutschen Handelspartner hießen Oppenheimer, Zadik, Goldschmidt, Heine und Warburg.[7]

Die Franzosenherrschaft
„Ein schändliches Dekret"

Der Einfluss Napoleons brachte nicht nur wirtschaftliche Veränderungen mit sich, sondern auch politische und zivilrechtliche. Bereits im Jahre 1804 hatte Napoleon sein beeindruckendes Gesetzbuch, den Code Civil, veröffentlicht. Dieser Code Civil räumte den Juden gleiche Rechte ein; sie sollten nach dem Willen Napoleons selbstbewusste und aktive Staatsbürger werden. Insofern waren die Juden dem französischen Regime eher zugetan als die christlichen Bürger, die viel zu verlieren fürchteten. Doch auch Juden fühlten sich bald von den Franzosen unterdrückt, denn Napoleon stand trotz der rechtlichen Gleichstellung ihrer Gemeinschaft argwöhnisch gegenüber, äußerte sich verächtlich über sie und hoffte, durch Mischehen das Judentum auflösen zu können.

Zunächst jedoch eröffneten sich den in Hamburg ansässigen Juden neue Möglichkeiten, an den Geschicken der Stadt mitzuwirken.

Von den jüdischen Gemeinden wurden zwei Deputierte ernannt, Moses Isaak Hertz und Jacob Oppenheimer.[1] Sie erhielten 1807 den Auftrag, ein Memoire über die Verhältnisse der Hamburger Israeliten auszuarbeiten. Die beiden Unterhändler wiesen darin auf die erhebliche Bedeutung der Juden für den Hamburger Handel hin, da es die einzige Tätigkeit sei, die man ihnen bisher gestattet habe. Sie baten um den Abbau von Privilegien der christlichen Hamburger durch die Zulassung der Juden zu den Künsten und Handwerken.[2]

Dies Anliegen wurde den Juden zugestanden. Die beiden Herren waren sogar in den Munizipalrat berufen worden, was von der jüdischen Gemeinde mit großem Jubel begrüßt wurde. Zum ersten Mal hatten Juden ein staatliches Amt inne. Jacob Oppenheimer fungierte ab 1812 sogar als Geschworener am Schwurgericht.[3] Auch Salomon Heine hatte in der Wahlliste der Notabeln der jüdischen Gemeinde gestanden, wurde aber nicht gewählt, möglicherweise wegen seiner mangelnden Hochdeutschkenntnisse.[4]

Trotz der nach napoleonischem Gesetz rechtlichen Gleichstellung aller Bürger entschied sich Napoleon kurz darauf gegen ein uneingeschränktes Bürgerrecht und gegen die Freizügigkeit des Handels für Juden. Bereits im März 1808 gab es ein „schändliches Dekret", in dem neben den günstigen Gesetzen für Juden wieder diskriminierende Vorschriften eingeführt wurden.

Napoleon wurde nun auch von den Hamburger Juden eher als Unterdrücker denn als Befreier angesehen. Die mit der französischen Besatzung einhergehende Verschärfung des Militärdienstes traf alle wehrpflichtigen Hamburger ohne Ansehen der Religion. Alle neugeborenen Knaben wurden nun in einem Geburtenbuch registriert. Für Juden hatte es bislang lediglich *Mohelbücher* gegeben, Beschneidungsbücher der Knaben, die auf Hebräisch geführt wurden und für die hamburgischen und französischen Beamten nicht lesbar waren.

1811 schließlich verlor Hamburg seine Souveränität vollständig. Es wurde Bonne Ville de l'Empire Française und als Teil des französischen Kaiserreichs eine Stadt im Département des Bouches de l'Elbe. Die alte Hamburger Verfassung gab es nicht mehr. Von nun an galt ein allgemeines Einwohnerrecht in Hamburg – kein Bürgerrecht –, wobei sich jeder in eine Einwohnerliste eintragen konnte, allerdings dann mit einem festen Nachnamen. Doch nur wenige Juden taten dies.

Louis Nicolas Davout, der 1811 nach Hamburg kam, wurde Generalgouverneur des neuen Departments der Elbmündung und quartierte sich in Hamburg in den Großen Bleichen ein. Amandus Abendroth wurde zum Maire, also zum Bürgermeister Hamburgs, ernannt. Französisch war nun zweite Amtssprache, die Sprache, die von der Oberschicht als Fremdsprache gern erlernt wurde. Der Franc war ab sofort das neue Zahlungsmittel und damit gab es endlich in vielen Gebieten eine einheitliche Währung.

Außerhalb der Wallanlagen ließen die Franzosen für die verschiedenen Kirchen je einen Friedhof anlegen, auch für Juden.[5]

Fortschritte, die die französische Herrschaft für Hamburg brachte, zeigten sich vor allem in der Verwaltung. So wurde die modernere und schnellere Rechtsprechung gelobt. Das Handelsgericht erwies sich als eine der besten Errungenschaften der „Franzosenzeit" und wurde später beibehalten. Auch die Neuorganisation des Finanzwesens orientierte sich am Vorbild der französischen Verwaltung; sie wurde als notwendige Aufgabe hervorgehoben, denn die Hamburger empfanden durchaus, dass die Franzosen „den Schlendrian des Althergebrachten" bereinigen könnten.[6]

Louis Nicolas Davout, Herzog von Auerstedt, Fürst von Eckmühl (1770–1823), französischer Generalgouverneur in Hamburg.

Doch das wenige Gute, das die Franzosen den Hamburgern brachten, wurde durch ihre brutalen und unklugen Eingriffe, durch die rücksichtslose Schädigung der Wirtschaft und die Verarmung der Menschen sowie die geistige Unterdrückung wieder zunichte gemacht. Es trieben sich Spitzel und Spione in der Stadt herum, um die Bürger zu überwachen. Die Post wurde abgefangen, geöffnet und gelesen; englische Wörter waren in Briefen verboten. Mehr als 20.000 Menschen waren inzwischen durch die seit Jahren anhaltende wirtschaftliche Krise, die in einen finanziellen Niedergang zu münden drohte, arbeitslos. Hass und Verachtung für die Franzosen wuchsen.

Flucht und Befreiung
La Ville d'Hambourg

Im April 1811 befanden sich Abraham und Joseph Mendelssohn mit ihren Familien vor den napoleonischen Zollbeamten auf der Flucht, da sie eine größere Summe an regulärem Zoll nicht beglichen hatten. Ihre Waren seien unverzollt oder falsch deklariert nach Hamburg gebracht worden, lautete der Vorwurf.[1] Kurz bevor Abraham und Joseph Mendelssohn sich entschlossen, Hamburg zu verlassen, waren sie verhaftet worden und nur gegen Kaution wieder freigekommen. Der Abschied von Hamburg fiel schwer. „Wie gern nähme ich ein Stück von der Alster oder Elbe mit. Das wird uns fehlen, in deß behalten wird doch das Bild in der Seele", meinte Josephs Ehefrau Henriette.[2]

Für kluge und umsichtige Kaufleute gab es trotz aller widrigen Umstände genug zu verdienen. So war die Schmuggeltätigkeit der Mendelssohns auch deshalb besonders erfolgreich, weil sie Bevollmächtigte der Rothschilds in Hamburg waren und in deren Namen Geschäfte machen konnten.[3] Der folgende wirtschaftspolitische Aktenkrieg dauerte zehn Monate; dabei handelte es sich um die Auswertung ihrer konfiszierten Handelsbücher, die sie erst viel später wieder ausgehändigt bekamen.[4] In Berlin empfing man sie, obwohl sie viele ihrer Waren zurücklassen mussten, nicht wie gescheiterte

Rückkehrer, sondern als höchst loyale Deutsche, die sich den Franzosen widersetzt hatten.[5]

In der Folgezeit der Befreiungskriege verdienten die Mendelssohns mit Staatsanleihen viel Geld und wickelten nach Napoleons Niederlage 1814 in Paris Reparationszahlungen ab, die sie mit den Anleihen verrechneten. 700 Millionen Francs hatte die französische Regierung als Entschädigung an die Alliierten und als Reparationsleistungen für Privatpersonen zu zahlen. Gemeinsam mit anderen Bankhäusern in Berlin unterschrieben die Mendelssohns 1816 einen Vertrag über den Verkauf französischer „Inscriptions sur le grand Livre de la dette publique", dabei fielen zwei Prozent Provision für sie ab.[6]

Die Probleme während der „Franzosenzeit" sind auch an der Firma Heckscher & Comp. nicht spurlos vorbeigegangen, denn neben den wirtschaftlichen Schwierigkeiten, die der Stadt aus den Handelsbeschränkungen entstanden waren, gab es von Seiten der Franzosen immer wieder neue Steuern- und Abgabenforderungen.

Salomon Heine war mit Bestimmtheit über alle Maßnahmen, die für die Befreiung Hamburgs unternommen wurden, hocherfreut. Mit Sicherheit war er auch über die Geldsammeleinwerbungen des Londoner Bankhauses Nathan Meyer Rothschild für den britischen Feldmarschall Wellington in Holland und Deutschland unterrichtet, denn Großbritannien mangelte es an Bargeld, das man dort für Weizenimporte ausgegeben hatte. Die Briten setzten auf Rothschild, weil dieser die größten Erfahrungen darin hatte, die Kontinentalsperre zu umgehen.

Die veränderte geopolitische Lage wirkte sich aber nicht nur finanziell aus. Die jüdische Dreigemeinde Altona–Hamburg–Wandsbek, die es seit langer Zeit gab, musste nun neu organisiert werden, denn Altona und Wandsbek blieben bei Dänemark.[7] Salomons Cousin Isaak Bendix Schiff in Altona berichtet von diesem Ereignis: „Unsere formelle Separation wird unsere individuelle Freundschaft, deren wir noch immer gegenseitig bedürfen, nicht aufheben; dafür bürgt der bekannte Edelsinn der Mitglieder beider Communen."[8]

Am 5. April 1812 erhielt die jüdische Gemeinde Hamburg eine neue Verfassung, den *Separations-Contract*. Der Name lautete nun allgemein Deutsch-Israelitische Gemeinde in Hamburg, auch wenn diese Bezeichnung offiziell erst 1821 eingeführt wurde.[9]

Drei Armenvorsteher und drei Krankenvorsteher wurden neu gewählt. Zu den neuen Vorstandsmitgliedern der Gemeinde gehörten unter anderem Jacob Oppenheimer und Wolf Emanuel von Halle. Aufgrund der schweren wirtschaftlichen Probleme in jener Zeit spendeten die Vermögenden allerdings sehr viel weniger für arme jüdische Gemeindemitglieder als in früheren Jahren.

Inzwischen hatten Nachrichten von schrecklichen Verlusten der großen Armee in den Weiten Russlands Hamburg erreicht, auch von vorrückenden Kosaken war die Rede. Nach der Niederlage von Napoleons Truppen im Russlandfeldzug 1812 waren die Russen tatsächlich auf dem Vormarsch. Die Hamburger wurden unruhig, denn das Ende der französischen Besetzung schien nahe, und tatsächlich zogen die Franzosen aus der Stadt ab.

Wenige Tage später, am 18. März 1813, standen 1.500 russische Soldaten unter der Befehlsgewalt Oberst Karl von Tettenborns vor den Toren der Stadt. Dieser war 1812 als Oberstleutnant in das russische Heer eingetreten, um gegen Napoleon zu kämpfen. Seine aus Kosaken und Baschkiren zusammengesetzte Truppe hielt in Hamburg von vielen bejubelt Einzug. Als Verbündete der Engländer und Schweden besetzten die Russen ganz Hamburg. Doch obwohl die Dänen sich notgedrungen mit Frankreich verbündet hatten, war die Schifffahrt auf der Elbe Richtung England mit ihrer Einwilligung bald wieder möglich.

Karl August Varnhagen, Bruder der in Hamburg lebenden Lehrerin Rosa Maria Varnhagen, kam als Hauptmann in Tettenborns Korps nach Hamburg. Er schilderte die Russen als buntgemischte Gesellschaft, in der sich mancher Glücksritter mit zweifelhaften Sitten und zweifelhafter Vergangenheit herumtrieb. Die Franzosen behaupteten: „Es ist durchaus notwendig, dem Bürger und Landmann anzuzeigen, daß diese Bande von Unruhestiftern nichts weiter als in Polizeikleidern steckende Juden und andere Herumtreiber sind."[10]

Tettenborn rief die Hamburger zur Gründung einer Hanseatischen Legion und einer Bürgergarde auf. Salomon Heine wie auch Peter

Godeffroy, der einer nach Hamburg emigrierten Hugenottenfamilie angehörte, gaben für den Aufbau der Legion je 1.600 Mark Banco.[11] 2.000 Männer hatten sich bereits Anfang April freiwillig gemeldet, darunter waren viele Söhne aus angesehenen Familien, die ihre Ausrüstung selbst bezahlen konnten. Die Bürgergarde war zur Wahrung der Sicherheit innerhalb der Stadt bestimmt. Der Hanseatischen Legion, die sich im Kampf gegen Napoleon unter russischen Oberbefehl stellte, schlossen sich auch Bürger aus den hanseatischen Schwesterstädten Lübeck und Bremen an. Doch weder die Anwesenheit der Truppen Tettenborns noch die in der Hanseatischen Legion versammelten Einheimischen konnten verhindern, dass die zahlenmäßig überlegenen französischen Truppen zurückkehrten und die Stadt erneut besetzten.

Schon neun Wochen nach seiner Ankunft beschloss Tettenborn, sich mit seinen Truppen aus Hamburg zurückzuziehen. Er hatte Angst, seine Soldaten zu verlieren oder von den Feinden eingeschlossen zu werden. Am 26. Mai ließ er sein Gepäck nach Ratzeburg bringen; die

Die Kosaken unter Oberst von Tettenborns Kommando reiten 1813 in die Stadt ein, jubelnd begrüßt von den Hamburgern.

Russen zogen ab und wenig später standen die Franzosen wieder in der Stadt. Viele Orte um Hamburg herum litten nun unter den russischen Soldaten, die sich durchzuschlagen versuchten. So berichtete später Peter Godeffroy aus Dockenhuden, wo seine Villa stand, dass bei ihm im Garten und im unteren Teil seines Hauses *das Canaillepack*, wie er die Russen nannte, bis zum Sommer 1814 gehaust habe.[12] Die Bürgergarde und die Hanseatische Legion hatten sich unterdessen ebenfalls aus Hamburg zurückgezogen und in Mecklenburg versammelt. Hier bildeten geflohene Hamburger Eliten im August 1813 eine Exilregierung.

Viele wohlhabendere Hamburger hatten seit Beginn der „Franzosenzeit" die Stadt verlassen und waren nach Schleswig oder Holstein geflohen. Jacob Oppenheimer reiste zu seiner verheirateten Schwester nach Lüneburg. Andere packten jetzt ihre Sachen, um ins Landhaus vor die Tore der Stadt zu ziehen oder nach Altona. Allerdings benötigte jede Person hierfür einen Pass, der 13 Schillinge kostete.[13] Jeder Haushaltsgegenstand, ob Stuhl, Tisch oder Bettzeug, musste auf einer Liste erfasst und der *Douane* zugeschickt werden. Sogar die Menge an mitgeführten Bettfedern war zu wiegen. Ferner hatte jeder zu versichern, dass er binnen acht Monaten seines gesamtes ausgeführtes Hab und Gut zurückbringen würde, ansonsten war eine Gebühr fällig. Die „… Bürger waren die eroberten Leibeigenen dieser Freiherren vom Dintenfasse", schreibt George Croly noch im selben Jahr.[14]

Auch Salomon Heine und seine Familie hatten die Möglichkeit, Hamburg zu verlassen und nach Ottensen umzuziehen, in ihr Landhaus, das ihnen seit kurzem gehörte.[15] Züge von Wagen, Karren und Menschen passierten das Millerntor in Richtung Elbvororte, was wohl den Eindruck erweckte, als würden die Einwohner auswandern. Der eigentliche Exodus der Stadtbewohner sollte allerdings noch folgen.

Eine Villa in Ottensen
Die „Affrontenburg"

Seit 1812 besaß Salomon Heine vor den Toren der Stadt in Ottensen eine Villa.

Der heutige hamburgische Stadtteil lag wie Altona zu jener Zeit auf dänischem Staatsgebiet, wo Juden schon seit dem 17. Jahrhundert Grundeigentümer werden durften. Das einstmals kleine Heine-Grundstück am Anfang der heutigen Elbchaussee, das durch mehrere Zukäufe später vergrößert wurde, liegt schräg gegenüber der Christianskirche, oberhalb des Elbhangs. Die Nienstedtener (später Flottbeker) Chaussee, wie die heutige Elbchaussee in Ottensen damals hieß, war bei den reichen Hamburgern schon seit langem ein Treffpunkt und Sommerdomizil der besonderen Art. Hier standen hochherrschaftliche Villen von riesigen Ausmaßen in Parks mit Blick über die Elbe und auf

Die Christianskirche in Ottensen schräg gegenüber von
Salomon Heines Grundstück, unter dem Baum das Grab Klopstocks.

die vorbeiziehenden Segelschiffe. Hier lebten Reiche aller Glaubensrichtungen wie Katholiken, Mennoniten, Reformierte, Anglikaner, Hugenotten und Juden friedlich nebeneinander.

1812 also erwarb Salomon Heine sein Landgut und noch im selben Jahr wurde er ordentliches Mitglied der Schleswig-Holsteinischen Patriotischen Gesellschaft, die sein übernächster Nachbar Johann Daniel Lawaetz gerade gegründet hatte. Auch Isaak Bendix Schiff, Salomons Cousin in Altona, trat ihr bei, ebenso Simon Dehn und weitere jüdische Kaufleute aus Altona.[1]

Ein Teil des seit dem 18. Jahrhundert landwirtschaftlich genutzten Areals in Ottensen ist heute der Heine-Park. Das wunderschön gelegene Stück Land wurde „Baven de elf" genannt, also oberhalb der Elbe, und ab 1770 von Oberst von Späth bewirtschaftet. Durch von Späth ging das Land für 2.100 Mark auf den Courtmaster John Blacker über, der Oberster der Ratsversammlung der englischen Kaufleute in Hamburg war. Sein Sohn erbte das Land 1803, machte aber 1806 Konkurs. Schließlich ersteigerte es Peter Rücker, Sohn eines Hamburger Senators, für 31.500 Mark.

Auf einer Karte von 1802 ist noch kein Gebäude auf dem späteren Heine-Grundstück eingezeichnet. Daher liegt es nahe, dass erst Rücker das Haus bauen ließ.

Den allgemein stark rückläufigen Preisen um 1812 ist es geschuldet, dass Salomon Heine das Grundstück mit Gebäude für nur 30.000 Mark Banco erwerben konnte.

Südlich zwischen Heines Sommerfrische und dem vornehmen Restaurant Rainville, gegründet von einem französischen Flüchtling, gab es ein kleines Grundstück mit Wohnhaus. Salomon Heine kaufte es in späteren Jahren hinzu und ließ das darauf stehende Gebäude abtragen. 1837 erwarb er zudem vom rainvilleschen Grundstück einen Streifen von 113 Quadratruten.[2]

Das große, elegante weiße Gebäude des östlichen Nachbarn Cesar Rainville war nach einem Entwurf des bekannten Architekten Christian Hansen entstanden.[3]

Heinrich Heine bezeichnete das im Vergleich dazu eher kleine benachbarte Haus seines Onkels Salomon später als „Affrontenburg",

doch es war lange nicht so groß, so pompös oder so elegant, wie der Dichter es wahrgenommen hatte. Heinrich Heine dichtete missmutig und vom Onkel enttäuscht in später Erinnerung im Jahre 1853 in seiner Pariser „Matratzengruft":
Die Zeit verfließt, jedoch das Schloß,
Das alte Schloß mit Turm und Zinne
Und seinem blöden Menschenvolk,
Es kommt mir nimmer aus dem Sinne.[4]

Das aus Backstein gebaute und verputzte Gebäude war wenig anspruchsvoll. Turm und Zinne gab es nur in Heines Fantasie. Es war ein viereckiger Kasten, zweigeschossig mit einem hohen Walmdach. Die Fensterläden, die Übergiebelung des Eingangs zur Chaussee und die Dachgauben waren die einzigen Verzierungen. Die Grundfläche mag etwa 140 Quadratmeter betragen haben, im Dachgeschoss kamen ca. 110 Quadratmeter hinzu, außerdem Kellerräume, in denen die Küche und die Wirtschaftsräume untergebracht waren. An der Ostseite befand sich ein niedriger Anbau.

„So klein der Besitz auch war, zählte er doch zu den ersten Adressen in der Umgebung von Hamburg, auch für ausländische Gartenenthusiasten", schreibt der Gartenexperte Joachim Schnitter in seiner Arbeit über den heute öffentlich zugänglichen Heine-Park. Die in späteren Jahren nach Entwürfen von Joseph Ramée angelegten Wege im Park erlaubten der Familie Heine und ihren Gästen Spaziergänge mit immer neuen Ausblicken auf die Elbe und die Landschaft.[5]

Die belagerte Stadt
All de velen Franzlüd

20.000 französische Soldaten waren seit Ende Mai 1813 unter Davouts Befehl wieder in der Stadt. Dazu kamen mit den Franzosen verbündete dänische Truppen. Ursprünglich plante Napoleon, sämtliche Senatoren, weil sie die Russen als Befreier willkommen geheißen hatten, zur Bestrafung einkerkern zu lassen. Ihr Hab und Gut sollte konfisziert werden. Doch Davout verhinderte das. Stattdessen ließ er im großen Stil Geld eintreiben, da dies, so glaubte er, das Schlimmste sei, was man Kaufleuten antun könne. Doch die Kaufleute forderten Aufschub und Nachlass.[1]

Als die Franzosen schließlich von den vierzig reichsten Hamburgern eine halbe Million Francs verlangten, trugen neben 31 Christen auch 10 Juden zu der Summe bei. Der jüdische Anteil an den zu leistenden Kontributionen betrug insgesamt 112.000 Francs.[2] Unter den Kontribuenten, in diesem Fall den zahlungskräftigsten Mitgliedern der jüdischen Gemeinde, befanden sich alle vier Teilhaber – Heine, Hertz, Oppenheimer und Heckscher – der Firma Heckscher & Comp. ebenso wie Lion Abraham Goldschmidt, Betty Heines Cousin, der im selben Jahr noch nach London zog.[3]

Nach dieser Zahlung sollten von den Hamburgern weitere 48 Millionen Francs an Kontributionen als Strafe entrichtet werden. Es war abzusehen, dass so viel Geld nicht aufzutreiben sein würde, auch wenn diese Summe in sechs Raten zahlbar war.[4]

Jacob Oppenheimer saß in der Kommission, um die Kontribution zu ermitteln, auch Peter Godeffroy und Jacques Henri de Chapeaurouge gehörten als einflussreiche und reiche Kaufleute dazu. Letzterer war Calvinist und stammte wie Peter Godeffroy aus einer emigrierten französischsprachigen Familie von Kaufleuten. Der abzugebende Betrag wurde für jeden Einzelnen geschätzt. Aber Davout war mit der Taxation nicht zufrieden, so dass ein Viertel auf die Summe eines jeden Kontributenten aufgeschlagen werden musste. Viele erhoben Einspruch. Salomon Heine sollte 15.000 Francs zahlen, ebenso Lion Abraham Goldschmidt. Wolf Levin von Halle hatte 12.000, Levin Hertz und Jacob Oppenheimer hatten je 8.000 Francs zu entrichten; 40.000 Francs dagegen de Chapeaurouge.[5] Der überlieferten Liste in der Hamburger Commerzbibliothek ist zu entnehmen, dass Salomon Heines 15 (Tausender) mit einer 30 überschrieben wurde. Hatte man ihn später als zahlungskräftiger eingeschätzt?

Trotz drastischer Maßnahmen und Einschüchterungsversuchen kamen nicht mehr als zehn bis zwölf Millionen Francs zusammen. Davout wollte die Sache jedoch nicht eskalieren lassen. Ihm lag viel daran, die reichen Bürger in der Stadt zu halten oder sie aus Altona und den Vororten Hamburgs zurückzuholen. So wird vielleicht auch Salomon Heine nach dem Sommeraufenthalt 1813 wieder in der Stadt gewohnt haben; die Bank- und Handelsgeschäfte mussten ja weitergeführt werden, auch wenn die Börse nicht mehr aktiv war. Salomon stand mit Benjamin (=Baruch) Abraham Goldschmidt, George Oppenheimer und mit Nathan M. Rothschild in London in enger Verbindung. Trotz aller Widrigkeiten konnte er die Kontakte aufrecht erhalten.[6]

Die Einnahmen gingen jedoch auch bei ihm kontinuierlich zurück. Den Steuerlisten von 1812 ist zu entnehmen, dass Salomon 1.524 Francs zahlen musste, Marcus Abraham Heckscher nur 444 Francs, Henry Heine, der spätestens seit 1811 bei Salomon im Haus lebte, nur 150 Francs. Bereits im Jahre 1813 ging bei Salomon die Steuerlast auf 508 Francs zurück.[7]

Als „fürchterlichste Blüte aller Maßnahmen" wurde der „Bank-Raub" bezeichnet. Obwohl Napoleon dieses Institut zu einem *dépôt sacre* erklärt hatte, das nicht anzutasten war, konfiszierten die Franzosen unter den Augen der Bankdirektoren die Silberschätze der Hamburger Bank.[8] Die Hamburger klagten, „man hat sich ferner nicht entblödet noch nach der Wegnahme der Bank, Contributionen eintreiben zu wollen!"[9] Glücklicherweise erhielt die Bank im Zuge der Reparationen im Frühjahr 1816 den größten Teil des Silbers von den Franzosen zurück. Doch bis dahin war es noch ein langer Weg.

Napoleon selbst besuchte Hamburg nie, trotzdem war er entschlossen, die Stadt zur Festung auszubauen. Die unlängst abgetragenen alten Befestigungen mussten ab Juni 1813 wieder aufgebaut werden. Zuerst zerstörte man im Sommer die Vororte Hoheluft, Lokstedt, Eimsbüttel und Eppendorf und setzte die Zerstörungen durch Brände noch bis Februar 1814 fort, um überall ein freies Schussfeld zu bekommen. Das Fällen von Bäumen und der Abriss von Häusern sollten der Schaffung eines Glacis dienen. Vor den Wällen am Millerntor wurden tiefe Gräben ausgehoben, die geflutet werden sollten. Während die Energie in Verteidigungsstrategien investiert wurde, verschlechterte sich die Versorgungssituation der Hamburger. Es ging auf den Winter zu. Das „witzboldige Volk", wie die Hamburger die Franzosen mit Galgenhumor nannten, erließ schließlich Anfang November einen Aufruf, der viele Hamburger das Leben kosten sollte:

„Die Einwohner der Stadt Hamburg und deren Vorstädte werden aufs neue und unverzüglich den Befehl erhalten: sich selbst, ihre Familie und die Dienstboten sogleich auf sechs Monate zu verproviantieren; nämlich mit Korn oder Mehl, mit frischem oder gesalzenem Fleische, getrockneten oder frischen Gemüsen, Salz, Feuerung, Talg- oder Wachslichtern, Stroh und Fourage." [10]

Wer dazu nicht in der Lage war, hatte nach militärischen Grundsätzen die Stadt zu verlassen. Ab dem 20. Dezember wurden Hamburgs Tore verschlossen. An diesem Tag begann der eigentliche Exodus, nur wenige Bewohner waren schon in den Tagen zuvor fortgezogen. Von den maximal 80.000 Personen, die noch in der Stadt lebten, waren angeblich keine 3.000 in der Lage, sich für drei Monate zu verproviantieren. Doch so genau wurden die vorhandenen Vorräte von den Soldaten nicht kontrolliert. Der Aufruf bedeutete schließlich die Vertreibung von über 20.000 der ärmsten Hamburger in jenem kalten Winter Ende 1813. Überall im Umland von Hamburg kam es zu Einquartierungen. Zum Jahresende 1813 sammelte die jüdische Altonaer Gemeinde 1.500 Mark für Hamburger Flüchtlinge. Die Armenpfleger wurden am 26. Dezember beauftragt, für die ausgewiesenen Juden Proviant zu kaufen. Salomons Cousin Isaak Bendix Schiff war als Ältester der Altonaer Gemeinde für die Besorgung des Nötigsten zuständig.[11]

Die Heines verbrachten die Belagerungszeit in Ottensen. Betty war sicherlich seit dem Frühjahr mit den Kindern dort und Salomon kam, falls er nicht ebenfalls dort geblieben war, spätestens im November wieder zurück.

Von Dezember 1813 bis Mai 1814 fanden 5.500 Hamburger Unterschlupf in Lübeck.[12] Im Dezember soll Salomon seinen ältesten Sohn Hermann, der knapp zehn Jahre alt war, zu seiner Sicherheit nach Lübeck geschickt haben. Auch Bettys ältester Halbbruder mit Frau und Kind und die Familie Riesser gehörten zu den Lübecker Flüchtlingen. Weitere 65 jüdische Familien hatten in den Walddörfern Aufnahme gefunden, in kleinen Orten nordöstlich von Hamburg.[13]

Die Künstlerfamilie Speckter verbrachte den Winter 1813–1814 bei der Familie Simon und Salomon Dehn an der Palmaille 112, an der weniger vornehmen Nordseite, schräg gegenüber von Conrad Blüchers Wohnhaus. Bei Dehns lebte bereits seit einem Jahr der Maler Heinrich Joachim Herterich, sicherlich auf Vermittlung Salomon Heines.[14]

Seit 1810 wohnte auch Rosa Maria Varnhagen, später verheiratete Assing, im Hause der Dehns.[15] Sie leitete eine selbst gegründete und nahe gelegene Erziehungsanstalt.

Der Alltag sollte gerade für die Kinder weitergehen. Und so erhielten die Speckter-Kinder gemeinsam mit den Heine-Töchtern Unterricht von Rosa Maria Varnhagen. Die enge Freundschaft der Mädchen Hermine Speckter und Amalie Heine wird sich in diesem Belagerungswinter entwickelt haben.

Salomon und sein Bruder Henry kümmerten sich zusammen mit Simon Dehn, der aber bereits im Februar 1814 an Typhus starb, nach

Gewaltsame Austreibung der Bürger im Winter 1813 durch die Franzosen.

Die Vertreibung der armen Hamburger
aus der Stadt in Richtung Altona im Winter 1813.

der Vertreibung der fast 20.000 Hamburger um deren Verpflegung, indem sie Lebensmittel beschafften und Suppen beim Restaurant Rainville austeilten. Herr Rainville ließ für Tausende von armen Flüchtlingen Suppenportionen kochen, die er später von der Hilfskommission vergütet bekam. Das Restaurant beköstigte zeitweilig 3.000 Flüchtlinge und ebenso viele wurden mit Reisegeld versorgt, das Salomon Heine aus eingegangenen Spenden verteilte, damit sie Altona wieder verlassen konnten. Bei Rainville war auch ein Passbüro eingerichtet worden.

Salomon überließ den armen Menschen seine Scheune im Garten, dicht neben dem Grundstück Rainvilles, wo sie auf Stroh ein Dach über dem Kopf fanden. „Für ein provisorisches Nachtlager der Ankömmlinge haben wir durch die Güte der Herren Rainville und Heine [...] geräumige Lokale bekommen", schreibt 1814 der Leiter des *Commitees* Johann Daniel Mutzenbecher in seinem ersten Bericht[16] und dann: „Die Speisung wurde von der Kochanstalt versorgt. [...] Die Anzahl der hier aufgenommenen Personen läßt sich nicht angeben; größtentheils übernachteten hier ausgewanderte Hamburger, bis zu ihrer weiteren Reise; jedoch wurde mancher, ohne einen anderen Zufluchtsort zu finden, erschöpft durch Leiden mancher Art, hier eine Beute des Todes. 38 Personen sind in diesem Hospice gestorben. Diese gleich im Anfange durch die Güte des Hrn. Heyne überlassene Scheune, ist am 30. April geräumt worden."[17] Da wusste man bereits, dass die Befreiung Hamburgs bevorstand.

Salomon half auch bei der Ausstellung von Berechtigungskarten für Speisen der Kochanstalt, die eine Woche lang gültig waren. In dem „Hilfs-Committee", das am 12. Januar 1814 offiziell gegründet wurde, war auch Eduard Michaelis, Freund und Papierlieferant der Heines, aktiv. Der Papierhändler aus der Hamburger Neustadt war für das Hospital im Waisenhaus zuständig und für alle Beerdigungen.[18] Da Salomon reiten konnte und einen Pass besaß, war es ihm möglich, ab Januar 1814 durch das geöffnete Dammtor wieder für Geschäfte in die Stadt zu kommen. Der direkte Weg aus Ottensen war nicht möglich. Das Millerntor blieb nach der Vertreibung geschlossen.

In Altona, wo 25.000 Einwohner lebten, waren nun 5.000 vertriebene Hamburger hinzugekommen. Die meisten der 20.000

Vertriebenen waren bereits weitergezogen. Mehr als tausend Menschen starben auf der Flucht.

Da die Stadt Altona keine Vorkehrungen getroffen hatte, blieben die Armen auf die Privathilfe des „Hilfs-Committees" angewiesen, die ihnen mit Unterstützung von Conrad Blücher, dem Neffen des Feldmarschalls, nach Kräften gewährt wurde. Auch die Stadt London, die Hamburg als wichtigen Handelspartner entbehrte und darauf hoffte, dass die Geschäfte bald fortgesetzt werden könnten, sandte erhebliche Unterstützung für die Geflüchteten.

Die vielen lokalen privaten Spender fanden später Erwähnung in einer *Würdigung der Patriotischen Gesellschaft der Hamburger und Altonaer, die durch persönliches Engagement 1813/14 die vertriebenen Hamburger unterstützt haben*. Neben anderen sind darin die Herren Conrad Blücher, Daniel Lawaetz, Isaak Bendix Schiff, Salomon Heine und Eduard Michaelis hervorgehoben.[19]

Conrad Daniel Graf von Blücher-Altona (1764–1845). Nachbar und Freund Salomon Heines.

Die Handelstätigkeit kam in Hamburg ab Januar 1814 völlig zum Erliegen und die Infrastruktur brach zusammen. In der Stadt türmten sich Müllberge, die erbärmlich stanken. Diese schlechten Zustände wurden später als „Franzosenwirtschaft" bezeichnet.[20]

Obwohl Napoleon inzwischen in Leipzig bei der Völkerschlacht im Oktober 1813 eine Niederlage erlitten hatte und im März 1814 die Verbündeten in Paris einmarschiert waren, blieb Davout in Hamburg auf seinem Posten. Die Alliierten erwirkten am 11. April Napoleons Abdankung und schickten ihn auf die Insel Elba ins Exil; trotzdem änderte sich in Hamburg zunächst an der bedrückenden Situation nichts. Erst am 28. April 1814 lenkte Davout ein. Am 29. April wehte eine weiße Fahne auf dem Michel, am 4. Mai war der Handel wieder frei und tags darauf begann auf dem verwüsteten Hamburger Berg der Markt. Da dies jedoch nicht sofort ausreichte, die Hamburger zu versorgen, war es ihnen gestattet, mit einem Passierschein nach Altona zu gehen, um dort Lebensmittel einzukaufen. An diesem Tag endlich erreichte Davout der Marschbefehl. Hamburg war frei. Am 7. Mai wurde der Schlüssel der geplünderten Bank zurückgegeben; eine Woche später begann der Börsenhandel.

Schiffe erreichten den Hamburger Hafen, voll beladen mit Waren, die die Einwohner so dringend benötigten.

Den Rückkehrern bot die Stadt ein trauriges Bild. Besonders die verwüsteten Vororte waren für viele Hamburger ein großer Schock. 841 Häuser und 108 Fabriken waren niedergebrannt worden. 1.138 Menschen, die an Kälte und Hunger in jenen Monaten gestorben waren, wurden gemeinsam im Norden von Ottensen begraben, in einer Grabstelle, die die Stadt Hamburg für 25 Jahre pachtete.[21]

Zu den Nutznießern der komplizierten politischen Situation gehörten schon vor dem Sturz Napoleons die Rothschilds. Sie waren Profiteure des Umbruchs, aber nicht die einzigen. Auch etliche andere konnten diese Zeit gewinnbringend nutzen. Inwieweit auch Salomon Heine in dubiose Geschäfte verwickelt war oder ob er immer gesetzestreu handelte, bleibt fraglich. Kontakte zu Schmugglerkreisen hatte er jedenfalls. Salomons Jugendfreund George Oppenheimer organisierte in Kopenhagen, im norwegischen Bergen und auf Helgoland den Schmuggel zur Weiterleitung britischer Produkte nach Hamburg, und er war nicht der einzige. Schon 1810 hatte das Außenministerium in Paris berichtet, in Hamburg gebe es 10.000 Personen, die am Schmuggel beteiligt seien.[22] Schmuggel wurde als nicht entehrender Geschäftszweig betrachtet.[23] Selbst wenn es bei weitem nicht so viele Akteure gab, profitierte auch Salomon von illegalen Geschäften als Händler, Makler oder Finanzier. In der Umbruchphase bis zum Ende Napoleons gab es

Korruption, Betrügereien und Insidergeschäfte. Die Kontinentalsperre bedeutete eine Ausplünderung des Kontinents, und die dadurch entstandenen Versorgungsengpässe während der Belagerung bedurften ungewöhnlicher Maßnahmen, um Leben zu retten.

Salomon Heine war bekannt dafür, intelligent und überlegt zu handeln, um so alle großen Schwierigkeiten zu meistern, wie ihm der Autor Mendelssohn bescheinigte. Er hat sich wie die Rothschilds, die Berliner Mendelssohns und viele andere mehr zumindest indirekt am Schmuggel beteiligt, der hauptsächlich über Helgoland und Tönning lief, und davon profitiert. Ehrenrührig fand man das in Hamburg in diesen Zeiten nicht, denn es hieß: „Wer nicht schmuggelt, muß mit aller Tätigkeit beinahe krepieren."[24]

Hamburg war nun nicht mehr isoliert, aber verarmt, wie ganz Europa. Reisende kamen trotz aller Beschwerlichkeiten in die Stadt und bei der Oberschicht gab es ungeachtet der Sorgen Feste und Empfänge für Kaufleute, Adelige und für Herrscher – insbesondere bei den Nachbarn der Heines, Rainville in Ottensen.

Dort fand am 16. Juni 1814 der erste große Ball nach der „Franzosenzeit" statt. John Parishs Sohn George berichtete darüber: „Yet strange to say, the Danish government give a grand fête this evening at Altona to Count Beningsen – upwards to 500 persons are invited." Er schreibt auch, dass bereits am 7. Juni zu Ehren von König Georg III. von Großbritannien dort groß gefeiert wurde.[25] Und am 13. Juli, so konnte man in einer Zeitungsanzeige lesen, lud Georg Hillert, der Wirt des Hotels Alte Stadt London in Hamburg und zukünftiger Nachbar von Salomon Heine am Jungfernstieg, nach der Börse zu einem Aalsuppen-Essen ein. Bei Hillert war Salomon in späteren Jahren im Sommer oft beim Mittagessen anzutreffen.[26]

Am 8. September machte auf seiner Reise zum Kongress nach Wien der dänische König Frederik VI. in Altona Station, wo er im festlich geschmückten und illuminierten Hotel-Restaurant Rainville übernachtete. Die Altonaer wollten sich gerne von ihrer besten Seite zeigen und so wurde Conrad Blücher zum Fremdenführer und begleitete König Frederik zu Sehenswürdigkeiten wie der Palmaille, dem Rathaus und dem Gymnasium, bevor der dänische König über die

„Franzosenbrücke" gen Süden weiterreiste. Als er Ende Mai 1815 auf demselben Wege vom Wiener Kongress zurückkam,[27] wurde er enthusiastisch von den Altonaern gefeiert.[28] Auch Salomon Heine war Blücher zu Dank verpflichtet, denn dieser hatte mit seiner couragierten Art Altona vor Schlimmerem bewahrt und unbürokratisch für Familienmitglieder wie für viele andere Flüchtlinge Pässe ausgestellt.[29]

Oberpräsident Blücher, der gelegentlich Salomon Heines Gast war, wurde für seine Verdienste um die Rettung Altonas in den Grafenstand erhoben. Er wurde mit dem Großkreuz des Dannebrog-Ordens ausgezeichnet und konnte nun allen Gästen von seinen Heldentaten berichten.[30]

Salomon selbst war 1815 in die „Repartitions-Commission" (Kontroll-Prüfungskommission) der Hamburger jüdischen Gemeinde aufgenommen worden, ebenso sein Cousin zweiten Grades Moses Heine sowie sein Bankpartner Jacob Oppenheimer.[31] Ebenfalls gehörte Salomon zu den Mitgliedern der Revision von 1814 und 1815.[32]

Allerdings war die gleichberechtigte Teilhabe der Juden an städtischen Belangen und sozialen Beziehungen wieder erschwert.

Die Zeit nach Waterloo
„Bonaparte in der Gewalt der Engländer!"

Die meisten Oberhäupter Europas oder deren Stellvertreter hatten sich im Herbst 1814 unter der Leitung des österreichischen Außenministers Fürst von Metternich in Wien zum Kongress versammelt, der einige Monate lang tagte. Napoleon, den man schon abgeschrieben hatte, war derweil von der Insel Elba geflohen und bereits auf dem Marsch nach Paris. Er nutzte die langen und anstrengenden Verhandlungen in Wien als seine letzte Chance, die Macht zurückzuerobern. Am 18. Juni aber wurde er im belgischen Waterloo von den vereinten europäischen Armeen endgültig besiegt.

Hamburg wurde wie die Schwesterstädte Lübeck und Bremen nach dem Beschluss des Wiener Kongresses am 8. Juni 1815 ein selbstständiges Mitglied im neu gegründeten Deutschen Bund. Damit hatte nicht nur das Heilige Römische Reich deutscher Nation ein Ende gefunden, sondern auch die Neutralitätspolitik Hamburgs, denn die Stadt war jetzt zur Bündnistreue verpflichtet, auch wenn sie ihre stadtstaatliche Souveränität behielt.

Während der langen Verhandlungen beim Wiener Kongress hatte die so genannte Judenfrage, d.h. die Verankerung der Gleichberechtigung innerhalb der Mitgliedsstaaten des Deutschen Bundes, nicht gelöst werden können, unter anderem wegen des Widerstandes der Hansestädte. In der Phase der nun einsetzenden Restauration kehrte Hamburg in weiten Teilen zu seiner alten Verfassung, dem Großen Rezess von 1712, zurück. Sogar das Judenreglement von 1710 wurde wieder eingeführt.

Trotzdem feierte die Familie Heine in Hamburg das definitive Ende der napoleonischen Ära. Am 5. Juli 1815 lud Salomon zu einem großen Fest nach Ottensen. Über das glanzvolle Ereignis bei den Heines berichtete der „Altonaer Mercurius": „Der lauteste Frohsinn herrschte beim festlichen Mahle, und beim Rheinischen Traubensaft wurden die innigsten Toasts auf das Wohl der verbündeten Fürsten und Völker sowie auf das Wohl der unsterblichen Tageshelden ausgebracht."

Doch der Großteil der städtischen Bevölkerung lebte an der Armutsgrenze. Auch unter den Juden hatte die Armut zugenommen. Das jüdische Armenwesen, das in den folgenden Jahren reformiert und erweitert werden würde, lag vollständig in den Händen der jüdischen Gemeinde und war vom allgemeinen hamburgischen Armenwesen abgekoppelt. Private Initiativen und Spenden waren deshalb nicht nur höchst willkommen, sondern dringend erforderlich. Salomon Heine unterstützte mit regelmäßigen Spenden viele Projekte zur Linderung der Not der verarmten Mitmenschen. Er nutzte den Abend des großen Festes deshalb für eine Sammlung unter den Gästen, um armen Kindern zu helfen. Dank der großen Spendenbereitschaft konnte eine Vereinbarung mit verschiedenen Privatschulen getroffen werden, arme Kinder gegen Bezahlung aus dem Spendentopf aufzunehmen.

Wenige Monate nach der Sammlung im heineschen Landhaus war die Zeit im November 1815 reif für die Umsetzung eines weiteren großen Projekts zur Förderung der Bildung von Kindern aus armen

Elternhäusern. Mit Mitteln aus dem Testament des 1813 in London verstorbenen Bankengründers Benjamin Abraham Goldschmidt konnte die Gründung der Israelitischen Freischule am Zeughausmarkt auf den Weg gebracht werden. Denn Goldschmidt vermachte nicht nur den Londoner Bürgern Geld für wohltätige Zwecke, er stellte die gleiche Summe, nämlich 4.000 Pfund Sterling, auch für jüdische Anstalten in Hamburg zur Verfügung. Die Hälfte davon kam der Errichtung der Israelitischen Freischule zugute.[1]

Salomon Heine spendete für diese Schule zusätzlich 1.000 Mark Banco, gefolgt von jährlichen Zahlungen bis zu seinem Tod. Die Israelitische Freischule ermöglichte es Eltern, die das übliche Schulgeld nicht aufbringen konnten, ihre Kinder zur Schule zu schicken.

Der ältere Goldschmidt-Bruder in London, Lion Abraham, hatte Jacob Oppenheimer beauftragt, die jüdische Armenanstalt, die ebenfalls 2.000 Pfund erhielt, bei der Auszahlung der Gelder vorzuziehen, mit der Auflage, dass der Kapitalstock niemals angegangen werden dürfe.

Eduard Michaelis entwarf den ersten Schulplan für die jüdische Freischule. Er hatte sich mit anderen Gemeindemitgliedern bereits seit längerer Zeit mit der Gründung einer solchen Schule beschäftigt, als Jacob Oppenheimer der Gruppe am 24. November 1815 vom Testament Benjamin Abraham Goldschmidts berichtete. Schon zwei Wochen später war der Schulplan fertig. Ziel sollte nicht umfassende Bildung sein, vielmehr sollten die Kinder „... durch den Unterricht einiger Jahre nur so viel lernen, als sie zur Kenntniß der Religion und Tugend, so wie zur besseren und verständigern Führung ihres Gewerbes nöthig haben."[2]

Außerdem entschloss sich die jüdische Gemeinde wegen der nach 1813 gestiegenen Armut, Kredite zur Förderung des Kleinhandels zu vergeben. Zu diesem Zweck gründete sie 1816 das Vorschuß-Institut, eine „... wohltätige Anstalt, die anspruchslos beginnend, sich durch schnelle Entwicklung der erfreulichsten Resultate vollkommen bewährte." Salomon Heine gab dem Institut ab 1817 jedes Jahr ein zinsfreies Darlehen von 2.000 Mark Banco.[3]

Die Armut war nicht nur unter den Juden gestiegen. Viele Hamburger kämpften um das Überleben. In dieser Zeit stieg einmal mehr die antijüdische Stimmung, weil christliche Kleinhändler und Handwerker ihre Stellung gefährdet sahen. Sie wurden schließlich zu Mitverantwortlichen neuer antijüdischer Ausschreitungen. Adolph Embden, der Vorsteher der jüdischen Gemeinde, ersuchte die Gemeinde um Vorsicht und Aufmerksamkeit, um Unruhen im Keim unterdrücken zu können. Doch im August 1819 begannen die Ausschreitungen gegen jüdische Gäste in den Cafés am Jungfernstieg.[4] Diese Ausschreitungen gegen Juden sind später als „Hep- Hep-Unruhen" in die Geschichte eingegangen, in Anlehnung an die damaligen rassistischen Schlachtrufe zur Verhinderung der Partizipation der jüdischen Bevölkerung, die in vielen Städten erschollen.

Das ambitionierte Curriculum der Freischule wurde in Folge der Unruhen und der nun nicht mehr zu erhoffenden Arbeitsplätze für Juden im Handwerk bereits 1819 überarbeitet, denn christliche Handwerker sträubten sich, jüdische Lehrlinge auszubilden.

Die Geschäfte von Salomon Heine in der Firma Heckscher & Comp. scheinen bereits 1815 wieder gut gelaufen zu sein, denn später gab es Gerüchte, er habe mittels Brieftauben über die Rothschilds in Paris schneller als andere vom Sieg bei Waterloo gewusst und darum bessere Geschäfte machen können als andere.[5] Doch das war laut Rothschild eine Fehlinformation, lediglich die Brüder James und Nathan untereinander benutzen in seltenen Fällen Brieftauben.

Salomon Heine wird in großem Maßstabe die französischen Rentenpapiere aufgekauft haben, die Frankreich als Entschädigung denjenigen gewährte, die durch die Okkupation ruiniert waren. Viele Hamburger boten diese Papiere zum Verkauf an, weil sie kein Zutrauen dazu hatten und weil sie sofort Bargeld benötigten. In späteren Jahren brachten diese Papiere bei der Einlösung gute Gewinne.

Im Zuge der Restauration und der Zurücksetzung der Rechte der jüdischen Bevölkerung ließ sich am 2. November 1815 Salomons Bankpartner Marcus Abraham Heckscher aufgrund der Diskriminierungen als Jude auf den Vornamen Martin Anton taufen. Er hatte sich bereits im Laufe des Jahres 1812 gezwungenermaßen weitgehend aus dem Geschäft zurückgezogen. Angeblich soll er Schmuck in Pyrmont entwendet haben. Der Hamburger Senat erklärte ihn daraufhin für geisteskrank und entmündigte ihn.[6] Nach seiner Taufe übersiedelte er nach Paris, von wo er weite Reisen durch Europa unternahm und viele Kontakte knüpfte. Gelegentlich kam er auch nach Hamburg. Von Heckschers großem Bekanntenkreis profitierte nicht nur Salomon Heine, sondern auch sein Neffe Heinrich wurde dessen Nutznießer, als er später in Hamburg lebte. Nachdem Heckscher aus der Bank ausgetreten war, blieb der Firmenname vorerst bestehen, das Bankkonto firmierte allerdings unter S. Heine, L. Hertz & J. Oppenheimer mit der Adresse Neuer Wall 162. Drei Jahre später, zum Jahresende 1818, wurde die Bank auf Betreiben von Salomon Heine unter altem Namen aufgelöst, nicht zuletzt wohl deshalb, weil er und Jacob Oppenheimer geschäftliche Differenzen hatten.[7]

Jacob Oppenheimer (1778–1845),
Salomon Heines Freund und Geschäftspartner.

Salomon Heine zog, nachdem er zuvor mindestens zwei Jahre in den Großen Bleichen Nr. 338 gewohnt hatte, anschließend in die Caffamacherreihe Nr. 186, wo sich während der „Franzosenzeit" die Kommandantur der 32. französischen Militär-Division Carra Saint-Cyr befunden hatte.[8] Auf den französischen General war als Mieter der englische Generalkonsul Mellish gefolgt, den Salomon gut kannte und durch den er von der Mietmöglichkeit des Hauses erfuhr, als jener wieder abberufen wurde. Konsul Joseph Charles Mellish war in Salomon Heines Alter und sprach perfekt Deutsch. In Weimar, wo er zuvor gelebt hatte, war er mit Goethe befreundet gewesen. Er verfasste deutschsprachige Gedichte und übersetzte Klopstock ins Englische. Jacob Oppenheimer mietete zur selben Zeit das Landhaus Mellishs in Nienstedten, das als Treffpunkt für die gebildete Welt aus allen Ländern galt.[9]

Als alleiniger Inhaber der Firma gab Salomon Heine ihr nun seinen Namen. Das Bankhaus Salomon Heine nahm am 1. Januar 1819 die Geschäfte auf. Als Eigenkapital hatte Salomon über 1.000.000 Mark Banco in die neue Firma einbringen können. Dass die neue Bank eine Fortführung der alten Heckscher-Bank war, lässt sich an den Wechselprotesten zu erkennen, die bereits im Januar und Februar bei Salomon Heine aufliefen. Salomons geschäftliche Aktivitäten knüpften ebenfalls an die bekannten Verbindungen an.

Sogar Heckscher in Paris schickte weiterhin Anweisungen an Heine. In späteren Jahren wurde dessen Sohn Charles August Heckscher ein wichtiger Partner für Salomon. Jacob Oppenheimer hatte zwar einige Unstimmigkeiten mit Salomon gehabt, er blieb den Heines aber verbunden, denn es gab längst eine weitere Verbindung der beiden Familien – eine, die durch eine Heirat zustande gekommen war:

Salomons älteste Tochter Friederike hatte sich nach ihrer Verlobung mit Jacob Oppenheimers jüngstem Bruder, Christian (Carl) Morris, am 25. August 1815 taufen lassen. Christian Morris Oppenheimer (1788–1877) selbst war bereits im Dezember 1813 in Königsberg getauft worden. Salomon, der bei seinen Söhnen Wert darauf legte, dass sie jüdisch blieben, hatte, sollte es der Ehekandidat erforderlich machen, offenbar keine Einwände gegen eine Taufe seiner Töchter. Ihre Hochzeit fand am 14. Oktober 1815 in der Petri-Kirche in Hamburg statt.

Morris, wie er meist genannt wurde, und sein älterer Bruder George Oppenheimer, Salomons Jugendfreund, hatten in jungen Jahren als Kaufleute in England gelebt und dort eine Firma gegründet. Die Oppenheimers hielten mit dem 1813 nach London gezogenen Lion Abraham Goldschmidt und dessen Frau engen Kontakt. Er war dort in die Russia Company aufgenommen worden, einer elitären Handelsgruppe zu der natürlich auch Nathan Meyer Rothschild gehörte. Neben ihren vielen Geschäftsaktivitäten waren die Oppenheimers in karitativen Einrichtungen tätig.[10] Morris blieb allerdings nicht lange in London. Er kehrte nach einem Aufenthalt in Königsberg gleich nach dem Ende der „Franzosenzeit" nach Hamburg zurück.

Salomon Heine (1767–1844), gemalt 1822 von Friedrich Carl Gröger. Das Bild stammt aus dem Besitz von Tochter Therese und hängt im Heine'schen Wohnstift. Ein fast identisches Bild befindet sich im Altonaer Museum.

ZWEITER TEIL: ARMUT UND WOHLSTAND

Die Düsseldorfer Heines
Wo „… der französische Geist herrschte"

„Ich bin geboren zu Ende des skeptischen achtzehnten Jahrhunderts und in einer Stadt, wo zur Zeit meiner Kindheit nicht bloß die Franzosen sondern auch der französische Geist herrschte."[1] Das schreibt Heinrich Heine in seinen seinerzeit mit Spannung erwarteten „Memoiren". Die niederrheinischen Gebiete waren inklusive seiner Geburtsstadt Düsseldorf als erstes von Frankreich annektiert worden. Hier erhielten Juden bürgerliche Rechte, hier erfolgte die volle Gleichstellung der Juden mit den Christen.

Heinrichs Vater Samson Heine, so berichtet sein Sohn, sei zu Beginn der Französischen Revolution Proviantmeister oder *Kommissarius* im Gefolge des Prinzen Ernst von Cumberland gewesen. Diese Aufgabe nahm er als Zivilist im Auftrag der Celler Firma Gans Isaak & Söhne wahr.[2] In Düsseldorf lernte er seine zukünftige Frau kennen. Peira van Geldern (1771–1859) hieß die junge Dame aus bekannter, wohlhabender Familie. Ihr zuliebe blieb er in der Stadt und etablierte sich als Kaufmann.

Die Vorfahren von Peira oder Peierle (sie wurde später wie ihre Schwägerin Betty genannt) waren Nachkommen der schon genannten Jente Hameln-Goldschmidt und somit weitläufig mit der Familie Heine und mit Salomon Heines Frau Betty verwandt.

Die Familie van Geldern oder de Geldern lebte seit langem in Düsseldorf. Sie gehörte dort zur kleinen jüdischen Oberschicht. Peiras Urgroßvater Josef (Juspa) Jacob van Geldern war Hofkammeragent des Kurfürsten Jan Wellem gewesen, eine Position, die der eines Hoffaktors gleichkommt. Er arbeitete mit dem bereits erwähnten Hoffaktor Leffmann Behrens zusammen. Auch sein Sohn Lazarus, Peiras Großvater, war Hoffaktor, lebte aber zeitweilig in Wien, wo er bei seinem Schwiegervater, dem „Münzjuden" Simon Michel Preßburg, arbeitete.[3]

Lazarus' Sohn Gottschalk van Geldern war Arzt und strenggläubiger Theologe. Er war mit Sarla Bock verheiratet. Beide Linien stammten aus Holland.

Gottschalk hatte außer Peira vier weitere Kinder. Sein ältester Sohn studierte wie der Vater Medizin. Beide starben kurz nacheinander, so dass Peira früh ihre wichtigsten Angehörigen verlor.

Die finanziellen Verhältnisse der Familie hatten sich nach einem früheren Konkurs in der Familie van Geldern bald wieder verbessert. Peira war darum keine schlechte Partie für Samson Heine. Da Samson weder in Düsseldorf geboren noch reich war, hatte er es schwer, eine Heiratserlaubnis zu bekommen, für die zunächst eine Genehmigung zur Ansiedelung erforderlich war. Doch mit Hilfe seiner Braut, die fest entschlossen war, diesen schmucken Mann, der so herrlich zu Rosse saß, zu ehelichen, wurden alle Hürden genommen. Samson durfte sich in Düsseldorf niederlassen und am 1. Februar 1797 fand die Hochzeit statt. Peira war damals 25 Jahre alt, Samson sieben Jahre älter.

Betty (Peira) Heine geb. van Geldern (1771–1859), gemalt von Isidor Popper um 1840.

Im selben Jahr eröffnete Samson sein Geschäft mit „neumodischen Waren". Es waren Stoffe verschiedener Materialien und Herkunft. Schon am 13. Dezember wurde Harry (Heinrich) Heine geboren.[4] Die Eltern erzogen ihre Kinder zwar als Juden, aber nicht gesetzestreu, denn Harry besuchte das katholische Lyzeum. Die vielseitige Ausbildung Harrys begann mit häuslichem Unterricht, gefolgt von Hebräisch-Unterricht in der Schule von Rintelsohn, bevor er auf das Lyzeum wechselte.

Harry verehrte seinen Vater sehr, er beschrieb ihn später als einen auf seine Art gutaussehenden Mann und dass die Schönheit seines Vaters etwas Weibliches hätte. „Ich will hiermit keineswegs einen Mangel an Männlichkeit andeuten; letztere hat er zumal in seiner Jugend oft erprobt und ich selbst bin am Ende ein lebendes Zeugniß derselben. [...] Den Conturen seiner Züge fehlte das Markirte, und sie verschwammen ins Unbestimmte. In seinen spätern Jahren ward er fett und auch in seiner Jugend scheint er nicht eben mager gewesen zu seyn. [...] Er war von allen Menschen derjenige den ich am meisten auf dieser Erde geliebt."[5]

Samson war Mitglied der Chevrah Kadischah, einer Beerdigungsgesellschaft, und Vorsteher einer frommen jüdischen „Gesellschaft zur Ausübung menschenfreundlicher Handlungen und zum Rezitieren von Psalmen", der Chevrah Gemiluth Chasodim Ve'Chevrah Tehilim. Später trat er in Frankfurt der Freimaurerloge „Zur aufgehenden Morgenröte" bei, die für Juden zugänglich war.[6]

Samson liebe schöne Frauen, Wein und Spiel, Pferde und Hunde, behauptete sein Sohn. Er habe zudem eine freigebige und wohltätige Hand. Er konnte also nicht Nein sagen und machte sich durch diese Schwäche beliebt. Und so war er, wie viele gut situierte und philanthropisch eingestellte Juden, auch als Armenpfleger tätig. Er verteilte das Geld der Armenkasse an Bedürftige, gab aber immer selbst eigenes Geld dazu. „Zwischen dem Herzen meines Vaters und seiner Tasche war gleichsam schon eine Eisenbahn eingerichtet",[7] schreibt der Sohn liebevoll.

Aus der Ehe von Samson Heine mit Peira van Geldern gingen vier Kinder hervor. Heinrich Heine bekam also noch drei jüngere Geschwister: Sein Bruder Gustav (jüdischer Vorname Gottschalk) wurde 1803 oder 1804 geboren und sein Bruder Maximilian (jüdischer Vorname Meyer) 1805 oder 1806. Heinrich Heines einzige Schwester Charlotte (jüdischer Vorname Sarah) hatte bereits 1800 das Licht der Welt erblickt.[8] Alle drei Geschwister heirateten; Gustav und Charlotte wurden Eltern mehrerer Kinder, Max hatte Stiefkinder. Und alle drei Geschwister überlebten Heinrich.

Kurz nach Ende der französischen Belagerung in Hamburg reiste Hermann Schiff im Sommer 1814 mit seinen Eltern nach Düsseldorf und besuchte an einem Sommerabend erstmals die Familie Samson Heine. Der Besuch ist ihm vor allem deshalb im Gedächtnis geblieben, weil die Düsseldorfer und die Hamburger in der Einschätzung Napoleons durchaus unterschiedlicher Meinung waren. Hermann Schiff, der an diesem Abend neben Samson Heine saß, empfand seinen Tischnachbarn als „… nicht von allerschärfstem Verstande […]. – Man fing an auf Napoleon zu schelten. Der Vater [Samson] sagte: Gott gebe, wir hätten ihn noch. Mein cholerischer Papa, sah mich unwillig an, als wollte er sagen – Du hast gut reden, du hast nicht viel zu verlieren. – Dann wurde auf Davout geschimpft. Im Rheinland schwärmte man für ihn und Heinrich Heine hatte die Verehrung des großen Kaisers gleichsam mit der Muttermilch aufgesogen. In Hamburg war das anders."[9]

Auch für den jungen Harry Heine war Napoleon, der 1808 die Leibeigenschaft aufhob, 1809 die Beseitigung sämtlicher Lehen verfügte und 1812 die französische Justizverfassung einführte, der Erlöser aus drückender Knechtschaft. Für seinen Vater war er der Befreier vom jahrhundertelangen Joch.

Die Geschäfte liefen für Samson Heine zunächst nicht schlecht. Er konnte 1809 in der Bolkerstraße in Düsseldorf für seine Familie ein respektables Haus für 11.000 Taler kaufen, in dem er auch seine Stoffe lagerte und anbot. Vor dem Haus ließ er einen Schaukasten für seine Waren anbringen und in den „Großherzöglichen Bergischen Wöchentlichen Nachrichten" zeigte er am 12. Dezember 1809 seinen Umzug in größere Räumlichkeiten an sowie die Erweiterung des Angebots: „Da ich jetzt aus meiner vorigen Wohnung grade gegenüber in mein Haus Nro 655 auf der Bolkerstraße gezogen bin, so habe ich die Ehre, das geehrte Publikum davon zu benachrichtigen, und indem ich jetzt ein geräumigeres Lokal besitze, so sind bey mir auch noch viel mehrere Artikel von Waaren zu haben, als: Alle Sorten Kattunen, Zitzen, Kalikos, breite, schmale, gestreifte, brodirte und broschirte Mousline, […] wollene Tücher in allen Farben und Qualitäten, desgleichen Kasimiren,

Bibern, Kalmouks, Wollkords zu Hosen und Westen und noch sehr viel andere neumodische Zeuge zu Westen, als Pique, Seiden und Sammt, ec. Alle Arten Barchend, Dimitrys, Batisten. Schwarze, als auch in allen Farben Tafftetas, double Florence, brodirt und broschirt nach der neuesten Mode."[10]

Einen berechnenden Kaufmannsgeist soll Samson nicht gehabt haben. Für ihn sei der Handel ein Spiel, eine *unaufhörliche Geschäftigkeit* gewesen.

In seiner Funktion als Großhändler reiste Samson zum Stoffeinkauf zu den verschiedenen Messen, vielleicht verkaufte er dort auch Waren oder knüpfte neue Kontakte. In Frankfurt war er regelmäßig auf der großen Herbst- wie auf der Frühjahrsmesse anzutreffen. Während Samsons Abwesenheit fungierte sein Schwager Simon van Geldern, der auch Geschäftsführer war, als sein Vertreter. Das Warensortiment war breit gefächert, von hoher Qualität und von beträchtlicher Dimension. In seinem Stofflager lagerte ein Wert, der mindestens acht Einzelhäusern entsprach. Samson gelang es angeblich, große Warenlieferungen aus dem Ausland ohne Vorauszahlung zu bekommen. War sein Renommee so gut? Oder traten seine Brüder in Hamburg als Bürgen auf?

1811, nach erneutem Umzug in ein größeres Haus gegenüber dem 1809 erworbenen, häuften sich bei Samson infolge der *Napoleonischen Geldkrise* die Wechselproteste. Er wurde zahlungsunfähig, da seine Kunden nicht zahlten. Es waren Kleinhändler und Geschäftsleute mit Ladengeschäften für Endverbraucher, die nach dem Einbrechen ihrer Umsätze selbst in Schwierigkeiten steckten. Zudem wurde das Rheingebiet damals mit unverzollten Textilwaren, also Schmuggelware, überschwemmt, die zu Tiefstpreisen angeboten wurden. So sahen sich viele Textilhändler gezwungen, ihre Preise zu senken, obwohl sie die Waren teuer eingekauft hatten. Außerdem war Samsons Warenlager sehr modeabhängig; es verlor allein dadurch permanent an Wert. Bei zu langer Lagerung konnten die Stoffe Schaden nehmen, verschmutzen, von Ungeziefer besiedelt und feucht werden, da die Häuser schlecht isoliert waren und der Rhein nicht weit entfernt war. In Wollstoffen nisteten sich Motten ein oder es entstanden bei zu langer Lagerung unschöne Falten, die sich nicht mehr entfernen ließen. Auch waren die

Baumwollpreise bereits so stark gefallen, dass Samson Baumwollstoffe unter dem Einkaufspreis anbieten musste.[11]

Zunächst setzte Samson Heine jedoch alles daran, sein Geschäft zu erhalten. Durch die Übernahme einer Lotterie versuchte er, Geld hinzuzuverdienen, was allerdings nur ein kleines Zubrot brachte. Er hatte in den folgenden Jahren nicht nur bei den Lieferanten Schulden; auch seinem Bruder Henry in Hamburg schuldete er 1816 im März 10.000 Gulden, wofür er sein Haus als Pfand gab. Bei seinem Bruder Salomon hatte er im November sogar Schulden von 85.218 Reichstalern angehäuft, für die er sein Warenlager und seine Außenstände als Gegenwert anbot. Salomon lehnte das Angebot ab.[12] 1819 wurde die Firma liquidiert.

Harry Heine in Hamburg
„Als ich ging nach Ottensen hin ..."

Am 17. Juni 1816 lief das erste Dampfschiff aus England, *The Lady of the Lake*, im Hamburger Hafen ein. Es war von Cuxhaven aus gegen die Strömung nach Hamburg gefahren, was für viel Aufmerksamkeit sorgte. Wenige Tage später kam ein junger Mann nach Hamburg, dessen Ankunft nicht die geringste Aufmerksamkeit erfuhr. Erst viel später sollte er als deutscher Literat weltberühmt werden und durch seine Werke und seine Hinterlassenschaft einer der wichtigsten Zeugen von Salomon Heines Leben in Hamburg sein.

Der 18-jährige Harry Heine reiste unspektakulär mit der Diligence, der Postkutsche. Er war über Wesel, Münster, Osnabrück, Diepholz und Bremen auf einer Chaussee, die Napoleon hatte ausbauen und pflastern lassen, nach Harburg gefahren. In Harburg konnte er die Fähre über die Süderelbe nehmen, die Fahrt über die „Franzosenbrücke" bis zur Norderelbe fortsetzen, um dort wieder die Fähre zu nehmen und am Ende Hamburger Boden zu betreten. Auf seiner Rückreise war die Fahrt über die Brücke nicht mehr möglich, da man sie 1818 abgerissen hatte. Viele weitere Jahre lang mussten die

Reisenden danach wieder mit dem Postboot vorlieb nehmen, das nur zwei Fahrten pro Tag anbot.

Salomon war bereits 48 Jahre alt, als Harry Heine aus Düsseldorf in Hamburg eintraf, wo er etwas Vernünftiges lernen sollte. Doch soll er skeptisch gewesen sein, da der Neffe im Trubel des *leichtsinnigen, rheinischen* Lebens aufgewachsen war.

Im Sommer 1814 hatte Salomon bereits mit seinen drei ältesten Töchtern und seinem ältesten Sohn Hermann eine Reise nach Düsseldorf gemacht, um seinen Bruder Samson zu besuchen. Ein Jahr darauf war Harry zu einem ersten kurzen Aufenthalt nach Hamburg gereist, anlässlich der Verlobungsfeier von Cousine Friederike. Dabei hinterließ er für sie eine Stammbucheintragung: „Holde Mädchen geben's viele; doch nur eine Rika. So müssen die Engel seyn; anders gewiß nicht. Ach! Laß mich kommen in's Himmelreich, O Herr! wo solche Engel sind. –"[1]

Für Harry waren alle Cousinen bewunderte engelhafte Wesen, „mit denen er glücklicherweise verwandt sein durfte" *und* die im passenden Alter waren, um sie alle nacheinander verehren zu können, wie

„Die Franzosenbrücke", ein Bauwerk französischer Soldaten, das aber weiterhin zwei Fähren nötig machte und nur wenige Jahre Bestand hatte.

Joseph Kruse anmerkte.[2] Es ist davon auszugehen, dass Harry auch Amalie bereits kannte, das blasse, stille Mädchen, seine Angebetete, genannt das Engelsköpfchen, als er die Lehrstelle bei seinem Onkel in Hamburg antrat. Diese Tochter des Hauses befand sich allerdings auf einer Urlaubsreise, als Harry die Hansestadt erreichte.

Harrys Mutter hatte indessen verschiedene Wünsche und Pläne für ihren Sohn – eine Rothschild-Karriere war nur einer davon. Da es ihrem Mann Samson aufgrund seiner schlechten Geschäftslage nicht möglich war, seinem Sohn ein Studium zu finanzieren, musste Harry sich vorerst mit einer Lehre begnügen. Die Familie hatte beschlossen, dass er etwas Reelles lernen und nicht verwöhnt werden sollte.

Harry reiste also zu seinem Onkel nach Hamburg, um dort im Bankhaus Heckscher & Comp. das Bankgewerbe zu erlernen. Salomon nahm den schüchternen, wohl auch missgelaunten jungen Mann unter seine Fittiche. Der Buchhalter des Onkels, Aron Hirsch, wurde Harrys Ausbilder. Doch der Lehrling tat sich schwer. Anstatt Briefe zu schreiben oder aus dem Hauptbuch Kopien anzufertigen, hinterließ er in den Büchern beschriebene Papier-(Gedanken-)Schnitzel, die bei Durchsicht herausfielen, seinen Onkel Salomon erzürnten und dessen Vorurteile bestätigten.[3]

Trotz innerer Abneigung gegenüber dem Bank- oder Handelsberuf soll Harry später zu seinem Bruder gesagt haben, dass er gern Bankier geworden wäre, es zuweilen sogar sein Lieblingswunsch gewesen sei. Denn Geld konnte Harry Heine nie genug haben und der Erfolg des Onkels hatte die Vorstellung, mit diesem Beruf wohlhabend zu werden, genährt. Nur passte diese Tätigkeit, bei der Harrys Fantasie und Träumerei keinen Platz hatten, nicht zu seinem Wesen. Im Bankgeschäft waren vielmehr Akribie und ein verbindlicher Umgang mit Geschäftspartnern gefragt.

Zunächst jedoch richtete sich Harry in Hamburg ein. Bei der Witwe Rodbertus auf den Großen Bleichen Nr. 307 vor dem heutigen Bleichenhof bekam er ein Zimmer zur Untermiete. Das Haus gehörte Herrn Mutzenbecher, den Salomon während der Belagerung Hamburgs 1814 kennen gelernt hatte. Er selbst wohnte auch in dieser Straße, nur am anderen Ende.

In seiner freien Zeit erhielt Harry oft Einladungen nach Ottensen in Salomons Villa, wo er vielen interessanten Menschen begegnen konnte. Seine anfängliche Schüchternheit verhinderte jedoch, dass er sich in dieser ungewohnten Gesellschaft wohl fühlte. Außerdem hatte er nur Augen für seine liebe Cousine Amalie, die Molly genannt wurde, weil sie zur Fülle neigte.

Allein vom Oberpräsidenten Blücher und dessen Onkel, dem Feldmarschall Gebhard Leberecht von Blücher,[4] der einmal im September 1816 zu Besuch kam, zeigte sich Harry wirklich beeindruckt. Und das, obwohl der Feldmarschall nach Harrys missbilligender Einschätzung, ähnlich wie sein Oheim, viele Schnitzer beim Sprechen wie beim Schreiben machte. „So ein Kerl macht Freude", schreibt Harry begeistert an seinen Freund Christian Sethe in Düsseldorf und weiter: „Mein Oheim lebt auf dem Lande. Dort geht es sehr geziert und geschwänzelt zu, und der freye unbefangene Sänger sündigt sehr oft gegen die Etikette. Diplomatisches Federvieh, Millionäre, hochweise Senatoren &c. &c. sind keine Leut für mich."[5]

Harry Heine, abgebildet auf einer Miniatur gemalt von Colla um 1820/25. Vormals im Besitz der Familie Heine in Wien.

Aber waren wirklich Senatoren bei Salomon zu Gast, Millionäre und Diplomaten? Oder war das eine Überzeichnung der Gäste, die so bedeutend gar nicht waren? Harry liebte es anzugeben, zu übertreiben und zu spotten. Welche gesellschaftliche Vermischung von Juden und

Lutheranern oder anderen Glaubensrichtungen hatte es in Hamburg tatsächlich zu dieser Zeit gegeben?

Aus Gästelisten von John Parish der Jahre 1803 und 1806 geht hervor, dass dieser bei seinen Gesellschaften tatsächlich Juden einlud, denn wie bereits erwähnt, war er ihnen nach seinen positiven Erfahrungen mit Wolf Levin Popert zunächst sehr zugetan. Er gab sogar am 24. September 1806 ein „Jubilee Dinner for the Jews". Auf der Gästeliste standen unter anderem trotz seines Konkurses Meyer Wolf Popert, Isaak Hesse, Amschel Oppenheimer (Jacobs Vater) und Marcus Abraham Heckscher. Auch Christen, ausnahmslos Großkaufleute, waren unter den Eingeladenen: Baron von Voght, Senator Gabe, Martin Johann Jenisch, John Thornten, Johann Lawaetz und mehrere Mitglieder der Godeffroys.[6]

Bei diesen Essen war Salomon Heine, ausgehend von den Gästelisten, aber nicht zugegen. Geschäftlich hatte er zu dieser Zeit auf jeden Fall mit alteingesessenen Hamburgern zu tun und richtete später ähnliche Feste in Ottensen aus, denn das dort Erlebte veranlasste Harry Heine zu seinen Beschreibungen der Hamburger Gesellschaft.

Doch üblicherweise waren Juden in Hamburg wie auch anderswo nicht geachtet, häufig wurden sie geradezu verachtet. Selten traf man in christlicher Gesellschaft einen Israeliten an. Diese blieben unter sich oder speisten in guten Restaurants, die Juden den Zutritt gestatteten. Mit Cesar Godeffroy, der kein Lutheraner, sondern Hugenotte war, spielte Salomon schon während der „Franzosenzeit" Karten.[7]

Johann Gabe (1737–1817), Großkaufmann mit einer Handelsniederlassung in Porto, Portugal.

Wegen dieser guten Bekanntschaft schickte Godeffroy sogar später seinen Sohn Adolph als Lehrling in die Bank Salomon Heine.[8] Das ist ungewöhnlich und beachtlich, denn es zeugt von Salomons besonderer Position unter Hamburgs Bankiers, die offensichtlich weit über die jüdische Gemeinschaft hinaus anerkannt war. Wie schnell sich jedoch eine positive Haltung Einzelner gegenüber Juden in das Gegenteil verkehren konnte, war den Briefen von Baron Vogt und Parish zu entnehmen, als es 1809 um die Vermietung des Hauses an Marcus Abraham Heckscher ging.

Am 6. Juli 1816 schreibt Harry an seinen Düsseldorfer Freund Sethe: „Mir gehts gut. Bin mein eigener Herr, und steh so ganz für mich allein, und steh so stolz und fest und hoch, u schau die Menschen tief unter mir so klein, so zwergenklein; und hab' meine Freude dran."[9]

Die schmachtenden Blicke seines Neffen am Esstisch hin zur Tochter Amalie wird Salomon mit Unmut beobachtet haben. Eine Verbindung der beiden war nicht vorgesehen. Hätte der Junge Talent

John Parish (1742–1829), ein reicher englischer Geschäftsmann und erster amerikanischer Konsul in Hamburg.

Cesar Godeffroy (1781–1845), ein Geschäftsmann, den Salomon Heine gut kannte und schätzte.

zum Bankfachmann gezeigt, wäre Salomon möglicherweise entgegenkommender gewesen. Aber so – ein junger Mann, der ausschließlich Spott und Verachtung für seine Gäste und für das Bankgeschäft übrig hatte – niemals! Doch auch die Schwiegersöhne machten Salomon nicht nur Freude.

Während einer der vielen Einladungen seines Oheims lernte Harry dessen Schwiegersohn Christian Morris Oppenheimer kennen. Heine hat ihn, wie es ihm eigen war, skeptisch beobachtet und seinem Bruder Maximilian darüber berichtet, denn der notierte später folgende Geschichte:

„Eine sehr drollige Figur war der Herr Christian Moritz Oppenheimer. Er spielte gern den Engländer, den Millionär, den höchst feinen Gentleman, dem aber seine Manieren nicht entsprachen. Der Onkel hatte Tage, wo er ihn sehr m a l i t i ö s behandelte, und das geschah einstmals in sehr eklatanter Weise. Herr Oppenheimer war, ehe er dem Heineschen Hause zugetheilt war, lange Zeit in Geschäften des Onkels in London gewesen. Der Onkel, dessen einfache Erziehung aus dem vorigen Jahrhundert stammte, kannte nur die deutsche Sprache, und haßte es in der Seele, wenn zwei Deutsche sich französisch oder englisch unterhielten.

Nun traf es sich einst, an einem Sonntage, wo sehr große Tafel war, und viele ausgezeichnete Fremde eingeladen waren, daß auch eine deutsche Dame, die eben aus London gekommen, Herrn Oppenheimer gegenüber saß. Die Dame sprach schönes Deutsch, aber Herr Oppenheimer ergriff jeden möglichen Augenblick, um laut über den ganzen Tisch weg mit der Dame eine englische Conversation anzubinden. Das verdroß den alten Onkel, den Nachbar der Dame; ehe man es sich versah, sprach er von Erziehung und sagte dann, zu der Dame gewandt, mit lauter Stimme: ‚Sehen Sie, meine gnädige Frau, meine Erziehung hat blutwenig meinen armen Aeltern gekostet; was glauben Sie aber, was mich d a s kostet, daß hier mein Schwiegersohn [...] Englisch spricht? Einige hunderttausend Mark hat er mir in England verhandelt – aber dafür auch Englisch gelernt.“ [10]

Heinrich Heines Nichte, die Principessa della Rocca, Tochter seiner Schwester Charlotte, berichtete später, Oppenheimer habe schlechte Geschäfte gemacht und habe nur mit Salomons Hilfe in England vor dem Bankrott gerettet werden können. Deshalb habe er später bei Salomon in Hamburg gearbeitet. Doch bis zu Salomons Selbstständigkeit war Christian Morris Oppenheimer noch vier Jahre in der Firma Oppenheimer & Emcke in der Deichstraße beschäftigt.

Selbst wenn Salomon seinem Schwiegersohn finanziell unter die Arme greifen musste – Harry Heines innere Abneigung gegen den Bankberuf war, aus Sicht des Vollblut-Bankiers Salomon Heine, die schwieriger zu knackende Nuss. Bereits im November des Jahres 1816 dachte Salomon daran, seinen Neffen wieder wegzuschicken, aber der wollte gern in Hamburg bleiben. Die kaufmännischen Gebaren und die Pfeffersackmentalität hatten es ihm zwar nicht angetan, aber er hatte erste Erfolgserlebnisse, wenn auch auf anderem Gebiet. Zu Hause in Düsseldorf standen die Dinge ohnehin nicht zum Besten.

Harry schrieb zu dieser Zeit bereits Gedichte. Auch wenn in dieser *Schacherstadt* nach seiner Ansicht nicht das Mindeste an Gefühl für Poesie zu finden war, nur bestellte Gedichte zur Hochzeit, Taufe und Leichenfeier, konnte er im Frühjahr 1817 unter dem Pseudonym Sy Freudhold Riesenharf (Harry Heine Duesseldorff) in der Zeitschrift „Hamburgs Wächter" die ersten Verse platzieren, obwohl die Zeitschrift nicht judenfreundlich eingestellt war.[11]

Sein Vater bekam derweil in Düsseldorf immer mehr Probleme mit dem Abverkauf seines Stofflagers. Er war eigentlich ein Schöngeist, beschrieben als zu labil und zu weich, um so erfolgreich sein zu können wie sein Bruder Salomon; dazu verliebt in seine schönen Stoffe. Als Träumer ohne Durchsetzungskraft waren sich Vater und Sohn recht ähnlich. Die Mutter Peira war kraftvoller, strenger und selbstbewusster als ihr Gatte, aber sie wollte sich in seine Geschäfte nicht einmischen – und so wurde schließlich Samsons Stoffhandel liquidiert, eingeleitet durch seinen Hamburger Bruder, der kein weiteres Geld mehr investieren wollte.

Dass Salomon einen Schlussstrich zog, ist verständlich, besonders nach den Belastungen durch die Verluste aus dem Konkurs seines Bruders Isaak und nachdem in Hamburg Marcus Abraham Heckscher für *unzurechnungsfähig* erklärt worden war. Hinzu kam, dass ein Konkurs von Samsons Firma zu diesem Zeitpunkt kein guter Start für die eigene Selbstständigkeit gewesen wäre. Zudem sollte Samson, der seit Jahren an epileptischen Anfällen litt und dem nachgesagt wurde, er sei dement und depressiv, nach längeren Auseinandersetzungen mit seinen Hamburger Brüdern entmündigt werden.

Um wenigstens einen Teil des darin steckenden Geldes zu retten, mussten die großen Mengen verschiedenster Stoffe in Samsons Lager reduziert werden. Da kam es gerade recht, dass Harry noch in Hamburg war. Mit Hilfe oder auf Druck seines Oheims machte er sich 1818 selbstständig, um in Hamburg einen Markt für die Düsseldorfer Stoffe zu finden. Er eröffnete eine Filiale des Geschäfts seines Vaters im Graskeller Nr. 139, obwohl er noch gar nicht volljährig, das heißt noch keine 22 Jahre alt war. Wenngleich ihm die Tätigkeit als Kaufmann nicht zusagte, entschied Harry sich, unter den Bedingungen seines Onkels in Hamburg zu bleiben. Dies könnte damit begründet gewesen sein, dass in Düsseldorf mit 20 Jahren die Militärpflicht begann.[12]

Harry Heine musste zunächst ein Aufnahmegesuch an die jüdische Gemeinde richten, da diese auch für alle öffentlichen finanziellen Angelegenheiten der Juden zuständig war. „Das Gesuch von Harry Heine, ein Sohn von Samson Heine, zum Aufnehmen in die Gemeinde ist an die Herren Cassierer zur Untersuchung einzureichen", lautet der Eintrag im Protokoll-Buch der Gemeinde zum Jahresbeginn 1818.[13] Als Mitglied der israelitischen Gemeinde in Hamburg erhielt Harry ein Bleiberecht und hatte als Fremder den Beitrag von 30 Courant Mark pro Jahr als Steuer zu leisten.[14]

Vorerst war Harry also Geschäftsmann, ein Händler mit einem kleinen Stoffgeschäft. Liefen allerdings Wechsel seines Vaters bei Harry Heine & Comp. Kommissionsgeschäft in engl. Manufakturwaren auf, wies er sie als ungedeckt zurück. Er zahlte also kein Geld aus, da er keines besaß. Wenn Samson Wechsel auf Hamburg zog, brachte dies nicht nur Harry in Schwierigkeiten, sondern betraf auch Salomon, denn Samsons Verzweiflungstaten brachten auch seinen Bruder in Misskredit. Um einen Finanzskandal der umlaufenden ungedeckten Wechsel zu vermeiden, sandte Salomon Heine schließlich Aron Hirsch als seinen Bevollmächtigten nach Düsseldorf, damit dieser die aufgelaufenen Wechsel bezahlte und Gläubiger befriedigte, die bereits geklagt hatten.[15] Dadurch konnte Salomon einen Prozess, der in die Zeit seiner Bankeröffnung am 1.1.1819 gefallen wäre, abwenden. Doch Samson Heine leitete die Verbindlichkeiten weiter auf H. Heine & Co. in Hamburg und so ließ Salomon das Hamburger Geschäft im Februar 1819, als in Düsseldorf das Liquidationsverfahren aufgenommen wurde, schließen.[16]

Harry, dem das Schicksal seines Vaters nahe ging, hatte in Hamburg nicht gerade viel dazu beigetragen, den Stoffverkauf voranzubringen, und er versuchte möglichst wenig in die Geschehnisse hineingezogen zu werden.

Martin Moses Haarbleicher, der Harry persönlich kannte, schreibt später: „Ich habe Heine noch als etablierten Kaufmann im englischen Manufakturwarenfach gekannt. Er brachte den ganzen Tag im Alsterpavillon zu, und ich erinnere mich nicht, ob er am Ende kaput ging, oder ob er mit Hilfe seines Onkels Salomon Heine noch davon kam.[…] Es hat hier in Hamburg lange gedauert, ehe wir ihn anders als wie einen genialen Gassenjungen zu betrachten lernten."[17]

Samson bedrängte seine Brüder Henry und Salomon auch noch nach der Schließung seines Geschäftes. Deshalb beantragten sie, ihn durch das Gericht wegen Geistesschwäche entmündigen zu lassen. Samson hatte am 7.1.1819 vor Gericht erklärt, er habe seine gesamte Barschaft in das (Stoff)-Lager gesteckt, dessen Absatz ihm wegen der gegenwärtigen bekannten bargeldlosen Zeit nicht möglich sei. Am 4. Februar wurde die Liquidation eingeleitet. Bereits am nächsten Tag beauftragten Salomon und Henry Heine den Bevollmächtigten Aron Hirsch, die Entmündigung zu beantragen. Die Brüder hatten zunächst versucht, den Prozess in Hamburg stattfinden zu lassen. Doch Samson konnte ein Attest über seine Reiseunfähigkeit beibringen. Das Düsseldorfer Gericht folgte später dem Hamburger Antrag nicht. Am 28. April bat der Familienrat, für Samson wegen dessen angeblicher Verstandesschwäche einen *Curator* (Vertreter) einzusetzen. Zu einer Entmündigung kam es wahrscheinlich nicht mehr.[18]

Der Verkauf des Hauses in Düsseldorf wurde am 1.7.1820 gerichtlich angeordnet. Salomon Heine zahlte seinem Bruder später eine lebenslange Rente von jährlich 2.600 Courant Mark (1 Mark Banco =

1,25 Courant Mark) einschließlich der Schul- und Studiengelder der Kinder, was einem gehobenen Beamtengehalt entsprach. Betty (Peira) Heine erhielt nach dem Tod ihres Mannes eine Rente von 1.000 Mark Banco auf Lebenszeit. Sie lebte insofern ein eher bescheidenes Leben, konnte sich aber von der Rente später eine Gesellschafterin leisten.

Als Harry Heine in Begleitung seines ehemaligen Ausbilders Aron Hirsch Hamburg im Frühjahr 1819 verließ, redete dieser ihm ins Gewissen. Er hätte seine Karriere im Geschäft seines Onkels leichtsinnig verscherzt. Daraufhin klopfte Heine ihm auf die Schulter und erwiderte: „Sie werden noch von mir hören, lieber Hirsch!" [19]

Viele Jahre später wurden Harry gute kaufmännische Fähigkeiten, besonders hinsichtlich seiner Verhandlungen mit Verlegern, bescheinigt. Gelernt hatte er also doch etwas.

Salomons kaufmännische Welt blieb seinem Neffen Harry fremd, doch ohne sie hätte er sein Talent nicht ausleben können. Ein Leben lang blieb er vom Kapital seines Onkels abhängig, obwohl er es hätte schaffen können, unabhängig zu werden, denn verdient hat er später recht ordentlich. Doch vorerst verließ er Hamburg, *die schöne Wiege seiner Leiden.* Die erneuten Unruhen gegen Juden an seinem geliebten Jungfernstieg bekam er nicht mehr mit. Die allgemeine wirtschaftliche Krise der Jahre 1818/1819 hingegen hatte er aus nächster Nähe erfahren, wenn er auch persönlich nicht davon betroffen war.

Geschäft und Moral
Das merkantilistische Räderwerk

London war nach der napoleonischen Ära zum größten Umschlagplatz für Industriegüter aufgestiegen. Neue technische Verfahren, neue Entwicklungen beim Bau von mit Dampf betriebenen Maschinen erleichterten die Massenproduktion in den Industriestädten. Aus Indien kamen Rohstoffe in riesigen Mengen zu geringen Kosten ins Königreich, aus denen im Mutterland der Industrialisierung schnell und günstig Produkte gefertigt wurden. Auch war die Stadt zum Finanzzentrum der

Welt geworden. Nicht nur Europa wurde mit billigen englischen Waren überschwemmt. Die nordamerikanischen Staaten erhoben deshalb schon länger Schutzzölle auf englische Waren, und in Europa verfuhr man jetzt ebenso, so dass nun wiederum England in Schwierigkeiten geriet und viele Firmen dort aufgeben mussten.

Der Ausbruch eines Vulkans auf Java 1815, dessen Aschewolke sich über die ganze Erde verteilte, hatte darüber hinaus Europa in Mitleidenschaft gezogen. Einen Sommer hatte es 1816 quasi nicht gegeben. Auf einen kalten Winter waren Monate mit undurchdringlichen Wolkenfeldern, Regen und Überschwemmungen gefolgt, was zu erheblichen Missernten führte. Die Lebensmittelpreise stiegen. Es kam zur Wirtschaftsdepression und zu Insolvenzen, was sich in Hamburg 1818/19 zeitverzögert negativ auswirkte. Der Diskontsatz ging in die Höhe und es herrschte Geldmangel, dadurch Liquiditätsmangel, was eine erhöhte Kreditaufnahme erforderlich machte. Salomon Heine und die Heckscher-Bank nahmen bei dieser Entwicklung anscheinend keinen oder nur geringen Schaden. Allerdings ging sein Freund George Oppenheimer in London in Konkurs, was Salomon mehr enttäuschte als andere Konkurse, wie er an Nathan Rothschild schrieb. Und das nicht nur wegen der hohen Summe von 101.000 Mark Banco.[1]

Möglicherweise war es der finanzielle Druck, der durch die schwierige wirtschaftliche Lage auf der Heckscher-Bank lastete, der den Ausstieg der bisherigen Partner und die Übernahme der Bank sowie ihre alleinige Inhaberschaft durch Salomon Heine begünstigte. Eine respektable Person war Salomon schon zu jener Zeit, insbesondere da er die Krise gut überstanden hatte. Er wurde geachtet und in vielen Fällen mit Aufgaben als Kurator bedacht oder er wurde als Vormund im Umfeld der großen Goldschmidt-Verwandtschaft eingesetzt.

Immer wieder wurde Juden mangelnde Geschäftsmoral unterstellt oder sie galten als Handelsleute, deren Motive ausschließlich eigennützig waren. Salomon Heine gehörte nicht zu dieser Sorte, wenn auch sein Chronist Mendelssohn nicht verstand, wie und womit er sein Geld verdiente.[2]

Salomon Heine tätigte überwiegend Devisen- und Warengeschäfte, vergab Kredite, spekulierte aber nicht mit Aktien. Erst sein

81

Sohn Carl machte derartige Aktiengeschäfte. Salomon war ein guter Kopfrechner, Kalkulator und Stratege und zudem war er in allen kaufmännischen Angelegenheiten von peinlicher Genauigkeit. Zuverlässiges Einhalten von Absprachen, Ehrlichkeit, pünktliches Zahlen, Kundentreue und ein hoher moralischer Anspruch waren für ihn selbstverständlich. Er hatte einen vorausschauenden Blick bei finanziellen Entwicklungen, ließ aber zu riskante Geschäfte beiseite, auch wenn Kapitalvermehrung sein angestrebtes Ziel war.

Er kaufte Anleihen, die drei und sechs Prozent an Zinsen einbrachten, also ganz solide, sichere Anlagen waren. Selten erlebte er schwere Verluste, denn er ließ sich nicht dazu hinreißen, unseriöse oder unsichere Papiere zu erwerben. Hauptsächlich kaufte er Staatsanleihen. Allerdings soll er viele Kredite ohne Sicherheiten vergeben haben, wenn er die Person und die Firma gut kannte. Er ließ sich also auch von seinem guten Gespür und seiner Menschenkenntnis leiten. Trotzdem gingen nicht alle Geschäfte gut aus. Aus den Akten seines Notars Meyer Israel Bresselau ist zu erkennen, dass es viele Wechselproteste bei Salomon gab. Demnach vergab er eine große Anzahl an Wechselkrediten an Hamburger Firmen, die überwiegend von Christen geführt wurden. Laut Joseph Mendelsohn betrug die Kreditsumme mehrere Millionen Mark Banco pro Jahr. Im Schnitt sind bis 1825 pro Jahr um die einhundert Wechselproteste zu Salomons Lasten verzeichnet.[3] Solche Wechselgeschäfte gehörten zum Portfolio eines Merchant Bankers, denn Handelsbanken, die Kredite an Kaufleute vergaben, waren noch unbekannt. Selbst 1857, als Carl Heine die Norddeutsche Bank mitbegründete, war man von Seiten des Senats der Auffassung, es habe sich in den letzten einhundert Jahren an den Grundsätzen des Geldverkehrs nichts geändert und eine Kreditvergabe an Fabrikanten würde diesen nur Sorgen bringen.

Die erhaltene Geschäftskorrespondenz Salomon Heines zeugt von einigem Weitblick. Üblicherweise hatten aber seine Angestellten die Briefe zu schreiben. Seine Anmerkungen waren oft in hebräischen Buchstaben verfasst, eine Schrift, die ihm vertrauter blieb als das Lateinische. Auch Briefe an Rothschild waren, wie schon erwähnt, in hebräischen Buchstaben geschrieben.

Salomons Postskripte, die er eigenhändig an die Geschäftsbriefe anfügte, waren häufig schwer verständlich, selbst wenn sie auf Deutsch abgefasst waren. Das hatte Methode. Sie sollten nur für Eingeweihte einen Sinn ergeben. Diese Art der Verschlüsselung war auch bei den Rothschilds üblich. So findet man „Paris kofen was Sie können", „Seilers begehrt – Geld knapfff". Je knapper das Geld war, desto mehr ffs standen hinter dem Wort knapp.[4] *Seilers* waren mexikanische Säulenpiaster, so genannt, weil auf der Silbermünze eine Säule eingeprägt war.

Obwohl Salomon weder Englisch noch Französisch sprach, hatte er doch ein paar Worte gelernt, die er in seinem Sinne im Alltagsgeschäft einsetzte. „Kam ein Engländer zu ihm ins Kontor", berichtet Marie Zacharias, „so fragte er ihn: ‚Parlez vous francais?' – ‚No, sir!' – ‚que c'est domage', rief er dann. Kam aber ein Franzose, so fragte er: ‚Do you speak english?' – ‚Non. Monsieur!' – dann rief er ‚It's a pity,' und darauf sagte er laut – ‚wo ist Heckscher, wo ist Leo? Haben alle Sprachen gelernt von mein Geld, un nu is keiner da.'"[5]

Trotz seiner sprachlichen Defizite und seiner geringen Bildung hatte Salomon offensichtlich keine Minderwertigkeitskomplexe.

Was von einem Privatbankier erwartet wurde – ein florierendes Geschäft, Zeit für gesellschaftliche Interessen, ethisch korrektes Handeln, Diskretion, dass man sein Haus elegant ausstatte, Feste gebe, sich als Mäzen betätige, sich modisch kleide, eine gute Ehe führe und sich loyal seinen Angestellten gegenüber verhalte – dem allen entsprach Salomon Heine voll und ganz.

Sommerreisen und neue Bekanntschaften
„Man geht dorthin, wo die Mode will, daß man gesunde"

Nicht nur Harry, auch der Geschäftsmann Salomon liebte die schönen Seiten des Lebens. Gleich nach der Befreiung Hamburgs von den Franzosen hatte Salomon Heine seine Reisetätigkeit aufgenommen, meist begleitet von seiner Frau Betty. Manchmal nahm er seine Töchter in Begleitung von Freundinnen mit, Dienerschaft war immer dabei. Als

Transportmittel nutzten die Heines die eigene Reisekutsche, die von zwei oder vier Pferden gezogen wurde.

Eine wichtige Voraussetzung jeder Reise war die Übertragung einer Vollmacht beim Notar Bresselau an Salomons Angestellte oder Familienmitglieder. So wurden Henry Heine, der Ehemann von Heinrichs Schwester Charlotte, Moritz von Embden, oder der Buchhalter Samuel Liebermann zur Wahrnehmung der Geschäfte während Salomon Heines Abwesenheit damit ausgestattet. Das setzte nicht nur Vertrauen, sondern auch Kenntnis der Geschäftsvorgänge voraus.

Jedes Jahr im Sommer machten sich die Heines zu einer größeren Tour auf. In erster Linie sollte die Reise der Gesundheit dienen, deshalb unternahmen sie zumeist eine Badekur mit anschließender kleiner Vergnügungstour als Erlebnis- und Nacherholungsreise.

Eine Reise konnte aufgrund der langen Anfahrtszeiten schon einige Wochen dauern, das heißt, ein „Workaholic" im heutigen Sinne war Salomon nicht. Andererseits waren längere Sommerreisen im Bürgertum durchaus üblich, und schließlich dienten sie besonders in den Kurorten ja auch der Kontaktpflege.

1818, als das Ehepaar Heine in seinem Vierspänner auf einer Landstraße in der Nähe von Bayreuth fuhr, ließ Salomon die Kutsche anhalten, um allein voranzugehen, da er gern die Landschaft genießen und erkunden wollte. Er marschierte eine Weile in Richtung Bayreuth, als er einen Mann von stämmiger Gestalt, mit langen Haaren und ohne Hut auf sich zukommen sah. Er sprach ihn an und sie kamen ins Gespräch, das in eine lebhafte Unterhaltung überging. Schließlich tauschten sie ihre Namen aus und verabschiedeten sich, denn Salomon wollte seine Frau, die mit der Kutsche nachgekommen war, nicht allzu lange allein lassen. Am Abend im Wirtshaus in Bayreuth berichtete Salomon von seiner Begegnung mit dem Mann, der ihn so sehr beeindruckt hatte. Als der Wirt den Namen Jean Paul vernahm, ließ er ihn holen, denn der Schriftsteller Jean Paul war ein weit über die Stadt hinaus bekannter Mann. Der Abend in dem Wirtshaus wurde für alle unvergesslich, denn nicht nur der Champagner gab Anlass zu der herzlichen, lebhaften Stimmung. Besonders Betty hat später oft davon erzählt.[1] Eine Einladung Jean Pauls nach Hamburg mag Salomon Heine, wie sein Neffe

Maximilian behauptet, durchaus ausgesprochen haben, der Dichter besuchte die Hansestadt jedoch nie.

Die Werke Jean Pauls hielten aber im Hause Heine Einzug. Besonders die Geschichte von Dr. Katzenbergers Badereise wurde gern gelesen. Diese satirische, spöttische Schrift war ein großer Erfolg, ein humoristisches Werk, das Goethe nicht goutierte, welches aber E.T.A. Hoffmann sehr gut gefiel. Heinrich Heine wiederum tadelte Jean Paul, er habe sich die Mühe gespart, klar zu schreiben.[2] Später allerdings war sein Urteil über den großen Schriftsteller weitaus positiver. Zumindest lässt sich festhalten, dass Salomons Deutsch nicht so schlecht gewesen sein kann, wenn er den Roman gelesen hat.

Anfangs waren für die Heines die Kurorte Pyrmont, der kleine Ort Lauenstein und Marienbad die bevorzugten Reiseziele. Schon im Jahre 1815 oder 1816 hielten sie sich in Marienbad auf, begleitet von Hermine Speckter.[3] Auch wenn Ärzte die Bäder empfahlen: Diejenigen, die es sich leisten konnten, reisten auch aus gesellschaftlichen Gründen. „Man geht dorthin, wo die Mode will, daß man gesunde", hieß es damals. In Marienbad wollte es die Mode zu dieser Zeit. 1819 besuchte der Bruder des ehemaligen Kaisers Louis Napoléon Bonaparte Marienbad, auch Goethe erschien dort in den Jahren 1820 und 1821, und Graf Blücher war bereits 1816 zum Kuren in diesem Bad gewesen.

Zu einem weiteren Aufenthalt der Heines in Marienbad schrieb Maximilian eine Geschichte, genannt „Das Wunder." Die Reise fand vor 1830 statt. „Auf einem entlegenen Wege ...", so erzählte Salomon Heine seinem Neffen Max, als dieser zu Besuch war, „... befand sich eine ziemlich verfallene Waldkapelle, nur erleuchtet von einem Lämpchen vor dem Muttergottesbilde. [...] In seiner Verzweiflung läuft das junge Mädchen [sie hatte gerade den Vater verloren und die Mutter war krank] in die einsame Capelle, wirft sich vor dem Bilde der Mutter Gottes nieder, betet inbrünstig, weint die bittersten Thränen, und fleht kniend um Erlösung aus dem harten Elende. Denke Dir, als das Mädchen sich wieder erhob, lag vor ihm ein Haufen Geld, Goldstücke und Silberstücke bunt durcheinander." Da das Mädchen nun erzählte, das Geld habe ihr die Mutter Gottes geschenkt, blieb diese Geschichte als Wunder in Marienbad unvergessen. Als Salomon wieder einmal dorthin kam, von dem Wunder hörte und die Kapelle aufs Prächtigste renoviert vorfand, war er sehr zufrieden. Denn er war es, der „das Wunder" vollbracht hatte, als er seine Hosentaschen mit Geld vor dem betenden Mädchen leerte und dazu sagte „... das kommt von der Mutter Gottes".[4]

Weniger groß oder mondän, dafür aber näher und auch sehr schön war es in Travemünde an der Ostsee, nahe Lübeck. Hierhin zog es die Familie Heine oder in späteren Jahren Salomon allein. Dort gab es seit 1802 eine Badeanstalt. Die Badehäuser lagen gegenüber des Priwalls. Zum Mittelpunkt wurde für die Gäste das Gesellschaftshaus am Ziegelberg, denn neben dem Baden galt dem Sich-Vergnügen das meiste Interesse. Hier im Kurort, wo mehrere Hamburger verweilten, lud Salomon Heine Gäste zu Soireen ein.[5] Einmal mietete er sogar den ganzen Saal eines Gasthofs für eine arme Schauspielertruppe, kaufte zudem alle Eintrittskarten und verschenkte sie.[6] Ab 1824 konnten sich die Kurgäste auch an öffentlichen Konzerten erfreuen. Außerdem gab es schöne Gartenanlagen, eine Lesehalle und eine Konditorei.[7] Bereits im Sommer 1816 hatte Salomon Heine, wie auch seine Mitstreiter aus der Bank, nach einem Aufruf von Amandus Abendroth drei Aktien für das neu zu gründende Seebad Ritzebüttel erworben. Hier sollte später sein Neffe Harry einen seiner bevorzugten Urlaubsorte an der Nordsee finden, dann schon Cuxhaven genannt.

Salomons Töchter Amalie und Fanny
Die guten Ehen sind so rar

Nachdem Friederike Heine 1815 Morris Oppenheimer geheiratet hatte, erschien einige Zeit später in Hamburg ein eleganter Herr, um nach einer Braut Ausschau zu halten. Es handelte sich um Kalman Rothschild,[1] der 1817 in dieser Absicht auch bei Familie Heine gemeldet wurde, denn da ihm alle Töchter namentlich bekannt waren, wollte er jetzt die unverheirateten in Augenschein nehmen. Kalman, auch Carl genannt, war ein Bruder von James Rothschild in Paris und Nathan in London. Als er in Hamburg von Friederikes Konversion erfuhr, ließ er angeblich den Plan einer möglichen Vermählung mit einer Heine-Tochter fallen, da für ihn nur eine durch und durch jüdische Familie in Frage kam. Auch der Plan der Eröffnung einer Filiale der Rothschild-Bank in Hamburg wurde von ihm nicht weiter verfolgt.[2]

Der überlieferte Briefverkehr Kalman Rothschilds lässt jedoch einen anderen Schluss zu. Neben Heines Töchtern waren auch zwei Töchter aus der Familie von Halle in die engere Wahl Kalman Rothschilds gekommen. Rothschild berichtete seinen Brüdern von den Begegnungen. „Der von Halle hat 2 Töchter. Ich bin heute bei ihm zu Tisch. Was Denkst Du davon oder dazu? Gestern kommt Heine zu mir mit den Antrag wegen seiner Tochter. Seine Frau wäre mir so besonders gut, äußerst schmeichelhaft, allein ich sagte ihm, sie wäre krank, denn sie sagte es selbst." In einem weiteren Rothschild-Brief heißt es: „Was denkst Du von Halle seine Tochter? Der Heine seine ist krank. Klagt immer Kopfweh."[3] Ausschlaggebend war für Rothschilds Wahl also offensichtlich nicht allein der Grad der Religiosität, sondern auch die körperliche Verfassung der zukünftigen Braut.

Kalman Rothschild entschied sich schließlich zwar für eine Hamburgerin, aber weder aus der Familie Heine noch aus der von Halle. Er heiratete Adelheid Hertz. Sie war die Tochter von Moses Isaak Hertz, einem Bankier aus Hamburg, verschwägert mit Lion Abraham Goldschmidt, der ab 1814 eine Firma in Frankfurt leitete und dort lebte, aber auch für Benjamin Goldschmidt in London und seinen Schwager als Vermögensverwalter tätig gewesen war.

Möglicherweise bezogen sich die Aussagen Rothschilds auf Fanny Heine. Sie hatte tatsächlich keine robuste Gesundheit. Nach Rothschilds vergeblicher Brautschau fand im Juni 1818 die Hochzeit von Fanny Heine mit dem Arzt Dr. Christian Wilhelm Adam Schröder statt. Sie starb bereits 1829 an Tuberkulose.

Auch Fanny war eines der von Harry angehimmelten Mädchen, trotz seiner vielfach beschriebenen Verliebtheit in die jüngere Amalie. Er hatte der Cousine ein Jahr vor ihrer Hochzeit eine Erstausgabe von E.T.A. Hoffmanns „Die Elixiere des Teufels" mit einem Neujahrsglückwunsch überreicht, die man erst 1977 wiederentdeckte. Buchwidmungen mit Texten bekannter Dichter waren eine sorgsam gepflegte

Tradition in der Familie Heine. Seiner Cousine Fanny schmeichelte er in seiner individuellen Widmung:
„Ich will nicht schon gleich am ersten Tage des Jahrs lügen, drum gestehe ich, daß ich zwar den lieben Herrgott bitte von meinen Jahren den Ihrigen beyzulegen; aber doch nicht alle. Denn es ist doch immer gar zu schön in einer Welt zu wohnen, wo Mädchen – – – mit drey Gedankenstriche leben. –
Ich bin mit Achtung u Ergebenheit schöne, zartsinnige Fanny
Ihr Harry H." [4]

Die zwanzigjährige Fanny galt als besonders anziehende und liebenswürdige junge Frau. Die Mitgift von 100.000 Mark Banco war für jeden Mann sicherlich genauso anziehend. Dass ihr Ehemann – jedenfalls ist davon auszugehen, dass er es war – sich nach Fannys frühem Tod 1829 über den Eintrag im Buch aufregte, ihn vielleicht als distanzlos einschätzte, hängt mit der in der Widmung anklingenden schwachen Konstitution Fannys zusammen. Er notierte neben Harrys Widmung: „Dieses Neujahrsgeschenk an ein damals tiefleidendes, von Schmerzen u. Seelenangst gequältes Mädchen characterisiert die sittliche Rohheit und Bodenlosigkeit des Gebers schärfer u. unzweifelbarer als seine späteren Schriften." [5]

Anzunehmen ist, dass sie unter Migräne litt, wie manche aus der Familie Heine, und später an Tuberkulose. Dr. C.W.A. Schröder jedenfalls war, wie andere Schwiegersöhne Salomons auch, von Heinrich Heine gelinde gesagt wenig angetan.

Drei Jahre später vermählte sich auch Amalie Heine, Heinrich Heines Schwarm seiner frühen Jahre. Am 15. August 1821 wurde die Hochzeit zwischen Amalie und John Friedländer gefeiert. Sie heirateten nach jüdischem Ritus, ließen sich aber zwei Jahre später taufen.

Diese Vermählung war für Heinrich schwer zu ertragen. Er war gekränkt, enttäuscht und fühlte sich verletzt. Seine verschmähte Liebe setzte er in kreative Kraft um. Sie brachte viele schöne Gedichte hervor, die sich um die Angebetete in Hamburg ranken:

Sey mir gegrüßt, du große,
Geheimnißvolle Stadt,
Die einst in ihrem Schooße
Mein Liebchen umschlossen hat.
Sagt an, ihr Thürme und Thore,
Wo ist die Liebste mein?
Euch hab' ich sie anvertrauet,
Ihr solltet mir Bürge sein.

Unschuldig sind die Thürme,
Sie konnten nicht von der Stell',
Als Liebchen mit Koffern und Schachteln
Die Stadt verlassen so schnell.
Die Thore jedoch, die ließen
Mein Liebchen entwischen gar still;
Ein Thor ist immer willig,
Wenn eine Thörin will.[6]

Amalie Heine wurde ein Jahr nach ihrer Hochzeit von dem berühmten Porträtmaler Friedrich Carl Gröger verewigt. „Ihr volles, sehr weibliches Gesicht im Typ eher der Mutter als dem Vater ähnelnd, beherrschen die liebenswürdigen Augen über einem zierlichen Mund und einer schlanken Nase."[7] Gröger schuf mit Bildern von Salomon, Betty und John Friedländer drei weitere Porträts der Familie Heine.

Amalies Hochzeit ließ sich auf familiäre Kontakte zurückführen. Ihr Ehemann John Friedländer (1793–1863) war ein Nachkomme von Joachim Moses Friedländer, Namensgeber eines weltweit bekannten Handelshauses aus Königsberg. Johns Mutter Brunette (Bune) war eine geborene Oppenheim und eine Enkeltochter von Salomons Tante Bune Goldschmidt geb. Popert. Salomon kannte Brunette bereits sehr lange, denn von ihm stammt, datiert vom 12. September 1790, ein Stammbucheintrag. Sie war damals ein Mädchen von vierzehn Jahren: „Der Unschuld Thon, auf Deiner Wange, Natur in Deinem Blick, Zeigt wie jeder Zug unbefangen, der Schöpfung Meisterstück." Darunter steht: „Wahlspruch Ihres Freundes Salomon Heine".[8]

Brunettes Mann und Amalies Schwiegervater David Mayer Friedländer aus Königsberg trat, wie dessen berühmter Onkel David (Joachim) Friedländer in Berlin, engagiert für die Gleichstellung der Juden ein. So war es nur konsequent, dass sein ältester Sohn John – dem preußischen Edikt von 1812 folgend, das Juden, wenn auch mit etlichen Ausnahmen, zu Staatsbürgern erhoben hatte – als Landwehrkavallerist in die Befreiungskriege gezogen war. Als *Secondelieutenant* kehrte er zurück. In das erwähnte Bild, das Gröger von ihm anfertigte, ließ John Friedländer nachträglich 1826 das Eiserne Kreuz einfügen, das er für seine Tapferkeit im Gefecht bei Torgau verliehen bekommen hatte.[9]

John Friedländer (1793–1863),
gemalt von Friedrich Carl Gröger 1823.

Amalie und John Friedländer lebten fortan in Königsberg, weit entfernt von Amalies Familie. In den folgenden Jahren reiste das junge Ehepaar einige Male nach Hamburg, oder ihre Eltern traten zusammen mit Amalies Freundin Hermine Speckter die lange Reise nach Königsberg an.

Amalies Verehrer Heinrich Heine sah das Paar aber wohl erst am 17. und 18. Oktober 1827 in Hamburg wieder, als Salomon Heines 60. Geburtstag groß gefeiert wurde.

Amalies Schwester Fanny blieb dagegen mit ihrem Ehemann dicht bei Hamburg in Groß Borstel wohnen. Im Winter lebten sie in

Amalie Friedländer geb. Heine (1799–1838),
gemalt von Friedrich Carl Gröger 1823.

der Stadt, ganz in der Nähe der Eltern. Ihr Auserwählter, der dreißigjährige Garnisonsarzt Christian Wilhelm Albrecht (C.W.A.) Schröder, war erst wenige Jahre zuvor nach Hamburg gezogen.

Geboren war er in Themar in Sachsen-Meiningen. Sein Vater, Pfarrer und Rektor der dortigen Lateinschule, war Mitglied des Kirchenrats. C.W.A. Schröder studierte und promovierte in Jena und wurde anschließend Regimentsarzt der herzoglich-sächsischen Truppen. Später, als Stabsarzt des 5. Deutschen Armeecorps und Leibarzt des kommandierenden Generals, des Herzogs Ernst von Sachsen-Coburg, nahm er an den Befreiungskriegen von 1813 teil.[10] Aus Dank wurde er von Zar Alexander I. für die den russischen Soldaten in der „Völkerschlacht" bei Leipzig erwiesene Hilfe mit einem Brillantring geehrt, eine Auszeichnung, die damals nicht so selten vorkam, wie es heute anmutet. Auch Heinrich Heines Bruder Maximilian hat solch einen Ring erhalten. Er galt als Vorstufe zur Auszeichnung mit einem Orden.

Im Februar 1814 wurde Dr. Schröder zum Oberarzt ernannt. Ein Jahr später ließ er sich in Hamburg als Augenarzt, Chirurg und Armenarzt nieder. Außerdem wurde er als Garnisonsarzt Mitglied in der Examinationskommission, der die Musterung der Soldaten oblag, und er besaß zudem eine Konzession, um als Medizinalrat in den Landgebieten zu praktizieren.

Die Wohnung des jungen Paares Schröder lag zuerst in der innerstädtischen ABC-Straße, wo Schröder schon vor seiner Hochzeit gewohnt hatte, später in den benachbarten Hohen Bleichen. Am 22. November 1822, also vier Jahre nach der Hochzeit, konnte Schröder auch dank der Mitgift seiner Frau Fanny ein stattliches Anwesen im ländlichen Groß Borstel kaufen. Das Landhaus mit Lustgarten, das Frustbergpark genannt wurde, hatte der kurz zuvor verstorbenen Elisabeth Gossler geb. Berenberg gehört und kostete 30.000 Mark Banco,[11] damals ein günstiger Preis.[12] Elisabeth Gossler hatte das alte Fachwerkhaus zu einem eleganten Landsitz umbauen lassen und den Besitz durch Zukäufe vergrößert.[13]

In Groß Borstel, das bis 1830 noch ein Klosterdorf mit damals 493 Einwohnern war und dann zum althamburgischen Gebiet der Geestlande gehörte, gab es drei weitere große Landhäuser, die reichen

Hamburger Familien als Sommerresidenz dienten. Auch das Ehepaar Schröder mit inzwischen zwei Kindern wird das Haus anfangs nur im Sommer bewohnt haben.

Ob Salomon seinen Schwiegersohn mochte? C.W.A. Schröder scheint es ihm nicht immer leicht gemacht zu haben. Maximilian Heine hielt jedenfalls etliche Jahre später folgende Anekdote fest:
„Ich muß noch bemerken, daß ein anderer der Schwiegersöhne des Onkels, Herr Dr. med. Schröder, sehr eigensinniger Natur, großer Solicitant, mit dem Onkel [Salomon Heine] oft hart aneinander gekommen ist […]. Als einstmals auf die Schwiegersöhne des Onkels die Rede kam, es war gerade zur Zeit, als Herr Gumpel [Salomons Nachbar Lazarus Gumpel] sich in der schlechtesten Laune befand, sagte er schadenfroh: ‚Den Doctor Schröder habe ich von Salomon Heine's sämmtlichen Schwiegersöhnen am Liebsten, denn der ärgert den Alten am Meisten."[14]

Nach Fannys frühem Tod 1829 in Heidelberg heiratete Schröder erneut. Seine zweite Frau Pauline Hagedorn war die Tochter eines wohlhabenden Nachbarn und Guts- oder Lustgartenbesitzers aus Groß Borstel.[15]

Reformen müssen her!
Die Haskala

Die Anhänger der Haskala, der jüdischen Aufklärung, verfolgten politisch die bürgerliche und rechtliche Gleichstellung aller Juden im mittel- und osteuropäischen Raum. In Frankreich, England und in den Niederlanden war man bereits liberaler und gab den Juden bürgerliche Rechte. Ab 1791 gab es in Frankreich die Gleichberechtigung für alle Juden. Dies umfasste ab 1806 auch die Emanzipation für das Herzogtum Berg, zu dem Düsseldorf gehörte und wo die Familie von Samson Heine lebte. Sie waren deshalb später von Napoleons Taten so begeistert. Die Düsseldorfer Heines gehörten damit zu einer Minderheit deutscher Juden, die in den Genuss der bürgerlichen Gleichstellung gekommen waren. Diese Rechte gestatteten es ihnen auch, in Frankreich zu leben, was Heinrich Heine bekanntlich später nutzte.

Am 11. März 1812 erhielten die Juden mit dem Edikt des Königs Friedrich Wilhelm III. von Preußen in Berlin die bürgerliche Gleichstellung.[1] Auch wenn sie nur als „Einländer" Staatsbürger werden durften und das nur unter Vorbehalt, so waren diese Reformen dennoch ein bedeutender Fortschritt. Sondersteuern für Juden wurden abgeschafft. Sie durften ihren Wohnsitz frei wählen und in Berufen arbeiten, die ihnen bis dahin verwehrt waren. Auch der Erwerb von Grund und Boden wurde ihnen zugestanden, wenn sie wie die Christen in der Preußischen Armee dienten.[2] Das Edikt enthielt allerdings so viele Ausnahmeregelungen, dass es bis zur völligen Gleichstellung der Juden noch Jahre dauern sollte. Außerdem gehörte nur eine kleine jüdische Oberschicht zu den wenigen „Generalprivilegierten" in Berlin; das heißt, nur sie durften uneingeschränkten Handel treiben wie die Christen.[3] Zu den Privilegierten zählte in erster Linie die Familie des Zuckerfabrikanten Beer, bei der sogar Staatskanzler Karl August von Hardenberg einmal pro Woche zu Abend aß, denn das Haus der Beers galt als „Königshaus der jüdischen Gemeinde".[4]

Bereits nach dem Friedensschluss von 1815 im Anschluss an das politische Ende Napoleons wurden auch in Preußen einige Rechte wieder aufgehoben. Passagen, die bis dato im Edikt unklar formuliert gewesen waren, wurden nicht überarbeitet, sondern gestrichen.[5]

In Hamburg, das in all diesen Fragen ohnehin hinterherhinkte, nahm man in der jüdischen Gemeinde die Entwicklungen in Preußen und anderen Staaten natürlich zur Kenntnis. Die Schriften für soziale Gerechtigkeit in Handel und Wirtschaft von David Friedländer könnte Salomon Heine gekannt haben, denn David Friedländer war der Großonkel von John Friedländer, dem Ehemann von Amalie.

Schon in Königsberg hatte die jüdische Familie Friedländer versucht, der Isolation zu entkommen, der sie wegen ihrer Glaubenszugehörigkeit ausgesetzt war. Sie engagierte für ihre Kinder einen jungen, reformfreudigen Hauslehrer aus Kopenhagen, Isaac Abraham Euchel.

Bekannter als der Hauslehrer seiner Neffen wurde David Friedländer als Reformer und Vorreiter der jüdischen Emanzipation selbst.

Er wirkte im Reformkomitee des preußischen Königs zur Erarbeitung von allgemeinen Reformen mit, anfangs jedoch ohne Erfolg für die jüdischen Belange. 1788 eröffnete er gemeinsam mit seinem Schwager Isaak Daniel Itzig in Berlin eine Freischule, die Vorbild für die in Hamburg erst 1815 gegründete Freischule war. Ohnehin hatten sich die Umstände für Juden in Preußen günstiger entwickelt als in Hamburg.

David Friedländer war der erste Jude, der in den Berliner Stadtrat gewählt wurde. Später folgte ihm Abraham Mendelssohn.[6]

Auch wenn Salomon Heine kein Moralist und kein Intellektueller war, beschäftigte er sich doch sehr mit der Idee der Reformen. Zusammen mit Joseph Meyer Friedländer in Hamburg, dem Neffen von David und Onkel von John Friedländer, gehörte Salomon zu den von den Gedanken der Haskala inspirierten Neuerern. Meyer Friedländer hatte selbst von dem fortschrittlichen Kopenhagener Lehrer Euchel Unterricht erhalten und wandte sich deshalb nicht nur gegen den Brauch der frühen Beerdigung der Juden, die auch Salomon ablehnte,[7] sondern er forderte eine Modernisierung der Gesellschaft im Sinne der Haskala. Salomon strebte für alle jüdischen Mitmenschen die Integration in die Gemeinwesen an.

Auch der reiche Berliner Bankier und Zuckerfabrikant Jacob Herz Beer, zu dem Salomon lukrative Geschäftsbeziehungen pflegte, war ein engagierter Vordenker und Reformer, besonders was die Ausübung der Religion betraf.

Als Israel Jacobson aus Seesen 1814 mit Beer in Berlin den Beer-Jacobsonschen Privat-Tempel gründeten, wurde dieser zum Vorbild des neuen Hamburger Tempels. Allerdings musste der Berliner Tempel auf Weisung der Regierung nach wenigen Jahren wieder geschlossen werden. Die zentrale Idee jedoch, dass die Predigt auf Deutsch gehalten wurde, lebte weiter.[8] Der Privatlehrer des späteren Opernkomponisten Giacomo Meyerbeer in Berlin, Sohn von Jacob Herz Beer, war Eduard Israel Kley. Er zog später nach Hamburg und wurde Prediger im neuen Tempel.

Denn Neuerungen gab es nun auch für die jüdische Glaubensgemeinde in Hamburg. Im Jahre 1817 hatte man mit 65 jüdischen Hausvätern (Familienvorständen) den Neuen Israelitischen Tempelverein gegründet. Zu den Gründungsmitgliedern gehörte Henry Heine, Salomons Bruder. Liberale Juden gab es besonders zahlreich unter den Hamburger Kaufleuten. Dazu gehörten unter anderem Marcus Robinow, Ruben Daniel Warburg, Altonaer Kaufmann im Seidenhandel, und Lazarus Gumpel, Salomons Nachbar in Ottensen. Salomon selbst schloss sich 1818 zur Einweihung des Tempels der neuen Reformgemeinde an. Im neuen Tempel wurde nicht nur die Predigt auf Deutsch gehalten, sondern es erklang auch Orgelmusik, und Christen war es gestattet, in den Tempel zu gehen und sich die Predigt anzuhören. Statt der üblichen Bitte um Rückkehr nach Israel hieß es im späteren Gebetbuch von 1841 „Befreiung von Unterdrückung und Ungerechtigkeit" in ihren jeweiligen Ländern. Denn 25 Jahre nach der Restauration waren die damaligen Rückschritte hinsichtlich der Gleichstellung der Juden noch nicht wieder rückgängig gemacht worden, obwohl sich viele Juden als Reformierte der Mehrheitsgesellschaft immer mehr angepasst hatten.

Der Tempel war Anfang der 1840er-Jahre längst zu klein geworden. 1842 entstand ein Neubau in der Poolstraße, für den auch Salomon seinen Obolus leistete. Zwei im Bauplan vorgesehene kleine Seitentürme sollten aus Geldmangel entfallen. Als Salomon den Plan studierte und die Türme durchgestrichen fand, beschloss er, den Fehlbetrag von 2.000 Mark zusätzlich zu einer ohnehin großzügigen Spende zu geben. Die Türme mögen überflüssig sein, befand er, „Aber mir gefallen die Thürme und sie sollen gebaut werden. Ich zahle die Hälfte der Kosten."[9]

Die schönen Seiten des Lebens
Müßiggang und Gesellschaften

In den großbürgerlichen Kreisen spielte sich ein Gutteil des Lebens nicht in der Stadt, sondern auf den Landsitzen ab. Dabei gab es eine Art Wettstreit unter den Familien, das Landleben zu perfektionieren. Es gehörte für Villenbesitzer an der Elbe schnell zum guten Ton, einen gepflegten Garten zu haben, möglichst mit exotischen Pflanzen, denn das war chic und modern. Sogar eine spezielle Kleidermode hatte sich auf den Landsitzen entwickelt. Es gab eine recht legere Landhausmode mit gestreiften Baumwollstoffen für Damenkleider, englisch im Stil. Die Herren betätigten sich zum Ausgleich der *Comptoirtätigkeit* als Freizeitlandwirte und waren ebenfalls entsprechend gekleidet. Sofern sie nicht auf Reisen waren, lebten die Familien meist von Mai bis September auf dem Lande. Auch die Heines blieben in dieser Zeit des Jahres mitsamt ihren mitgezogenen Hausangestellten in Ottensen. Zwei Mal jährlich gab es deshalb viel zu packen; der halbe Hausstand zog im Frühjahr aufs Land und im Herbst zurück in die Stadt. In den Familien, gleichgültig welche finanziellen Mittel sie hatten, wurden die Tage auf dem Lande als Zeit der Muße angesehen. Man widmete sich der Familie und den Freunden und ging seinen persönlichen Neigungen nach. Oft rückte man näher zusammen, denn viele der Sommerhäuser waren klein, nur wenige Familien besaßen prachtvolle Villen. Auch Salomons Bruder Henry mietete sich ein kleines Sommerhaus schräg gegenüber von Salomons Familie. Es war ein schmuckes Fachwerkhaus in der

Das gemietete Fachwerkhaus von Henry Heine in Ottensen, dicht bei der Christianskirche gelegen, dargestellt auf einer Prunkvase um 1860.

Nähe der Christianskirche, das noch heute auf der Malerei einer großen Vase zu erkennen ist. Diese Vase sowie ein Pendant mit einer Abbildung des späteren Hauses von Henry Heine in der Großen Theaterstraße befinden sich noch heute im Besitz der Nachkommen.

Von seiner Villa in Ottensen hatte es Salomon nicht weit aufs Kontor in der Neustadt und später am Jungfernstieg. So konnte er jeden Morgen von seinem Kutscher in die Stadt und abends zurückgebracht werden. Der Weg war trotzdem beschwerlich, gerade bei schlechtem Wetter. Erst ab 1830 gab es eine gepflasterte Straße von Altona nach Blankenese. Diese machte die Fahrt um einiges schneller und ermöglichte es den Hamburgern, an den Sonntagen einen Tagesausflug an die Elbe zu machen. Am Beginn der privaten Chaussee, die in der Länge vor dem heineschen Grundstück auch zum Besitz von Salomon Heine gehörte, wurde an einem Schlagbaum das Chausseegeld kassiert, allerdings nur an Sonn- und Feiertagen.

Die Villa in Ottensen mit Efeu umrankt,
vermutlich kurz vor dem Abriss um 1880.

Der für Salomons Grundstückspflege fest angestellte Gärtner war gut beschäftigt. In späteren Jahren, als das Grundstück vergrößert wurde, bekam die Familie des Gärtners ein eigenes Haus auf dem Gelände. Vier Personen waren unter der Aufsicht von Gärtnermeister Hüde beschäftigt, die sich um die Freiflächen und die Pflanzen im Treibhaus kümmerten. Obstbäume standen im Garten, auch Exoten und sogar Nutztiere lebten auf dem Gelände freilaufend oder im Käfig, um schließlich geschossen oder geschlachtet die Küche der Heines zu bereichern. Überhaupt war es üblich, die Gartenpracht nicht nur schön, sondern möglichst umfänglich nutzbar zu machen. Blumen und andere schöne Pflanzen wurden gern als Tischdekoration genutzt, Obst wurde eingekocht oder frisch verzehrt; unter den Nutzpflanzen erfreuten sich besonders Pfirsichbäume, Nektarinen und Weintrauben großer Beliebtheit. Fisch aus der Elbe konnte bei der an die Tür kommenden Fischfrau frisch gekauft werden. Es gab Lachs, Stint, Kabeljau, Stör, Scholle, Hering, Schnäpel, Butt, Hecht und Aal, die von den Fischern entweder geangelt oder mit Netzen gefischt wurden. Im Gegensatz zur Jagd war das Angeln als Freizeitbeschäftigung im Bürgertum nicht üblich.

Salomon lud oft Christen nach Ottensen oder später zum Jungfernstieg ein. Sicherlich gab es gelegentlich auch eine Absage von jemandem, der nicht bei Juden verkehren wollte. Aber man war auch neugierig und wollte sehen, wie es dort zuging. Das Essen jedenfalls war bei Heines immer sehr gut und üppig. Da es keine koscheren Mahlzeiten gab, war es für orthodoxe Juden nicht möglich, einer Einladung zum Essen zu folgen, und so traf man bei Heines nur liberale Juden an oder Andersgläubige.

Essen war Salomons Leidenschaft. Koscheres Essen lockte ihn allerdings wieder als Witwer in seinen letzten Lebensjahren. In einem Brief aus dem Jahre 1840 an Sara Warburg zum jüdischen Neujahrsfest schreibt er: „Aber ich wollte Auch einmahl Koscher eßen, [...] ein jüdisches Hertz hatt ein jüdischen Apetit. [...] Meine Goje [Christin] von Köchin, hatt endlich gelernt Hecht mit Knelekes zu machen"[1], also Hecht mit Klößchen.

Neben üppigem Essen wurde auch mit Wein und Champagner nicht gegeizt. Ob Salomon wie Parish mit zwei Flaschen Wein pro Kopf rechnete, ist aber nicht bekannt. Als reicher Mann war man jedenfalls verpflichtet, Gesellschaften zu geben, und Salomon kam dem gerne nach. In den Sommermonaten lud er jeden Sonntag, manchmal auch mittwochs, Gäste nach Ottensen ein.

Die großen Einladungen im Winter in der Stadt begannen vermutlich erst 1824 mit dem Umzug zum Jungfernstieg. Zu allen Jahreszeiten kamen neben Freunden und Verwandten auch Geschäftsfreunde, Besucher der Stadt und Künstler. Salomon ließ seine Gäste meist mit einer Kutsche abholen und nach dem Essen nach Hause oder ins Hotel bringen.

Das Sonntagsdiner in Ottensen, das im Parterre der Villa stattfand, begann gegen fünf Uhr nachmittags nach einem Rundgang durch den großen Garten und dauerte, wie allgemein üblich, vier Stunden. So konnten die Gäste noch vor Torschluss wieder in die Stadt zurückkommen, denn die Tore wurden bei Dunkelheit verriegelt. Erst nach 1830 durften die Tore fast die ganze Nacht passiert werden, sofern man bereit war, für die Öffnung zu zahlen.

Für Betty Heine brachte das Landleben trotz Personals allerdings nicht nur Müßiggang und Gesellschaft, sondern aufgrund der Größe des Haushalts und der Häufigkeit der Gäste zusätzliche Arbeit mit sich. Die Haushaltsführung, ihre Organisation und die Planung der Vorratswirtschaft erforderten den vollen Einsatz der Hausfrau. Selbst wenn das Personal in den Kellerräumen, der Küche, den Vorrats- und Wäschekammern tätig war, so ein Haus in Schwung zu halten war arbeitsaufwendig, insbesondere, wenn große Feste geplant waren.

Ein besonderes Ereignis fand am 18. Mai 1819 statt. Es war der 25. Hochzeitstag von Betty und Salomon. Anlässlich ihres Ehrentages beschenkte die Familie verschiedene Institute der jüdischen Gemeinde mit Geld.[2]

Der selbstständige Bankier Salomon Heine war nun auf dem Weg, einer der wichtigsten Mäzene Hamburgs zu werden.

Erfolg verpflichtet
Vom „Pauperismus"

Das hochgelobte Restaurant Rainville in direkter Nachbarschaft, von den Hamburgern gern „Rennwill" genannt, hatte das Jahr über viele Gäste zum Essen, manchmal auch zum Übernachten. Bei schönem Wetter war auch dort im Garten viel Betrieb. Ein Stück weiter östlich von Rainville war Lazarus Gumpel mit seiner Familie eingezogen, ein reicher Jude aus Hildesheim, mit dem Salomon regen, aber nicht immer friedlichen Kontakt hatte.[1]

Auf der anderen Seite von Heines Landsitz kaufte 1820 Conrad Hinrich Donner, der wie Salomon seit 1812 Mitglied der Schleswig-Holsteinischen Patriotischen Gesellschaft war, das Gelände. Man kannte sich also. Donner war Fabrikant und zweiter Direktor des

Rainville, das Restaurant an der östlichen Grenze zu Salomon Heines Villa, das in den Sommermonaten viele Gäste bewirtete. Stich nach Jess Bundsen.

„Königlichen Wechsel- und Bank-Kontors". Zwei Grundstücke dahinter lag das Anwesen von Konferenzrat Lawaetz, der dort bis zu seinem Tod lebte. Er war Direktor der Altonaer Girobank und dazu Fabrikant.

Salomon und Caspar Voght in Flottbek verband das große Interesse an der Gestaltung von Garten und Parkanlagen. Auch mit Daniel Louis Jacob, der gelernter Gärtner war und sein Weinrestaurant seit 1791 in Nienstedten betrieb, tauschte Salomon sich gern aus. Sie werden, wenn Salomon dort zum Essen erschien, über gärtnerische Fragen diskutiert haben. Und man kann sich Salomon Heine gut in Begleitung einer seiner Töchter auf der Terrasse sitzend vorstellen, die Herr Jacob mit den berühmt gewordenen Linden selbst angelegt hatte.

Auch Johann Daniel Lawaetz war dort häufig zu Gast. Die Wirtschaft von Jacob wurde gut besucht, war jedoch nicht so beliebt wie Rainville. Hier im Gasthaus, in einer ehemaligen Zuckerbäckerei, trafen sich Wanderer wie Fürsten, Kaufleute und Künstler, alle waren willkommen – auch Juden. Eine Besonderheit war der große Eiskeller, der in die hohe Elbböschung eingelassen war. Das Eis dafür wurde im Winter den Teichen der Umgebung entnommen und hielt mindestens den Sommer und den Herbst über. So konnten immer frische Lebensmittel serviert werden.[2] Salomon scheint sich diese Idee abgeschaut zu haben, denn auf einem Plan seines Gartens ist der Eingang zu einem Eiskeller am Rande seines Grundstücks eingezeichnet. Allerdings hatte Ramée, Salomons Gartenbauarchitekt, 1823 in den Vereinigten Staaten von Amerika ebenfalls Eiskeller kennen gelernt. Im dortigen Stil – ein rundes, tiefes Loch mit Dach, Glacière Américaine genannt – baute er später bei Salomon Heine einen Eiskeller im westlichen Teil des Gartens ein.[3]

Nicht nur Feste und die Gestaltung ihrer Gärten trieben die Großbürger in Altona und den Elbvororten um. Die Aufklärung und die Französische Revolution, danach die Vertreibung der Hamburger und die geleisteten Hilfsmaßnahmen hatten sie ein „politisch-soziales" Bewusstsein entwickeln lassen, das bei einigen zu nicht unerheblichem gesellschaftlichem Engagement führte.[4]

Johann Lawaetz befasste sich wie auch Baron Voght mit dem Problem der Armut, denn er war der Überzeugung, verfehlte Politik sei die Ursache der Not vieler Menschen.

Lawaetz beabsichtigte, am Rande der nördlich von Hamburg gelegenen Harksheide auf Betreiben des dänischen Königs eine Siedlung zu errichten, eine Armenkolonie auf Aktien, die es den Menschen ermöglichen sollte, in Arbeit zu kommen. Er war überzeugt, dass nicht Almosen den Armen helfen würden, sich aus ihrer Situation zu befreien, sondern die Möglichkeit, ihren Lebensunterhalt selbst zu erwirtschaften. 1815 schon hatte er dazu eine 322 Seiten starke Schrift mit dem Titel „Über die Sorge des Staates für seine Armen und Hilfsbedürftigen" veröffentlicht. Sechs Jahre später folgte eine weitere Abhandlung über Armenkolonien, in der er die Umsetzung seiner Ideen beschrieb. Zur Finanzierung des Bauvorhabens in der Harksheide konnten Aktien zu 100 Reichstalern Courant erworben werden. Die dänische Königsfamilie erwarb sechs, Carl von Hessen nahm zehn Aktien und Salomon Heine kaufte sogleich zwanzig Aktien. Ausschlaggebend für Salomons Beteiligung wird die Offenheit des Vorhabens gegenüber Juden gewesen sein, denn Lawaetz unterschied nicht zwischen Juden und Christen. Arme sollten das Recht auf eine würdige Unterkunft und Arbeit haben, egal welcher Religion sie angehörten. Dies trachtete er in Friedrichsgabe, einem heutigen Stadtteil Norderstedts, damals unbebautes Land, umzusetzen. Jede Familie erhielt ein kleines Häuschen von 25 Quadratmetern und Land, das sie bestellen konnte. Auch sollte durch derartige Siedlungen der Zuzug der verarmten Landbevölkerung in die Städte abgeschwächt werden.[5] Nicht nur Salomon überzeugte Lawaetz mit seinem Vorhaben, der Anteil der jüdischen Aktionäre machte insgesamt 20 Prozent aus.[6] Und tatsächlich war unter den ersten Bewohnern der Siedlung ein Jude, doch später gab es Widerstand von Seiten der Behörden.[7]

„In Johann Daniel ...", schreibt Paul Theodor Hoffmann, „... vereinten sich die Vorzüge des großen Kaufmanns, des Menschenfreundes und des Gelehrten. Er war ein sozialdenkender Patriot, der seinem Landsitz eine richtige kleine, von ihm selbst gegründete Stadt für Fabriken, Handwerke und Siedlungen fleißiger Menschen längs der Elbe angliederte."[8]

Als Johann Daniel Lawaetz 1826 starb, wurde die Kolonie von seinem Neffen weitergeführt; sie hatte aber mit erheblichen Problemen zu kämpfen. Der dänische Etatsrat, erfolgreiche Kaufmann und

Sozialreformer wurde auf dem Friedhof der Christianskirche beigesetzt, wo zuvor schon Klopstock seine letzte Ruhestätte gefunden hatte. Die Geschichte der Armenkolonie endete endgültig 1873.[9]

Salomons Schwiegersohn Dr. Schröder, der als Armenarzt tätig war, hatte anfangs ähnliche Ansichten wie Lawaetz und Voght. Jahre später hatten sich seine Überzeugungen, was die Versorgung der Armen in Hamburg anging, deutlich verschärft: „In der Zeit, wo ich noch bei der Armen-Anstalt thätig war, ward jede Idee von möglicher Verbesserung bei wahrlich enormen Gebrechen, als ketzerisch und neuerungssüchtig verworfen.[...] Mein Princip heißt, Unterstützung der Armen durch Arbeit, dem ich noch hinzufügen muß, nebst Anwendung strenger Maaßregeln gegen Faulheit und Lüderlichkeit, Trunk usw. [...] Indeß wird jeder meine Überzeugung theilen, daß die Armen-Anstalt zugleich eine Besserungsanstalt sein muß."

Weiter empfahl er, der Staat solle nicht zu viele Bürger zulassen, die nicht für sich selbst sorgen könnten, um dem Gemeinwesen nicht unnötige Lasten aufzubürden. Hamburg würde als „ein Eldorado angesehen, wo das Gold in den Straßen" zu finden sei. Es sei kein Wunder, dass die „Zugewanderten gerade hauptsächlich aus Mindertauglichen anderer Länder" bestünden. Hier solle ein „Schutzraum" gezogen werden. Schröder sprach sich in diesem Zeitungsbeitrag von 1832 eindeutig gegen die diskutierte Erhöhung der Unterstützung der Armen aus, denn man müsse darauf achten, dass nicht „... unsere eigenen Hütten dadurch gefährdet werden!"[10]

Auch wenn C.W.A. Schröder als Arzt unermüdlich in der Stadt wirkte, sein großes Vermögen hatte er durch die Mitgift seiner beiden Ehefrauen gemacht. Er war so zum reichsten Mann, zum Bauern-Oligarchen in Groß Borstel aufgestiegen. Von größeren Spenden oder Stiftungen seinerseits ist nichts bekannt.

Wie Salomon Heine im Einzelnen zum Umgang mit den Armen in der Gesellschaft stand, ist nicht überliefert. Für ihn markierten die Unterstützung der Israelitischen Freischule und der Aktienkauf zur Unterstützung der Armenkolonie von Johann Daniel Lawaetz allerdings den Anfang einer Spenden- und Mäzenatentätigkeit, die er bis zu seinem Lebensende beibehalten würde. Seine Unterstützung war dabei nicht nur auf soziale Projekte ausgerichtet, sondern auch auf einzelne Personen, auf Künstler und auf das Funktionieren des städtischen Gemeinwesens.

Samsons Familie in der Obhut Salomon Heines
Lüneburg – „… die Residenz der Langeweile"

1821, als Amalie Heine und John Friedländer heirateten, lebte Salomons Bruder Samson mit Frau und Kindern auf Salomons Geheiß seit über einem Jahr in Hamburg. Harry Heine, der 1819 die Stadt so unversöhnlich verlassen hatte, war mit Erlaubnis und pekuniärer Unterstützung seines Oheims ein Student geworden und kehrte anlässlich des Aufenthalts seiner Eltern für einige Zeit zurück. Wenn ihm auch diesmal die Hochzeit seiner Cousine seinen Besuch verleidete, die Stadt übte doch eine große Anziehungskraft auf ihn aus.

„Kaum betrat ich das Weichbild Hamburgs so wars mir plötzlich als ob ich nie dieses Nest verlassen hätte u alles was ich in jenen 2 Jahren der Abwesenheit erlebt, gedacht u gefühlt erlosch aus meinem Gedächtniß."[1] Harry fand seine Familie „in einem höchst traurigen Zustand" vor. „Mein Vater leidet noch immer an seiner Gemüthskrankheit, meine Mutter laborirt an Migräne, meine Schwester hat den Katharr, und meine beiden Brüder machen schlechte Verse."[2]

Salomon Heine und sein Bruder Henry versuchten für den an Epilepsie und an Depressionen leidenden Samson und für dessen Familie das Aufenthaltsrecht im nördlich von Hamburg gelegenen Oldesloe zu erwirken, wo Samson sich erholen könnte, denn seine kurzen dortigen Aufenthalte mit den Salzbäderkuren schienen ihm gutgetan zu haben. Zunächst wandten sich Salomon und Henry wegen eines Daueraufenthaltsrechts am 4. Juli 1820 an die Stadt. Das Gesuch, das ein Advokat an den dänischen König richtete, zeigt einmal mehr, welche Pfade Juden einschlagen mussten, um sich an einem Ort freier Wahl niederlassen zu können. In dem Schreiben ist als Begründung für die Bitte um Niederlassungsrecht zu lesen: „Daß gedachter […], ihr an einem durch epileptische Zufälle veranlaßten Blöd und Stumpfsinn leidender Bruder Samson Heine um die Oldesloer Salzbäder fortwährend gebrauchen zu können, als deren fortwährender Gebrauch durch seine Ärzte angeraten ist, sich häuslich in Oldesloe mit seiner Familie niederlassen und zu wohnen begeben dürfe."[3]

Taktische Gründe waren für diese Art des Briefes ausschlaggebend, da es Juden aus ökonomischen Gründen nicht gestattet war, in die Stadt zu ziehen. Man hatte wie immer Angst vor Konkurrenz, die hingegen von einem „Blöden" nicht zu erwarten war. Samson sollte deshalb kein Geld verdienen, sondern das Geld, das Salomon ihm gab, in Oldesloe ausgeben und damit für die Gemeinde nützlich sein. Erst im April des folgenden Jahres wurde dem Gesuch stattgegeben, doch die Heines zogen ihr Gesuch wohl wegen der mit der Genehmigung einhergehenden Bedingung, in Oldesloe ein Haus erwerben zu müssen, zurück. Als neues Domizil wurde die hannoversche Stadt Lüneburg ins Auge gefasst.

Über eine Schwester von Jacob Oppenheimer, verheiratete Ahrons, hatte Salomon Heine Kontakt zu ihrer Familie in Lüneburg. Diesen Kontakt nutzte er offensichtlich, um der Familie seines Bruders dort eine zur Anmietung freie Wohnung in guter Lage zu beschaffen.

Doch auch in Lüneburg benötigte die Familie eine Aufenthaltsgenehmigung, und wer darum bat, der wurde genauestens unter die Lupe genommen. Wie in Oldesloe hatte man auch hier Angst, mittellose Personen durchfüttern zu müssen oder wirtschaftliche Konkurrenten in die Stadt zu holen. Den Einwohnern war es unter Androhung von Strafe verboten, Auswärtige dauerhaft bei sich aufzunehmen. Juden wurden lediglich als wohlhabende Konsumenten geduldet und durften nur zur Miete wohnen.

Im Frühjahr 1822 reiste Salomon in einer mit vier Pferden bespannten Kalesche in die Hauptstadt des Fürstentums Lüneburg, das zum Königreich Hannover gehörte. Er konnte das ausgewählte Haus am Marktplatz zwar in Augenschein nehmen, aber bis es zum Mietvertrag der oberen Etage kam, mussten viele Briefe geschrieben werden. Das alte Gebäude lag gegenüber dem Rathaus, war zu Repräsentationszwecken gebaut worden und in früheren Zeiten reich mit

Rokokomedaillon-Malerei an den Deckenbalken geschmückt gewesen, die allerdings zu Heines Zeit abgehängt waren. Die zweite, gut möblierte Etage, die Salomon für seinen Bruder und Familie aussuchte, sollte 300 Reichstaler jährliche Miete kosten, eine gewaltige Summe für Lüneburger Verhältnisse.

Der Rat der Stadt war jedoch nicht sofort von den Absichten der Neueinwohner überzeugt. Mehrfach befasste er sich mit dem Gesuch.

Salomon schreibt am 8. März 1822 an den Bürgermeister: „Einer meiner Brüder namens Samson Heine, ist genöthigt nach einem Ort mit seiner Familie zu ziehen, wo er mit einem anständigen Leben oeconomische Rücksichten verbinden kann. Er hat sein Augenmerk auf Lüneburg gerichtet, und ich habe um die Erlaubniß hierzu heute by Ewer Königl. Provinzial Regierung in Hanover nachgesucht. Da ich jedoch wohl mit Recht vermuthen darf, daß die Gewährung meines Gesuches von Ew. Wohlg. mit abhängt, so nehme ich mir die Freyheit Ew. Wohlgeb. um eine gütige Unterstützung desselben gehorsamst zu ersuchen. Da mein besagter Bruder Samson Heine und seine Familie von mir zu ihrem anständigen Haushalt versorgt werden, er auch keine Geschäfte dort treiben, vielmehr als bloßer Consumente leben will, mithin dort Keinem im

Deckenmalerei in der von Salomon Heine für die Familie Samson Heines in Lüneburg am Markt gemieteten Wohnung.

Weg tritt auch der Gesammtheit nicht zur Last fallen kann, derselbe auch so wie ich geborner Hanovraner ist, so darf ich um so mehr einer geneigten Gewährung meiner Bitte zuversichtlich entgegen sehen."[4]

Nach mehreren Briefwechseln, vielen Versicherungen und persönlichem Auftreten wurde am 9. Juli endlich die Genehmigung des Zuzugs erteilt.[5] Mit Ausnahme von Harry lebten die Düsseldorfer Heines nun in Lüneburg. Erst kurz vor Samsons Tod 1828 zog die Familie wieder nach Hamburg.

Harry Heine war unterdessen als junger Student nach Göttingen gezogen, um dort nach dem Beginn seiner universitären Laufbahn in Bonn sein Jura-Studium fortzusetzen.

Am 4. Oktober 1820 wurde Harry immatrikuliert. Glücklich wurde er in Göttingen aber nicht; die steife, verschlossene Art, die Pedanterie und die Arroganz störten ihn sehr. Kontakt zu finden war schwer. Man könne dagegen gut *ochsen*, wie er meinte, schließlich sollte er etwas lernen, um später damit Geld zu verdienen. Er studierte wie schon in Bonn neben den Rechtswissenschaften auch die Lyrik des Mittelalters und befasste sich mit Geschichte und Politik. Doch sein Aufenthalt in Göttingen währte nicht lange. Wegen einer Duell-Affäre musste er Göttingen verlassen, die Universität hatte beide Duellanten relegiert, obwohl das Duell nicht stattgefunden hatte.

Zur Fortsetzung seines Studiums ging Harry Heine deshalb 1821 nach Berlin. Diese Stadt, die er zum ersten Mal betrat, war bereits eine moderne, glanzvolle Metropole mit geschätzten 200.000 Einwohnern, und Harry war in seinem Element. Er besuchte die Börsenhalle, war begeistert von dem Lesezimmer mit der riesigen Auswahl an Zeitungen, er ging in Cafés, gern ins Café Royal in der Straße Unter den Linden, und in Restaurants wie das 1811 am Gendarmenmarkt gegründete Lutter & Wegner. Er besuchte Konzerte und Theater und amüsierte sich auf Maskenbällen. Geld hatte er reichlich, dank Onkel Salomon, der ihm das Studium mit ca. 500 Talern finanzierte, einer Summe, die wohlhabenden Häusern entsprach und dem Gehalt eines Professors von 700 Talern jährlich nicht wesentlich nachstand. Die meisten Kommilitonen mussten mit weniger Geld zufrieden sein. Harry wohnte auf Vermittlung seines Oheims in der Neuen Friedrichstraße im Haus des Stadtrats und bekannten Reformers David Friedländer. Im April 1822 reiste Onkel Salomon sogar nach Berlin und sicherte Harry weitere Unterstützung zu.

Heine besuchte die jüdischen Salons, die es in dieser Form in Hamburg nicht gab, wo man den reaktionären Preußischen Staat kritisierte und liberale Ideen befürwortete. Harry nannte Rahel, die Ehefrau von Karl August Varnhagen von Ense, die den bekanntesten Salon leitete, die geistreichste Dame, die er je kennen gelernt habe. Sie wurde seine Mentorin und seine *gescheute* Freundin, sie wiederum nannte ihn den *ungezogenen Liebling der Grazien.*

Ansonsten waren in der Stadt *eitle Störenfriede* und Querdenker wie Heine nicht willkommen. Frauen sollten vor dem frivolen Studenten geschützt werden. Individualismus wurde noch gefürchtet, sogar für gefährlich gehalten. Die Universität unterlag scharfer Überwachung, und die Zensur belastete das kulturelle Leben. Man warf dem Verleger Brockhaus, bei dem Harry Gedichte eingereicht hatte, sogar vor, dass er die Belehrung und Bildung der Massen ins Auge fasse! Schreiben tat man doch eher für die Oberschicht.

Hier in Berlin traf Harry auch seinen entfernten Vetter Hermann Schiff wieder. „Wenn Heine zu mir kam", erinnerte sich Schiff, „pflegte er sich auf das Sofa zu legen und über Kopfschmerzen zu klagen. Es war einmal seine Art so."[6] Heine war schon damals selten frei von Beschwerden, an Kopfschmerzen litt er besonders häufig. Es war keine Manie, wie manche vermuteten. Zierliche Hände habe er, ein vornehmes Betragen und er spreche immer leise und eintönig, so schilderte ihn Schiff.

Auch bei der Familie Mendelssohn war Harry oft zu Gast. Allerdings lehnte Vater Abraham Mendelssohn Heines Schriften und wohl auch sein Wesen ab. Dieser Mann sei ein Vagabund und sein hasserfülltes Werk ein gefährliches Geschenk an die Menschheit. Er sei frivol, morbid, maliziös und verletzend. Er benutze seine erste Liebe als Material seiner literarischen Karriere, habe immer nur die eigenen schönen Augen geliebt und sei dazu noch ein Vaterlandsmörder. Die Menschheit werde ihn schnell vergessen, urteilte der Berliner Patriarch.[7]

Abraham Mendelssohn, der ähnlich cholerisch veranlagt gewesen sein soll wie Salomon Heine, trat bereits 1822 aus der Berliner

Bankengemeinschaft aus, denn die Brüder Joseph und Abraham verstanden sich nicht mehr gut.

Trotz seiner streitbaren Persönlichkeit – was seine Haltung zu Heinrich Heine betraf, stand Abraham Mendelssohn nicht allein. Auch andere Freunde Salomons hielten nicht besonders viel von ihm. Und Salomon selbst fand sich häufig damit konfrontiert, dass sein Neffe durchaus nicht gewillt war, den ehrenwerten Studenten der Rechtswissenschaften zu geben.

Für die Bereitstellung der Studiengelder für Harry war der Berliner Bankier Leonhard Lipke zuständig, der mit Salomon Heine in guter Geschäftsverbindung stand. Deshalb gewährte er dem schlechten Haushalter Harry manchmal Vorschuss, denn er wusste unzweifelhaft, dass Salomon Heine dafür aufkommen würde. Wenn Salomon beruflich in Berlin war, hörte er sich den Bericht Lipkes an, wobei er seine Unzufriedenheit mit dem Neffen nicht immer verhehlen konnte.

Wilhelm Gubitz, der Harrys große Talente erkannte, war bei einem dieser Gespräche anwesend und hielt Salomons Standpunkt in einem Bericht fest: „Wer nicht hören will muß fühlen. Ich entgegnete, was sich beihülflich entgegnen ließ: eine dichterische Natur sey oft zu wenig vertraut mit den Bedingungen der Wirklichkeit, bis diese sich doch ihr Recht verschaffe, und schloß mit der Ansicht: ein solcher Oheim dürfe einen solchen Neffen, bei dem der gewöhnliche Maaßstab sich verlängern müsse, nicht verlassen. – ‚hab's auch nie gewollt; aber zu lernen hat er doch, daß man nützen soll das Geld, jeder nach seinem Beruf!', so äußerte sich endlich der Angeredete, und zu Lipke gewendet fügte er hinzu: ‚der Herr behauptet, es könne da verfallen ein großes Genie, ich will's glauben. Zahlen Sie meinem Neffen jetzt 200 Thaler gleich, dann jährlich 500 Thaler auf 3 Jahre, und Weiteres mögen wir erleben."[8]

Im August 1823 stritten Onkel und Neffe erneut über die vorab ausgezahlten Studiengelder. An seinen Freund Moses Moser schrieb Harry, dass er mit der Summe nicht auskäme, sie sei so unbedeutend, dass er sie seinen Freunden verschweigen würde, aber wie knickerig die Summe auch sei, er könne nicht darauf verzichten. Berlin war sicherlich auch ein teures und verlockendes Pflaster mit den vielen Vergnügungen, die weit über das Studium hinausgingen.

Nach seinem Berliner Aufenthalt reiste Harry zunächst nach Lüneburg und quartierte sich dort für einige Zeit ein. Das wird seinem Geldbeutel gut getan haben, denn kostspielige Möglichkeiten zur Zerstreuung bot Lüneburg nicht. Er selbst hielt Lüneburg, obwohl man ihn freundlich empfing, für einen geistlosen Ort und für *die Residenz der Langeweile*. Im November 1823 schreibt er seiner Schwester Charlotte: „Ich werde hier sehr honorirt. Besonders bin ich oft in Gesellschaft bey dem Superintendent Christiani; [...] – Bildung ist hier gar keine, ich glaube auf dem Rathause steht ein Culturableiter."[9] Seine inzwischen unter dem Titel „Tragödien" veröffentlichten Schriften „Almansor" und „William Ratcliff" hatte Harry nach Lüneburg mitgebracht. Sie irritierten die Eltern. Harry ließ sich jedoch nicht beirren und schickte auch Onkel Salomon ein Exemplar mit Widmung.

Zu immer elementareren Problemen für Harry wurden die Angst und die Vorstellung, in Zukunft eingeschränkt leben zu müssen; denn das schien ihm gleichbedeutend mit der *Verkümmerung seines Daseins*. In einem weiteren Brief aus dem Jahre 1823 schreibt er an seinen Freund Moses Moser: „Alles verlangen, nichts geben. Wahrhaftig, ich bin ein Egoist, [...] Und in Betreff des Egoismus, – kann man denjenigen einen Geizhals nennen, der jeden Groschen zusammenspart, schmutzig knausert u knickert."[10]

Am 24. Januar 1824 traf Harry zum zweiten Mal in Göttingen ein, um sein Studium der Jurisprudenz zum Abschluss zu bringen. Er quälte sich, da es ihn nur bedingt interessierte und er an seinen juristischen Fähigkeiten zweifelte. Wieder gab es Unstimmigkeiten mit Onkel Salomon. Die finanzielle Unterstützung für das zusätzlich notwendig gewordene Halbjahr 1825 bewilligte Salomon nur unter *unerfreulichen Umständen*, will heißen, nur nach unterwürfigen Bitten und langen Diskussionen.

Seinen Studienabschluss konnte Harry im Mai 1825 mit der Note 3 erbringen. Die mündliche Prüfung fand am 20. Juli statt. Danach erhielt er *ohne Zögern* seinen Doktortitel. Kurz zuvor, am 1. Juli, hatte ihn sein Oheim auf der Durchreise zu seiner jährlichen Badekur besucht und ihm nach bestandener Prüfung eine Reise zur Erholung in ein Seebad geschenkt.

Wie sollte es nach dem Studium beruflich weitergehen? Seine Familie und sicherlich auch sein Onkel erwarteten, dass der studierte Harry nun auch eine entsprechende Anstellung fand. Dies war jedoch ohne Abkehr vom Judentum nur bedingt möglich.

Harry Heine war natürlich bewusst, dass Juden, die sich in Berlin dem Religionswechsel verweigerten, keine Staatsstellung bekleiden durften. Ihnen wurde auch der Zugang zu akademischen Ämtern versperrt, obwohl das gegen das Emanzipationsedikt von 1812 verstieß. Er musste, wollte er im Staatsdienst tätig werden, eine Taufe in Erwägung ziehen.

Harrys Taufe in Heiligenstadt war genau kalkuliert, aber keine Überzeugungstat. Trotzdem wurde sie von allen Seiten gebilligt. „Keiner von meiner Familie ist dagegen, außer ich."[11] Nach der Konversion wurde Harry Heine, der nun Heinrich hieß, *über alle Maaßen freundlich* in Hamburg beim Onkel empfangen. Doch hatte er gegen seine Überzeugung gehandelt und das belastete ihn sehr; „ich bin jetzt bey Christ u Jude verhaßt",[12] schreibt er an seinen Freund Moser. In Eppendorf bei Hamburg hätte er die Taufe leichter und billiger haben können, meinte lakonisch Hermann Schiff.

Stand Harrys Karriere als Jurist nun nichts mehr im Weg? War der Taufzettel wirklich „das Entréebillet zur europäischen Kultur?"[13]

Charlotte Heine wird Frau von Embden
„… ein schöner Tag der Festlichkeit und Eintracht"

Trotz aller Streitigkeiten mit Onkel Salomon und der ambivalenten Haltung, die Heinrich in seinen Werken der Stadt entgegenbrachte, in der sein Onkel wirkte, war er der Familie doch sehr verbunden – insbesondere seinem Onkel Henry.

Henry Heine war in der gleichen Branche tätig wie Salomon. Er arbeitete hauptsächlich als Wechselmakler und vergab Wechselkredite, allerdings in kleinerem Umfang als der ältere Bruder. Seine Wechselproteste in den Büchern des Notars Bresselau betrugen in etwa 10 Prozent derjenigen seines Bruders, somit auch die Kredite, die er vergab.

Sein Wohn- und Geschäftshaus befand sich an den Großen Bleichen nahe dem Jungfernstieg.

Seit 1814 war Henry mit Henriette von Embden verheiratet, die allerdings von der Heine-Verwandtschaft nicht sehr geliebt wurde. Heinrich hatte bei Besuchen im Hause seines Onkels den jüngeren Bruder seiner Tante, den 1790 geborenen Moritz von Embden, kennen und schätzen gelernt. Zumindest schwärmte er Moritz so sehr von seiner Schwester Charlotte vor, dass dieser Interesse zeigte, sie kennenzulernen.

Am 22. Juni 1823 heiratete Heinrichs Schwester, die in einem Passantrag als mittelgroß mit braunen Haaren und blaugrauen Augen beschrieben wird, eben jenen angeheirateten „Onkel" Moritz von Embden. Im April desselben Jahres hatte er zu diesem Anlass ein Gesuch an die Hamburger jüdische Gemeinde gestellt und um Zulassung eines Vorsängers aus Winsen und eines Rabbiners aus Hannover bei seiner Hochzeit auf dem Zollenspieker gebeten, was von der Gemeinde genehmigt wurde.[1]

Noch vor der Hochzeit schreibt Heinrich an seinen zukünftigen Schwager: „Ich hoffe, daß Sie und meine Schwester ein glückliches Paar seyn werden, da Lottchen im Stande ist, den Werth Ihres Charakters zu fühlen."[2]

Moritz war ein gebildeter Mann, der den Warenhandel seines Vaters mit Erfolg weiterführte und im folgenden Jahr der jüdischen Gemeinde bereits ein Jahreseinkommen von ca. 30.000

Charlotte von Embden geb. Heine (1800–1899), Foto nach einem Gemälde um 1840.

Courant Mark angeben konnte. Aber von dem Dichter, als den Moritz sich gern präsentierte, hielt Heinrich nicht viel.

An der Hochzeitsfeier, zur Zeit der Erdbeerernte an der Süderelbe, nahmen alle Heines teil, die Hamburger wie die Lüneburger. Auch Heiratsvermittler Harry war aus diesem Anlass zum Zollenspieker gereist. Das noch heute gern als Hochzeitslokal genutzte Restaurant Zollenspieker liegt auf halber Strecke zwischen Hamburg und Lüneburg, an der Grenze zum damaligen Königreich Hannover. Hier war bereits die Hochzeit von Amalie Heine gefeiert worden.

Obwohl Heinrich mit dem Onkel wieder einmal Differenzen wegen des Geldes hatte, wobei es um die vereinbarten vierteljährlichen Zahlungen ging, die Heinrich schon einige Monate früher abrufen wollte, verstanden sie sich bei der von Salomon ausgerichteten Feier recht gut. „Es war ein schöner Tag der Festlichkeit und Eintracht. Das Essen war gut, die Betten waren schlecht, und mein Onkel Salomo war sehr vergnügt."[3]

Das nun etwas entspanntere Verhältnis hielt an. Heinrich reiste alsbald wieder nach Hamburg und wurde im Hause seines Oheims freundlich aufgenommen. Er erhielt sogar für eine Erholungsreise 10 Louisdor extra, verbrauchte allerdings am Ende 30 Louisdor!

Die Freundschaft mit seinem Schwager Moritz dauerte nur knapp drei Jahre. Heinrich argwöhnte, dass seine Lebensweise Moritz suspekt erschien und er ihn darum bei Onkel Salomon und dessen engstem Freund Gerson Gabriel Cohen verleumdet habe. Cohen habe ihn daraufhin als Spieler bezeichnet. Nun fühlte Heine sich aufs Tiefste gekränkt. Die Ehe mit Charlotte hingegen, die 44 Jahre hielt, scheint bis zum Tod von Moritz 1866 harmonisch verlaufen zu sein. Vier Töchter und ein Sohn gingen aus dieser Verbindung hervor.

Charlotte von Embden bezog mit ihrem Mann nach ihrer Hochzeit eine Wohnung in Hamburg in einem schmalen Barockgebäude am Neuen Wall Nr. 167 neben dem alten Görtz-Palais. Mit ihrem Bruder stand sie in regelmäßigem Briefkontakt. „Deine Briefchen tragen ganz das Gepräge Deiner netten Seele, und sind wahre Bonbons für mein Herz",[4] schreibt Heinrich am 26. Dezember 1823. Über sie hielt er auch Kontakt zu seinen Onkeln: „Ach ich bitte Dich wenn Du zu Salomon

Heinens kömmst, so gratuliere dort in meinem Namen. Auch Henry Heine grüße mitsammt der ganzen Henriade."[5] Sie war nun sein Draht zu den Onkeln in Hamburg und sollte die besten Wünsche zum neuen Jahr ausrichten.

In Hamburg gab es im Frühjahr 1824 eine Pocken-Epidemie, eingeschleppt durch einen kranken Matrosen, die auch die Familie Heine traf. Im März berichtete Charlotte ihrem Bruder, dass Cousine Therese die Pocken überstanden habe und auch die übrige Familie wieder hergestellt sei. Die Kuhpocken waren auch in anderen Ländern wieder verbreitet. Möglicherweise hatte Salomon die seit 20 Jahren praktizierte Pockenimpfung auch seiner Familie zukommen lassen, was den Krankheitsverlauf für die Heines begünstigt hatte.

Das Stadthaus, während der „Franzosenzeit" die Mairie.
Das Wohnhaus rechts bezog Charlotte mit ihrem Ehemann nach der Hochzeit.

Betty Heine geb. Goldschmidt (1777–1837), gemalt 1822 von Friedrich Carl Gröger. Das Bild aus Therese Halles Besitz befindet sich heute im Heine'schen Wohnstift. Ein Gegenstück aus demselben Jahr hängt im Altonaer Museum.

Dritter Teil: Kunst und Konflikte

Förderer, Gönner und Philanthrop
Wo Thaten reden, sind Worte kaum vonnöthen

Nachdem Salomon Heine sich bei seinen ersten wohltätigen Engagements eher auf jüdische Projekte konzentriert hatte, weitete er in den kommenden Jahren sein Betätigungsfeld aus und unterstützte vermehrt auch nicht-jüdische Vorhaben. Dabei ging er mal spontan, mal durchaus strategisch vor, um den von ihm für würdig befundenen Initiativen eine möglichst breite Unterstützung zukommen zu lassen. Der Journalist Joseph Mendelssohn berichtet in der Biografie kurz nach Salomon Heines Tod von einer Schulgründung in Ottensen: „Die Förderer dieses Schulbaues kamen eines Tages zu Salomon Heine, nachdem sie bereits bei einem bekannten Millionär, Herrn Donner, unverrichteter Dinge abgezogen waren. Dieser hatte sie an Heine verwiesen. Da die Schule nicht für Juden geplant war, hatte der Millionär gehofft, Heine würde nur eine kleine Summe spenden; deshalb meinte er: ‚Was Heine zahlt, werde auch ich zahlen.' Als Salomon dies hörte, reagierte er auf seine typische Art: ‚Gut! Ich gebe die eine Hälfte. Die andere Hälfte kassieren Sie dann bitte bei dem gewissen Herrn!'"[1] Genauso wurde es gemacht und damit war die Geschichte schneller erledigt, als die Herren zu träumen gewagt hatten, obwohl die Bausumme keineswegs niedrig war.

Wurde Geld für Bedürftige oder für gemeinnützige Bauten gesammelt, war Salomon Heine schnell bereit, seinen Teil beizusteuern. Diese Großzügigkeit wurde bald allgemein bekannt. Andere wollten dem nicht nachstehen; das wusste Salomon zu nutzen. Er ließ sich gern aus taktischen Gründen die Spendenliste als erster vorlegen, um durch sein Beispiel die folgenden Personen zu größeren Spenden zu ermuntern. Als jemand auf die Spendenliste geschrieben hatte: „aus christlicher Liebe", schrieb Salomon unter seinen Betrag „aus jüdischer Liebe".[2]

Salomon unterstützte jedoch nicht nur offizielle Projekte. Auch im Kleinen war er bereit, manchem unter die Arme zu greifen, wenn es notwendig war. Dabei trieb ihn durchaus die Moral, vor allem, wenn es um geschäftliche Schieflagen ging.

Mendelssohn berichtet hierzu von einer bezeichnenden Begebenheit, als ein namentlich nicht genannter Herr, trotz Warnung von Salomons Seite, eine Bürgschaft übernahm und als Bürge schließlich einspringen und Geld an Salomon zahlen musste. Dieser Schuldner verkaufte daraufhin die Preziosen seiner Frau und brachte den Erlös zur Begleichung seiner Schuld zu Salomon. Dieser hatte von den peinlichen Anstrengungen des Mannes gehört und schickte nun der Ehefrau ein Billet, worin ihr mitgeteilt wurde, dass sie durch die geschäftlichen Missgriffe ihres Mannes nicht leiden solle und dass ihr am selben Tag ein Bankkonto mit 15.000 Mark zur Verfügung stehen würde![3]

Bei einer anderen Gelegenheit, als Salomon einem jungen Gelehrten zwei Louisdor für seine wissenschaftliche Reise überreichte und dieser das wenige Geld verletzt zurückwies, sandte Salomon stattdessen 150 Stück Louisdor und ein Entschuldigungsschreiben. Es war ihm offenbar peinlich, dass er die Situation falsch eingeschätzt hatte. So zumindest beschreibt es Mendelssohn, der durchaus selbst dieser Student gewesen sein könnte.

Ludwig Rosenthal – ein ehemaliger Arzt im Israelitischen Krankenhaus – war überzeugt, dass Salomon ein Mann war, der der öffentlichen Meinung wie ein Höfling geschmeichelt habe.[4] Sicherlich ist es nicht von der Hand zu weisen, dass Salomon Heines auffallendes wohltätiges Engagement ihn über seinen geschäftlichen Erfolg hinaus in der hamburgischen Gesellschaft verankerte, obwohl ihm als Juden die Türen nur bedingt offenstanden. Trotzdem steht Ludwig Rosenthals Annahme im Widerspruch zu Taten wie den oben beschriebenen. Hätte Salomon lediglich den Obrigen schmeicheln wollen, so wäre die Unterstützung einzelner, unbedeutender Bürger dazu nicht notwendig gewesen. Die Verringerung von Not und der Ausgleich sozialer Ungleichheiten scheinen ihn weit mehr angetrieben zu haben. Juden haben den Glauben, dass Gott denjenigen Wohltäter am meisten belohnt, der für seine Taten keinen Dank empfängt, und Salomon lehnte Dank meist schroff ab.[5]

Auch Erich Lüth weiß von einer Begebenheit zu berichten, die die Großzügigkeit Salomon Heines betont und seinen diesbezüglichen

Ruf unterstreicht. „Heine saß in seinem Comptoir, als ein Herr mit einer Liste hereintrat. Heine war beschäftigt, und der Fremde, der nicht stören wollte, machte Anstalt, sich zu entfernen. Er ward von Heine zurückgerufen und um sein Anliegen befragt. ‚Es ist nur eine Wohltätigkeitssache', sagte der Fremde. ‚Nur?', sprach Heine, ‚Wohltätigkeitsachen gehen vor'. Er nahm die Liste und unterzeichnete. Der Fremde dankte und empfahl sich, aber erstaunt sah er tausend Mark gezeichnet. ‚Das ist offenbar ein Irrtum', sagte er zu sich, ‚er wollte gewiß nur hundert Mark geben. Er hat sich geirrt.' Schnell ging er zurück und zeigte das Blatt Heine. ‚Jawohl', sagte der Biedermann, ‚Sie haben recht; ich habe mich geirrt, und zwar, wie Sie richtig bemerkten, um eine Null.' Er änderte, gab die Liste zurück, und wie um so mehr erstaunte der Fremde, als anstatt tausend Mark, er nun zehntausend gezeichnet fand!"[6]

Trotz seines Reichtums, so wurde es kolportiert, habe Salomon Heine immer den Wert des Geldes zu schätzen gewusst. Salomon Heine besaß nun viel, sehr viel Geld. Ein allzu ausschweifendes Luxusleben war seine Sache allerdings nicht. Er bezog mit dem Haus am Jungfernstieg zwar ein repräsentatives Gebäude, das seinem wirtschaftlichen Status entsprach, blieb in seinem Lebensstil aber verhältnismäßig bescheiden. Luxuriös waren die Summen, die er für Mitgiften und wohltätige Zwecke ausgab, von denen sicherlich nur ein Teil bekannt ist.

Eine Bank in London und die Finanzkrise von 1825/26
„… ihre Nachricht davon kam wie ein Blitz"

London war damals die größte Stadt der Welt, doppelt so groß wie Paris. Wohlhabende jüdische Familien waren seit Ende des 18. Jahrhunderts in die Gesellschaft integriert und konnten hohe Ämter ausüben. London war der wichtigste Finanzplatz Europas, ein internationales Handelszentrum, eine Stadt voll rastloser Energie. Obwohl London weitaus mehr Dreck, Enge, Qualm und Elendsviertel als Hamburg aufzuweisen hatte, war es eine Stadt des Fortschritts mit hoher Anziehungskraft. Auch Salomon Heine war auf enge Beziehungen mit

London angewiesen und engagierte sich dort früh. Er griff dabei auf familiäre Kontakte zurück und baute auf einen regen Austausch von Informationen zwischen den jüdischen Kaufmanns- und Bankiersfamilien.

Er stand 28 Jahre lang mit der Bank B.A. Goldsmith & Co in der City of London in enger Verbindung. Gleich nach seiner Volljährigkeit und mit einem Kredit von Salomon Heine war Bettys Cousin Benjamin Goldschmidt 1804 nach London gezogen, mit dem Auftrag, eine Bank zu gründen. Diesen Kontakt pflegte und nutzte Salomon Heine auch nach Benjamins Tod 1813, indem er weiterhin Angestellte dorthin empfahl und diese austauschte, denn seine Netzwerke wurden äußerst wichtig für seine eigenen Geschäfte.

Die Rothschilds etwa wurden so erfolgreich, weil die fünf Brüder Banken in verschiedenen Ländern gründeten, die alle perfekt miteinander vernetzt waren. Sie lebten in Paris, London, Frankfurt, Wien und Neapel. Da Salomon nicht so viele Brüder wie die Rothschilds hatte, die für einen Auslandsposten in Frage kamen, musste er auf die Verwandtschaft seiner Frau zurückgreifen, denn sein Bruder Henry Heine hatte wenig Ambitionen, Hamburg zu verlassen, Samson war ohnehin nicht dafür geeignet und wo Isaak zur damaligen Zeit lebte, bleibt unklar. Nur Samuel und Meyer waren zu einem Auslandsaufenthalt bereit. Da Meyer und zuvor Samuel Heine einige Jahre in London verbrachten, werden sie es gewesen sein, die die Kontakte zu den dortigen Banken hielten, womöglich war Meyer selbst bei B.A. Goldsmith & Co. tätig.

Benjamin Goldschmidts Nachfolger, sein Bruder Lion Abraham Goldschmidt, der schon in Hamburg zu den wohlhabendsten Juden gehört hatte, beschäftigte einen Prokuristen in seiner Hamburger Firma, den Salomon Heine bereits als jungen Mann kennen gelernt hatte, Marcus Robinow.[1] Er fand 1806 mit Salomon Heines Hilfe eine Anstellung bei Benjamin Goldschmidt in London.

Aus dem Tagebuch seines Sohnes Siegmund Robinow geht hervor, dass Marcus als „Kommandit Beteiligter" der Firma mit der Londoner Bank auch ein *intimes Verhältnis*, also ein sehr freundschaftliches Verhältnis, zu Benjamin hatte. Die Londoner Bank arbeitete unter anderem mit Hambro in Kopenhagen erfolgreich zusammen, einem Handelshaus und Merchant Banker hamburgischen Ursprungs, das von

Calmer Levy 1778 gegründet worden war. (Mit Hambro wurde damals jemand bezeichnet, der aus Hamburg kam. Es hieß auch: a Hambro ship, also ein Schiff aus Hamburg.) Calmer Levys Sohn Joseph Hambro wurde der reichste Mann in Kopenhagen. Er war verheiratet mit Marianne von Halle, einer Verwandten der Hamburger von Halles. Deren Sohn Charles Joachim Hambro gründete 1839 die bekannte Hambro Bank in London, mit der Salomon dann ebenfalls Geschäfte machte.[2]

Das Bankhaus Salomon Heine hatte zu jener Zeit schon einen europäischen Ruf, einen guten Namen. Es wurde im selben Atemzug mit Baring (London), Hambro (Kopenhagen), Rothschild (Frankfurt), Eskeles und Sina (beide in Wien) genannt,[3] obwohl seine Bilanzsumme noch hinter den genannten Häusern zurückblieb. Trotzdem überstand Salomon die folgende Bankenkrise, die über England nach Hamburg kam, gut.

Die stetig voranschreitende Industrialisierung in England hatte nicht nur in Mitteleuropa den Bedarf an guten und günstigen britischen Produkten steigen lassen. Die eigentlichen Wurzeln für Englands Exportboom lagen in Südamerika, wo sich 1816 viele Staaten unabhängig erklärt hatten, die England schnell anerkannte. Dort konnte die britische Handelsflotte viel Ware absetzen, insbesondere günstig produzierte Baumwollstoffe. Die nun ständig steigenden Gewinne der Börse in London lockten immer mehr Investoren und Aktien-Anleger an. Ab Mitte 1824 überschwemmten zudem südamerikanische Wertpapiere die Börse, denn Aktien kamen jetzt in Mode, besonders die der Gold- und Silberminen. Allerdings gab es auch Aktien auf Minen, die gar nicht existierten. Bereits im März 1825 hatte es Warnungen vor übertriebenen Spekulationen gegeben, wenige Wochen später kollabierte der Markt. Dieser Crash hatte desaströse Auswirkungen, auch auf den Hamburger Finanzmarkt. Der Wert der Aktien fiel weit unter den Kaufpreis. Unvernünftigerweise hatten viele Spekulanten beim Aktienkauf nur Anzahlungen gemacht und auf einen Gewinn bei Verkauf gehofft. Viele kleine Banken mussten Konkurs anmelden. Zu den Verlierern gehörte auch die Bank von B.A. Goldsmith & Co. in London. An der Rettung zum Fortbestehen der Bank hatte schließlich auch Salomon Heine seinen Anteil.[4]

Noch 1824 soll für die Bank „B.A.G." ein gutes Geschäftsjahr gewesen sein. Man machte Im- und Exportgeschäfte, zum Beispiel mit Kolumbien, wie Robinow in seinem Tagebuch festhielt.[5] Die Goldschmidt-Bank hatte zudem so viel Land mit Schürfrechten und Minen im Norden Kolumbiens auf der Westseite des Rio Cauca erworben, dass eine eigens produzierte Landkarte mit den Besitzungen der Unternehmungen der Bank gedruckt wurde.[6] In einem Brief Ende 1825 schrieb Salomon Heine an Nathan Meyer Rothschild in London über seine Geschäftskontakte dort mit George Oppenheimer und berichtete über seine finanzielles Engagement in Venezuela. Auch andere Bankhäuser in Paris, London und Hamburg hatten in die reichen Edelmetallvorkommen Venezuelas und Kolumbiens investiert.

Der Landerwerb der Londoner Goldschmidt Bank war allerdings auch der Grund für ihren Niedergang. „Die Krise und ihre Nachricht davon kam wie ein Blitz!",[7] berichtet Robinow. Man machte eine halbe Million Mark Banco Verlust.[8]

In der „Allgemeinen Zeitung München" berichtet ein Journalist aus London: „Es [die Bank B.A.G.] war eines unserer ersten Häuser, und ging fast allen anderen in den Speculationen voran, besonders in Anlehnungsunternehmungen für fremde Mächte, wobei es 1824 eine halbe Million Sterling gewonnen haben soll. Aber noch bedeutender muss sein Verlust gewesen sein wenn die columbianischen Staatspapiere, wie in voriger Woche, bis auf 40 herabspringen [d.h. 60 % weniger wert sind] und alle übrigen im Verhältniß, während viele Aktien von Handelsvereinen, an denen Goldschmidt Anteil hatte, bis auf Null sanken. Auch soll G.[oldschmidt] durch den Sturz mehrerer großer Häuser im Auslande viel verloren haben und es steht zu befürchten, daß durch seinen Fall dort wieder andere leiden werden."

Die kolumbianischen Anleihen wurden zuvor mit sechs Prozent, andere südamerikanische Anleihen ebenfalls sehr hoch gehandelt. Der britische Politiker George Canning und der Bankier Sir Francis Baring hatten vor den hochspekulativen Geschäften gewarnt. Im Juli 1825 begannen die Fonds bei B.A.G. in den Keller zu rutschen, und im Februar des folgenden Jahres war die Bank zahlungsunfähig. Nathan Rothschild hatte zuletzt sogar seine Unterstützung angeboten, aber da war es schon zu spät. Es heißt: „No doubt that all these and other causes played their part, but perhaps the most significant reason [...] lay in the volatile and unaccountable nature of man!"[9]

Der Londoner „Examiner" teilte am Sonntag, dem 26. Februar 1826, mit, dass L. A. Goldschmidt, ein Händler, der auf höchstem Niveau in London agiert habe, nach Schließung der Bank am frühen Sonnabendnachmittag noch einmal seine Unterlagen habe durchsehen wollen. Doch sei die Anstrengung der vergangenen Tage wohl zu groß für ihn gewesen. Er habe sich auf einem Sofa zur Ruhe gelegt und sei dort liegen geblieben, bis man nach drei Stunden Ärzte holte, die nur noch seinen Tod feststellen konnten. Man vermutete eine geplatzte Ader im Gehirn als Todesursache.[10]

Vor seinem Tod hatte Goldschmidt in einem Brief an Robinow geschrieben: „Ich habe die schreckliche Anzeige zu machen, daß wir morgen die Zahlungen einstellen müssen. [...] An Heine kann ich nicht schreiben, ich wünsche daß Sie meiner vergessen könnten."[11]

Wie viele andere Kaufleute musste auch Marcus Robinow, der die Hamburger Firma von Lion Abraham Goldschmidt allein weiter führte, Anleihen bei Salomon Heine und bei Hambro in Kopenhagen machen, um seine Geschäfte weiter betreiben zu können. Er konnte seine Schulden aber bereits nach sechs Monaten zurückzahlen. Lion Abraham Goldschmidt in London sei „broken hearted" gestorben, vermerkte er.[12]

Die als Reaktion auf die Finanzkrise vom Londoner Finanzministerium vorgeschlagenen Maßregeln zur Verbesserung und Sicherung des Bankenwesens brachten wenig Erfolg. In den Jahren 1825–1826 häuften sich bei Salomon nun die Wechselproteste. Sie stiegen kurzfristig um 100 Prozent an, wie aus den Notariatsakten von Bresselau zu ersehen ist.[13] Für seine gesamten Unternehmungen hielten sich die Schäden jedoch in Grenzen, denn er war breit aufgestellt. Neben den Geldgeschäften importierte Salomon Heine wie schon in früheren Jahren zusätzlich auch diverse Waren.[14] Solche „Multi-Mischgeschäfte" waren für einen *Merchant Banker* weiterhin normal. Das Bankenzeitalter, wie wir es kennen, begann erst nach 1850.

Salomon orientierte sich in alle Richtungen, um das Ausmaß der Krise zu verringern. Im Dezember 1825 lud er sogar den Präsidenten der Staatsschuldenverwaltung, Christian Rother aus Berlin, zu sich ein.[15] Die Krise war inzwischen in ganz Nordeuropa zu spüren, besonders in den skandinavischen Ländern Schweden und Norwegen. Salomon verschaffte darum Norwegen eine Anleihe über die Bank Hambro in Kopenhagen. Schon 1823 hatte er, wie auch in späteren Jahren, zusammen mit seinem Sohn Carl wiederholt Papiere norwegischer Staatsanleihen gezeichnet, die sechs Prozent Zinsen einbrachten.[16]

Gleichzeitig bemühte er sich um die Aufhebung des Niederlassungsverbots für Juden in Norwegen. Da Norwegen nach seiner Unabhängigkeitserklärung von Dänemark und seiner Allianz mit Schweden 1814 beschlossen hatte, keine Juden mehr aufzunehmen, drohte dort lebenden Personen jüdischen Glaubens eine Gefängnisstrafe. In Hamburg pflegte Salomon jahrelang Kontakt zum norwegischen Konsul Johann Nicolaus Hyorth[17] und verhalf Juden, die nach Norwegen einreisen wollten, zu den nötigen Papieren.[18] Doch waren das sicherlich zeitlich befristete Papiere für Kaufleute, die mit Norwegen Handel trieben und, wie Betty Heines jüngere Brüder, nur für einige Zeit im Lande verweilen wollten. Oder verstand es Salomon tatsächlich, das Gesetz soweit auszuhebeln, dass sich Juden dort ansiedeln konnten?[19] Das Recht auf Ansiedlung in Norwegen konnte er jedenfalls nicht mehr miterleben, es sollte erst 1851 wieder eingeführt werden.

Salomon Heines Mahagonischreibtisch, der nach dem Tod seiner Tochter Therese zunächst im Heine'schen Wohnstift stand.

Im Sommer des Jahres 1826, gegen Ende der Bankenkrise, verbrachte Heinrich Heine seinen Erholungsurlaub an der Nordsee, wo er die zwanzigjährige Tochter des Reformers Israel Jacobson, Jeanette Goldschmidt, mit ihrem Ehemann traf, die ebenfalls dort Urlaub machten. Wieder einmal entzückt schreibt er an seinen Freund Moses Moser auf Norderney: „In Cuxhaven, wo ich auf der Herreise 9 Tage verbrachte, wegen konträren Windes, habe ich viele schöne Stunden in der Gesellschaft von Jeanette Jacobson, verehelichte Goldschmidt, verbracht. Nein, ich will Dich nicht belügen, nicht der Westostwind, sondern die westöstliche Dame hat mich 9 Tage in Cuxhaven festgehalten. O sie ist schön und liebenswürdig! Wenn der Mann neben ihr steht, sieht es aus als wäre sie unverheurathet; denn der Mann bedeutet nichts so unbedeutend ist er. Aber herzensgut."[20]

Dieser *unbedeutende Mann* hieß Benny David Goldschmidt und war wohlhabend. Er hatte 1820 zusammen mit Marcus Robinow in Hamburg eine florierende Firma gegründet, Robinow, Goldschmidt & Co., die bis 1830 bestand. Benny war über seinen Vater und seinen Großvater mütterlicherseits, beides Onkel von Betty Heine, mit den Heines verwandt.

Als Heinrich wieder in Hamburg war, teilte er seinem Onkel Salomon mit, er wolle in das Land seines *Ratcliff* reisen. „‚So reise', entgegnete der Onkel. – ‚Aber in England ist sehr teures Leben.' – ‚Du hast ja unlängst Geld bekommen!' – ‚Ja, das ist für das tägliche Brot, aber für den Namen, für die Repräsentation habe ich auf Rothschild einen guten Kreditbrief nöthig.' Und richtig, der gute Onkel gab dem Neffen, der unlängst erst eine hübsche Summe erhalten, von der Mutter hundert Louisd'or Extra=Reisegeld bekommen,[21] zur Repräsentation einen Creditbrief von vierhundert Pfund Sterling, d.h. 10.000 Francs, sammt dringender Empfehlung an Baron von Rothschild in London mit."[22]

Doch war dieser Kreditbrief zu rein formellen Zwecken gedacht. Er sollte als Empfehlung dienen und nicht eingelöst werden, das hatte Salomon seinem Neffen ausdrücklich mit auf den Weg geben. Das eigentliche Reisegeld seines Onkels bekam Heinrich schon in Hamburg.

Am 2. April 1827 wurden ihm über die Bank M. M. Warburg & Co. 20 Stück Louisdor ausgezahlt –„… belieben gegen dieser Anweisung Zwanzig Stück Louisdor an Herrn Doctor Henry Heine für meine

Rechnung zu bezahlen, Unterschrift *Salomon Heine.*"[23] Was hatte das zu bedeuten? Wollte Salomon gegenüber den Warburgs zeigen – in der Hoffnung, dass sie es weitererzählen würden –, wie großzügig er zu seinem Neffen sei, gerade weil dieser vor anderen vom knickerigen Onkel sprach? Er hätte ihm das Geld schließlich auch in bar geben können. Jahre später, als Heinrich in Paris lebte, unternahm Salomon eine ähnliche Geschichte mit einem Wechsel, ausgestellt auf Rothschild. Üblicherweise stellte er diese auf Fould aus. Nun sollte Heinrich mit dem Wechsel „versehentlich" zu Fould gehen, nur damit dieser sehen könne, dass Salomon eine Beziehung zu Rothschild unterhielt, also wieder eine kleine Angeberei.

Heinrich erreichte London am 14. April 1827 und setzte sich umgehend über die Anweisungen seines Onkels hinweg. Er besuchte auf schnellstem Wege die Bank von Nathan Rothschild in der St. Swithin's Lane in der Londoner Altstadt, um den Kreditbrief einzulösen. Dann ging er einige Schritte weiter in die St. Helen's Passage Nr. 5, wo sich weiterhin die eigentlich in Konkurs gegangene Bank B.A. Goldsmith & Co. befand. Dort war Benny Goldschmidt anzutreffen, der die Bank weiterführte. Angetrieben von seinen Erlebnissen in Cuxhaven, galt Heinrichs Besuch sicherlich auch der schönen Jeanette Goldschmidt. Obwohl er jetzt viel Geld in der Tasche hatte, lieh er sich weiteres Geld bei Benny hinzu. Dieser forderte Heinrich im Gegenzug auf, in seinen geplanten Reisebildern auf Rothschild zu schimpfen. Nur schien es dabei ein *Missverständnis* gegeben zu haben. Während Goldschmidt das Geld als Kredit ansah, behauptete Heine später, nachdem Benny vergeblich sein Geld zurückgefordert hatte, er hätte die Summe als Entlohnung für das Schreiben gegen Rothschild erhalten. So berichtete es jedenfalls Paul Mendelssohn Bartholdy, der Heine 1832 in Dieppe traf.[24]

Heinrich genoss seine Zeit in der geschäftigen Stadt und ließ es sich gut gehen. Er studierte nicht nur das kulturelle, sondern auch das politische Leben. Er befand aber auch, dass die Zeit in London ihn in finanzieller Hinsicht zu Grunde gerichtet habe.

Von Louis Pereira, der ebenfalls in London lebte und der als junger Mann bei Salomon in der Bank volontiert hatte, ließ sich Heinrich vorausblickend ein Empfehlungsschreiben an Frau Rothschild in Paris geben, wo Nathans Bruder James seit 1812 sein Bankhaus führte. Empfehlungsschreiben waren damals ein gängiges und oft eingesetztes Mittel, um sich in unvertraute Personenkreise einzubringen. Mancher reiste mit ganzen Stapeln von Empfehlungsbriefen durch die Weltgeschichte.

Ende Juli 1827 verließ Heinrich die Stadt an der Themse. Zurück in Hamburg erwartete ihn ein Donnerwetter, denn kurz nachdem er seinen Kreditbrief eingelöst hatte, hatte Rothschild an Salomon geschrieben. Er habe das Vergnügen gehabt, dem berühmten und charmanten Neffen das Geld auszuzahlen und ihn zum Essen einzuladen. Salomon war empört. Sein Neffe Maximilian hielt diese Szene, die er aus den Erzählungen seiner Tante Betty kannte, später so fest: „Die Pfeife fiel dem Alten aus dem Munde, hoch sprang er von seinem Lehnstuhl auf und rannte mit dem Schaum vor dem Munde in dem Zimmer auf und ab. Die gute Tante sah erschrocken auf ihren Mann, der nur von Zeit zu Zeit die Worte ausstieß: ‚Der Teufel hole Rothschild mit seinem Vergnügen und sammt der Ehre' [...] Dann wandte er sich zu seiner Frau ‚Ich sage Dir, Betty, d e r kann mich ruinieren.' Den ganzen Tag über, jedem Bekannten an der Börse, erzählte er die große Begebenheit und rannte Abends noch zu unserer Mutter mit den bittersten Klagen."[25]

Heinrichs Mutter schreibt nach den Ereignissen an ihren Sohn und bittet um Aufklärung. Doch Heinrich entgegnet: „Alte Leute haben Capricen; was der Onkel in guter Laune gab, konnte er in böser wieder zurücknehmen. Da mußte ich sicher gehen; denn es hätte ihm im nächsten Briefe an Rothschild einfallen können, demselben zu schreiben, daß das mit dem Creditbriefe nur eine leere Form gewesen, wie die Annalen der Comptoirs der großen Bankiers Beispiele genug aufzuführen wissen. Ja, liebe Mutter, der Mensch muß immer sicher gehen", und nun machte er noch einen maliziösen Zusatz: „Der Onkel selbst wäre nie so reich geworden, wenn er nicht immer sicher gegangen wäre."[26]

Heinrich musste sich vor dem erzürnten Onkel Salomon noch einiges über seine Verschwendung anhören.

Der folgende und damit letzte Chef der Goldschmidt-Bank in London wurde der Sohn von Lion Abraham, Adolph Goldschmidt, den Heinrich schon in Hamburg kennen gelernt hatte. Onkel Salomon hatte ihm geschrieben, dass er Adolph Goldschmidt in London treffen würde. Dieser heiratete die inzwischen geschiedene Jeanette Goldschmidt, machte aber 1832 endgültig Konkurs und zog daraufhin mit der Familie nach Paris.[27] In den Konkurs von B.A.G. wurde auch Abraham Mendelssohn hineingezogen, der viel Geld durch Investitionen verlor. Sein Sohn Paul, der bei B.A.G. angestellt war, hatte ebenfalls erhebliche Einbußen, da er dort privates Geld investiert hatte. Adolphs Schwester Henriette sollte später die Ehefrau von Achille Fould, dem kommenden französischen Finanzminister, werden und somit über seine Nichte Cécile, die später Carl Heine heiraten würde, wieder mit den Heines verwandt sein.

Theater und gutes Essen in Gesellschaft
„Aber gleich nach aufgehobener Tafel..."

Wenn Heinrich Heine seinen Onkel vorwiegend als gewieften Kaufmann schildert, so ist dies zu kurz gegriffen und das wusste Heinrich Heine selbst ganz genau. Salomon Heine hatte durchaus ein großes Interesse an kulturellen Dingen. Vor allem das Theater hatte es ihm angetan.

Das neue Hamburger Stadttheater in der Dammtorstraße öffnete am 3. Mai 1827 seine Pforten, nachdem das Haus am Gänsemarkt im Januar geschlossen worden war. Gegeben wurde „Egmont", wie Salomon Heine seinem Neffen Heinrich nach London schrieb. Ein Aktionärsverein aus Bürgerkreisen hatte den Entwurf für das neue Gebäude bei dem Architekten und späteren Leiter der preußischen Oberbaudirektion Karl Friedrich Schinkel in Auftrag gegeben, denn Hamburg hatte zu dieser Zeit keinen Baudirektor. Schinkel hatte das Gebäude entworfen, konnte allerdings aus finanziellen Gründen den Entwurf nicht vollständig verwirklichen; Zuschüsse von der Stadt gab es damals noch nicht.

Das neue Theater war elegant und bequem eingerichtet und hatte 2.000 Plätze. Für die Sicherheit bei Feuer war besser vorgesorgt als zuvor, denn es gab jetzt viele Notausgänge und eine Wasserleitung war für Einsätze der Spritzen im Brandfalle installiert worden. Die Einnahme der ersten Vorstellung betrug 2.515 Courant Mark.[1]

Im Inneren des Theaters befanden sich drei Reihen mit Logen. Salomon Heine hatte als Mitglied des *Theater-Commités* in der unteren Proszeniumsloge auf der linken Seite des Hauses seinen Stammplatz.[2] Er war dort während der Spielzeit an fast jedem Theaterabend, also meist dreimal pro Woche, in Begleitung seiner Frau, seiner Kinder oder auch allein zu finden. An der Spitze des Orchesters stand der junge Kapellmeister Carl August Krebs. Geboten wurde ein ständig wechselndes Programm – neben Schauspielen auch Opern, Konzerte und Ballette. So wurde es den Abonnementsgästen nie langweilig und Salomon Heine sah den Theaterabenden mit Freude entgegen.

Das Hamburger Stadttheater kurz vor dem Abriss um 1870; eröffnet hatte es 1827 an der Dammtorstraße (Ecke Große Theaterstraße).

Joseph Mendelssohn berichtet: „Aber gleich nach aufgehobener Tafel, ungeachtet eines schönen und fesselnden Damenkreises, welcher selten fehlte, wurde meist der stadtbekannte weiße Hut ergriffen – die Blume im Knopfloch war schon früher da – und die bereit gehaltene Equipage fuhr nach dem Theater."[3]

Gelegentlich hatte das Theaterstück jedoch schon begonnen, wenn die Heines eintrafen, da das Essen zu lange gedauert und man sich verplaudert hatte. Aber das Theater lag Salomon zu sehr am Herzen, um ganz auf die Vorstellung zu verzichten. Trotz seiner Müdigkeit nach einem langen Arbeitstag – manchmal schlief Salomon sogar während des Stückes ein – ließ er sich während der Pause oft hinter die Bühne führen, um die Schauspieler zu begrüßen. Manchmal lud er einige von ihnen zum Abendessen ein.

Sobald es finanzielle Probleme am Theater gab, war Salomon schnell bereit, mit einem Scheck zu helfen. Trotzdem stand er den Inszenierungen nicht unkritisch gegenüber. „Sein einfaches aber gewöhnlich richtiges Urtheil brachte durch seine derbe aber wahre Kritik den Director Schmidt oft zur Verzweiflung. Und in der That, wenn Schmidt ein Stück enthusiastisch lobte und empfahl, so setzte Heine oft hinzu: ‚Das Stück wird durchfallen', und es geschah auch so."[4]

Erich Lüth berichtet, Heine habe einmal von dem Schauspieler Döring Aufschluss darüber verlangt, wie es nur möglich sei, so gut Komödie zu spielen. Döring habe entgegnet: „Ihr Geld, Herr Heine, wäre mir daneben doch noch recht lieb." Heine habe schlagfertig geantwortet: „Seien Sie froh, daß Sie kein Geld haben, Döring. Wer weiß, ob Sie dann noch so viel Talent hätten." Das sei bei aller Heiterkeit doch auch eine Zurückweisung gewesen.[5]

Als einmal ein Theaterarbeiter schwer verletzt wurde, beschloss das Personal, für den Kollegen zu sammeln. Man hatte aber die Sorge, dass nicht mehr als 100 Mark zusammenkommen würden, und entschied deshalb, bei Salomon Heine die Spendenliste beginnen zu lassen. Wenn er großzügig spenden würde, wären auch andere dazu bereit, mag auch in dieser Situation der Hintergedanke gewesen sein. Gewiss muss man da helfen, beteuerte Salomon gegenüber dem hübschen Mädchen, das mit dem *Collectebogen* kam. Er zeichnete 200 Mark.

„Haben Sie sich vielleicht verschrieben, das ist ja sehr viel", sagte die junge Dame und Heine ließ sich den Bogen noch einmal reichen. Nun standen 2.000 Mark darauf. Salomon Heine scheint Menschen, die ihm gegenüber mit einer gewissen Zurückhaltung auftraten, sehr gewogen gewesen zu sein: Hatte er doch das gleiche Verhalten seinerzeit beim Schulbau gezeigt oder bei den kleinen „Wohltätigkeitssachen". Mit zitternden Händen – so berichtete es Salomons Großnichte, die Principessa della Rocca, in ihren Erinnerungen – überbrachte das Mädchen die frohe Botschaft und aus Dankbarkeit habe sie Salomon immer wieder eine kleine Handarbeit geschickt.[6] Auch wenn die Principessa dazu neigte, Geschichten charmant auszuschmücken, so wollte sie damit doch eine bestimmte Haltung Salomons bezeugen.

Salomons Gönnerschaft jedenfalls wurde honoriert. Als es einmal einen großen Andrang vor dem Theater gab und das Publikum sich zuraunte, der König würde zu Besuch kommen, wurde die Erwartung der Wartenden nicht erfüllt. Salomon Heine hatte vielmehr das Theaterprogramm mitbestimmen dürfen und die Oper „Die Stumme von Portici" ausgewählt. Es sollte nicht das letzte Mal gewesen sein. Auf dem Plakat war „Auf Begehren" zu lesen gewesen, was üblicherweise bedeutete, dass eine hochgestellte Persönlichkeit wie der exilierte König von Frankreich, der sich gerade in Hamburg befand, einen Wunsch geäußert hatte. Diesmal war es nur der Wunsch eines stadtbekannten Bankiers.[7]

Das Berliner Künstlerehepaar Devrient kam einst zu einem Gastspiel nach Hamburg. Von Abraham Mendelssohn in Berlin hatten sie ein Empfehlungsschreiben an dessen besten Freund Salomon Heine erhalten. Therese Devrient geb. Schlesinger war verheiratet mit dem bekannten Schauspieler und Sänger Eduard Devrient. Sie hat ausführlich über ihren Besuch bei Salomon Heine berichtet:

Als beide in Hamburg ankamen, ließen sie ihr Empfehlungsschreiben überbringen. Daraufhin sandte Salomon seinen Sohn Carl zu den Devrients, und dieser lud das Ehepaar sehr verbindlich im Namen des Vaters auf dessen Landsitz zu Tisch. Salomon ließ einen Wagen, Kutscher und Bedienstete in nobler Livrée vorfahren, um seine Gäste abzuholen.

„Der kleine dicke, alte Mann mit weißen Haaren begrüßte uns sehr freundlich, schüttelte uns herzlich die Hände und sagte: ‚Wenn ich Ihnen irgend etwas nützen kann, soll es mit Freuden geschehen, denn Sie sind mir von meinem besten Freunde Abraham Mendelssohn empfohlen worden, als ob sie meine eigenen Kinder wären.' – Er bat uns, ihm in den Garten zu folgen, wo wir eine ziemlich zahlreiche Gesellschaft fanden, die trotz aller Ungezwungenheit des Benehmens doch eine steife Förmlichkeit zeigte, welche mir auffiel.
Eine junge hübsche Frau, seine jüngste Tochter [Therese] die einzige, welche sich von diesem Wesen frei gemacht hatte, näherte sich mir freundlich, und wir plauderten, während wir in den schönen Alleen auf und abgingen, den Blick auf die herrlich breite Elbe, bis endlich um 7 Uhr der Diener uns zum Essen rief."

Der Speisesaal befand sich zu ebener Erde. Die gediegene Einrichtung in norddeutschem dunklen Mahagoni machte auf die Gäste einen behaglichen Eindruck. Man bewunderte das Silbergeschirr und die Diener in ihren Livreen, die jedoch nur Mietdiener waren. Allerdings mokierten sich die Gäste aus Berlin über die Tischgespräche, die hauptsächlich um das Essen kreisten und nicht den intellektuellen Erwartungen genügten.

Es gab zu viel des Guten an Speis und Trank, was den Devrients Beschwerde machte, denn die damalige Mode war nicht günstig für langes Sitzen und üppiges Essen.

„In einiger Entfernung mir gegenüber saß ein Herr, der meine Aufmerksamkeit auf sich zog, weil er mich mit zugekniffenen, zwinkernden Augen maß, dann geringschätzig und gleichgültig fortsah. ‚Wer ist der Herr dort drüben?', fragte ich meinen Nachbar. ‚Kennen Sie den nicht – das ist ja mein Neffe Heinrich, der Dichter', und, die Hand vor den Mund legend, flüsterte er, ‚die Kanaille!' Jetzt begriff ich die natürliche Antipathie zwischen uns beiden. Ich ward aufmerksamer auf das, was er sprach, und hörte, wie er mit blasiertem, halb spöttischem, halb klagendem Tone von seiner Armut sprach, die ihm größere Reisen versage. Da rief der Onkel: ‚Ei. Heinrich, du brauchst doch nicht zu klagen. Wenn dir's am Geld fehlt, gehst du zu einigen gute Freunden ins Haus, drohst ihnen: ich mache euch in meinem nächsten Buche so lächerlich, daß kein ordentlicher Mensch mehr mit euch umgehen kann, du hast ja Mittel genug in Händen."

Nach dem Essen wurden die Gäste in die oberen Räume gebeten, zum Kaffee. Es seien wohnliche und freundliche, geschmackvoll von Betty eingerichtete Räume gewesen, erinnerte sich Therese Devrient, in denen es künstlerische Darbietungen gab:
„Salomon Heine hörte ein Weilchen zu", als sich Eduard Devrient ans Pianoforte gesetzt hatte, „dann kam er zu mir und sagte leise: ‚Gehen Sie hin und singen Sie, das ist mir lieber als all das Geschnörkel da.' Ich zeigte auf die Lippen und machte ihm begreiflich, daß ich das nicht könne. ‚Ei, was!' rief er laut, nahm meinen Arm, zog mich zum Klavier und sagte zu der Sängerin: ‚Bitte, stehen Sie auf und lassen Sie die kleine Frau dahin.' Mir blieb nichts anders übrig als zu singen, zur Freude des alten Mannes."[8]

Eduard Devrient war als Sänger für die folgende Saison am Stadttheater engagiert. Bei der Aufführung des „Barbiers von Sevilla", in der er den Part des Barbiers sang, beobachtete seine Frau, wie Salomon in seiner Loge hochaufgerichtet stand. Mit „… dem Ausdruck der stolzesten Befriedigung im Gesicht grüßte er vornehm lächelnd in die neben und gegenüberliegende Loge die Bekannten und nahm die Huldigungen, welche seinem Schützling [Eduard Devrient] gezollt wurden, gnädig an." Als die Devrients zurück in Berlin waren und bei Mendelssohns von dem außergewöhnlichen Besuch bei Heines erzählten, erregte der exaltierte Ausspruch Salomons über Eduard „bei Gott, gebildet" die größte Heiterkeit.[9]

Auch wenn den Berliner Gästen manche gesellschaftlichen Eigenheiten der Hamburger etwas rückständig vorkamen, so war man in den heineschen Häusern in Ottensen und am Jungfernstieg doch bemüht, Schritt zu halten mit modernen Entwicklungen und den gesellschaftlichen Ansprüchen an einen großbürgerlichen Haushalt.[10]

Der Stall für Heines Pferde befand sich übrigens nicht auf dem eigenen Grundstück am Jungfernstieg, er lag in der Königstraße kurz vor der Ecke Große Bleichen (beim Eingang zur heutigen Passage).

Mit zunehmendem beruflichem Erfolg folgten größere gesellschaftliche Verpflichtungen, und mit ihnen stieg das am Jungfernstieg beschäftigte Personal. Anfangs gab es drei, später zwei männliche und sechs weibliche Bedienstete.[11] Es gab Frauen in der Küche, Kleinmädchen, also Hausmädchen ohne besonderen Status, und ein Kammermädchen. Da es nur zwei männliche Bedienstete gab, ist zu vermuten, dass es neben dem Kammerdiener wohl nur einen Kutscher oder einen Hausmeister gab. Männer in *Livrée* waren nur zu bestimmten Anlässen, also an den Sonntagen, wenn Gäste im Haus waren, anwesend, demnach Mietdiener. Bedienstete in *Livrée* und *Escarpins*, den eng anliegenden weißen Hosen, waren in anderen Häusern, die Wert auf Etikette legten, durchaus dauerhaft beschäftigt, denn eine livrierte Dienerschaft galt als modern und stilvoll. In Ottensen kamen zum Personal noch die Gärtner hinzu. Ein Hauswart, der ganzjährig auf das nicht bewohnte Haus aufpasste, und einen privaten Nachtwächter gab es auch.

War es eine Hamburger Eigenart, dass die Diener und Hausmädchen, die die Gäste bedient hatten, am Ende des Abends die Hand aufhielten, um sich Geld zustecken zu lassen, mindestens eine Courant Mark? Zumindest bedeutete dieser Brauch bei den vielen Gästen der Heines einen einträglichen Nebenverdienst für das Personal.

Für manchen Hamburger Christen war es inzwischen eine Ehre, von Salomon Heine zu einem Abenddiner eingeladen zu werden. Da reiche Menschen nicht selten ihres Geldes wegen geliebt werden, musste er wohl zwischen Schmeichlern, Schmarotzern und wahren Freunden unterscheiden. Auch war Salomon durchaus Belästigungen und Zudringlichkeiten ausgesetzt, da er für viele mit einer „öffentlichen Wohltätigkeitskasse identisch" war.[12] Aber er wusste sich auch zu wehren. Insbesondere wenn sich Gäste zu vornehm gaben, die doch aus einfachen Verhältnissen kamen, warf er gelegentlich eine diesbezügliche Bemerkung über den Tisch, die manchem Gast die Röte ins Gesicht steigen ließ. Allzu vornehmes Getue konnte er nicht leiden. Bei jungen Damen zeigte er sich dagegen charmant und liebenswürdig.

Er hatte wohl schon etwas *Durchfahrendes*, wie Mendelssohn urteilte, ohne Zweifel war er ein origineller Mensch und von großer Schlagfertigkeit und darin seinem Neffen nicht unähnlich. Betty war in ihren kritischen Äußerungen anderen gegenüber zurückhaltender. Sie war die Diplomatin im Hause, die manche Missstimmung geraderückte.

„Sie war eine gute sanfte Frau und wußte den heftigen Charakter ihres Mannes zu mildern. Sie war das versöhnende Princip in der Familie, welches alle Streitigkeiten beschwichtigte und war der stete Anwalt ihres Neffen Heinrich, wenn er mit lobenswerter Beharrlichkeit die Kasse seines Oheims in Anspruch nahm."[13]

Von besonderen Abendgesellschaften abgesehen, blieben die wenigen Hamburger Juden, die zur Oberschicht zählten, größtenteils unter sich, wie auch die christliche Oberschicht eher unter sich blieb. Der aus Hamburg stammende Historiker Percy Ernst Schramm urteilte 100 Jahre später, dass Salomon ohne gesellschaftlichen Zusammenhang mit den eigentlichen Hamburgern gelebt, aber *ein großes Haus mit seigneuralem Anstrich* unterhalten habe.[14] Salomon blieb tatsächlich Jude, auch wenn er vielleicht dem alten Glauben nicht mehr so verhaftet war. Eine Konversion hat er offenbar im Gegensatz zu anderen Familienmitgliedern nie in Erwägung gezogen. Er wollte seine Glaubensgenossen nicht verletzen und hoffte auf Besserung der Verhältnisse.[15] Im Wesen war er ein ehrbarer Hamburger Kaufmann, auch wenn diese ihn nicht unbedingt als einen der ihren anerkannten. Toleranz gegenüber Andersgläubigen spielte für Heine eine wichtige Rolle.

Der Versuch Heinrich Heines, als Getaufter in Hamburg eine Festanstellung zu erhalten, war gescheitert. Er suchte die Schuld in der feindseligen Umgebung seines dem Judentum treu gebliebenen Onkels, auch beim Schwager Moritz von Embden. Die Hoffnung auf eine Professur in Berlin, „… die ja eigentlich eine Selbsttäuschung war, da Heine vor allem Andern die wissenschaftliche Grundlage für eine solche Stellung fehlte",[16] wie Karpeles feststellte, erwies sich natürlich gleichfalls als illusorisch, und als Anwalt fehlte es ihm an Erfahrung. Seine Eitelkeit mochte gekränkt sein, aber im Grunde war er über jede Ablehnung dankbar, denn sie brachte ihm die Freiheit, das tun zu können, was er wirklich wollte. Und so blieb ihm nichts anderes übrig als der Versuch, sich vom Schreiben zu ernähren.

Die Winter in jenen Jahren waren allgemein strenger als heute. Oft froren Alster und Elbe zu, so dass es Wintervergnügungen auf dem Eis gab. Schlittschuhlaufen auf der Alster und Schlittenfahrten auf der Elbe gehörten dazu. Auch Weihnachtsmärkte in der Stadt waren sehr beliebt. Vor Weihnachten gab es auf dem Gänsemarkt, nur wenige Schritte von Salomon Heines Haus entfernt, einen großen Markt, auf dem man Geschenke und Naschwerk kaufen konnte. Als Heinrich Heine im Dezember 1825 in Hamburg war, wohnte er nahe dem Gänsemarkt. „Da sitz ich nun auf der Abcstraße, müde vom zwecklosen Herumlaufen, Fühlen u Denken, u draußen Nacht u Nebel u höllischer Specktakel, und groß u klein läuft herum nach den Buden, um Weihnachtsgeschenke einzukaufen. Im Grunde ist es hübsch, daß die Hamburger schon ½ Jahr im Voraus dran denken wie sie sich zu Weihnacht beschenken wollen."[17]

Es ist davon auszugehen, dass auch bei Salomon und Betty Heine das christliche Weihnachtsfest mit einem besonderen Essen und mit Geschenken für die Hausangestellten gebührend gefeiert wurde,[18] ebenso werden sie die jüdischen Feiertage wie immer gewürdigt haben. Wenn dann noch die Geburtstage, die Verlobungs- und Hochzeitsfeiern, die Taufen der Enkelkinder etc. dazukamen, gab es jedes Jahr schon allein aus familiären Gründen viele Anlässe, Feste zu feiern. Berichte finden sich allerdings nur von Hochzeiten. In den überlieferten Briefen fallen die intensiven und zahlreichen Glückwünsche zum neuen Jahr auf (nach christlicher Rechnung, da hierzu nur die Briefe von Heinrich Heine vorliegen), Geburtstagsglückwünsche sind dagegen in Briefen nur sehr selten zu finden.

Zu jedem Fest gehörte eine große Tafel mit mehreren Gängen. Es gibt Berichte, dass eine Gesellschaft der angesehensten hamburgischen Bürger aus stupender Völlerei im Essen und Trinken, Steifheit und Kälte bestünde. Die Unterhaltung sei meist jämmerlich. Die Erfahrungen der Devrients im Hause Heine waren für Hamburg also keine Ausnahme.

Ein unbekannter Gast der Heines, vermutlich ein Künstler, berichtete einmal: „Heute bin ich bei Jenisch zum Dinner! – Bei Parish waren die Austern vortrefflich! – Übermorgen hat mich Gumpel eingeladen! – aber über die Gänseleberpastete bei Salomon Heine geht nichts in der Welt!"[19]

Heinrich warf seinem Onkel später diese „Fressorgien" vor, hierbei habe dieser gesündigt. Doch Heinrich selbst genoss ebenfalls das gute Essen und gab viel Geld in Restaurants aus. Über eine Dame urteilte er: „… was sie an Jugend eingebüßt, hat sie an Gewicht gewonnen."[20]. So ging es vielen in der Familie Heine. Salomon pflegte zu sagen: „Über Literatur kann ich nicht sprechen, ich kenne keine anderen Aufsätze, als die, welche vom Konditor kommen!"[21]

Ein Journalist auf Reisen
„Was ich über Italien denke …"

Die Begegnung mit Julius Campe (1792–1867) in Hamburg wurde die wichtigste für Heinrichs Karriere. Dieser gescheite Mann war ab 1826 sein Verleger und blieb es bis zu Heinrichs Tod. Campe war ein außergewöhnlicher Mensch, der mit kleinem Kapital, aber großem Fleiß in wenigen Jahren zu einem angesehenen Verleger aufgestiegen war. Dazu besaß er genug Raffinesse, die Zensur, die in Hamburg verhältnismäßig liberal war, zu umgehen. Welche neue junge Literatur zu verkaufen war und wie, erspürte er ebenfalls. Anders als andere kam Julius Campe mit Heinrich Heine recht gut zurecht, auch wenn dieser ihn wie seinen Onkel als knickerig beschimpfte. Einen besseren Verleger hätte er wohl nicht finden können. Zuerst erschien im Verlag von Hoffmann und Campe das Buch „Reisebilder Teil I", in dem Heinrich unter anderem einen Nordsee-Gedichtzyklus und einen Bericht über seine Harzreise veröffentlichte.

Die „Reisebilder", von denen 1827 Teil II unter anderem mit der Fortsetzung des „Nordsee-Zyklus" folgte, wurden ein ungeahnter Erfolg. Heine war zur Überwachung des Drucks extra nach Hamburg gereist, denn auch auf die Ausstattung seiner Werke legte er großen Wert und versuchte darauf Einfluss zu nehmen. Das verursachte Streit mit Campe, dem diese Einmischung in Verlagsangelegenheiten zu weit ging, doch die beiden einigten sich. Heinrich verzichtete zugunsten einer besseren Papierqualität auf einen Teil seines Honorars. Für Onkel Salomon ließ er auf eigene Kosten ein Buch in rotes Leder binden und versah es mit einer Widmung, wie bei jedem neuen Werk.

Im Stil der „Reisebilder", als eine Art politischer Reisejournalist, wollte Heinrich weiterarbeiten. Das „Buch der Lieder", das ebenfalls 1827 erschien, war zunächst kein „Renner", und es sollten noch einige Jahre vergehen, bis es gut lief. Damals hätte niemand gedacht, dass es für den Verlag Hoffmann & Campe das erfolgreichste Buch des 19. Jahrhunderts werden würde. Allein zu Heines Lebzeiten gab es zwölf Auflagen.

Am 2. Mai 1827 brachte „Die Biene", ein *schönwissenschaftliches* Unterhaltungsblatt, einen Auszug aus dem zweiten Teil der „Reisebilder". Dazu schreibt der Herausgeber: „Wie auch der geehrte Verfasser mir zürnen möge; ich konnte mich nicht enthalten, diesen literarischen Raub an ihm zu begehen. Meine gute Absicht mag das Plagiat einigermaßen entschuldigen. Ich beging es, um diejenigen Leser des Buches, die ihn noch nicht kennen, mit dem Verfasser, den Deutschland zu seinen besten Humoristen zählen darf, bekannt zu machen. Der Herr Verleger (Hoffmann & Campe) seinerseits hat das Äußere des Buchs, dem geistreichen Innern entsprechend, elegant ausgestattet."

Die Beziehung des Verlegers Campe zur Familie Heine, zu Heinrichs Mutter und seiner Schwester, war freundschaftlich familiär. Zu Salomon Heine bestand kein Kontakt, aber möglicherweise zu Henry Heine, bei dem auch der Papierhändler Michaelis manchmal zu Gast war. Campe riet seinem Autor immer wieder, sich wegen der Geldprobleme mit dem Onkel zu einigen – das war natürlich auch im eigenen Sinne vorteilhaft, denn solange der Onkel zahlte, fühlte sich Campe weniger bedrängt. Die Brüder Heinrichs, Gustav und Max, versuchten bei ihren letzten Besuchen in Hamburg, für Heinrich bei Campe zu vermitteln, was ihnen aber durch ungeschicktes und arrogantes Auftreten misslang.

Heinrichs jüngster Bruder Maximilian war in Lüneburg auf dem Johanneum gewesen und hatte sein Abitur gemacht. Danach wollte er ein Medizinstudium beginnen. Onkel Salomon hatte ihn mit reichlich Goldstücken versehen, bevor Max sich auf den Weg nach Berlin machte. Dort fand er mittels damals üblicher Empfehlungsschreiben Einlass in die Kreise seines älteren Bruders Heinrich, in die er herzlich aufgenommen wurde. Doch durch zu viele Ablenkungen und andere Studien wurde er vom Medizinstudium abgehalten. Er reiste deshalb nach Göttingen, um dort in Ruhe arbeiten zu können. 1828 promovierte er zum Doktor der Medizin, der Chirurgie und der Entbindungskunst.

Max bildete sich nach der Promotion in München weiter und traf dort auch seinen Bruder Heinrich wieder, da dieser für sechs Monate als Journalist eine Anstellung gefunden hatte. Heinrich plante eine Italienreise und Max begleitete ihn ein Stück bis nach Kreuth. Heinrich reiste anschließend alleine über Innsbruck, Bozen, Lucca, Florenz, Bologna, Padua, Venedig nach Trient weiter und von dort zurück nach München. Max hingegen zog nach Heidelberg, wo er im Stadthospital eine Anstellung fand.

Italien war bereits im 18. Jahrhundert als Reiseziel in Mode gekommen, besonders der englische Adel bevorzugte das Land für halbjährliche Bildungsreisen. Dorthin zog es auch Heinrich Heine. Er besaß noch etwas von dem Geld, das er in London *erbeutet* und bei Varnhagen zur Aufbewahrung gelassen hatte; das konnte er nun ausgeben.

Die Städte Lucca und Florenz mit ihrer reichhaltigen Kunst beindruckten ihn am stärksten. Ziel seiner Reise war jedoch nicht das Kunststudium; er wollte Menschen kennenlernen und Kontakte knüpfen. Da er kein Italienisch sprach, befriedigte ihn das Ergebnis nicht: „Ich sehe Italien, aber ich höre es nicht."[1]

Gesundheitlich hatte er immer wieder Probleme. So litt er nicht nur an Kopfschmerzen, sondern fühlte sich oft krank, ohne die Ursache zu kennen. In Italien ging es ihm zwar besser, nun aber machte er sich Sorgen um seinen kranken Vater. Im November entschloss er sich darum zur Rückreise. Am 27. Dezember 1828 erreichte ihn in Würzburg die Nachricht vom Tod des Vaters. Erst Anfang Januar traf Heinrich in Hamburg bei seiner Mutter ein, wo die Eltern bereits das letzte halbe Jahr verbracht hatten. Die Beerdigung hatte nicht nur ohne Heinrich, sondern auch ohne seinen Bruder Max, wohl aber im Beisein von Bruder Gustav auf dem Hamburger Teil des Altonaer Friedhofs Königstraße stattgefunden.[2]

Die Kosten für den Grabstein von 300 Courant Mark wurden von Onkel Henry übernommen. Heinrich litt sehr unter dem Tod seines Vaters und er meinte, noch lange Zeit danach deshalb *trübsinnig* gewesen zu sein.

Aber es gab auch erfreuliche Entwicklungen im Hause Heine, wenn auch nicht für Heinrich. Die Hochzeit seiner Cousine Therese, der jüngsten der Heine-Töchter, stand kurz bevor. Der Auserwählte war Dr. Adolph Halle (1798–1866), Sohn des ersten Arbeitgebers ihres Vaters.

Grabstein von Samson Heine, neu aufgestellt um 1900
auf dem Hamburger Teil des Friedhofs Königstraße.

Therese Heine
„Das alles meine Süße ist mir schon einmal passiert"

Salomons jüngste Tochter, *die niedliche Therese*, und vielleicht die hübscheste der Schwestern, war nicht mehr zu haben. Sie war nach Amalie wohl die zweite ernstlich Angebetete des Dichters Heinrich Heine gewesen. Doch auch hier war das Machtwort des Vaters ausschlaggebend für die Ehe von Therese mit Dr. Adolph Halle.

Therese war gut zwei Jahre älter als ihr Bruder Carl. Ab 1812 wuchs sie in Ottensen auf, zumindest in den Monaten von Mai bis September. Erzogen wurde sie von einer Gouvernante. Eine schulische Ausbildung erhielt sie durch einen Hauslehrer und auf einer Privatschule; höchstwahrscheinlich erhielt Therese auch Unterricht auf dem Pianoforte, denn das Instrument galt als Symbol für Kultiviertheit. Das waren die Bildungsangebote für Töchter aus gutem Hause.

Nach der Hochzeit ihrer Schwester Amalie und dem vergeblichen Werben um „Mollys" Gunst hatte Heinrich Heine sein Interesse auf die scheue und *niedliche Therese* gelenkt. Sie war, im Gegensatz zu ihrer Schwester Amalie, eine sehr zarte, schlanke Person mit dunklen Haaren und braunen Augen. Auf dem Bild, das Louis Asher[1] nach ihrer Hochzeit malte, ist das gut zu erkennen.

Therese, die dunkle Schönheit, war Heinrichs letzte Chance, in die Familie einzuheiraten. Doch sie war schüchtern und ihrem Vater treu ergeben.

Mit deinen großen allwissenden Augen
Schaust du mich an, und du hast Recht,
Wie könnten wir zusammen taugen,
Da du so gut, und ich so schlecht,
Ich bin so schlecht und bitterblutig
Und Spottgeschenke bring' ich dar
Dem Mädchen, das so lieb und gütig
Und ach! Sogar aufrichtig war.[2]

So dichtete ihr Cousin voller Selbstmitleid, nachdem er zuvor schon viele zarte und gefühlvolle Verse für Therese geschrieben hatte.

Adolph Halle, der Jura studierte, ließ sich bereits im Alter von 18 Jahren taufen, so dass seine Braut im März 1828 ebenfalls konvertierte, zu der Zeit, als ihr Vetter Heinrich in München weilte. Am 16. Mai 1828 war nur eine knappe Anzeige erschienen: „Gestern feyerten wir den frohen Tag unserer ehelichen Verbindung. Dr. Adolph Halle, Therese Halle, geb. Heine."[3]

Als Hochzeitsgeschenk erhielt das Paar vom Onkel des Bräutigams, dem unverheirateten Hartwig Hesse, der gelegentlich auch Heinrich unterstützte, ein Haus in der ABC-Straße. Halles Großvater Isaak Hesse war dort 1807 als reichster Jude seiner Zeit gestorben und

Therese Halle geb. Heine um 1830.
Gemalt von Louis Asher kurz nach ihrer Hochzeit.

Salomon sollte hier nach dem Großen Brand die letzten beiden Lebensjahre verbringen. Adolph und Therese bewohnten das Gebäude im Winter bis zur Hochzeit von Carl 1838 und zogen dann in das Haus Salomon Heines am Jungfernstieg. Ihr eigenes Haus vermieteten sie.

Dr. Adolph Halle, der nach der Taufe das ohnehin nicht adelige *von* weg ließ, um sich vom jüdischen Teil der Familie abzugrenzen, wurde ein anerkannter Jurist. Er war ein Büchernarr; bereits bei seiner Hochzeit besaß er eine große Privatbibliothek, die allerdings bei dem Brand 1842 vernichtet wurde. 1828 gehörte er zu den Gründern der Juristischen Lesegesellschaft, einer öffentlichen juristischen Bibliothek auf wissenschaftlicher Basis. 1831 wurde er Präses des Handelsgerichts in Hamburg, dem er 17 Jahre lang vorstand.

Dr. Adolph Halle (1798–1866), Lithografie von Otto Speckter.

Thereses Hochzeitsvorbereitungen waren vom Tod ihrer Cousine Tilly am 6. April überschattet worden. Die 1808 geborene Tochter von Meyer Heine war bei Salomon und Betty aufgewachsen, da ihre Eltern beide früh verstorben waren. Die Hochzeit der Halles fand dennoch am 15. Mai desselben Jahres in der Petri-Kirche statt. Gefeiert wurde in Ottensen.

Erst im September schreibt Heinrich aus Lucca in Italien einen Brief an Onkel Salomon: „Bedingter weise, habe ich mich über die Vermählung gefreut. Nächst mir selber hätte ich sie keinem lieber gegönnt, wie dem Dr. Halle", um dann ernst zu werden: „Tilly ist jetzt so gut bei

mir wie bei euch; überall folgte mir das liebliche Gesicht, besonders am Mittelländischen Meer. Ihr Tod hat mich beruhigt. Ich wollte nur, ich hätte Einiges von ihren Schriftzügen. Daß wir die süßen Züge auf keinem Gemälde aufbewahren, ist Jammerschade. Ach! Es hängt so manches überflüssige Gesicht an der Wand. [...]
Grüßen Sie mir Onkel Henry recht herzlich.
Und nun leben Sie wohl! Es ist gut, daß ich Ihnen nicht sagen kann, wo eine Antwort von Ihnen mich treffen würde; Sie sind um so eher überzeugt, daß dieser Brief Sie in keiner Hinsicht belästigen soll. Es ist bloß ein Seufzer. Es ist mir leid, daß ich diesen Seufzer nicht frankieren kann, er wird Ihnen Geld kosten – wieder neuer Stoff zu Klagen. Adieu, theurer, guter, großmüthiger, knickriger, edler, unendlich geliebter Onkel!"[4]

Ein Resultat von Heinrichs Italienreise war der Text „Die Bäder von Lucca". Heinrich beschreibt darin den Marchese Gumpelino, dick, sentimental, steinreich und katholisch, eine Figur mit viel Witz und Charme, die auch für Onkel Salomon eine Freude war, denn sein Neffe karikierte damit seinen Nachbarn Lazarus Gumpel.[5] Dieser jüdische Bankier, der östlich hinter Rainville wohnte, war ebenso engagiert wie Salomon Heine. Er spendete viel, ließ das Lazarus Gumpel Stift[6] bauen und hatte wohl auch manches Mal Auseinandersetzungen mit seinem Nachbarn Salomon.

Obwohl Heinrich nach der großen Reise 1829 nicht die Absicht gehabt hatte, für längere Zeit nach Hamburg zurückzukehren, blieb er doch sieben Wochen. Zwischendurch reiste er kurz nach Berlin. Nach einem Sommeraufenthalt auf Helgoland kam er wieder nach Hamburg und quartierte sich im folgenden Frühjahr in Wandsbek ein, damals noch ein unter dänischer Hoheit stehender Vorort von Hamburg.

Nachdem bereits Salomons Tochter Fanny verheiratete Schröder in Heidelberg jung verstorben war, gab es zwei Jahre später erneut einen Todesfall in der Familie Heine zu beklagen. Der „Kronprinz" Hermann starb in Rom am 28.2.1831. Es war bereits seine zweite Italienreise zur Besserung seines Gesundheitszustandes. Möglicherweise litt Hermann wie seine Schwester Fanny unter Tuberkulose. Damals hoffte man noch, im warmen Süden diese Krankheit heilen oder lindern zu können.

Hermann Heine hatte in Paris bei B.L. Fould eine Banklehre absolviert, dort, wo bereits Abraham Mendelssohn gearbeitet hatte. Danach war Hermann in der Bank seines Vaters in Hamburg tätig. Vermutlich kränkelte er schon früh und reiste deshalb im Alter von 21 Jahren allein nach Italien. Leider gibt es von ihm keine Hinterlassenschaften. Heinrich nennt ihn in einem Gedicht an seine Tante Betty nur den *vornehm-herrlichen Hermann*.[7] Das Porträtbild, das es von ihm gab, bekam Carl, der es später nach Frankreich mitnahm. Wo es sich heute befindet, ist nicht bekannt.

Salomon richtete einige Jahre nach Hermanns Tod eine Stiftung auf dessen Namen ein: Die Hermann Heine'sche Stiftung, die unbemittelte Einwohner mit Darlehen unterstützen sollte. Das Stiftungskapital betrug 100.000 Mark Banco und es war vorgesehen, die Unterstützung auch für Christen zugänglich zu machen, sobald eine Gleichstellung von Juden und Christen Realität sein würde. Heinrich Heine äußerte sich dazu wenig freundlich: Sein Oheim hätte ein Institut gestiftet, um heruntergekommene Schacherer wieder auf die Beine zu bringen.[8]

Die Revolution von 1830
„Nieder mit den Juden, der Polizei und den Steuern!"

Zurück in Hamburg traf Heinrich sich mit vielen Bekannten. Oft verabredete er sich mit ihnen im Alsterpavillon, schräg gegenüber von Onkel Salomons Haus. Er begegnete seinem entfernten Cousin Hermann Schiff wieder, der Heinrich als *vornehmen, mißmutigen Gentleman* beschrieb. Er besuchte das Theater und genoss die Musik des Geigenvirtuosen Paganini, der, begleitet von Georg Harrys, während einer Gastspielreise in Hamburg ein Konzert gab, was für viel Aufsehen sorgte: „Obwohl es Posttag war, erblickte ich doch in den ersten Ranglogen, die ganze Handelswelt, einen ganzen Olymp von Banquiers und sonstigen Millionären, die Götter des Kaffees und des Zuckers, nebst deren dicken Ehegöttinnen und [...] Aphroditen vom Dreckwall.[...] Endlich aber, auf der Bühne, kam eine dunkle Gestalt zum Vorschein, die der

Unterwelt entstiegen zu sein schien. Das war Paganini in seiner schwarzen Galla"[1], beschreibt Heinrich Heine das Ereignis. Paganini sah man seine Erkrankung deutlich an, denn Heine notiert auch: „Ist das ein lebender, der im Verscheiden begriffen ist [...]. Oder ist es ein Toter, der aus dem Grabe gestiegen, ein Vampier mit der Violine?"[2]

Georg Harrys, der mit Salomon bekannt und verwandt war,[3] reiste als Manager drei Wochen lang an der Seite Paganinis und veröffentlichte darüber ein kleines Buch. Ob Salomon Heine Georg Harrys angeregt hatte, Paganini nach Hamburg zu bringen, und ob er zusammen mit Heinrich das Konzert besuchte, ist nicht überliefert. Heinrich schreibt allerdings in seinem Deutschlandgedicht: „Den Paganini begleitete stets/ Ein Spriritus Familaris/ manchmal als Hund, manchmal in Gestalt/ Des seligen Georg Harris."[4]

Heinrich vergnügte sich auch gern bei Peter Ahrens,[5] einem bekannten Tanzlokal, besuchte „Die Schöne Marianne" in Eimsbüttel, das war ein Wirtshaus mit einer stadtbekannten Schönheit am Tresen, oder er *verlustierte* sich mit Freudenmädchen. Immer noch war er der Überzeugung, die Stadt erkenne sein Genie nicht. Mit Campe lag er wieder im Streit. Er nannte ihn „... mein Schuft von Verleger."[6] Trotzdem zog es ihn immer wieder an die Alster.

Während eines erneuten Aufenthalts auf Helgoland erreichte Heinrich die Nachricht von der Julirevolution in Paris, die ihn in Begeisterung versetzte. Das Regime von Karl X. war gestürzt worden. Der König war nach England geflohen, womit das Ende der Bourbonenherrschaft gekommen war. Der neue Herrscher hieß Louis-Philippe I., genannt der Bürgerkönig, und dieser weckte Hoffnung auf mehr Gerechtigkeit. Die Tricolore wurde nun Staatsflagge.

In Hamburg heizte sich nach dieser Neuigkeit das Klima auf. In Folge der Revolution in Frankreich kam es in der Stadt wieder zu judenfeindlichen Ausschreitungen. Aufständische schlugen Zettel an Wände, auf denen zu lesen stand: „Nieder mit den Juden, der Polizei und den Steuern!" Auf Flugblättern wurde beklagt, „... daß Judenjungen, die unter der Woche hausieren, sich aufspielten und am Sabbat in den Kaffeehäusern alle Zeitungen mit Beschlag belegten."[7] Wut wegen der angeblich auf die Ereignisse in Frankreich hin erfolgte Erhöhung des

Einfuhrzolls auf Weizen, Fleisch und Milch, richtete sich gegen Juden, die einmal mehr als Sündenböcke herhalten mussten. Jüdisch oder vermeintlich jüdisch aussehende Gäste wurden aus den Caféhäusern geprügelt. Als ein Christ protestierte, er sei gar kein Jude, er sei ja getauft, riefen sie „Smiet'm wedder rin".[8] Schnell verblasste der Zorn gegen die Juden, denn als das Stadtmilitär eintraf, richtete sich die Aggression gegen diese Truppe. Die Tumulte dauerten mehrere Tage. Die traurige Bilanz waren sechs Todesopfer und fünf Verletzte. Salomon Heine hatte am Jungfernstieg eingeworfene Scheiben zu beklagen, was ihn sehr aufbrachte. Zusätzlich zu all dem Ärger musste Salomon wie alle Kaufleute mit fallenden Kursen leben, die sich aber zum Herbst wieder erholten.

Die Unruhen hatten eines gezeigt: Hamburg war, was Reformen anging, ins Hintertreffen geraten. Oder glaubte der Senat hier so fortschrittlich zu sein, dass er ohne neue Gesetze auskommen könne?

In den Kreisen der Protestanten wurde über Juden nicht gut gesprochen, auch wenn den meisten Christen durchaus bewusst war, dass sich an der Situation, also der fehlenden Integration der Israeliten, etwas ändern musste. Bürger konnten sie auch fünfzehn Jahre nach dem Ende der „Franzosenzeit" immer noch nicht werden. Erfolgreich waren zumeist nur diejenigen Juden, die konvertierten. „Unter den aufstrebenden Bankiers, Kaufleuten und Unternehmern gab es einen, der es sich leisten konnte, auf die Assimilierung ganz zu verzichten, da er auch so seinen geachteten Platz hatte. Das war Salomon Heine."[9] So Percy Ernst Schramm 1952. Doch Salomon war keiner, der nur an sich dachte. Er hätte zu gern eine Verbesserung für sich und seine Glaubensgenossen erreicht und war sich darüber im Klaren, dass er allgemein nur anerkannt wurde, weil er viel Geld spendete und er seine Bank auch in den Augen der Christen korrekt und erfolgreich führte. Auf seinen guten Ruf und seine Kaufmannsehre legte er viel Wert.

Hamburg war sein angestammter Platz. Hier wollte Salomon dazugehören, ohne seinen Glauben abzulegen.

Den unglücklichen Poeten hingegen, der, wie Schramm meinte, zeitweilig geradezu in Mode gewesen sei, obwohl man sich von ihm gekränkt fühlte, lockte nun Frankreich. Heinrich zog es nach Paris, denn in Deutschland sah er dunkle Wolken aufziehen, und mit dem Oheim verstand er sich auch wieder einmal schlecht. Eine Stammbucheintragung für Onkel Salomon soll gelautet haben: „Lieber Onkel, leihe mir hunderttausend Taler und vergiß auf ewig Deinen Dich liebenden Neffen H. Heine."[10]

Als 1831 ein Buch Heines in Preußen verboten und konfisziert wurde, war das sicherlich eine mitentscheidende Erfahrung, die Heinrichs Umzugswillen beeinflusste. Wenig später verbot die preußische Obrigkeit alle seine Bücher, sie seien ein *verderbliches Produkt*, hieß es.

Nach Paris!
„Fliehen wäre leicht ... "

Heinrich Heine verließ Hamburg am 1. Mai 1831. Aufgrund seines Geburtsortes Düsseldorf und des Geburtsjahres war es ihm erlaubt, ungehindert in Frankreich zu leben. Seine Mutter, die seit 1828 in Hamburg wohnte, wurde weiterhin von ihrem Schwager mit einer Rente versehen und ließ Heinrich eine finanzielle Unterstützung für die Reise zukommen. Auch Onkel Henry und Hartwig Hesse trugen etwas bei. Die Wohnung von Betty Heine am Neuen Wall brannte zwei Jahre später aus und mit ihr viele Briefe und Aufzeichnungen ihres Sohnes. Ebenso verbrannte zu ihrem Bedauern ein Porträt Heinrichs, an dem sie sehr hing, besonders seit er im fernen Paris lebte.

Auf dem Weg nach Frankreich machte Heinrich zuerst in Frankfurt, im Hotel Zum Schwan, Station. Er ließ sich dort von dem bekannten Maler Moritz Oppenheim porträtieren. Das Bild ist heute im Besitz der Hamburger Kunsthalle.[1]

In Paris kam Heinrich am 19. Mai an und schrieb Ende Juni an Karl Varnhagen: „Ich habe zuletzt in Hamburg ein unerquickliches Leben geführt, ich fühlte mich nicht sicher, und da mir eine Reise nach Paris schon längst im Gemüthe dämmerte, so war ich leicht beredet als mir eine große Hand gar besorglich winkte. Indessen: Fliehen wäre leicht, wenn man n i c h t das Vaterland an den Schuhsohlen mit sich schleppte!"[2]

Auch sein Vetter Carl, 21 Jahre alt, hielt sich in Paris auf. Er setzte im Bankhaus Fould seine Ausbildung fort, wie zuvor bereits sein Bruder Hermann.

Die Hauptstadt Frankreichs hatte damals 800.000 Einwohner, darunter 7.000 deutschsprachige Emigranten. Rund Dreiviertel der Pariser zählten zu den Armen, ein knappes Fünftel konnte dem Mittelstand und weniger als ein Zehntel der Oberschicht oder einer gut verdienenden Bevölkerungsschicht, die sich aus Bürgern und Adeligen zusammensetzte, zugerechnet werden. Der alte Adel wohnte links der Seine, der neue Geldadel in Faubourg Saint-Honoré und im Opernviertel auf der anderen Seite der Seine. Doch was hatte die Revolution den Einwohnern gebracht? Ein Prozent von ihnen hatte bislang das Wahlrecht gehabt; nun, nach 1830, waren es drei Prozent, also durfte nur die *grande bourgeoisie* wählen. Diese kleine Verbesserung war sicherlich nicht das, was Heinrich erwartet hatte, denn in England besaßen bereits fünf Prozent der Bevölkerung das aktive Wahlrecht.

Außerdem fehlte in Paris noch genauso wie in Hamburg eine moderne Kanalisation, aber die Stadt war viel größer und enger besiedelt. Trotzdem durchstreifte Heinrich mit Vergnügen die Pariser Straßen. Er fühlte sich sofort heimisch und berichtete in seinen Briefen über seine neu erwachte Lebensfreude. Die in Deutschland erfahrenen Vorurteile gegen Juden und gegen Schriftsteller waren hier wie weggeblasen. Er traf sich oft mit deutschen Bekannten und lernte schnell, neue Bekanntschaften zu machen. Er besuchte Lesekabinette, er fand Einlass in die Salons, gab viel Geld aus und besuchte die „Passage des Panoramas" mit den leichten Mädchen. Er führte also ein *poliamoureuses* Leben, das bittere Folgen haben sollte. Dennoch arbeitete er intensiv an seinen Schriften.

Heine, der eher weniger Kontakte zu den bildenden Künstlern hatte, traf in Paris die Brüder Lehmann aus Hamburg, die dort zeitweilig als Maler lebten. Deren Hamburger Tanten Sophia und Nanette geb. Dellevie waren beide mit Bankiers in Paris verheiratet, mit Sebastian Vallentin und mit Auguste Léo. In ihren Häusern verkehrte neben sehr viel Prominenz, wie den Musikern Chopin, Liszt und Meyerbeer, bald auch der Dichter Heinrich Heine.

In Hamburg wurde am 11. Juli 1833 die Verlobung von Salomons Nichte Charlotte aus Bordeaux, der Tochter Isaak Heines, mit Harrys Lüneburger Freund Christiani in Ottensen gefeiert. Die Hochzeit fand am 28 August ebenfalls in Ottensen statt, nachdem sich die Braut auf St. Pauli hatte taufen lassen. Nach dem Tod des Vaters Isaak 1828 war Charlotte nach Hamburg zu Onkel Salomon gezogen. Sie und ihre Schwester Anna, die anlässlich der Vermählung Charlottes nach Hamburg kam, lebten in Salomons Familie, bis sie heirateten.[3] Salomon und Betty Heine hatten somit seit 1814 drei Nichten aufgenommen.

Anna verliebte sich in den Sohn von Levin Hertz, Gustav, der 1837 ihr Ehemann wurde. Das Paar blieb in Hamburg, ihre Nachkommen siedelten in die Vereinigten Staaten über.

Heinrich Heine war zur Zeit der Hochzeit Charlottes bereits seit zwei Jahren in Paris und wohnte ihrer Vermählung mit seinem Freund Christiani nicht bei. Die Hochzeitsreise führte das Paar zur Mutter und den Geschwistern nach Bordeaux, aber nicht nach Paris.

Die Cholera
Bis zum Halse in Flanell

Nach nur neun Monaten in Paris erlebte Heinrich im Februar 1832 eine besonders schwierige Zeit.

Vermutlich per Schiff eingeschleppt, hatte im Jahr zuvor bereits in Hamburg eine schreckliche Seuche Einzug gehalten; eine Erkrankung, die mit Erbrechen und Durchfall binnen weniger Stunden zum Tode führen konnte. Der Erreger war im Wasser zu finden und konnte sich deshalb schnell verbreiten. Doch diese Zusammenhänge waren damals noch nicht bekannt, Hygiene ein Fremdwort. Man empfand die Seuche eher wie eine Naturgewalt, die über die Menschen hereinbrach und der sie machtlos gegenüberstanden. Die Krankheit galt als peinlich und nicht akzeptabel. An der Schwindsucht (Tuberkulose) zu sterben sei ein besserer Tod als an der Cholera. Emil Lehmann, der Bruder der beiden in Paris lebenden Maler, erinnert sich später in Hamburg:

„Gegen die Cholera mussten wir Pfefferkörner schlucken, Leibbinden und ein in Essig getränktes Band um den Hals tragen."[1] Ebenfalls aus Hamburg kam die Empfehlung, sich in seidene Hemden zu kleiden und Leibbinden aus Flanell zu tragen.

Im Herbst 1831 war die Cholera in der Hansestadt ausgebrochen, sie wanderte schnell weiter nach Westen und erreichte bald auch London und Paris. Nachdem sie in Hamburg Ende Oktober überstanden schien, flackerte sie in den folgenden Monaten immer wieder auf und brach im Frühjahr des folgenden Jahres noch einmal heftig aus.

Wirksame medizinische Hilfe gab es keine, nicht in Hamburg und nicht in Paris. Die Meinung war auch dort, dass eine ruhige und ordentliche Lebensweise die Krankheit verhindern könne. Mitten im Karneval, in den lustigen, unbeschwerten Tagen, brach die Seuche in Paris aus. Und die Empfehlung lautete deshalb, fröhlich zu sein und guten Mutes, auch das könne helfen.

Heinrich Heine schilderte Baron Cotta für die „Allgemeine Zeitung" seine Erlebnisse in seiner neuen Heimat und gesteht: „Ich war zu faul zu fliehen." Sein Nachbar starb an der Cholera und störte ihn durch sein Schreien beim Schreiben. „Es war eine Schreckenszeit, weit schauerlicher als die frühere, da die Hinrichtungen so rasch und so geheimnisvoll stattfanden."[2] Ein Gerücht ging durch die Stadt, die Menschen würden durch ein Gift sterben. Die Polizei, die verkündete, sie sei den Giftmischern auf der Spur, bestätigte das Gerücht. Es war, *als ob die Welt unterginge*. Man hatte Angst, überhaupt noch etwas zu essen, und jedermann hoffte, nicht unter falschen Verdacht zu kommen, denn vereinzelt kam es sogar zu Morden.

Heinrich blieb trotzdem dort, auch aus Sorge um seinen Cousin Carl Heine, den Sohn Salomons; und seine Pariser Bekannten wunderten sich darüber, denn viele Deutsche waren abgereist. „Aber mein bester Freund lag hier krank danieder. Ich bemerke dieses, damit man mein Zurückbleiben in Paris für keine Bravade ansehe. Nur ein Thor konnte sich darin gefallen, der Cholera zu trotzen."[3] Die Reichen ergriffen die Flucht und die Armen starben an der Seuche. Aber auch die Rothschilds waren in der Stadt geblieben. Heinrich machte es sich zur Aufgabe, Carl zu pflegen. Da Salomon schon drei seiner Söhne verloren hatte, wollte

er ihm offenbar diesen letzten verbliebenen Sohn retten. Und bei allem Unglück wurde wenigstens Carl wieder gesund und konnte im April 1832 Paris verlassen. Aus Valenciennes schreibt er an Heinrich:
„Mit vieler Freude sehe ich, daß die Krankheit in Paris abnimmt, und so hoffe ich wird sie bald ihr Ende erreicht haben. –
An Courage den noch übrigen Theil dieser unangenehmen Zeit zu überstehen, wird es Dir nicht fehlen; nachher wird man sich am Ende noch freuen, die Zeit miterlebt zu haben [...]. – Du siehst durch die Überschrift, daß ich mich noch in Valenciennes befinde; ich weiß nicht ob Du diese liebe Stadt kennst, sonst brauchte [ich] Dir nicht zu sagen, daß sie an Langweiligkeit ihres Gleichen sucht. – Leider ist die Quarantaine viel länger, als ich vermuthete, und mir in Paris gesagt worden. – Die von Paris kommenden Reisenden, so hieß es, müssen sechs volle Tage in Valenciennes bleiben und man merkt eigentlich erst hier an der Gränze für wie verpestet das schöne Paris gehalten wird. [...] Mit meiner laufenden Krankheit [er hatte sich mit Tripper angesteckt] geht es Gottlob besser als ich vermuthete; ich hoffe ohne Rückfall nach Hamb[ur]g zu kommen, muß aber mit kleinen Tagereisen fortfahren."[4]

Am 7. Mai kam Carl in Hamburg an und schreibt darauf gleich wieder an Heinrich:
„Ich habe Vater so wohl wie möglich angetroffen; sowohl sein Aussehen, so wie seine Laune lassen nichts zu wünschen übrig und ich habe ihn wohler wiedergesehen als ich ihn verlassen hatte. [...]
Über Hamburg kann ich noch nicht viel sagen, vom Handelsgericht habe ich schon gehört und bin erst einen Tag hier. Man muß sich erst an Krähwinkel gewöhnen, denn sonst mag es nicht gut nach Paris gehen. [...] Ich habe noch sehr lange große Schonung nöthig und fühle es leider selbst. – einen ähnlichen Schlemihl Streich als den letzten wird mir nicht wieder passiren Du thust Recht mitunter Fould zu besuchen, die Leute sind sehr gut und brav und haben sich sehr hübsch gegen mich benommen."[5]

„Lieber Harry!", schreibt Carl am 21. Juni 1832, „... Neues gibt es hier nicht, die Colera nimmt hier fortwährend viele Menschen weg; an einigen Tagen waren mehr Todesfälle als im Januar, wo man soviel Spektakel machte.[6] [...] Madame Benois Fould schrieb mir, daß Du

nicht kämst. – Gehe nicht zu viel in Deinem Salon spazieren [wo die Freudenmädchen stehen] und schone Deine Gesundheit. Nächstens mehr. Deine Antwort entgegensehend
bin Dein Freund und Vetter
Carl
Einlage von Vater
lieber Hary Heine
verschiedene Deine Briefe habe [ich] seinerzeit, richtig bekommen, Dein Wohl seyn, und gute laune erfreiten mich sehr. Carl sagt mir, daß Du Ihm große Anhänglichkeit in Paris erwisen, da für mein Danck eben so für Deine Anhänglichkeit, an der ganzen Familie Heine, was daan baumelt und Bamelt [..] Die Welt bleibt unruhig, was soll da aus uns werden meine Frau und alle grüßen Dich, ich war nicht wohl, jezt wohl, ich lebe ruhig, Thue daß auch, schreibe ruhig, daß gefält, und Dein Name ist recht gut, unter dem gelehrten herren, lebe wohl
Dein liebender Onckel S Heine"[7]

Im Januar 1833 rät Carl erneut, Heinrich solle nicht zu oft in der Passage des Panoramas spazieren gehen und sich nur ein- oder zweimal pro Woche verführen lassen. Sein Buch habe er gelesen, obwohl er das meiste schon kenne: „... die Vorrede ist zwar verstümmelt, aber noch derb genug; der Artikel über die Colera hat mir noch nachträglich viel Freude gemacht da wir die grausame Zeit zusammen verlebt hatten, so kam mir alles wieder aufs Neue ins Gedächtniß und ich freute mich Deiner mir erwiesenen Freundschaft, wofür [ich] Dir ewig danken werde. – Paris werde ich nie vergessen, zu viel Erinnerungen knüpfen sich daran und viele Schmerzen."[8]

Vierzehn Tage später, nachdem Carl Post von Heinrich erhalten hatte, worin Heinrich offenbar wieder einmal um Geld gebeten hatte, nimmt Carl sich dieser Bitte an: „Lieber Freund! –
Ich freue mich einmal wieder etwas von Dir gehört zu haben; ich bedaure, daß Du an der Hand leidest, und hoffe es geht Dir bereits besser; ehrlich gesagt, Vater meint genug gethan zu haben, da es Dir an nichts fehlt, in der Welt Deinen eigenen Weg zu gehen; indeß Du bist krank. – Du findest hierin f 1000 – [1.000 Francs = 500 Mark Banco] avisiert auf Fould ..."[9]

Es scheint, dass Carls Sympathie für Vetter Heinrich mit der Zeit nachließ und er die Einstellung seines Vaters zu Heinrich übernahm, als er selbst stärker in das Bankgeschäft einstieg – mit 27 Jahren wurde Carl vom Vater zum Prokuristen ernannt.

In Hamburg hatte die Ausbreitung der Cholera für Salomon Heine ein gerichtliches Nachspiel. Er hatte einem Hamburger Kaufmann, der Glaswaren nach Amerika verkaufen wollte, dort aber noch keine Geschäftskontakte besaß, geholfen, indem er sich bereiterklärte, die Waren zu einem bekannten Makler zu schicken. Er zahlte dem Hamburger Händler sogar einen Vorschuss von 1.900 Mark Banco. Leider entwickelte sich der Abverkauf in New York wegen der dort inzwischen ebenfalls ausgebrochenen Cholera nicht so wie gewünscht. Da der erwartete Ertrag ausblieb, verklagte ihn der Hamburger Händler. Salomons Anwalt argumentierte: „Es gibt manche Handlungshäuser in Hamburg, deren Speculationsgeist sie zu überseeischen Überactionen antreibt, welchen es aber theils an Bekanntschaft mit soliden überseeischen Handlungshäusern theils aber auch an Mitteln mangelt, das zu solchen Speculationen erforderliche Capital lange zu entbehren."[10] Vermutlich kam es zu einem Vergleich, wie bei den meisten dieser Prozesse.

Max besucht seinen Onkel an der Elbe
„Dein Bruder Max ist ein guter Russe"

Nach seinem Aufenthalt in Heidelberg hatte Maximilian Heine in Berlin nicht nur sein Staatsexamen abgelegt, sondern auch seinen alten Glauben. Er war nun Protestant wie sein Bruder Heinrich. Nachdem er sich anschließend einige Zeit in Wien niedergelassen hatte, verpflichtete er sich letztendlich als Arzt beim russischen Heer. Karl August Varnhagen, der in jenem Heer unter General von Tettenborn gedient hatte, könnte ihm den Rat gegeben haben, denn zu jener Zeit befanden sich die Russen im Krieg mit dem Osmanischen Reich. Da viele Seuchen die Truppen dezimiert hatten und Ärzte dringend gebraucht wurden, war dies eine Chance, die Maximilian nutzen konnte. Im Herbst 1829 reiste er nach St. Petersburg, wo er sich an der Akademie für Medizin als Ausländer erneut examinieren lassen musste. In der schönen Stadt an der Newa lebten viele Deutsche, besonders deutsche Ärzte waren willkommen. Auch der getaufte Bankier Stieglitz, der mit Salomons Nichte verheiratet war und mit dem ein guter geschäftlicher Kontakt zum Hamburger Bankhaus bestand, lebte dort in besten Verhältnissen, in geradezu kaiserlichem Prunk.

Max begleitete als Militärarzt die russischen Truppen auf dem Pferderücken bis in die heutige Türkei und nach Griechenland. Seine Erlebnisse schrieb er auf und veröffentlichte sie unter dem Titel „Bilder aus der Türkei". Sein Dichter-Bruder war von dem Buch sehr angetan.

1832 wurde Max nach Minsk ins Militärhospital versetzt, anschließend wurde er in St. Petersburg sesshaft. Da er getauft war, durfte er sich in der Stadt niederlassen; für Juden gab es bis Mitte des 19. Jahrhunderts dort keine Daueraufenthaltsgenehmigung. Bald entschloss sich Max aber, nach Hamburg zu reisen, denn die Winter in Russland waren kalt und lang und seine Gesundheit hatte nicht zuletzt durch das primitive und anstrengende Leben in der Truppe Schaden genommen. St. Petersburg wurde zwar immer prächtiger und pompöser, aber auch teurer.

In Ottensen wollte Max sich von den Strapazen der letzten Jahre erholen. Den ganzen Sommer 1833 hoffte er an der Elbe bei Onkel Salomon bleiben zu können. Seinem Bruder Heinrich schreibt er von dort über sein Verhältnis zum Onkel: „Unsere Ansichten über viele

Maximilian Heine (ca. 1805–1879) als reich dekorierter Arzt in St. Petersburg.

Dinge der jetzigen Welt sind freilich recht verschieden, doch kann unsere Freundschaft dabei fortbestehen."[1]

In seinen später verfassten Memoiren berichtete Maximilian Heine in diesem Zusammenhang von einer bezeichnenden Begebenheit jenes Sommers. Er habe seinen Onkel oft von der Börse abgeholt, damit sie anschließend gemeinsam einen kleinen Spaziergang machen konnten. Die Equipage wurde zuvor an einen bestimmten Ort bestellt, von dem aus sie nach Ottensen zurückfahren konnten. Bei dem Dammtor hatten sie einen Seitenweg eingeschlagen, als plötzlich das Wetter umschlug und kurz darauf ein Gewitter losbrach. Es begann heftig zu regnen, so dass sie in eine nahgelegene Schenke flüchten mussten. Dort war es voll und stickig, das Licht war spärlich. Max und Onkel Salomon quetschten sich in eine Ecke, nachdem sie zwei Schnäpse bestellt hatten. Vor dem Tresen gab es lebhafte Unterhaltungen auf Plattdeutsch. Der Wirt klagte, dass er bald seine Wirtschaft schließen müsse. „Die Schenke wird unter dem Hammer verkauft, und ich mit Weib und Kind müssen den Bettelstab ergreifen.' ‚Wie so denn das?', riefen mehrere Stimmen. ‚Eine Schuld hat mich in die unglückliche Lage gebracht, daß mein kleines Häuschen von Gerichtswegen übermorgen verhammert wird.' – ‚Der arme Mann und die Kinder!' – riefen die Gäste im Chor. [...] ‚Da sagt man, unser Hamburg wäre eine wohltätige Stadt, und ein armer Bürger muß mit Weib und Kind betteln gehen, weil bei seinem unverschuldeten Unglück auch nicht eine Hand Hülfe leistet.' – ‚Ne', sagte wieder ein Anderer, das ist nicht ganz wahr, ich habe doch von einem Hamburger Bürger gehört, der gerne hilft.' – ‚Und wer ist es denn?' fragte der Wirth. ‚Nun, wer Anders als der reiche Heine.' – Der Wirth: ‚Aber wie kommt man an den?' – ‚Das weiß ich nicht.' – ‚Na', sagte abermals der Wirth, ‚dann trinkt ihr heute den letzten Schnaps bei mir.'"
Es regnete, donnerte und blitzte immer weiter. Onkel und Neffe saßen schweigend in der Ecke, dann, als das Wetter besser wurde, stand Salomon auf, bezahlte die Schnäpse und fragte den Wirt nach der Höhe seiner Schuld. „Ach lieber Meister', erwiderte der Wirth, der ohne Zweifel den Alten für einen Handwerker gehalten, ‚für mich eine große Schuld 280 Mark.' – ‚Nicht wenig,' versetzte der Onkel, ‚wie seid Ihr dazu gekommen?' – ‚Krankheiten und Gutsage für einen betrügerischen

Freund.' – ‚Habt Ihr Euch schon um Hülfe an Andere gewandt?' – ‚Ach an so Viele, Meister, daß ich nicht mehr den Muth habe mich an Jemand zu wenden!' – ‚Na so wendet Euch an den alten Heine, wie der eine Fuhrmann Euch geraten hat.' – ‚Ich kenne ihn ja doch nicht.' – ‚Nun, vielleicht kann ich Euch etwas helfen, ich kenne den Alten. Wollen wir es zusammen versuchen. Morgen Glock zehn findet Euch ein an der Thür seines Hauses auf dem Jungfernstieg. Ich werde auch da sein, hab' auch im Heine'schen Comptoir zu thun, Adieu!'"
Am anderen Morgen fuhren sie rechtzeitig aus Ottensen los, stiegen an der Ecke des Jungfernstiegs aus, gingen das Stückchen bis zum Hause zu Fuß und fanden an der Tür den Mann vom Vortag. Er grüßte und Salomon bedeutete ihm: „Kommen Sie mit.' Schweigend ging ich hinterher. Beim Eintritt des Onkels ins Comptoir erhoben sich alle die Herrn. Der Onkel rief den ersten Geschäftsführer und fragte ganz laut zu ihm: ‚Herr Leo, geben Sie diesem Mann da sogleich 280 Mark ohne alle Quittung. ‚Adieu', wandte er sich zu diesem um. ‚Seien Sie fleißig, dann trinke ich wieder mal einen Schnaps bei Ihnen.'
Ohne Weiteres schritt der Onkel durch alle Comptoirzimmer in sein Cabinet. Der arme Mann wollte ihm mit Dankesworten folgen. ‚Schon gut', sagte der Alte ganz ärgerlich, ‚jetzt stören Sie mich nicht weiter; denn jetzt muß ich mit Herrn Heine arbeiten, Adieu.'"[2]

Maximilian kam auch deshalb besser mit dem Onkel aus als Heinrich, weil er sich schnell als Favorit fühlte. Denn er verstand sich nicht nur gut mit dem Onkel, sondern forderte auch kein Geld von ihm. „Ich habe seinen intimsten Umgang genossen, und bin höchst entzückt von dem Geist dieses seltenen Mannes. Er ist ein praktischer Geist, der nur groß ist, weil er nichts gelernt hat. Ich möchte wohl, daß Du ihn so kennen lerntest, wie ich, …" schreibt er an Heinrich.[3]

Von einem Sommeraufenthalt war nun nicht mehr die Rede, denn es wurde Winter und Frühling und Max war immer noch zu Gast in Hamburg. Erst im Juni des nächsten Jahres stand sein Wagen für die Abreise nach Russland vor der Tür. An Heinrich schreibt er: „Mit Salomon Heine bin ich 1 Jahr intim umgegangen. […] Er hat mich reichlich beschenkt, doch noch mehr als sein Mammon, haben seine Briefe mich entzückt, die er mir nach Petersburg mitgegeben."[4]

Nach seiner glücklichen Rückkehr nach St. Petersburg entwickelte sich ein reger Briefverkehr zwischen Max und dem Oheim. Schon am 2. Juli 1834 schreibt Salomon: „Ich wollte wohl Petersburg sehn, ich liebe den Kayser, wie Du weißt, aber mein Alter erlaubt es nicht."

Salomon verehrte den Zaren sehr, aber nicht nur deshalb, weil dieser seinem Neffen einen Diamantring schenkte, sondern wohl eher seiner profitablen Geschäfte mit Russland wegen: Sechs Prozent Zinsen für Staatsanleihen boten andere Länder selten. Am 1. Mai 1835 schreibt Salomon: „Lieber Max, mit dem Diamanten-Ring, Dein Schreiben hat uns viel Freude Gemacht! Ich wollte nur, es stande im Correspondenten als ein Articel von Petersburg, es ist mir sehr lieb Deinetwegen, und ein Beweis, daß man zufrieden ist, werth oder nicht werth komt nicht in Anschlag. Dein Kayser hat geschenkt, das ist mehr als Geldes Werth. Gott erhalte diesen mann, Zum Wohl der Menscheit. Du kennst Meine Gesinnung, wie hoch der Kayser als Mensch und Regent bei mir steht. Leute die anders urtheilen, sind zu bedauern."[5]

Umgestaltung in Ottensen
„... da geht der schweis hin ..."

Salomon stand nun in seinem 66. Lebensjahr und noch immer war er voll Tatendrang – nicht nur in der Bank, auch in Ottensen, wo er noch häufig an der Elbe oder auf der Chaussee ausritt.

Bevor Salomon sein Grundstück in Ottensen 1812 gekauft hatte, war der Nachbargarten des verstorbenen Georg Heinrich Sieveking von Joseph Ramée, einem Revolutions-Flüchtling, gestaltet worden. Inzwischen waren viele Jahre ins Land gegangen und Ramée hatte an verschiedenen Orten gelebt und gearbeitet. Bereits 1810 hatte er Hamburg wieder verlassen, war zwei Jahre in Amerika gewesen, dann in Belgien und in Frankreich. Mit fast 70 Jahren kehrte er als berühmter Gartenarchitekt nach Hamburg zurück. Alte Bekannte meldeten sich nun bei Ramée, aber auch neue Kunden wollten sich von ihm ihren Garten gestalten lassen, darunter Salomon Heine.

1834, gleich nach Maximilians Abreise, gab Salomon dem kurz zuvor zurückgekehrten Gartenarchitekten den Auftrag zur Überarbeitung des Parks. Die Entwurfszeichnung Ramées zeigt geschwungene Wege, die das Gelände in Rasenflächen, Baumgruppen, Büsche und Beete aufteilen.[1] Vor dem Landhaus befand sich der so genannte *pleasureground*, der den Blick auf die Elbe erlaubte und auf das gegenüberliegende Ufer.

Schon vier Jahre zuvor hatte Salomon ein Stück Land von 3.500 Quadratmetern hinzugekauft, auf dem er 1832 ein kleines Gärtnerhaus bauen ließ, das noch heute existiert.

1834 kaufte Salomon ein weiteres Stück Land südlich des Gärtnerhauses, das 2.400 Quadratmeter groß war. Bis es aber zum Kauf kam, gab es darüber mit der dänischen Verwaltung einen ausführlichen Schriftverkehr, ob es einem Juden gestattet sei, weiteres Land hinzuzuerwerben. Am Ende wurde der Kauf genehmigt.[2] Damit umfasste das gesamte Anwesen an der damaligen Nienstedtener Landstraße

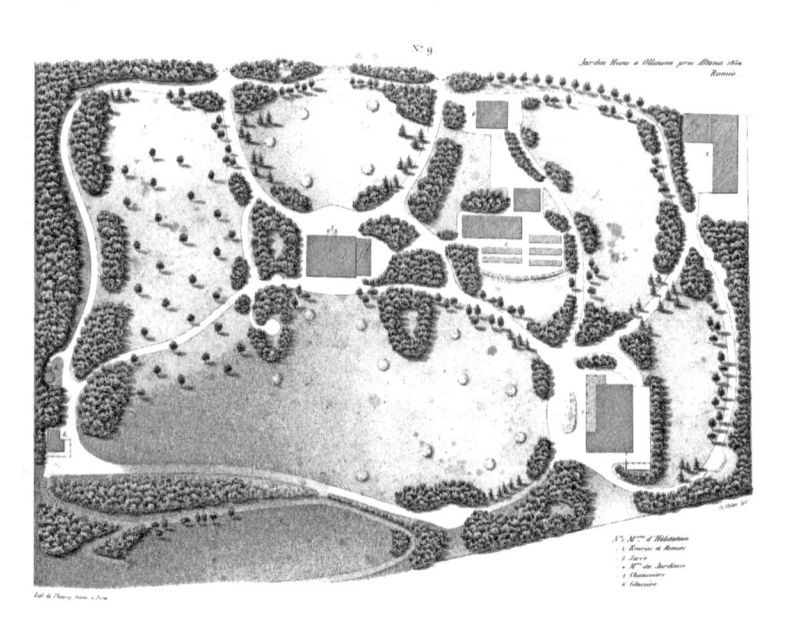

Der Gartenplan des Heine-Parks, gezeichnet von Joseph Ramée 1834.

zwei Hektar. Im Vergleich mit seinem Schwiegersohn Dr. Schröder waren das keine großen Ausmaße. Dieser besaß mehr als 20 Hektar allein in Groß Borstel, dazu weitere Ländereien in Fuhlsbüttel in ähnlichem Umfang.

Der Gartenarchitekt Ramée indes bewies seine vielseitige Begabung sowohl bei der Gestaltung von Gärten als auch beim Entwerfen von Häusern und Inneneinrichtungen. In allen Bereichen machte er Furore. Einst hatte er an der Elbe das Unternehmen Masson & Ramée gegründet, die Möbel herstellte. Die Firma hatte auch Tapeten und komplette Inneneinrichtungen entworfen und produziert.[3] Ramées Arbeiten in Ottensen sorgten bald für Veränderungen im und um Heines Haus. Auf seiner Zeichnung für Salomons Park sind die Wohn- und auch Treibhäuser zu sehen und in der linken südlichen Ecke ein Pavillon, der als Garten-Esszimmer genutzt werden konnte. Darüber, hinter Büschen verborgen, befand sich der Eingang zum Eiskeller.[4] Auf einer von zwei im Altonaer Museum erhaltenen Porzellantassen ist der Pavillon abgebildet, auf der anderen Tasse das Haus von Therese. In einem

Das Gartenhaus an der heutigen Elbchaussee wurde 1832 für die Familie des Gärtners gebaut. Im Osten (im Bild rechts) befand sich Salomon Heines Salon.

Brief schreibt Salomon an seinen Neffen Max im Juli 1834: „Mein Sal'[o]n ist ganz fertig, sehr hübsch geworden. Kostet mich das Doppelte was [ich] glaubte. Da Mutter von Paris, ich nenne meine Frau Mutter, viel Silber bekommen, da geht der schweis hin, ich arbeite viel, und nicht viel, wie man will." [5]

Zur gestalterischen Vollendung der Umbauten hatte sich Betty offensichtlich Silberwaren aus Paris kommen lassen, die ihren Haushalt modernisierten und aufwerteten.

Das noch heute existierende Gärtnerhaus war mit zwei Zimmern im Parterre, Kellerräumen und Zimmern in der oberen Etage ausgestattet und wurde von der Familie des Gärtners ganzjährig bewohnt. Ein Gartensaal an der Ostseite des Hauses gehörte allein Salomon Heine als Refugium, um Ruhe zu haben, wenn die Villa voller Gäste war. Dieser Raum war im Gegensatz zum eigentlichen Wohnhaus eher schlicht eingerichtet. Bei einem Vortrag im Gärtnerhaus im Oktober 1980 scherzte Erich Lüth: „Säße der Dichter hier, so würde er ironisch schmunzeln und seinem Nachbarn so laut hinter vorgehaltener Hand, so dass es alle hören würden, ins Ohr flüstern: wo doch mein Onkel hier nicht einmal ein Klo gehabt hat, sondern nur einen Nachtstuhl neben einer Chaiselongue." [6]

In einer Nische in der Mitte des Raumes, die nicht mehr vorhanden ist, stand zu Salomons Zeiten ein Kachelofen. Heute hat das Haus einen Zugang in einer Ecknische, der nachträglich eingebaut wurde. Der Eingang in *seinen* Salon war für Salomon nur über den Garten durch eine Glastür möglich, ohne die Gärtnerfamilie zu treffen.

Im südöstlichen Teil des Parks ließ Salomon für seine Tochter Therese und ihren Ehemann Halle ein Haus errichten, das wahrscheinlich nach einem Entwurf von Ramée gebaut wurde.[7] Diese neue Villa, die die beiden in den Sommermonaten bewohnten, stand mit der Stirnseite zur Elbe. Im Parterre befand sich ein Ballsaal, demnach werden auch Tanzveranstaltungen und große Diners mit vielen Gästen dort stattgefunden haben.

Die Eheleute Halle hielten sich jedoch nicht sehr häufig in Ottensen auf, sie waren gern und oft auf Reisen. Ein Jahr vor dem Villenbau besuchten sie Paris. Sie baten Heinrich, er möge doch sehen, dass sie an

Opernkarten herankämen. Daraufhin schreibt Heinrich an seinen guten Bekannten Giacomo Meyerbeer: „Mein Vetter, der Dr. Halle, brennt die Hugenotten zu sehen. Wenn er auf natürlichem Wege keine 2 Bilette (für ihn und seine Frau) nicht erhalten kann, nemlich durch das Bureau, so muß er sich an die Gottheit direkt wenden, an Sie, theuerster Maestro und Sie müssen ihm auf Morgen Abend billette verschaffen."[8]

Bereits im Sommer 1834 herrschte nach Maximilians Abschied eine auffällige Reisetätigkeit: Henry Heine und Frau Henriette fuhren damals nach Paris, Baron Stieglitz reiste mit seiner Frau von St. Petersburg nach Bad Pyrmont, Christiani aus Lüneburg und Frau Charlotte geb. Heine fuhren von Ottensen zurück nach Lüneburg, und Therese unternahm mit ihrem Ehemann eine Reise nach Pyrmont, Kassel und Frankfurt. Bei solch großer Unternehmungslust könnte man den Eindruck gewinnen, dass das Reisen bereits so leicht und unkompliziert war wie heute – dem war aber nicht so. Von Hamburg nach Paris benötigten Reisende bis zu einer Woche.

2011 wurde die nach 1834 für Therese und Adolph Halle erbaute Villa renoviert.

Salomon selbst unternahm mit seiner Frau um 1835 eine Reise nach Italien, allerdings in ihrem Alter nicht mehr ohne fachkundige medizinische Begleitung. Der junge Arzt Dr. Daniel Warburg bot sich an mitzufahren, aber Salomon hatte mehr Vertrauen zu seinem alten Arzt und nahm diesen auf die lange Reise mit. Wie so oft waren wohl auch sein Neffe Hermann Heine sowie zwei Bedienstete dabei. Ein Grund für die Reise war der Besuch des Grabes von Bettys und Salomons Sohn Hermann in Rom. Ob die Heines tatsächlich bis nach Rom kamen, ist allerdings nicht belegt.

Bei den in Ottensen verbrachten Sommerwochen luden die Heines weiterhin Gäste zu sich ein. Vom Sommer 1838 berichtet Karl Witte, Professor der Rechte und bekannter Dante-Forscher, über einen Besuch: „Als ich an dem Portal der prachtvollen Heinischen Villa anlangte, wohin der Präsident des Handelsgerichts, Herr von Halle, der Schwiegersohn des Hauses, mich zu Tisch geladen hatte, sprangen mehrere Bediente in Escarpins heraus, deren einer mit einem Regenschirm mir aus dem Wagen half [...] Ich fand einen großen, doch wohl großenteils zur Familie gehörenden Cirkel. H. v. Halle ist eine angenehme Figur und den Gesichtszügen nach mit Gans (dem Berliner Professor der Rechte [Eduard Gans]) zu vergleichender Mann, der wie ich glaube oberflächlicher aussieht als er ist.[9] [...] Seine Frau sieht nach 11jähriger Ehe noch höchst auffallend jung und hübsch aus und gewährte mir als meine Tischnachbarin die angenehmste Konversation. [...] Der H. v. Halle begleitete mich zu den berüchtigten Wirts- und H....häusern des Hamburger Bergs, wovon mündlich noch viel interessantes, – also bis an die Tür des ‚Blauen Engels', eine der vielen zwischen Hamburg und Altona [...] belegenen Wirtshäuser."[10]

Es wäre nicht undenkbar, dass sich Adolph Halle, genauso wie Carl Heine, eine Geschlechtskrankheit zuzog und aus diesem Grund beide Ehen kinderlos blieben.

Der Kunstförderer
„Mancher dankte ihm die freundlichste Förderung seines Strebens..."

Die Familie Speckter hatte im Belagerungswinter 1813/14 bereits die Bekanntschaft mit der Familie Heine gemacht, als die Kinder beider Familien zusammen unterrichtet wurden. Seither waren Hermine Speckter und Amalie Heine eng befreundet.

Und auch die Eltern verband seither eine enge Beziehung. Hermine war die Tochter von Johann Michael Speckter, der zunächst ein Exportgeschäft betrieb, aber auch ein bedeutender Sammler von Kupferstichen war. Später gründete er eine Steindruckerei, deren künstlerische Leitung sein Freund, der Maler Heinrich Joachim Herterich, übernahm. Es war die erste ihrer Art in Norddeutschland. Salomon Heine muss Herterich gut bekannt gewesen sein, denn er riet seiner verwitweten und seit Jahren allein lebenden Schwägerin Betty, Herterich zu heiraten. In einem Brief an Heinrich Heine schreibt Salomon: „Ihr Mutter ist eine Brave Frau, gottlob wohl, ich habe oft den vorschlag gemacht, herr Herdrich, oder sonst ein alten Knaben zu heuraten."[1]

Hermine Wurm geb. Speckter (1801–1852), Freundin von Amalie Heine seit Hamburgs Belagerungszeit 1813. Lithografie ihres Bruders.

Über den Kontakt mit Otto Speckter lernte Salomon Heine im Laufe der Jahre viele Maler kennen; etliche davon förderte er und erteilte ihnen Aufträge. Einer der für unser heutiges Bild von Salomon Heine und seiner Familie wichtigsten Maler war der Porträtmaler Friedrich Carl Gröger. Bereits kurz nach Beginn seiner beruflichen Selbstständigkeit ließ Salomon Heine sich und seine Frau Betty 1822 von ihm porträtieren. Gröger war ein Maler, dessen Stil zur damaligen Zeit en vogue war und so erhielt er von vielen wohlhabenden Hamburgern Aufträge. Im Vergleich zu anderen Kollegen verdiente Gröger deshalb ausgezeichnet und konnte sich sogar eine kostspielige Wohnung in der Mühlenstraße für 1.800 Courant Mark Miete im Jahr leisten.

Grögers typisches Porträtformat ist 53,5 mal 62,5 Zentimeter groß, hat einen dunklen, neutralen Hintergrund und die Abgebildeten sind ohne Hände in halbschräger Position zum Betrachter gemalt, so auch die Bilder von Betty und Salomon. Die Farbe von Bettys Kleid ist dunkellila, verziert mit aufwendiger Stickerei.[2] Noch im selben Jahr entstanden zwei weitere Porträts von Salomon und Betty, die sich heute im Heine'schen Wohnstift am Holstenwall befinden und aus dem Erbe von Therese Halle stammen. Sie hatten sich seit Thereses Hochzeit in ihrem Besitz befunden. Salomon ist auf diesem zweiten grögerschen Porträt nahezu identisch ausgeführt wie auf der ersten Fassung, während bei Bettys Abbild das Kleid und die Haube verändert sind.[3]

Bilder seiner Ehefrau Betty hatte Salomon mehrfach für die Kinder in Auftrag gegeben. Eines dieser Bilder, das vor wenigen Jahren in der jüdischen Gemeinde wiederentdeckt wurde, ist inzwischen restauriert worden.[4] Auf diesem Bild trägt Betty ein schwarzes Kleid. Vielleicht entstand dieses Porträt nach dem Tod von Friederike 1823 für deren Kinder.[5] Der Maler ist unbekannt, aber alle Betty-Porträts sind sehr ähnlich und von gleich guter Qualität, sie variieren nur in der Kleidung.

Sicher ist, dass der Sohn des Malers Gerdt Hardorff, Julius Hardorff, um 1843 nach Bettys Tod ein Porträt von ihr anfertigte, und er malte ein weiteres von Salomon nach der Vorlage eines großen Gemäldes, das sich heute als Leihgabe des Israelitischen Krankenhauses im Bürgerschaftszimmer des Hamburger Rathauses befindet. Auch bei diesem Bild ist das Entstehungsjahr nicht bekannt. Es handelt sich um ein so genanntes Kniestück, das um 1838/40 entstanden sein könnte, und zeigt Salomon fast in Lebensgröße bis zu den Knien mit Brief und

Feder in der Hand. Ein Ring von unglaublicher Größe ziert die rechte Hand, ein Brillant von ca. 18 Karat,[6] schlicht in Gold gefasst, das einzige bekannte protzige Stück aus seinem Besitz. Auf allen anderen Gemälden der Familie sind die Schmuckstücke eher dezent.

Heinrich Heine beschreibt seinen Onkel folgendermaßen: „Er besaß vielmehr eine männliche Schönheit und er war überhaupt ein Mann, dessen Charakterstärke sich auch in seinen edelgemessenen, regelmäßigen Zügen imposant, ja manchmal sogar verblüffend offenbarte."[7]

Betty Heine geb. Goldschmidt, gemalt um 1823
(ohne Signatur).

Diese männliche Schönheit haben beide Maler sehr gut dargestellt. Auch auf einer Lithografie von 1842 von Otto Speckter sieht Salomon sehr gut aus. Sein Neffe urteilte, als er das Bild in Paris zum Geschenk erhielt, es sehe dem Onkel sehr ähnlich.

In Salomon Heines Umfeld gab es viele Künstler, sogar in den heiligen Hallen seiner Bank war die Kunst nie weit. Ein sehr wichtiger Angestellter Salomons war sein Buchhalter Wilhelm Daniel Vivié, der viele Jahre lang in der Bank tätig war. Einer seiner Söhne wurde

Salomon Heine vor dem Hintergrund der Elbe,
Lithografie von Otto Speckter 1842.

ebenfalls Buchhalter. Er arbeitete für Carl Heine sowie für Therese Halle. Der zweite Sohn hingegen ging als Lehrling in das Atelier des Bildhauers Otto Sigismund Runge, Sohn des berühmten Malers Philipp Otto Runge, und arbeitete dann zunächst außerhalb Hamburgs. 1845 kehrte er in die Hansestadt zurück. Ernst Gottfried Vivié, Runges Schüler, wurde ein sehr anerkannter Bildhauer, später auch Mitglied der Bürgerschaft. Er soll *ein Schützling* von Salomon Heine gewesen sein.[8]

Carl Mosengel war ebenfalls ein wichtiger Mitarbeiter Salomons und schon seit 1832 als außerordentliches Mitglied im Künstlerverein verzeichnet, zu dessen Mitgliedern unter anderem Martin Haller, Gerdt Hardorff sen., Rudolf und Leo Lehmann, Daniel Ramée, Ernst Gottfried und Wilhelm Daniel Vivié zählten. Auch Carl Mosengels Sohn Adolf wurde in späteren Jahren Landschaftsmaler und Mitglied des Künstlervereins.[9] Für mehr als 40 Jahre war Martin Leo Salomons Geschäftsführer,[10] ein Cousin des Miniaturenmalers Leo Lehmann[11]. Die beiden Söhne von Leo Lehmann wurden als Maler sogar noch berühmter als der Vater.[12]

Salomon war von 1834–1844 in der *Subscribenten-Liste* für die jährliche Gemälde-Verlosung des Kunstvereins eingeschrieben, sicherlich ermuntert von seinem Schwiegersohn Dr. Adolph Halle, der bereits Mitglied des Kunstvereins war. Und er hatte tatsächlich Glück. Durch ein Los fiel ihm das Ölgemälde „Die holländische Küste" zu. Im Jahre 1843 gewann er eine Lithografie.[13]

Der Journalist Joseph Mendelssohn hielt viel auf Salomons Freigiebigkeit für die Kunst und vor allem die Künstler: „Mancher Künstler und Gelehrte dankte ihm [...] die freundlichste Förderung seines Strebens, das Erreichen eines heißersehnten Zieles. Ganz besonders wünschte er eine tüchtige, den Forderungen der Zeit angemessene Bildung seiner jungen Glaubensgenossen."[14]

Die Hamburger Maler jener Zeit waren sämtlich miteinander vernetzt und oftmals befreundet, hatten auch Unterricht von den älteren erhalten. Da war es kein Wunder, dass Salomon Heine über den frühen Kontakt zum Maler Herterich, dann Speckter auch bald andere Künstler kennenlernte.

Doch nicht nur dem Theater und der bildenden Kunst galt Salomons Interesse. Obwohl er die deutsche Sprache nicht perfekt beherrschte, beschäftigte er sich auch mit Literatur. Von seinem Neffen Heinrich erhielt er dessen Bücher mit Widmung geschenkt, doch an Subskriptionslisten ist zu erkennen, dass er auch andere Bücher bestellte, und das sicher nicht als Dekoration. Auch orderte er in Hannover bei Georg Harrys einen Dramatischen Almanach.[15] Möglicherweise war Salomons Ehefrau Betty eine größere Leserin als er, allerdings ist von ihr keine einzige geschriebene Notiz überliefert.

Auch wenn er sich selbst als nicht erzogen, im Sinne von nicht gebildet, beschrieb, war sich Salomon Heine der Bedeutung künstlerischen Ausdrucks wie der individueller Bildung sehr wohl bewusst und maß ihnen für den Nutzen der Gesellschaft großen Wert bei.

Der Theologe Carl Mönckeberg berichtet 1885 in seiner Stadtgeschichte noch Folgendes: „Gurlitt [Direktor des Johanneums] indes freute sich, den reichen jüdischen Banquier Salomon Heine so freisinnig zu finden, daß er Neander [David Mendel], der sich bald zum Theologen berufen fühlte, das versprochene Studium ließ, und später zweimal anderen Christen, um Theologie zu studieren, sich behilflich zeigte."[16] Zwar soll es der Arzt Dr. Stieglitz gewesen sein, Bruder des St. Petersburger Bankiers, ein Verwandter von David Mendel, der ihm das Studium finanzierte, aber Salomon wird seinen Teil dazu beigetragen haben. Das zeigt, wie wenig Salomon auf seiner jüdischen Religion als allein seligmachende beharrte. Mendel war nicht der einzige, den er unterstützte. Kirchen sollten ebenso von Salomons Großzügigkeit profitieren wie in Ungnade gefallene Professoren.

1837 hatte der neue hannoversche König Ernst August die im Jahre 1833 eingesetzte fortschrittliche Verfassung seines Landes aufgehoben. Sieben Professoren der Georgia Augusta Universität in Göttingen beschuldigten ihn daraufhin des Verfassungsbruchs. Als Folge davon wurden die Professoren, die später die Göttinger Sieben genannt wurden, vom König ihrer Ämter enthoben und zum Teil des Landes verwiesen. In Hamburg hatte man diese Aktion scharf missbilligt. Mehr als 70 Hamburger Bürger unterstützten den Protest in einem Schreiben an die Professoren, denn hier gab es ein Zentrum demokratisch gesinnter Intellektueller. Julius Campe hatte einige Autoren dieser Richtung, die als „Sammelbecken jungdeutscher Strömungen" galten, unter Vertrag. Heinrich Heine gehörte dazu. Das Ziel dieser Gruppe war die Einigung aller Deutschen und das Ende der Kleinstaaterei.

Als Salomon Heine von dem Affront gegen die Professoren hörte, unterstützte er eine Sammlung für die nun in finanzielle Nöte geratenen Professoren, obwohl mehrere von ihnen nicht gerade judenfreundlich gesinnt waren. Die Summe, die Salomon zur Unterstützung der Professoren bis 1842 jährlich zahlte, betrug 1.500 Mark.[17] Seine Beweggründe lassen sich auch bei diesem Engagement nicht mehr feststellen, aber die politischen Ideale seines Neffen und Salomons eigenes Eintreten für einen liberaleren Staat im Rahmen der Haskala, sein Sinn für die Verantwortung des Einzelnen gegenüber dem Gemeinwesen, mögen ihn zu dieser Entscheidung bewogen haben.

Weitere Unruhen
„Gegen die Feinde unseres Glaubens"

Mehrere Herren aus der jüdischen und einflussreichen Oberschicht, darunter Salomon Heine, Marcus Robinow, Eduard Michaelis und Gabriel Riesser, hatten 1833 ein *Commité zur Verbesserung der bürgerlichen Verhältnisse* gegründet. Denn seit dem Ende der „Franzosenzeit" hatte sich nichts getan, was für Juden eine Verbesserung ihrer gesellschaftlichen Stellung ausgemacht hätte. Salomon Heine wurde nach Gabriel Riesser mit der höchsten Stimmenzahl in das neunköpfige Auswahlkomitee gewählt.[1] Sie wollten eine neue Strategie entwickeln, um endlich die Gleichberechtigung der Juden zu erreichen. Gabriel Riesser verfasste zu diesem Zweck eine Bittschrift. Da die jüdische Gemeinde Bedenken gegen diese noch unveröffentlichte *Supplik* hatte, brachte Riesser 1834 lediglich eine Denkschrift über die Verhältnisse der Hamburger Juden heraus, in der er sich für die Zulassung der Juden zu handwerklichen Berufen und zur Advokatur einsetzte.[2] Salomon Heine unterschrieb sie zusammen mit 224 Gemeindemitgliedern.[3] Riesser, dessen

Zulassung zur Advokatur 1829 verweigert worden war, kämpfte weiter für die Emanzipation der Juden und Salomon Heine stand ihm zunächst engagiert zur Seite. Erfolg war ihnen nicht beschieden. Die Forderungen der Juden seien verfrüht, argumentierte der Rat![4]

Nachdem es im August 1835 wieder zu ähnlichen Ausschreitungen gegen Juden wie 1830 gekommen war, den so genannten Kaffeehauskrawallen, wurden die Verhandlungen über die bürgerliche Gleichstellung, die gerade erst im Rat begonnen hatten, wieder eingestellt. Riesser forderte die gebildeten Juden auf, *nicht länger den Weg zu gehen, der kampflos zu einer behaglichen Existenz führt, und den Glauben wie ein Gewand zu wechseln, sondern mitzukämpfen gegen Vorurteile, Neid, Haß, Unkenntnis und Indifferenz.* Anstatt sich taufen zu lassen, sollten Juden für ihre Integration kämpfen. Sie wollten deutsche Juden sein wie auch Katholiken Deutsche waren. Juden seien (nach 1.000 Jahren) eingeboren, nicht eingewandert, argumentierte Riesser. Und weiter: Juden bildeten keine Nation, sondern eine Religionsgemeinschaft. Willig würden sie dem Vaterlande alles opfern, nur Glauben und Treue, Wahrheit und Ehre nicht. Salomon war offensichtlich nicht mehr bereit, diesen Weg aktiv zu begleiten. Im Zusammenhang mit den Tumulten gegen Juden schreibt er an Gabriel Riesser:

Gabriel Riesser (1806–1863),
Notar, Anwalt und Freund Salomon Heines.

„Sr. Wohlgeborn dem Herrn Dr. Riesser, Hieselbst.
Ich habe die Ehre Ihnen hiermit anzuzeigen und bitte Sie doch meine Mittheilung den geehrten Mitgliedern der Commission gütigst bekannt zu machen, daß ich von heute an zurücktrete und nicht mehr Mitglied derselben bin.
Wie lebhaft meine Wünsche auch für die Erreichung der menschlichen Rechte für unsre bedrückte Nation sind, wie gerne ich auch durch Wort und That das meinige dazu beitrage, so bin ich doch durch meine vielen Geschäfte und bei meinem vorgerückten Alter nicht im Stande als Mitglied der Commission auf eine mir selbst und der andern Mitglieder wünschenswerthe Weise wirksam dabei zu seyn, weshalb ich mich genöthigt fühle, mich davon zurückzuziehn.
Ich habe die Ehre zu zeichnen mit Hochachtung
Salomon Heine
Hamburg d. 4. August 1835"[5]

Gerade zu dieser Zeit der Unruhen wurde der Rücktritt mit Unverständnis und Bedauern aufgenommen. Hatte Salomon kalte Füße bekommen, hatte er Angst um sein Ansehen bei den Christen oder hatte ihn dieser dritte Tumult nach all den erfolglosen Jahren seit 1814 im Ringen um die Gleichstellung resignieren lassen? Die vielen Diskussionen ohne sichtbares Ergebnis waren ihm womöglich leid. Zu dieser Zeit plante er allerdings seine Reise nach Italien, auch das könnte eine Erklärung für seinen Rückzug sein.

Gabriel Riesser jedenfalls gab nicht auf. Er publizierte seit zwei Jahren eine Zeitschrift, die er selbstbewusst „Der Jude" nannte. Sie wurde in Altona im Verlag Hemmerich & Lesser gedruckt.[6] Riesser erhielt bei seinen Forderungen nicht nur von Juden Unterstützung, sondern auch von Christen, denn Juden übernahmen inzwischen alle bürgerlichen Pflichten und sollten deshalb auch das volle Staatsbürgerrecht beanspruchen können. Es gab aber noch viele Stimmen in der Stadt, die jede gesetzliche Verbesserung ablehnten. So war es dann 1835 in der *Alsterhalle* zu den erneuten Tumulten und Verhaftungen gekommen.[7] Im darauffolgenden Jahr ließ sich Riesser enttäuscht in Bockenheim bei Frankfurt nieder, bis er 1839, nach dem Tod des Notars Bresselau, sein

Notariatsbüro in Hamburg eröffnen durfte. Salomon wurde sein wichtigster Mandant.

Carl Heine berichtet seinem Vetter im Oktober 1835 nach Paris: „Selbst die scandalöse Judengeschichte ist schon vergessen […] – Indeß ist diese Sache auf eine so gehäßige Art von der Behörde, wenn auch nicht betrieben, doch mit Vergnügen angesehen worden, daß es alle Vorstellungen überschreitet, und dieses nur in einem Ordte geschehen kann, wo Egoismus, gemeinheit und Neid die Hauptrolle spielen. Daß junge Comptoir bengel, aus Muthwille und Schadenfreude dergleichen Excesse zu begehen wünschen, ist nichts außergewöhnliches, dafür sind sie in einem engen Kastengeist erzogen, und haben gleichsam mit der Muttermilch gemeinheit und Haß eingesogen, aber daß ältere Leute nicht solchen Unfug der bartlosen Jugend steuern, ist unerhört. – Daß es für uns unrecht ist an solchem Ordte zu bleiben, muß ich eingestehen. –"[8]

Die *Bürgerliche Gleichstellung* wurde weiterhin hitzig diskutiert. Allerdings dauerte es noch einige Jahre, bis es tatsächlich zu einer Gleichstellung kam.

Erst nach dem Großen Brand 1842 sollte eine liberale Bewegung unter den Hamburger Bürgern die Emanzipation der Juden fordern. Nach 1848 konnten Juden dann endlich Hamburger Bürger werden. 1851 wurden so genannte Mischehen erlaubt und 1864 mussten Juden nicht mehr zwangsweise Mitglied der jüdischen Gemeinde sein und dort Steuern zahlen. Etliche Juden traten daraufhin aus der Gemeinde aus.

Carl Heine (1810–1865), gemalt von Heinrich Steinfurth 1871
nach einem Foto im Auftrag der Hamburger Kunsthalle.

Vierter Teil: Soll und Gaben

Carl Heine
Apprenti millionaire

Das Alter und die Gesundheit machten Salomon offenbar zu schaffen. Nicht nur gegenüber Gabriel Riesser hatte er sein Alter als Grund für seinen Rücktritt aus dem Komitee angeführt. In einem Brief an Heinrich in Paris klagte der Onkel über ein Magenleiden und dass er sich nie mehr wirklich gesund fühle: „Ich bin alt und faul geworden […] Leiden in Magen, nie mehr gesund, die 67 Jahr zeigen sich, das ist der Lauf der Natur und man mus zufriden seyn, und ich bin es."[1] Inzwischen hatte sich seine Figur gerundet, ein Bauch war hinzugekommen. Die Haltung war aufrecht, gestützt von einem Spazierstock, der Kopf mit den weißen Haaren mit einem hellgrauen Zylinder bedeckt. Verließ er an sonnigen Tagen zu einem kleinen mittäglichen Spaziergang die Bank, erwarb er noch stets eine Blume bei einer *Vierländerin* vor seinem Haus. Die jungen Frauen boten am Jungfernstieg traditionell die in den Vierlanden angebauten Blumen an. Salomon ließ sich die Blume ans Revers stecken und begann seinen Weg an der Alster entlang, der ihn weiter zur Börse beim alten Rathaus führte.

Carl war zwar seit seiner Pariser Ausbildung bei seinem Vater in der Bank tätig, aber dieser hielt noch alle Zügel in der Hand. Salomon blieb der Patriarch. Sein jüngster Sohn schien ihm zu jung und unerfahren, und ein Hang zu sorglosen Vergnügungen war bei ihm zu erkennen. „Carl ist Gottlob zimlich wohl, oft macht Er Nächtliche besuche ich nehme es Ihm nicht übel, Gott gebe nur, das seine Gesundheit dabei nicht Leidet, es wird von Dir gesprochen", schreibt Salomon an Heinrich Heine.[2] 2.000 Francs schickte er als Geschenk mit und er bemerkt, der Neffe könne das Geld vom Onkel *dreist* annehmen, die Tante grüße auch. Der Nachsatz von Carl im Brief seines Vaters lautet: „Wie sieht es diesen Winter in Paris aus? – ich bekomme mitunter große Sehnsucht, was viel sagen will. – Lebe wohl und vergnügt. – Dein Freund C. H."[3]

Carl war auf der Suche nach seinem Platz im Leben. Er wartete auf seine ihm zugedachte Stellung in der Bank, und auch ans Heiraten dachte er nun häufiger. Im Oktober 1835 schreibt Carl an Heinrich, er sei im August aus London zurückgekommen. Die Eltern seien anschließend nach Baden-Baden gefahren und glücklich zurückgekehrt. Carl fragt: „Wie gefällt Dir Cäcilie [Furtado]?, bei meiner letzten Anwesenheit in Paris fand ich sie dem Äußern nach sehr verändert, niedliche Züge hatten sich in etwas grobe verändert und selbst der Körperbau schien sich nicht zum Besten zu gestalten und sich der Rücken sehr zum Runden zu nahen. [...] – bei meiner letzten Anwesenheit hatte sie aber so sehr im Äußern verloren, daß ich als guter Epicuräer, der viel auf Schönheit und hübschen Körper, gepaart mit guten Eigenschaften des Herzens und des Geistes hält, darüber verwundert war."[4] Aber mit 13 Jahren dürfe man noch in den *Schlingeljahren* sein, bemerkt er entschuldigend, in der Hoffnung, sie würde sich noch zum Positiven entwickeln.

Obwohl Carls Schwestern sich alle hatten taufen lassen, war Carl fest entschlossen, dem jüdischen Glauben treu zu bleiben, was auch dem Wunsch seines Vaters entsprach. Carl hatte sich sogar von Cousin Max bei dessen langem Hamburg-Aufenthalt in Hebräisch unterrichten lassen.

Seine Ansteckung mit dem Tripper hätte seine Heiratspläne jedoch erschweren können. Im November 1835 schreibt Carl deshalb wieder an Heinrich, dass er völliges Vertrauen zu ihm habe. Er sei überzeugt, sich auf Heinrich in dieser Angelegenheit verlassen zu können, und er versucht, ihm sein Interesse für Cécile zu erklären: „Discretion ist mir aber in dieser Sache zu wichtig, als daß ich nicht noch ein Mal daran erinnern sollte, und Dich flehentlich zu bitten weder dort noch hier jemand von dergleichen Mittheilungen etwas wissen zu lassen [...]
Du kannst Dir denken, daß ich bei den vielen Aufforderungen zum Heirathen auf diese gekommen; da ich mich durchaus nicht taufen will, und ich gern den Wunsch der Eltern erfüllen will, komme ich auf solche Gedanken. [...] Eine gute Familie, deren man sich nicht zu schämen braucht, ist gar zu wichtig, und diese Gründe mögen mich mit zu erst auf diese Gedanken gebracht haben. – Wie schwer ist dieses und wenige gibt es nur in jüdischen Familien."[5]

Betty und ihr Kammermädchen
„… der Mann mus allein tragen können"

Im Haus am Jungfernstieg starb überraschend im Januar 1837 Betty Heine nach fast 43 Ehejahren. Es herrschte tiefe Trauer – Salomons Frau, Mutter von neun geborenen Kindern und Hüterin des Hauses am Jungfernstieg und des Landsitzes in Ottensen, war fort! Salomon traf ihr Tod schwer. Noch Jahre später litt er unter diesem großen Verlust. 1839 schreibt der Witwer an seinen Neffen Heinrich: „Den 15 Jan wird es Zwey Jahr, daß mein Glück zur Erde gegangen, meine Nächte sind fürchterlich genug, was helft schreiben und klagen, der Mann mus allein tragen können."[1]

In der Zeitung erschien nur eine knappe Anzeige. Ein einziger Brief mit Trauerrand ist erhalten.[2] Salomon wünschte sich, Bettys Grab in Ottensen mit einem Gitter umzäunen zu lassen und es mit Trauerweiden einzurahmen, was ihm im Frühsommer 1837 gestattet wurde.[3]

Auch Heinrich betrauerte in Paris Bettys Tod, denn er hatte seine verstorbene Tante geliebt. Für ihn war sie eine gute Fee, „… die ihn in Rohheit und Not oft geschützt habe und die so schön und so liebenswürdig sei."[4] Doch es hatte vor Tante Bettys Tod einmal mehr heftigen Streit mit Onkel Salomon ums Geld gegeben und auch darum, dass Heinrich sich durch seinen Onkel nicht ausreichend protegiert fühlte. Carl hielt deshalb Heinrichs Kondolenzbrief zurück, weil er befürchtete, sein Vater würde sich über einen weiteren Brief von ihm vielleicht noch mehr aufregen.[5] Salomon dagegen war verärgert, keinen Brief seines Pariser Neffen zu erhalten. Doch Max riet seinem Bruder Heinrich inständig dem Onkel nochmals zu schreiben, da er *eigentümlich* behandelt werden müsse.[6]

Anfang August 1837 schreibt Heinrich an seinen Bruder Max: „Was man Dir in Hamburg von mir sagt, wirst Du hoffentlich nicht glauben. Am allerwenigsten hoffe ich daß Du den Schnödigkeiten, die Dir bey Onkel Heine von mir zu Ohren kämen, Glauben schenkst. [...] Aber es ist dafür gesorgt, daß der Tempel meines Ruhmes nicht auf dem Jungfernsteeg oder in Ottensen zu stehen kömmt, und einer von Salomon Heines Hausschmarotzern und Proteges als hoher Priester meines

Ruhmes angestellt wird. Sogar was Salomon Heine, oder Carl (welcher sich an mir versündigt) Dir von mir sagen möchten, darfst Du nicht buchstäblich glauben. Zur Zeit, als ich von Krankheit (ich hatte dabey noch die Gelbsucht) und unverschuldetes Unglück bis zur äußersten Bitterkeit gestimmt war, schrieb ich an Onkel in einem Tone, der ihm eher Mitleiden als Zorn einflößen mußte, und der dennoch nur seinen Zorn erregte, so daß er die ungerechteste Handlung gegen mich ausübte eine Handlung, die in Paris meine Ehre und sogar meine materiellen Verhältnisse aufs unleidlichste beschädigte.[7] Das ist all sein Klagegrund gegen mich! Denn die paar Tausend Franks die ich ihm koste, berechtigen ihn schwerlich zur Klage, ihn, den Millionär, den größten Millionär von Hamburg, dessen Generosität ... genug davon!"[8]

Das Verhältnis zwischen Onkel und Neffe war auf dem Gefrierpunkt angekommen. Auch im folgenden Brief an Max klagt Heinrich: „Bey Gott, nicht Onkel sondern ich habe Grund zur Klage, ich bin wie geschunden von den schneidensten Beleidigungen – und ich soll um Verzeihung bitten."[9] Dass alle in der Familie von aufbrausender Natur wären, sei wohl bekannt und dass man das Gesagte schnell bereuen würde, auch. Besonders ärgerte Heinrich, dass Salomons Freunde so schlecht über ihn redeten und dass sie so gar kein Interesse zeigten, ihm, dem berühmten Dichter, ein gutes Ansehen zu verschaffen.

Am 1. September schreibt Heinrich schließlich an seinen Oheim: „Lieber Onkel!
Mit Verwunderung und großem Kummer ersehe ich aus den Briefen meines Bruder Max, daß Sie noch immer Beschwerde gegen mich führen, sich noch immer zu bitteren Klagen berechtigt glauben; und mein Bruder, in seinem Enthusiasmus für Sie, ermahnt mich aufs dringendste ihnen mit Liebe und Gehorsam zu schreiben und ein Mißverhältniß, welches der Welt so viel Stoff zum Skandal bietet, auf immer zu beseitigen. [...] Auch schon diesen Winter, als die ganze Familie wieder von der trauervollsten Heimsuchung betroffen ward, schrieb ich an Carl, mit vollem Herzen, den flehendlichsten Brief, daß er Sie, theurer Onkel, meiner unbedingtesten Ergebenheit versichern möchte. [...]
Aber sagen Sie mir, was ist der letzte Grund jenes Fluches, der auf den Männern von großem Genius lastet: warum trifft der Blitz des Unglücks

die hohen Geister, die Thürme der Menschheit, am öftesten, während er die niedrigen Strohkopfdächer der Mittelmäßigkeit so liebreich verschont? Sagen Sie mir, warum ärndtet man Kummer, wenn man Liebe säet? Sagen Sie mir, warum der Mann, der so weichfühlend, so mitleidig, so barmherzig ist gegen fremde Menschen, sich jetzt so hart zeigt gegen seinen Neffen?
H. Heine."[10]

Nur ein Jahr nach Bettys Tod starb auch ihre Tochter Amalie in Königsberg. Nun blieben Salomon Heine nur noch seine beiden Kinder Therese und Carl.

Dem Kammermädchen Jette Goldmann, das bis zuletzt bei Betty beschäftigt war, blieb die Familie auch nach dem Tod der Hausherrin verbunden. Jette Goldmann hatte als Kind mit ihrer Familie im nördlichen Teil Altonas gelebt. Ihr Vater hatte sich dort als Genever-Fabrikant niedergelassen. Die um 1805 geborene Jette könnte schon als Kleinmädchen im Hause Heine angefangen und sich zum Kammermädchen hochgearbeitet haben. Zumindest muss Betty sie sehr geschätzt haben, denn sie hatte eine vertrauensvolle Position. Bald nach Bettys Tod heiratete Jette Goldmann. Am 9. April 1837 fand die Hochzeit mit Friedrich Carl Johann Lichtwark in der Petri-Kirche statt. Er war Landbürger und wohnte in Reitbrook. Auch er muss den Heines schon lange vor der Hochzeit als Lebensmittellieferant bekannt gewesen sein, denn er erhielt von Salomon Heine einen Kredit von rund 10.000 Courant Mark, der es ihm ermöglichte, eine alte Mühle in Reitbrook zu erwerben. Als das erste Kind von Jette und Friedrich Lichtwark, ein Sohn, zur Welt kam, wurde Therese Halle Taufpatin. Anzunehmen ist, dass auch die Hochzeit von Salomon bezahlt wurde und die Familie dem Paar Möbel aus ihrem Besitz überließ, die nicht mehr benötigt wurden. Die im Bauernhaus beschriebenen Mobilien – weitausschweifende Gondelbetten aus dem Empire oder zierliche *Teeschapps* – konnten kaum aus dem bäuerlichen Haushalt Lichtwarks stammen. Jette starb bereits 1851 und ihr Witwer ging bald eine neue Ehe ein. Der Erstgeborene aus dieser zweiten Ehe war Alfred Lichtwark, der später Hamburgs berühmter erster Kunsthallendirektor wurde. Die Verbindung Lichtwark-Heine sollte noch sehr lange Bestand haben.[11]

Die Hermann Heine'sche Stiftung
"Unterstützung von unbemittelten Hamburger Staatsangehörigen…"

Salomon Heine war bestrebt, das Andenken seiner Frau und seines verstorbenen Sohnes Hermann zu würdigen. Über die Form, wie er Betty ehren wollte, hatte er noch nicht entschieden. Kurz nach Bettys Tod gründete Salomon deshalb zunächst im April 1837 die Hermann Heine'sche Stiftung. In einem Brief vom 9. Mai des Jahres schreibt Salomon an Baron Voght:
„Ich bin so frei Ihnen hierbei die Statuten meiner von mir gegründeten Stiftung zum Andenken meines seligen Sohnes und unter dem Namen der Hermann Heineschen Stiftung ins Leben getreten, zu bestätigen, da ich glaube, daß Ihnen die Lesung desselben immens Interesse gewähren wird, so wollte ich nicht unterlassen Sie Ihnen mitzuteilen."[1]

Möglicherweise war die Idee zur Stiftung aus seinem nun schon viele Jahre währenden Engagement für die Israelitische Freischule und das Vorschuß-Institut erwachsen, die beide die Fähigkeit zur Erwerbsarbeit förderten. Mit dem Thema der finanziellen Unterstützung von Hilfsbedürftigen durch Förderung ihrer beruflichen Fähigkeiten befasste sich Salomon allerdings schon sehr viel länger.

Vor- und Rückseite der Medaille, die aus Anlass der Gründung der Hermann Heine'schen Stiftung geprägt wurde.

1793 war in Kopenhagen eine Vorschusskasse zugunsten von jüdischen Handwerkern und Künstlern eingerichtet worden, genannt Prämieselskabet. Unter den ersten 177 beteiligten Mitgliedern war Salomon Heine bereits anlässlich seiner Hochzeit 1794, und er war nicht der einzige Hamburger. 28 Personen aus Hamburg, dazu 11 Personen aus Altona hatten sich an der Kopenhagener Kasse beteiligt. Verständlich wird ihr dortiges Engagement, wenn man bedenkt, dass viele Juden in Kopenhagen zuvor in Hamburg oder Altona beheimatet waren oder dort Verwandte oder Vorfahren hatten.[2]

Bereits im Juni 1835 hatte Salomon das Kapital für die Stiftung zur Erinnerung an seinen verstorbenen Sohn bereitgestellt und durch Zinsen vergrößert. Aus diesem Fonds von 100.000 Mark Banco war eine Inskription (Festgeldanlage) von 40.000 Rubeln aus einer russischen Anleihe samt Zinsen seit September 1836 angehäuft, welche auf den Namen der Stiftung eingetragen worden war und für alle Zeiten unveräußerlich bleiben sollte. Der restliche Teil des Fonds sollte für die zu vergebenden Kredite genutzt werden. Der Zweck der Stiftung war eindeutig festgelegt. Zur „Unterstützung von unbemittelten Hamburger Staatsangehörigen in ihrem Broterwerbe, bestehe derselbe in Handelsgeschäften, in einem Handwerk, einer Kunst, einem Fabrikwesen, Landbau oder irgend sonst einem ehrbaren Gewerbe, durch Darleihung eines Kapitals, das mit $1^{3/5}$% im Jahre zu verzinsen und innerhalb 6 Jahren in 10 gleichen Terminen zurückzuzahlen ist. Kein Darlehen soll unter 1.500 Mark bleiben und keines 9.000 Mark übersteigen. Witwen sind nicht ausgeschlossen."[3] Die Stiftung war also eine Art Vorläuferin der heute so genannten „Ich AG", bemerkenswerterweise förderte sie sogar Frauen, wenn auch nur Witwen. Auf diese Weise konnte dem finanziellen Ruin von Familien nach dem Tod des männlichen Ernährers entgegengewirkt werden.

In der deutschsprachigen jüdischen Zeitung „Sulamith" heißt es weiter: „Die Wohlthaten der Stiftung sind vorläufig auf die Mitglieder der dortigen Israelitischen Gemeinde beschränkt, mit dem Tage jedoch, wo die Juden in Hamburg zur ungehinderten Ausübung jeder bürgerlichen Erwerbsthätigkeit gleich den Christen zugelassen werden, soll diese Beschränkung aufhören."[4]

Die offizielle Etablierung fand am 1. Mai 1837 statt. Salomon Heine hatte sich zu diesem Zweck mit seinen nächsten Anverwandten und Freunden zu der ersten Versammlung der erwählten Administratoren eingefunden. Inzwischen war das Kapital von 100.000 Mark Banco durch die aufgelaufenen Zinsen auf 106.054 Mark Banco angestiegen. Nur in Bezug auf die 40.000 Rubel gab es vorerst Probleme, da man in Russland keine *Unveräußerlichkeitserklärung* abgeben wollte. 1840 war es immer noch nicht möglich, diese Erklärung von der russischen Regierung zu erhalten. Doch mit Hilfe der Vermittlung der beiden Bankiers Stieglitz in St. Petersburg konnte schließlich eine Klausel gefunden werden, die der Senat in Hamburg billigte.[5]

Um bei potenziellen Bewerbern um einen Kleinkredit aus dem Stiftungskapital die Hemmschwelle niedrig zu halten, galt es, ihnen in der ersten Unterredung mit diplomatischem Geschick entgegenzutreten, „mit Delikatesse und großmöglicher Schonung", wie in den Statuten angemerkt, um sie nicht zu demütigen. Die Auszahlung der Darlehen wurde zum 1. Februar und zum 1. Juli gesplittet. Im ersten Jahr gingen 82 Gesuche ein, später gab es durchschnittlich 33 Anträge pro Jahr. Die Bekanntmachung und Aufforderung zur Inanspruchnahme wurde jeweils an den Synagogentüren angeschlagen. Unter den ersten Bewerbern waren 13 Handwerker, 13 Fabrikanten, ein Techniker und 6 Kaufleute.

Die Verwaltung der Stiftung musste laut Satzung in einem Rotationssystem ausgetauscht werden. Das erste Mitglied wurde bereits nach drei Jahren ersetzt; auf diese Weise waren immer erfahrene Personen in der Verwaltung tätig. 1844 wurden die ersten Darlehen zurückgezahlt, wobei es bei aller Vorsicht auch zu Verlusten kam.[6]

Nach dem Tod seines Vaters nahm sich Carl Heine der Stiftung an. 1848, am 27. Februar, überwies er der Administration 100.000 Mark Banco. Es handelte sich um die Erweiterung der Kredite an Christen, die Carl, schon bevor das Gesetz zur Gleichstellung der Konfessionen 1849 in Kraft trat, mit seiner Kapitalerhöhung vorwegnahm. Diese sehnlichst erwünschte Regelung erlebte Salomon also nicht mehr.

Die Stiftung überdauerte fast ein Jahrhundert. 1930 bat der damalige Vorstand den Senat, die Stiftung auflösen zu dürfen, da kein Interesse mehr für ihren Stiftungszweck vorhanden war.[7]

Die erfolgreichen Geschäfte Salomons ließen ihm allen finanziellen Spielraum, um seiner verstorbenen Frau später ein ebenso würdiges Denkmal zu setzen.

Der Gang der Geschäfte
„Die Unterschrift wird respectiert"

Vierzig Jahre nach Beginn seiner beruflichen Tätigkeit war Salomon ein Multimillionär, der in dem Ruf stand, ethisch korrekt zu handeln. Seine hohen Gewinne standen offenbar nicht im Widerspruch zu seinem Anstand. Allzu große Risiken und gewagte Spekulationen gehörten nicht zu seinen Geschäftsgebaren. Man muss dabei bedenken, dass Privatbankiers mit ihrem gesamten Vermögen hafteten, auch mit ihrem Privatvermögen. Ganz ohne Risiko ist jedoch Gewinnoptimierung nicht möglich. Natürlich wurde jede Schiffsfracht gut versichert, und die Vergabe von Wechsel-Krediten an Kaufleute oder Firmen, die er überwiegend Hamburger Christen zur Verbesserung ihrer Liquidität gewährte, waren sicherlich eine solide Basis seiner Bankgeschäfte. Wie viele Wechsel-Kredite Salomon vergab, lässt sich aus den Büchern nicht entnehmen. Es ist aber aufgrund seiner finanziellen Erfolge davon auszugehen, dass er damit, trotz der Verluste mit geplatzten Wechseln, ein gutes Geschäft machte.[1]

Diese Wechselgeschäfte stellten auch nach vielen Jahren der beruflichen Selbstständigkeit nur einen Teil seiner vielen Aktivitäten dar. Die Geschäftsfelder waren international und äußerst vielfältig. Sie hingen nicht zuletzt von den jeweiligen Partnern – z.B. deutschen Handelsagenturen im Ausland, wie Johann Gabe in Porto – ab und von den Möglichkeiten, die sich daraus ergaben.

Selbst wenn weder Salomon noch sein Sohn Carl jemals den amerikanischen Kontinent besuchten, so gehörten Warengeschäfte auch mit Übersee seit Langem dazu, hauptsächlich mit Zucker und Kaffee. Aus den Jahren 1827 und 1837 sind umfangreiche Warengeschäfte belegt. Am 9. Mai 1827 kaufte Salomon 39 Kisten Zucker aus

Havanna und am 3. März 1828 262 Kisten. Im Oktober jenes Jahres erwarb er 35 Säcke Kaffee.

Wie aus einem späteren Brief vom Juli 1837 von Salomon an N M Rothschild & Sons in London hervorgeht, orderte Salomon über zwei Agenten auf Kuba, die für Rothschild tätig waren, große Mengen raffinierten Zuckers.[2] Salomon schrieb von einem *Connossement* (Schiffskreditbrief) für über 15.334 Kisten aus Havanna plus 2.000 weiteren Kisten. Das entsprach ungefähr fünf Prozent der dortigen Jahresproduktion.[3]

Die karibischen Kolonien Spaniens und Dänemarks waren für die europäischen Märkte wichtige Handelspartner. Sie waren auch für Hamburger Kaufleute, christliche wie jüdische, von großer Bedeutung. Zwei Neffen von Jacob Oppenheimer – Gustav und Theodor – hatten geschäftliche Interessen auf der Karibikinsel St. Thomas, die zu Dänemark gehörte, sowie in Venezuela. Norddeutsche Kaufleute besaßen vielerorts Land und bildeten damit auf verschiedenen Inseln der Karibik und in Südamerika als Großgrundbesitzer quasi Kolonien. Neben den als Kolonialwaren bezeichneten Gütern lockte nicht zuletzt der Edelmetallhandel die Kaufleute aus Europa. Nach der Finanzkrise von 1826 waren die Geschäfte mit Edelmetallen und Quecksilber allerdings zurückgegangen, man konzentrierte sich nun wieder auf Zucker, Kaffee, Tabak und Hanf. Auf ihrem Hinweg transportierten die Schiffe Produkte wie Wein oder Weizen.

Um eine Lizenz für den Kauf von Land zur Bewirtschaftung auf Puerto Rico zu erwerben, musste Gustav Oppenheimer nach Spanien reisen. Die Insel gehörte wie Kuba zu Spanien und das Königreich begrüßte den Landverkauf, weil damit die Infrastruktur der Insel gestärkt wurde. Mit dem Kapital seines Vaters und zusätzlichem Geld eines Konsortiums Hamburger Verwandter, darunter Salomon Heine, Hartwig Hesse (Adolph Halles Onkel) und Jacob Oppenheimer, erwarb Gustav Oppenheimer eine große Plantage bei Ponce auf Puerto Rico. Obwohl es seit 1820 ein spanisch-britisches Abkommen gegen Sklavenhandel gab, beschäftigten die weißen Plantagenbesitzer weiterhin Sklaven, auch die Hamburger. Eine lohnende Bewirtschaftung ohne Sklaven wurde nicht erwogen. Allein wirtschaftlicher Erfolg zählte.[4]

Wie schon Salomons Vorfahren, die über ein großes Familiengeflecht verfügten, erweiterte auch Salomon Heine dieses Netz mit seinen weltweiten Geschäftskontakten. Viele Lehrlinge oder Kommis erhielten bei ihm in Hamburg ihre Ausbildung, machten anschließend in der Welt als Unternehmer Karriere und wurden manchmal reicher als Salomon selbst. So bildete er nicht nur seine begabten Verwandten Armand und Michel Heine, Söhne von Bruder Isaak aus Bordeaux, aus, sondern auch Kinder befreundeter Geschäftspartner und vermittelte die jungen Leute nach der Ausbildung an bekannte Bankhäuser zur Weiterbildung. All dies förderte die Ausweitung von Geschäftskontakten.

Bei Salomon Heine diente beispielsweise auf Empfehlung von Hambro in Kopenhagen der Sohn des Königlich Schwedischen und Norwegischen Konsuls in Hamburg Johann Hyorth als Kommis, was Kontakte nach Schweden begünstigte.[5] Der spätere schwedische Konsul Theodor Arnemann besaß ein Sommerhaus neben dem Restaurant Jacob an der Elbe und war ebenfalls mit Salomon bekannt, denn dieser schickte seiner sozial engagierten Frau Mathilde am 9. März 1839 einen Brief und Geld: „Aber wer kann eine wohltätige Dame für wohltätige Gesuche etwas abschlagen, Sie erhalten 3 L[ouis]'dor, der Himmel möge Sie verehrungswürdige Frau gesund erhalten, mit Achtung Salomon Heine."[6]

Carl Heine reiste manchmal geschäftlich nach Stockholm, denn der Handel mit Schweden entwickelte sich für Hamburg sehr vorteilhaft. Der Handelsumsatz der schwedischen Städte steigerte sich von 1836 bis 1847 von drei auf sieben Millionen Mark. 40 Prozent aller schwedischen Geld- und Wechselgeschäfte liefen über Hamburg. Salomon Heine vermittelte zwei schwedische Anleihen, denn die dort neu erschlossenen Erzvorkommen wurden dringend für den Bau von Eisenbahnen und für andere technische Neuerungen gebraucht. Für die vierprozentige Anleihe der *Hypothekencasse der schwedischen Bergwerksbesitzer* von 1835 wurden die Anteilseigner mehrfach im Jahr aufgerufen, ihre Coupons bei Salomon Heine im *Comptoir* zur Auszahlung einzureichen.[7]

Auch die Verbindung nach Dänemark blieb ihm wichtig, selbst nach 1839, als Hambros Sohn eine Bank in London eröffnete. Denn als von der dänischen Regierung beschlossen wurde, eine erste Eisenbahnlinie von Kopenhagen nach Roskilde zu bauen, stieg die Bank Salomon Heine 1844 mit einem Aktienkauf von 500 Stück (von 7.500) in dieses Unternehmen ein.[8]

Bei einem Handel mit einem Sohn von Marcus Abraham Heckscher, dem in Paris geborenen und nach Amerika ausgewanderten Charles August Heckscher, ging es um eine Summe von über 10.000 Pfund Sterling, das waren 144.800 Mark Banco. Der junge Charles Heckscher hatte 1829 in New York ein Büro in vornehmer Gegend eröffnet und konnte sofort von seinen europäischen Kontakten profitieren. Zunächst organisierte Heckscher einen günstigen Postverkehr zwischen Amerika und Europa, lernte dann schnell viele interessante Persönlichkeiten kennen, heiratete in eine sehr reiche Familie und ließ seinen jüngeren Bruder nachkommen.

Auch James Oppenheimer, der bei Salomon Heine ausgebildet worden war und der später dessen Enkeltochter heiratete, arbeitete bei Heckscher. Wichtige Partner Heckschers wurden die Firma Parish & Co. und das Bankhaus Baring, das mit dem Bankhaus Hope in Amsterdam verschwägert war. Von Heine war Gustav Matfeld aus Hamburg, den Salomon ausgebildet hatte, empfohlen worden. Schon mit dessen Vater, einem Großhändler, hatte er Geschäfte gemacht. Für die junge New Yorker Firma wurde Salomon der wichtigste Geschäftspartner und eine nicht unwichtige Kontaktbörse.

Ein Brief Salomons an N M Rothschild & Sons in London vom 31. März 1837 illustriert diese vielschichtigen Beziehungen und die Förderung und Unterstützung des kaufmännischen Nachwuchses: „Der Überreicher dieser Zeilen ist Herr G. Matfeld von hier, künftiger Associé meiner Freunde, der Herren Chs A & E Heckscher in Newyork, welchen ich mir erlaube Ihrer freundlichen Aufnahme ergebenest zu empfehlen. [...] Ich werde jede Gefälligkeit und Aufmerksamkeit welche Sie dem Herrn Matfeld beweisen werden mit vielem Dank erkennen, und wünsche bei Gelegenheit Ihnen solche auf alle Weise erwidern zu können, indem ich Sie bitte, bei jeder Gelegenheit über meine Gegendienste zu verfügen. Genehmigen Sie die Versicherung meiner Hochachtung! Salomon Heine"[9]

Einige Jahre später wandte Heckscher sich neuen Interessen zu, er investierte in Kohleminen und wurde damit zum mehrfachen Dollarmillionär.[10] Sogar eine Stadt erhielt durch seine reichen verwandten Nachkommen den Namen Heckscherville.

Gute Geschäfte waren auch mit Baumwolle zu machen. So wurde aus den Südstaaten eine Lieferung Baumwolle über 1.000 Ballen im Wert von 4.400 Dollar avisiert, die Heine als Makler weitervermittelte und für die er Provision kassierte. In späteren Jahren waren es seine Neffen Armand und Michel Heine, die Baumwolle in großen Mengen von New Orleans aus auf direktem Wege nach Hamburg verschifften.

Auf der anderen Seite der Weltkugel, in St. Petersburg, war die Schaffung eines Netzwerkes nicht so einfach, denn hier durften sich Juden zu Beginn des 19. Jahrhunderts nicht auf Dauer niederlassen, darum scheiterte ein Versuch von James Rothschild. Dieser stellt 1816 fest: „Wenn jemand von uns in St. Petersburg wäre, so hätten wir solche [gute Verbindung], in dessen man kann nicht überall sein."[11]

Baron Ludwig von Stieglitz (1778–1843), Gründer der Bank in St. Petersburg.

Auch ein späterer Versuch, einen Agenten der Rothschilds in St. Petersburg zu etablieren, scheiterte. Bereits seit 1816 pflegte dagegen das Bankhaus Heckscher auch ohne Agenten eine gute Geschäftsverbindung nach St. Petersburg mit dem getauften Bankier Stieglitz, der seine Firma 1803 gegründet hatte.

Das beeindruckende Bankgebäude der Familie Stieglitz in St. Petersburg befand sich am Englischen Ufer. Seine herrschaftliche (Sommer-)Residenz auf der Insel Kammennoi Ostrow durfte Ludwig Stieglitz sogar neben den Palast des Zaren bauen.[12] Sein Sohn Alexander baute sich ein prachtvolles Gebäude an der Neva.

Salomon hatte es hier mit noch erfolgreicheren Kollegen seines Fachs zu tun, denn Stieglitz' Häuser glichen eher pompösen Schlössern als kleinen Villen.

Die Warengeschäfte zwischen Heine, Stieglitz und Baring sind auch deshalb bemerkenswert, weil Baring, dessen Vorfahren ursprünglich aus Bremen kamen, mit Juden eigentlich ungern Geschäfte machte. Er hatte gegenüber David Parish verlauten lassen, Juden seien gierig und sie seien eine *Horde Börsenjobber*.[13] Trotzdem waren Heines und Stieglitz' Reputation offenbar so gut, dass Baring, trotz seiner antijüdischen Haltung, mit ihnen Handel trieb. Stieglitz exportierte Eisen und Talg, Baring verkaufte Wolle und Salomon importierte Zucker und Kaffee – ein Dreiecksgeschäft, das 1834 mit einer Summe von 40.000 Britischen Pfund verzeichnet ist.[14] Baring war aus geschilderten Gründen stärker als Rothschild im Russlandhandel tätig. Wenn Salomon keine Geschäfte auf eigene Rechnung machte, erhielt er als Makler eine Provision in unterschiedlicher Höhe. Auch mit der Moskauer Bank Zenker & Cie. hatte er geschäftlichen Umgang ebenso wie mit der Bank der Familie Marc in Moskau, die wiederum mit den Heines verwandt war.[15] Er war mit seinen russischen Geschäften sehr zufrieden. Während Abraham Mendelssohn selbst nach St. Petersburg reiste, verzichtete Salomon auf diese Strapaze.

Gemeinsam mit Rothschild in London führte Salomon Heine ein *Conto a metà*, ein Konto für Gemeinschaftsgeschäfte, mit jeweils gleichem Anteil am Kapitaleinsatz und Erfolg. Einmal kam es zwischen Salomon Heine und Rothschild wegen dieser gemeinsamen Kontoführung zu einem *Missverständnis*. Heine schreibt respektvoll an Rothschild: „Ich weiß sehr gut, dass ihnen nicht daran liegt Revanchen zu haben und es wäre Thorheit darüber ein Wort zu verlieren, denn ein Herr Rothschild braucht solche Kleinigkeit nicht. Ich wollte Ihnen nur sagen, dass Sie bei mir gottlob ruhig sein können und ich die a c/mta [Conto a Metà] nicht in Advanz kommen lassen werde. Wenn Sie meinen Brief lesen, so werden sie finden, daß ich Recht habe und gewiß sind Ihre Bemerkungen aus Einwendungen aus [nicht lesbar] entstanden[…] Ich habe nur den einzigen Zweck, dass wir gemeinschaftlich verdienen wollen."[16]

Kurz danach scheinen die Bedenken ausgeräumt, denn Heine dankte Nathan Rothschild, da dieser darüber sinnierte, ob er ihn an einem Bergbau-Geschäft in Wales beteiligen solle. Salomon hoffte auf dieses Geschäft und machte Zugeständnisse: „Da ich keine große Summe verlange von Freundschaft und mit wenig zufrieden bin."[17] Die Verbindung mit Rothschild blieb bis zur Auflösung der Bank Salomon Heine durch Salomons Sohn Carl im Jahr 1865 durchgehend bestehen.

In Rothschilds Auftrag verschickte Salomon Heine auch Goldmünzen und Goldbarren von Hamburg nach London. Im Juli 1837 waren das 18.500 Halbimperials (russische Goldmünzen zu fünf Rubel) und 1.650 Goldrubel, die in Holztonnen auf ein Dampfschiff verladen wurden und so auf die Reise gingen.

Heinrich Heine berichtete einmal von Goldbarren, die wie Mauersteine im Flur beim Onkel gestapelt lagen und keine besondere Aufmerksamkeit erhielten, aber Heinrich sicherlich beeindruckt haben. Im Auftrag von Beer Lion Fould in Paris kaufte Salomon auch Aktien, selbst wenn er sich persönlich vom Aktiengeschäft fernhielt.

Man kann Salomon Heine, wie man heute sagt, als guten *networker* bezeichnen. Große Netzwerke, Geflechte mit gegenseitiger Beteiligung sind zwar heute sehr viel umfangreicher als damals, auch komplexer und undurchsichtiger, doch das Netzwerk der Rothschilds war für damalige Verhältnisse sehr groß, das von Salomon Heine zwar kleiner, aber trotzdem erstaunlich. Bedenkt man die schwierigen und langen Reise- und Postwege – nach London dauerte ein Brief in den 1830er-Jahren zwar nur 2–3 Tage (1811 waren es noch 5–6 Tage), aber nach Südamerika konnten es zwei Monate sein – und das Fehlen anderer Kommunikationsmöglichkeiten, funktionierte der Informationsaustausch ausgezeichnet. Das war vor allem den Netzwerken zu verdanken, die auch Neuigkeitenbörsen waren. Hauptsächlich benutzten Kaufleute die normale Post, denn Kuriere waren überproportional teuer und wurden nur in seltenen Fällen in Anspruch genommen.[18]

Salomon hatte glücklicherweise gleich zu Beginn seiner Tätigkeit bei Heckscher um 1800 wichtige Kontakte knüpfen können, das war eine gute Ausgangsposition. Sein großes Handicap blieben zeitlebens seine mangelhaften Sprachkenntnisse. Zwar hatte er fähige Angestellte, die die schriftlichen Arbeiten für ihn erledigten, doch mit ausländischen Besuchern verhandeln konnte er nicht, er benötigte stets einen Dolmetscher. Das war sicherlich Herr Paasche für Englisch und Französisch, bei dem Heinrich Heine in Hamburg eine Zeitlang gewohnt hatte. Auch die fünf Rothschild-Brüder waren sprachlich noch nicht so gewandt, wie es später ihre Söhne waren. Die nachfolgende Generation der jüdischen Kaufleute hatte allgemein eine bessere Schulbildung genossen, Sprachen und Konventionen gelernt, von den Kontakten der Väter profitiert und war oft noch risikobereiter. Dies galt auch für Salomons Sohn Carl, denn er war es, der die Geschäftsreisen für das Bankhaus Heine absolvierte, während sein Vater fast nur zur Erholung reiste. Die Neffen Armand und Michel Heine sollten später zu den sehr erfolgreichen und reichen Franzosen gehören. Sie besaßen in Paris ein eigenes Bankhaus, das bis 1930 bestand und zuletzt von einem Enkel geführt wurde.

Die Netzwerke der Wirtschaft funktionierten nicht nur in konjunkturellen Hochzeiten. Das zeigte die nächste Finanzkrise, die 1839 in London entstand. Sie konnte nur durch Intervention der Baring Bank überwunden werden, die sich dazu ihrer internationalen Kontakte bediente. Es ging um eine Summe von rund 24 Millionen Mark Banco. An der Rettungsaktion waren mehrere ausländische Banken beteiligt, dazu gehörte auch die Bank Salomon Heine.

Carl und Cécile
Der „Subcrösus" heiratet

Heinrich Heine ließ sich 1837 auf dem Schloss Rocquencourt, das etwas nördlich von Versailles liegt, bei der Familie Furtado-Fould melden, in Vertretung von Salomon Heine, der im Januar Witwer geworden war. Sein Anliegen betraf die Tochter des Hauses, Cécile Furtado, die Carl gern heiraten wollte. Da beide Söhne Salomon Heines ihre Ausbildung in der Bank von Fould komplettiert hatten und es darüber hinaus seit Langem gemeinsame geschäftliche Interessen und Beziehungen der beiden Bankhäuser gab, war Carl für die Furtados als zukünftiger Schwiegersohn durchaus akzeptabel. Er wollte und sollte in eine gute Familie einheiraten, damit war auch ihr guter finanzieller Hintergrund gemeint. Die Familien Fould und Furtado waren darüber hinaus auf politischer Ebene einflussreich.

Cécile Furtado-Heine (1821–1896),
nach einem Foto gemalt von Herrmann Winterhalter.

Carl hatte sich also für Cécile entschieden, trotz früherer Bedenken ihrer äußeren Erscheinung wegen. Eine bessere Partie konnte er mit Sicherheit nicht machen.

Am 15. September 1838, einem denkwürdigen Tag, denn es war der Geburtstag von Carls verstorbener Mutter, wurden Carl Heine und Cécile Furtado auf dem Familienschloss bei Paris getraut. Zuvor hatte eine zivilrechtliche Eheschließung in Paris stattgefunden. Carls Trauzeuge war Giacomo Meyerbeer. Auch der mittlerweile 71-jährige Salomon hatte sich auf den beschwerlichen Weg von Hamburg nach Paris gemacht, begleitet von seiner Nichte Charlotte Christiani aus Lüneburg, da er ohne Therese reisen musste, die nach einer überstandenen Krankheit in Hamburg zurückgeblieben war. Carl war gespannt, was sein Vater von Cécile halten würde, denn der kannte die junge Frau noch nicht persönlich. Carl betonte ihr gutes Gemüt, ihren klaren Verstand, ihre Freundlichkeit und Liebenswürdigkeit. Salomon war zufrieden, er habe Cécile sehr lieb.[1]

Im Anschluss an die aufwendigen Hochzeitsfeierlichkeiten blieben die deutschen Gäste noch eine Weile in Paris. Heinrich hatte an dem Fest teilgenommen und er und sein Onkel waren sich wieder einmal persönlich begegnet. Die scharfe Zunge Heinrichs wird dabei, wie letztlich bei allen familiären Anlässen, Gelegenheit gegeben haben, sich aneinander zu reiben.

Am 3. Oktober 1838 schreibt Salomon kurz nach der Hochzeit aus Paris an Heinrich:
„S Wohlgeb Herr Docter Heinrich Heine, der Stifter der Familie, wonach alle Heine heißen, die der Mühe werth so zu heißen [...] und [bitte um] die Erlaubnis mich auch Heine nennen zu können, [...]
Dein Onckel Heine Salomon".[2]

Das war Salomons Retourkutsche auf die lakonische Feststellung seines Neffen über den Wert Salomons: „Das beste was an ihm sey, bestünde darinn, daß er meinen Namen führe."[3] Der Onkel vergaß nichts, auch nicht nach vielen Jahren. In dem Brief befand sich trotzdem ein *Zettelchen,* ausgestellt auf 2.000 Francs. Gleichzeitig monierte Salomon, wenn er das zusammenzähle, was Heinrich an Honorar in den letzten sechs Monaten verdient habe, dann sei Heinrich selbst schon ein

Rothschild und bedürfe keiner Hilfe. Noch Ende Oktober riet Salomon seinem Pariser Neffen, Geld zurückzulegen, denn die Leute würden ihn zwar bewundern, aber wohl kaum Geld geben, denn sie würden behaupten, er habe sein Geld verschleudert.[4] Beunruhigt zeigte er sich über mangelnde Nachrichten seines Sohnes und ob Carl Cécile schon zur Frau gemacht habe.

Nach den Hochzeitsfeierlichkeiten und einer Hochzeitsreise kehrte Carl mit seiner jungen Frau und seinem Vater, der derweil in Paris geblieben war, nach Hamburg zurück.

Carl war bereits vor der Hochzeit vom Prokuristen zum Teilhaber der Bank Salomon Heine avanciert, offiziell seit 31. Dezember 1837. „Herr, Ich habe die Ehre Ihnen hiermit anzuzeigen, dass mein Sohn Carl Heine von heute an als Compagnon in mein Geschäft eintritt. Belieben Sie von seiner Handzeichnung gefälligst Nota zu nehmen. Ergebenst Salomon Heine."[5]

So lautet das offizielle Schreiben im Handelsregister. Am Dienstag, den 2. Januar 1838, wurde im Firmenprotokoll erläutert, dass Carl, der „Mitcomparent", als Teilhaber ab 31.12.1837 in die Firma eingetreten sei und Vater und Sohn die beiden einzigen Inhaber seien. Carl Heine würde Firmenbriefe fortan mit *Salomon Heine* unterschreiben.[6] Mit dem Firmennamen zu zeichnen, der in diesem Falle identisch mit Salomons Namen war, war ein übliches Vorgehen. Carl war nun 28 Jahre alt und laut seinem Passantrag von mittlerer Statur, mit braunen Haaren, grauen Augen und einem ovalen Gesicht.[7] Sein lockiges Haar aus Kindertagen, das auf einem Porträt zu sehen ist,[8] hatte sich erhalten, nur waren die Haare viel dunkler geworden.

Von der Witwe des Senators Sonntag kaufte Carl in Hamburg an den Großen Bleichen Nr. 28 ein großes im Renaissancestil gebautes Haus. Das Recht auf Eigentum war ihm als Jude aber noch verwehrt. So griff er, wie schon sein Vater beim Kauf des Hauses am Jungfernstieg, zu der ihm gebotenen Lösung, das Haus auf den Namen eines Christen, nämlich auf seinen getauften Schwager Christian Morris Oppenheimer, eintragen zu lassen. Aus den Büchern des Hamburger Bürgermilitärs, die nicht nur die dienstpflichtigen Männer im Stadtgebiet erfassten, sondern alle in den Haushalten lebenden Personen, lässt sich ersehen, dass Carl drei männliche und zwei weibliche Dienstboten eingestellt hatte. Er selbst war seit dem 16. Januar 1836 vom Militärdienst befreit.[9]

Da Carl das jüngste der Heine-Kinder war, stand mit ihm bereits die nächste Generation in den Startlöchern: Einige von Salomons Enkeltöchtern waren zu heiratsfähigen jungen Damen herangewachsen.

Bertha Oppenheimer, die älteste Tochter von Christian Morris, geboren 1816, war seit 1838 mit Dr. Johann Anton Carlo Gabe vermählt. Er stammte aus einer Familie, die im Portugalhandel reich geworden war und mit Salomon Heine schon in frühen Jahren Zuckergeschäfte gemacht hatte. Das Ehepaar wohnte in dem Haus an der Königstraße Nr. 46, das Salomon Heine gehörte und das auf der rückwärtigen Seite seines Grundstücks am Jungfernstieg lag.

Christian Morris Oppenheimers zweitälteste Tochter Emma, geboren 1818, heiratete 1841 ihren Cousin, den in London geborenen Sohn von George Oppenheimer, James aus Manchester. Sie lebten zusammen in Rusholme, Lancashire in England. James galt als Beau, soll außerordentlich charmant gewesen sein und sogar Salomon Heine, bei dem er gelernt hatte, mit seinem Wesen bezirzt haben.[10] Zehn Jahre vor seiner Heirat war James nach New York gereist, um in die Firma von Charles Heckscher einzusteigen.[11]

Die dritte Tochter Mathilde Oppenheimer, geboren 1819, heiratete Hermann Ludwig Berend.

Beer Lion Fould
„Une orpheline"

Carls Frau trug die Vornamen Cécile Charlotte, geboren war sie am 6.3.1821 in Paris. Seine Schwiegereltern waren Rosa geb. (Beer Lion) Fould und Elie Furtado. Der Großvater Beer Lion Fould (1767–1855) hatte sein Bankhaus 1795 gegründet. Von ihm wurde gesagt, dass er die mosaischen Gesetze weitgehend ignoriere, er blieb aber ungetauft.[1]

Rosas Bruder war Achille Fould. Beide sollen im Jahr 1800 geboren sein, im Januar und im November. Der ältere Bruder der Mutter,

Benoît Fould, war seit 1813 mit Helene Oppenheim verheiratet, er war also der Schwiegersohn des Bankiers Salomon Oppenheim in Köln. Dieser hatte das noch heute bekannte, aber inzwischen verkaufte Bankhaus Sal. Oppenheim gegründet.[2]

Die Foulds waren einst aus dem Osten Frankreichs über Metz nach Paris zugewandert. Ursprünglich kamen sie aus Fulda. Sie legten sich „tief im Süden von Frankreich ihre Latifundien zu, im Reich der hochnäsigen Landadeligen und fügsamen Bauern, auf christlichem Land."[3] Dort, auf dem Anwesen der Foulds nahe den Pyrenäen, verbrachten Carl und Cécile Heine später gern ihre Ferien und dort sollte Carl auch zu Tode kommen.

Beer Lion Fould begann seine Karriere als Geldbote. Nach einer Familienlegende soll er Papiergeld bei der Banque de France in Louisdors umgewechselt haben, wobei er 100 Louisdors zu viel herausbekam. Nachdem er den Fehler bemerkt hatte und das Geld der Bank zurückbrachte, erhielt er die Antwort, „auf der Bank irrt man sich nicht!" So soll dieses Geld ein nicht unwesentlicher Grundstock für Foulds Geschäfte gewesen sein.

Während der Französischen Revolution betrieb er seine Bankgeschäfte weitgehend erfolgreich. Ein Bankier aus dem Elsass, Cerf Berr, der seinen Geschäftssinn und seine berufliche Entwicklung beobachtet hatte, nahm Fould in seiner Bank als Teilhaber auf. Von da an war sein beruflicher Werdegang eine Erfolgsgeschichte, wenn auch mit Rückschlägen. Zufällig lernte Fould Napoleon kennen, verschaffte ihm Geld und erwarb sich dadurch dessen Vertrauen. 1795 konnte er sein eigenes Bankhaus unter dem Namen B.L. Fould eröffnen. Angeblich profitierte er später von drei Geschäftsauflösungen, erlebte aber auch selbst zwei Konkurse 1799 und 1810. Ob es bei den Liquidationen immer mit rechten Dingen zugegangen war, wurde bezweifelt. Jedenfalls erwarb er 1802 sein Haus in der Rue Bergère Nr. 10 und 1828 das Schloss Rocquencourt.[4]

1806 war er bereits an der Elbe zu Gast bei John Parish. Aus dieser frühen Zeit wird die enge und freundschaftliche Verbindung von Salomon Heine mit Fould stammen. Immerhin ließ Salomon dort seine beiden Söhne ausbilden. Zuvor hatte Abraham Mendelssohn dort eine gute Zeit als Angestellter verbracht, und seine Schwester war jahrelang im Haus Fould als Erzieherin tätig gewesen.

Die Bank B.L. Fould wurde 1875/76 liquidiert und von Armand und Michel Heine unter dem Namen Fould & Cie. weitergeführt. Beide Neffen Salomon Heines hatten zuvor in Paris bereits ihre eigene Heine-Bank eröffnet.

Nach dem Tod von Beer Lion Fould erbten Céciles Eltern den Besitz Roquencourt, den sie ihrem Sohn übertrugen. Da Céciles Bruder Paul bereits 1848 starb, vermutlich an der Cholera, die zu jener Zeit wieder aufgeflammt war, ging der Besitz in die Hände von Cécile über. Im Gegenzug hatte sie versprochen, Pauls unehelich geborene Tochter, „une orpheline", zu adoptieren. So wuchs das französische Mädchen bei dem kinderlosen Ehepaar Carl und Cécile Heine in Hamburg auf. Sie wurde nach ihrem Vater Paule genannt.[5]

Unterschiedliche Lebensauffassungen
„Dieselbe störrige Keckheit, bodenlose Gemüthsweichheit ... "

Marie Zacharias äußerte sich einmal recht treffend über Salomon: „In ihm vereinigten sich alle guten und großen Eigenschaften eines Stammes. Neben der Wärme des Enthusiasmus besaß er einen kalten berechnenden Verstand. Seine Wohltätigkeit, seine Redlichkeit, seine Gewissenhaftigkeit erwarben ihm höchste Achtung seiner Mitmenschen, doch trat dabei nicht selten eine gewisse Schroffheit, besonders als Haupt der Familie, hervor."[1]

Trotz der beständigen Differenzen liebte Heinrich Heine seinen Onkel außerordentlich. Im Wesen und Charakter hatten sie viel Ähnlichkeit, denn beide besaßen große Talente, nur auf unterschiedlichen Gebieten. Heinrich war ein Mann des Wortes, Salomon ein Mann der Zahlen, gegenseitig bewundern taten sie sich allemal.

Heinrich schreibt über Onkel Salomon: „Dieselbe störrige Keckheit, bodenlose Gemüthsweichheit und unberechenbare Verrücktheit – nur daß Fortuna ihn zum Millionär und mich zum Gegenteil, d.h. zum

Dichter gemacht, und uns dadurch äußerlich in Gesinnung und Lebensweise höchst verschieden ausgebildet hat."[2]

Heinrichs wenig ausgeprägtes Taktgefühl ließ ihn Menschen verletzen und häufig die Situation eskalieren. So fiel er schnell, oft zu Unrecht, über die Eigenarten anderer her und schlachtete sie aus, indem er seine Mitmenschen verspottete oder mit Bosheiten quälte. Er ließ sich leicht provozieren und reagierte schnell gereizt. Und Salomon? Auch er war eigenwillig und in dieser Hinsicht unberechenbar. Heinrich betonte häufig, wie edel und gut Salomon sei, doch er brülle gelegentlich wie ein Löwe in der Manege. Nach dem Frühstück sei er genießbarer und sein Kammerdiener wisse immer, wie es um die Laune des Hausherrn bestellt sei.[3] Joseph Mendelssohn berichtet über Salomons Launen: „Und bekannt ist wie bereitwillig Heine oft die Ausbrüche übler Laune oder die Wirkungen seiner Geschäftsanhäufung wieder zu paralysiren verstand durch doppelt bereitwillige Hülfe, durch persönliches Einschreiten und unwiderstehlich gutherzige Entschuldigung eines begangenen Verstoßes wider Artigkeit und Weltsitte."[4] In Gesellschaft konnte Salomon sich wohl gut beherrschen, aber „entre nous" konnte er ausfällig und sogar handgreiflich werden. Das brachte allerdings außer Heinrich niemand zu Papier, solch ein Wutausbruch verdampfte im Raum. Denn in der Öffentlichkeit wusste er sich zusammenzureißen, war charmant und sprach gelöst. „Wie konnte er zu guter Stunde so liebenswürdig, so gesprächig und offen sein! An seiner Tafel, wozu er gern jeden zog, der ihn interessierte, herrschte der Ton ungezwungener Jovialität, worin der reiche Hausherr oft am lebhaftesten einstimmte. Ceremoniell und Feinheit affectieren war seine Sache am wenigsten. Auch vor Fürsten und Ministern bliebe er der ungenierte, aber sehr respectirte Jude Salomon Heine."[5]

Schlagfertig war Salomon in jedem Fall auch Heinrich gegenüber. Als dieser ihn einmal fragte: „Sag, Onkel, wie reich bist Du eigentlich?", soll er erwidert haben: „Ich wäre reicher, wärst Du nicht mein Neffe!"[6]

Heinrich hielt es für selbstverständlich, dass er, der arme Dichter, unterstützt werde. Salomon kümmerte sich ja auch sonst um die gesamte Familie. Er finanzierte das Studium von Heinrichs Brüdern Gustav und Max, zahlte der Mutter eine lebenslange Rente und zuvor schon eine an die Eltern.

Fast jeder damals berühmte Schriftsteller hatte, wenn er nicht zufällig reich geerbt hatte, zusätzlich einen bürgerlichen Beruf und verdiente zumeist im Staatsdienst als Minister, wie Goethe, oder als Professor, Richter, Sekretär seinen Unterhalt. Heine erhielt von der französischen Regierung von 1840 bis 1848 eine jährliche Rente von 4.800 Francs,[7] dazu seit seiner Heirat 1841 ebenso viel von Onkel Salomon. Doch bereits seit 1838 bezog er vom Oheim regelmäßige Zahlungen. Als Schriftsteller verdiente Heinrich außerdem ausgesprochen gut.[8] Sieht man einmal von den letzten Jahren seines Lebens ab, als die Aufwendungen für seine Krankheit ins Unermessliche stiegen, hätte er mit seinem Einkommen sehr gut zurechtkommen können, doch ein bescheidenerer Lebensstil war für ihn undenkbar. Ende Oktober 1838 schreibt Salomon Heine an Heinrich: „Geld, Geld, Geld ist Nothwendiges Übel, und für alles Talend bekomt man vom Bäcker kein Stück brod u m s o n s t, also lege zurück, ich Lebe nicht immer bewundern werden die Leute Dich aber kein Geld geben, Sie werden sagen, ja er hätte es in der Welt beßer haben könen, aber Er hatt sein Geld verschleudert mit den Händen, [...] Ich glaube es wäre gut, wann Sie [Mathilde] das Geld hätte."[9] Das war sicherlich eine falsche Einschätzung, denn Mathilde stand ihrem Lebensgefährten im leidenschaftlichen Verschwenden von Geld in nichts nach.

Wenn Heinrich gegenüber Meyerbeer erklärt, Salomon würde über die *richtigsten Empfindungen und das klügste Herz* verfügen,[10] habe aber nie etwas Ordentliches für ihn getan und er wisse das selbst, so entspricht das nicht den Tatsachen.

In einem langen Brief vom 24. März 1838 versuchte Heinrich dem nach Hamburg reisenden Meyerbeer seine Sichtweise zu erklären. Für fremde Leute würde sein Oheim sehr viel Geld ausgeben, warum dann nicht für ihn? In einem zweiten Brief an Meyerbeer schreibt Heinrich zur Erklärung: „Ich habe deßhalb in meinem Briefe immer behauptet er habe nie was Ordentliches für mich gethan, obgleich er dennoch sich manchmal sehr honett gegen mich benommen; aber indem ich ihm ein bischen Unrecht thue, wird er angespornt meinen Behauptungen auch durch erneuete That zu widersprechen."[11]

Es war wohl diese auch später im Streit mit Carl angewandte Taktik, die vielen, die ihn kannten, missfiel. Heinrich war allerdings sehr empfindlich und sicherlich war es Salomons Schroffheit, die ihn so häufig mit seinem Onkel aneinandergeraten und so hart über ihn urteilen ließ. Begünstigt waren Heinrichs Äußerungen auch durch seinen Ärger und das Unverständnis darüber, dass die Familie, hauptsächlich die Schwiegersöhne Salomons, nicht begreifen konnten, wie wichtig seine Arbeit und wie großartig sein Talent sei, und dass man von ihm noch in zweihundert Jahren sprechen würde, nicht aber von Onkel Salomon. Die Kluft zwischen Dichter und Bankier wurde nie überwunden. „Hätte er was ordentliches gelernt, brauchte er nicht zu schreiben Bücher!",[12] wetterte Onkel Salomon noch in späteren Jahren.[13]

Viele der Streitigkeiten sind in den privaten Briefwechseln und durch Äußerungen Dritter überliefert. In seinen Schriften griff Heinrich den Onkel zu dessen Lebzeiten nie direkt an, auch nicht Tante Betty oder Carl. Er sprach sogar mit Hochachtung von ihnen.[14] Mit Carl war Heinrich bis zum Tode Salomons gut befreundet, auch wenn Heinrich über das Zurückhalten des Kondolenzbriefes noch verärgert war. Besonders die Erlebnisse in der gemeinsamen Pariser Zeit und die Jahre vor Carls Hochzeit ließen sie sehr vertraut miteinander umgehen. Distanziert reagierte Carl erst nach dem Tod seines Vaters, nachdem er dessen Position und Verantwortung übernommen hatte und es zu den Auseinandersetzungen mit Heinrich wegen des Erbes und der Pension kam. Carl hatte nun Befürchtungen, Heinrich könne seinen Vater in seinen Lebenserinnerungen in ein schlechtes Licht stellen, wodurch die guten Taten Salomons in den Hintergrund geraten könnten.

Heinrichs *Erinnerungen* waren aber bislang nicht in Sicht, denn seine Tagebücher waren bei den beiden Bränden im Hause der Mutter vernichtet worden. Da er dennoch auf seine zu erwartenden Memoiren verwies, hatten viele Angst davor. Dazu behauptet Heinrich arrogant: „Sie waren im Grunde immer Alle gegen mich und alle Verdrießlichkeiten kamen mir durch Klatschereien von dem anderen Volke. Diese hochmütige Splitterrichterei bei eigener balkendicker Verstocktheit, dieser Haß gegen alles Ungewöhnliche, diese angstvolle Abneigung gegen Alles, was mehr ist, als sie selber, diese heuchlerische bürgerliche

Sittlichkeit neben einer phantasielosen Liederlichkeit – wie gräßlich war mir dies Alles.[...] In Hamburg war es mein einzig Plaisir, daß ich mir besser vorkam, als alle Anderen."[15]

Anklagen und Unterwürfigkeit, beides hatte Heinrich in seinem Repertoire. Er war ein Phänomen, ein Genie, das sich nicht nur von der Familie verkannt fühlte, sondern auch von manch gelehrten Freunden der Heines wie Gabriel Riesser oder Professor Wurm. Er vertraute darauf, dass ihm eines Tages ein Denkmal errichtet werden würde. Selbstbewusst schreibt er: „Ich weiß, man wird später gegen mich Kanonen aufführen, aber ich bin kugelfest, während die anderen nicht mal Schrot vertragen können."[16] Bereits viele Jahre vor seinem Tod verkündete er ohne falsche Bescheidenheit: „Der beste deutsche Schriftsteller bin ich jetzt!"[17] Und seinem Verleger Campe teilte er stolz mit, „ich bin Ihr einziger Classiker!"

Gustav Heine
„Gustav steht und lügt in Siebenborgen"

Heinrichs jüngerer Bruder Gustav, geboren vermutlich 1804, hatte nach seinem Schulbesuch in Düsseldorf, Oldesloe und Lüneburg eine Ausbildung als Landwirt gemacht und studierte mittels finanzieller Unterstützung seines Onkels Salomon in Halle und Göttingen. Nachdem es trotz Fürsprache von verschiedenen Seiten nach Abschluss seines Studiums mit einer Anstellung in Mecklenburg und Pommern nicht geklappt hatte, fand Gustav im dänischen Holstein ein einstweiliges Unterkommen. Onkel Salomon überließ ihm 10.000 Taler Starthilfe, als Gustav nach Holstein zog. Dort handelte er zunächst mit Korn, wobei er das Geld angeblich verdoppelt haben soll. Der folgende Handel in Hamburg hatte mit Butter und Ölen zu tun, man könnte ihn also als Fettwarenhändler bezeichnen. Jedenfalls nannte Charlotte ihn Ölhändler, machte sich gerne über ihn lustig und spottete, er verdiene sich die „letzte Ölung".

Schon nach der Hochzeit seiner Schwester 1823 war Gustav nach Hamburg zurückgekehrt. In dieser Zeit hatte er eine Öl-Handelsfirma gegründet, die allerdings nicht im Adressbuch nachweisbar ist.[1] Es war zwar damals nicht Pflicht, im Adressbuch zu stehen, aber es ist naheliegender, dass seine Firma vor den Toren der Stadt, wohl vor dem Dammtor, lag, denn sonst wäre er in den Büchern der jüdischen Gemeinde mit Steuerzahlungen verzeichnet gewesen.

Gustavs kaufmännische Tätigkeit war genauso wenig ruhmreich wie die seines Vaters. Bereits im Sommer 1829 soll Gustavs Firma liquidiert worden sein. Gustavs Karriere begann erst, nachdem er Hamburg 1830 verlassen hatte und nach Wien gezogen war. Dort besaß auch Salomon wichtige Geschäftskontakte: z.B. mit der Bank Geymüller & Co. (Konkurs 1841), Sina und mit Arnstein & Eskeles (verwandt mit Mendelssohns). Gustav entschied sich jedoch, dem Handelsgeschäft den Rücken zu kehren und eine militärische Laufbahn einzuschlagen.

Gustav Heine (ca. 1803–1886) während seines Militärdienstes in Wien um 1837.

Im folgenden Jahr trat er in das Dragoner-Regiment von Graf Kinsky ein und brachte es bis zum Rang des Oberleutnants. Maximilian schreibt im Februar 1838 in einem Brief an Heinrich: „Gustav steht und lügt in Siebenborgen."[2]

Was hatte das zu bedeuten? Tatsächlich stand Gustav mit seiner Truppe in Siebenbürgen und hatte für die Aufnahme in das Militär seine Herkunft offenbar etwas aufpoliert. Dies ist aus einer Anfrage zu entnehmen, die am 29. Dezember 1837 an Senator Dr. Friedrich Sieveking weitergeleitet wurde. Ein österreichischer Minister wollte wissen, ob der Baron Geldern-Heine, der bei dem Cheveaux-Legers-Regiment Wernhardt Nr. 3 als Oberleutnant diene, seinen Freiherrntitel zu Recht trage. Außerdem hatte Gustav behauptet, 1808 in Hamburg geboren zu sein, was allerdings von seinem Dienstherren – im Gegensatz zum Adelstitel – nicht angezweifelt wurde. Nun sollten genaueste Erkundigungen über ihn bei der Regierung in Hamburg eingezogen werden.

Seine Mutter Peira bekam daraufhin im Januar 1838 Besuch und wurde um Auskunft gebeten. Diese, gewitzt wie sie war, gab folgende Erklärung ab: „Meine Familie führt den Namen van Geldern schon seit mehr als hundert Jahren und ist ihr das Prädicat van somit der Adelsstande durch den Kurfürsten von der Pfalz, in dessen Staaten meine Familie lebte, verliehen worden."

Der letzte Träger des Stammes sei ihr verstorbener Bruder gewesen, der ihn, um den Namen zu erhalten, ihrem Sohn Gustav weitergereicht habe unter der Bedingung, dass der den Namen weiterführe! Da 1833 bei einem Brand in ihrem Hause am neuen Wall alle Unterlagen vernichtet worden seien und sie sich leider nicht an die genauen Wortlaute in den Papieren erinnern könne, sei es aber nicht mehr möglich, den Nachweis zu erbringen. Der amtliche Befrager fügte diesen Angaben in seinem Bericht süffisant hinzu, dass es sich bei Gustav um den Bruder des Dichters Heinrich und den Neffen des Bankiers Salomon Heine handele.[3] Damit war für die Hamburger Regierung der Fall erledigt.

Sicherlich brachte Gustav der unrechtmäßige Adelstitel allerhand Vorteile bei der Armee. Vielleicht wäre er ohne ihn gar nicht Oberleutnant geworden, denn eine entsprechende militärische Schule hatte er nicht durchlaufen. Immerhin soll er sich durch tadelloses Benehmen besonders hervorgetan haben.

Das Verhältnis der Geschwister untereinander war überwiegend freundschaftlich, auch wenn Charlotte sich mit ihren Töchtern in Hamburg gern über Gustavs großspurige Art amüsierte und Heinrich sich über Gustavs Vermittlungstaktik bei Julius Campe ärgerte, wenn er selbst sich wieder einmal mit seinem Verleger entzweit hatte.

Die Gründung eines Krankenhauses
Ein Hospital für arme, kranke Juden ...

Nachdem Salomon für seinen verstorbenen Sohn Hermann eine Stiftung gegründet hatte, suchte er weiter nach einer passenden Idee zu Ehren seiner verstorbenen Frau Betty.

Am 10. November 1839 trat eine außerordentliche Versammlung der jüdischen Gemeinde zusammen, um über die Realisierbarkeit des Baus eines neuen Krankenhauses zu beraten. Hier nun sah Salomon seine Chance für diese besondere Stiftung. Er stellte – wie es heißt, spontan, aber wohl eher gut überlegt und besonnen – die Summe für die Baukosten des Krankenhauses zur Verfügung. 80.000 Mark Banco war die von der Gemeinde veranschlagte Summe, die sich allerdings in den folgenden Jahren um mehr als 50 Prozent erhöhte. Diese zusätzlichen Kosten wurden ebenfalls von Salomon getragen.[1] Er handelte mit der Finanzierung des Krankenhauses wieder ganz im Sinne der religiössozialen Pflicht.

Er hatte nur drei Bedingungen gestellt: Das Krankenhaus sollte den Namen seiner Frau Betty tragen, die bereits bereitstehenden Mittel aus einer früheren Sammlung für das alte Krankenhaus in der Straße Bei den Hütten sollten der Innenausstattung des neuen Hauses zugutekommen und im Betsaal sollte eine Gedenktafel mit Salomons Namen aufgehängt werden und bis „zu ewigen Tagen" gepflegt werden. Das Sitzungsprotokoll vermerkt, dass „dieses großmütige Anerbieten unter allgemeiner Acclamation angenommen wurde", und zwar mit allen Bedingungen.[2]

Der Neubau war notwendig geworden, weil im alten Krankenhaus trotz eines kleinen Anbaus von 1824 zu wenige Patienten untergebracht werden konnten. Zudem waren die hygienischen Zustände schlecht und nicht länger zumutbar. Es fehlte an Luft, an Licht, an Raum: Es gab keine Kanalisation und die Lage direkt am Wall war sehr ungünstig. Längst gab es neue Standards, die zu dieser Zeit ihre Umsetzung auch in anderen Häusern fanden. So wurde fast zeitgleich das Allgemeine Krankenhaus in der Vorstadt St. Georg eröffnet, das erste deutsche Großkrankenhaus. Es hatte über 1.000 Betten, doch hatte man die „Irren" im Keller untergebracht, wo sie ihr Dasein fristeten. Sogar Patienten wurden in St. Georg für die Krankenpflege herangezogen, solche Zustände sollte es im neuen, aber viel kleineren Israelitischen Krankenhaus nicht geben. Für die jüdischen Gemeindemitglieder waren es nicht ausschließlich religiöse Gründe, die sie für die Hilfsbedürftigen sorgen ließen, es war ihnen vielmehr, gegen Steuerentlastung, rechtlich vorgeschrieben, sich um die Armen- und Krankenpflege ihrer Gemeindemitglieder selbst zu kümmern. Eine städtische Versorgung stand ihnen nicht zu. Erst durch das spätere Gesetz von 1864, als die Juden nicht mehr zur Gemeindezugehörigkeit verpflichtet waren und die Gemeinde nicht mehr für die Versorgung der jüdischen Armen aufkommen musste, sollte sich dies ändern.

In einer späteren Sitzung des Vorsteherkollegiums wurde über den zusätzlichen Bau eines „Pockenhauses" diskutiert, den Salomon durch seine Zusage von 10.000 Mark Banco möglich machte.[3]

Nun fehlte noch das richtige Grundstück. Mehrere Möglichkeiten auf St. Pauli kamen in Betracht und wurden in die Planung einbezogen. Man einigte sich schließlich auf ein Grundstück an der später so benannten Marienstraße (bis 1840 Hinter der Reeperbahn, heute Simon-von-Utrecht-Straße), das zuvor zum Eigentum des Pesthofes, einem alten christlichen Krankenhaus beim Heiligengeistfeld, gehört hatte. Das auf dem Grundstück befindliche Gebäude war von den Franzosen am 3. Januar 1814 niedergebrannt worden, wie die meisten Häuser auf St. Pauli.

Die Stadt zeigte sich großzügig und stellte den Bauplatz für zwei Courant Mark jährliche Pacht zur Verfügung.[4] Die jüdische Gemeinde hatte die gesamten Entstehungskosten, inklusive der Ausschachtungs- und Entwässerungskosten, zu tragen.[5] Architekt war Johann Klees-Wülbern; Baumeister wurde Johann Heinrich Schäfer, der die Ausschreibung mit einem Kostenvoranschlag von 110.000 Courant Mark gewann (ca. 85.000 Mark Banco). Schäfer hatte vor Beginn der Arbeiten eine übliche Kaution von 5.000 Courant Mark zu hinterlegen.[6]

Ein Plan für das Krankenhaus war rasch entworfen. 80 Betten sollte das Haus bekommen, alle Krankenzimmer würden nach Süden ausgerichtet sein. Damit war es ein so genanntes Korridor-Krankenhaus. Die größten Räume durften mit maximal acht Patienten belegt werden.

Als Co-Architekt wurde der Maler Julius Hardorff angestellt, der später auch das Porträt Salomons für das Krankenhaus als Teilkopie des großen Bildes malte, das heute im Rathaus hängt.

Im September 1840 schrieb Salomon an die Gemeinde, er wünsche, dass schnell mit dem Bau des Krankenhauses begonnen werde, denn dafür habe er das Geld gegeben und nicht dafür, dass es Zinsen abwerfe!

Die Grundsteinlegung fand mit 500 Personen, darunter viel städtische Prominenz, am 10. Juni 1841 statt. Bürgermeister und Senatoren waren gekommen, der Rabbiner und die wichtigsten Herren der jüdischen Gemeinde, die Herren der Baukommission, die Hospitalärzte, auch die beratenden Ärzte, die Familienangehörigen und Graf Blücher aus Altona. In der feierlichen Rede zur Grundsteinlegung heißt es: „Wir bauen in diesem Hause zugleich ein Monument für eine verehrte, allzu früh Dahingeschiedene, deren schöner Beruf die Liebe zum Gatten, die Liebe zu den Kindern und die Sorgfalt für die Dürftigen war. Ihren Namen wird diese Wohnung der ausgedehnteren Menschenliebe und der ebenfalls gleichsam mütterlichen Pflege so vieler Leidenden die mit uns und nach uns leben werden, verewigen."[7]

Als Hospitalärzte wurden Dr. Samuel Heilbut und Salomons Neffe Dr. Henry Heine, Sohn von Meyer, ernannt. An der Grundsteinlegung nahmen aus der Familie Heine Salomon und sein Sohn Carl teil, die Schwiegersöhne Christian Morris Oppenheimer, Dr. Adolph Halle, Dr. C.W.A. Schröder, der auch beratender Arzt war, John Friedländer, Salomons Bruder Henry Heine, Dr. Henry Heine und Dr. Gabe, Schwiegersohn von C.M. Oppenheimer.[8] Eine reine Männergesellschaft, denn Frauen wurden zu solchen Veranstaltungen üblicherweise nicht eingeladen.

Die jüdische Gemeinde ließ zu diesem Anlass eine Gold-Medaille für Salomon prägen, auf der *Menschenliebe ist die Krone aller Tugenden* zu lesen ist. Salomons Porträt im Profil auf der Vorderseite soll eine große Ähnlichkeit mit ihm haben. Auf der Rückseite ist das Krankenhaus abgebildet. Alle anwesenden Gäste erhielten ebenfalls eine Medaille, einige in kleinerer, silberner Ausführung, die meisten Gäste als kleine Kupfermedaille.

Überreicht wurde Salomon außerdem eine große schwarze Schatulle mit Perlmutteinlagen (Marquetterie), in deren Deckel der Satz *Also baute Salomon das Haus und vollendete es* eingelassen ist. Das Innere der Kassette, die sich heute im Hamburger Staatsarchiv befindet, ist mit türkisfarbener Seide ausgeschlagen und enthält die Rede zur Grundsteinlegung sowie ein Buch, dessen Deckel mit lila Samt und üppiger Goldstickerei verziert ist. In diesem Buch wird die Geschichte des jüdischen Krankenwesens erzählt, auf Deutsch und Hebräisch.[9] Der Grundstein für eine neue medizinische Versorgung der jüdischen Bevölkerung und für das ehrende Andenken an Betty Heine war gelegt.

„Den ersten Hammerschlag that der präsidierende Bürgermeister, den zweiten Heine, den dritten der präsidierende Gemeindevorsteher."[10] So war es in der Zeitung zu lesen.[11]

Mathilde Heine geb. Mirat
„Ohne Cocotte wäre die Gute nimmermehr weggegangen"

Wenige Wochen nach der Grundsteinlegung des Krankenhauses in Hamburg heiratete Heinrich Heine in Paris Mathilde Creszentia Mirat (1815–1883), mit der er bereits seit einigen Jahren zusammenlebte. Diese Liaison war mancherorts wegen der nicht standesgemäßen Herkunft Mathildes auf Ablehnung gestoßen, doch Heinrich hatte in ihr seine Muse gefunden.

„Sie ist jedoch vom edelsten und reinsten Herzen, gut wie ein Engel, und ihre Aufführung war während den vielen Jahren unseres Zusammenlebens so untadelhaft, daß sie von allen Freunden und Bekannten, als ein Muster der Sittsamkeit gerühmt wurde",[1] schreibt Heinrich an seine Schwester Charlotte. Giacomo Meyerbeer gratulierte ihm zur Hochzeit, merkt aber mit einem Seitenhieb auf die Herkunft Mathildes mokant an: „Sie, der sie Goethe schon so ähnlich durch Ihren Genius sind, gleichen ihm nun auch durch die Art der Heirat."[2]

Alfred Meißner, der mit Heinrich Heine bekannt war, lernte Mathilde persönlich gut kennen. Viele Geschichten, die wir über

Mathilde und über ihr Verhältnis zu Heinrich kennen, stammen aus seiner Feder. „Man kann der Ansicht sein, daß der Dichter anders hätte wählen sollen, aber man muß gestehen, daß seine Ehe eine eigenthümliche und poetische war."[3]

Heine war kein Freund des *sittlichen Ernstes,* er liebte nichts so sehr als ein übermütiges, laut aus der Seele schallendes Gelächter, charakterisierte Alfred Meißner Heines Wesen. Mathilde war für diese Seite Heinrichs wichtig. Ja, er konnte sich mit ihr in Paris köstlich

Heinrich Heines Ehefrau Mathilde geb. Mirat, um 1850.

amüsieren; jedenfalls solange es ihm gesundheitlich noch einigermaßen gut ging.

Mathilde war eine junge, naive und vergnügungssüchtige Frau, die sich am liebsten die Zeit mit Bummeln und Einkaufen auf den Boulevards vertrieb. Sie aß auch leidenschaftlich gern, wählte zudem meist das teuerste und üppigste Essen aus, was sie langsam und stetig immer rundlicher werden ließ. Auch Heinrich hatte in den Jahren bis zu seiner Krankheit einige Pfunde zugelegt. Aus dem Jahre 1845 wurde berichtet, dass Mathilde mit ihrem Gatten zwei Dutzend Austern verspeiste, was wohl recht häufig vorkam, dazu Weißwein trank und zum Hauptgang noch ein Stück Fleisch aß. Heinrichs Lieblingsessen war Steinbutt mit Weinsoße, und gerne nahm er ein Getränk zu sich, das wir heute als Alsterwasser bezeichnen: Bier mit Zitrone, Zucker, Orange und sogar gekühlt mit Eis.

Mathilde besaß seit langem einen Papagei mit Namen Cocotte, der von ihrem Mann wenig geliebt, aber notgedrungen ertragen wurde. Sie plauderte lebhaft mit dem Vogel, ebenso wie mit ihrem Mann. Was sie besonders auszeichnete, war ihre heitere Laune, ihre Unbeschwertheit, ihre Fröhlichkeit. Heinrich nannte sie „mein Kind"; er neckte sie, er freute sich selbst über ihren heftigen Zorn, der rasch verflog. Danach konnten sie herzlich zusammen lachen. Heinrichs Mutter hatte ihm geraten, seine Frau unterrichten zu lassen, was er auch tat. So lernte sie lesen und schreiben, etwas Geografie und Geschichte. Aber Deutsch lernte sie nicht. Auch war ihr nicht genau bekannt, woher die Einnahmen ihres Mannes stammten; sie war großzügig im Geldausgeben, ging verschwenderisch mit den Francs um, und ihr Mann ließ sie gewähren.[4] Seine Nichte schloss daraus, dass Heinrichs Liebe zu Mathilde ein Zeichen seines guten Herzens gewesen sei.

Die Beziehung zwischen Heinrich und Mathilde hatte ihre Höhen und Tiefen, stand aber für Heinrich nie zu Disposition. Er selbst hätte aber keinen Wert auf die offizielle Heirat gelegt. Das langjährige Verhältnis der beiden, eine wilde Ehe, damals „ménage parisien" genannt, wurde aus Angst, Heine könnte bei einem bevorstehenden Duell ums Leben kommen, und zur finanziellen Absicherung von Mathilde legalisiert.[5] Zur Hochzeit am 31.8.1841 hatte das Paar Freunde eingeladen, die in ähnlichen Verhältnissen lebten. Von der Familie nahm niemand daran teil. Bei dem Duell verletzte eine Kugel Heinrich leicht an der Hüfte, es hätte schlimmer kommen können.

Weitere unterhaltsame Gäste bei Salomon
„Er empfing mich schlicht, zärtlich ..."

1841 besuchte ein Freund von Max aus St. Petersburg die Hansestadt. Da Max sich nicht nur als Militärarzt in Russland, sondern auch als Reisejournalist betätigte, hatte er die Bekanntschaft des Journalisten Nicolai Gretsch gemacht. Gretsch hielt später seine Erlebnisse in Hamburg fest. Darin berichtet er auch über die Zusammenkünfte mit der Familie Heine, denn er brachte Briefe von Max an seine Familie in Hamburg mit. Er besuchte dessen Mutter Betty, die sich, so glaubte Gretsch, weniger um Max in Russland sorgte als um ihren Sohn Heinrich in Paris: wegen seines Temperaments und seines Witzes, der zwar unvergleichlich, aber auch schonungslos sei, was ihm durchaus Schwierigkeiten einbringen könnte.

Ein Brief war für Thereses Ehemann Adolph Halle bestimmt, den Gretsch ebenfalls persönlich überreichte. Dieses Treffen brachte ihn schließlich auch mit dem Rest der Familie in Kontakt:
„Ich fand in Herrn Halle einen klugen, gebildeten, liebenswürdigen und äußerst hilfsbereiten Menschen. [...] Er überraschte mich mit einer Eintrittskarte für den ‚Union-Club' der sich nahe meiner Wohnung befindet. [...] Dann lud er mich am letzten Sonntag, Pfingsten, zum Mittagessen bei seinem Schwiegervater in dessen Landhaus ein.
In dem alten Salomon Heine – er ist schon 70 Jahre alt [tatsächlich war er schon 73] – fand ich einen klugen, originellen und in vieler Hinsicht verehrungswürdigen Mann. Er empfing mich schlicht, zärtlich, dankte für die Freundschaft mit seinem Neffen und bat mich, sein Haus als das meine zu betrachten."

Gretsch berichtet von dem Essen im Pavillon mit Blick über die Elbe und dem herrlichen Panorama. Da er Darmprobleme hatte, durfte er sich die Speisen aussuchen, die er nach Anweisung seines Arztes zu sich nehmen konnte, ohne wie sonst üblich gedrängt zu werden, mehr zu essen. Das gefiel ihm gut. Es gab frischen Fisch und schmackhaftes Gemüse, danach Kompott. Natürlich wurde dem Gast auch Champagner angeboten, doch darauf verzichtete er und begnügte sich mit Wasser. Salomons Leben machte auf Gretsch offenbar großen Eindruck, denn er berichtet ausführlich über die Tischgespräche und die Verdienste des alten Mannes:

„Es existiert keine einzige wohltätige Einrichtung [...], die sich nicht einer bedeutenden Unterstützung von seiner Seite erfreute. Auf Spendenlisten zum Bau neuer christlicher Kirchen nimmt der Name Heine stets einen der ersten Plätze ein, und mit welchen Summen! Zehn-, zwanzigtausend Mark! Er befragte mich viel über Rußland, mit wahrer Teilnahme wollte er Einzelheiten erfahren über den Kaiser, die Kaiserin, den Thronfolger, seine junge Gattin. ‚Sie glauben nicht', sagte er mir mit dem Ausdruck echten Gefühls, ‚wie sehr ich Rußland liebe, wie ich Ihren Kaiser verehre!' Und das sind keine leere Phrasen: Er hat sein Vertrauen zu Rußland durch die Tat bewiesen mit einer Einlage in unseren Kreditinstitutionen [...], durch beträchtliche Kapitaleinlagen, deren Zinsen dem Wohl seiner Glaubensgenossen zugute kommen. Da ich von seiner Wohltätigkeit hörte, seiner Glaubenstoleranz, die wahrhaft verehrungswürdig sind, da ich ihn umgeben sah von getauften Töchtern, Schwiegersöhnen und Enkeln, da drückte ich gegenüber einem hiesigen Kaufmann meine Verwunderung aus, daß er noch nicht den heiligen Glauben angenommen habe, dessen Vorschriften er versteht und beachtet. Man antwortete mir, daß er der Religion seiner Vorväter treu bleibe, um seine Glaubensgenossen nicht ihrer notwendigen Stütze, Verteidigung und Hilfe zu berauben: Er zahlt jährlich 50.000 Mark [...] an die Staatskasse, von den Abgaben, die von den Hamburger Juden entrichtet werden, unterhält er ihre Schulen, Krankenhäuser und Altenheime. [...]

Voller Verehrung für den alten Mann verließ ich das Haus des edlen Heine. Solche Menschen sind selten auf der Welt!"[1]

Wohl nicht immer sagten Solomon die vielen Gäste im Hause zu, dann verzog er sich schon mal in den Salon des Gartenhauses, und nicht bei allen Gästen wird er den gleichen guten Eindruck hinterlassen haben. Doch ohne große Einladungen konnte es sehr ruhig im Hause Heine sein, denn Salomon beklagt sich bei Max: „Bin zimlich, bis auf den Magen, wohl, geredt wird wenig, ich habe keinen [Gesprächspartner], sind alle zu vornehm."[2] Während der „Franzosenzeit", als die Hamburger sich durch die Belagerung bedroht fühlten, waren Menschen unterschiedlicher Religion zusammengerückt und einander näher gekommen. Diese Zeiten waren lange vorbei. Nicht nur die rechtliche Lage der Juden hatte sich wieder verschlechtert, auch die privaten Kontakte waren zurückgegangen. Seit die Kinder aus dem Haus waren und Betty verstorben, war es ruhiger geworden im Hause Salomon Heine.

Weniger vornehm oder voreingenommen waren häufig die Künstler, denen nach wie vor Salomons Interesse galt. Einmal war eine junge Pianistin bei Salomon zu Gast, die damals noch unverheiratete Clara Wieck. Sie logierte am Jungfernstieg im Hotel Stadt Petersburg. Kurz zuvor hatte die jugendliche Künstlerin mit dem etwas strengen Gesichtsausdruck bei Adolph Embden einen Auftritt gehabt. Auf die Frage von Leo Lehmann, dessen Sohn Emil ihre Erscheinung als zurückhaltend und herb beschrieb, welchen Komponisten sie am liebsten spiele, antwortete sie verdrossen: „Am liebsten spiele ich gar nicht."[3] Nun etwas gereifter und verlobt mit Robert Schumann, schwärmte sie ihrem Verlobten vom Jungfernstieg vor und vom Blick bei strahlendem Sonnenschein auf die Alster mit ihren vielen Schwänen. Tatsächlich kam sie mit Robert Schumann kurz vor dem Hamburger Brand in die Hansestadt zurück. Ob sie aber wieder bei Salomon Heine spielte, ist nicht bekannt.

Seine Liebe zur Kunst galt nicht allein der Hochkultur, Salomons Begeisterung galt ebenso der populären Unterhaltung, wenn sie überzeugend war. 1840 kam ein junger Mann namens Alexander Heimbürger als Mitglied einer Schaustellertruppe nach Hamburg.[4] Er hatte sich den Künstlernamen Alexander zugelegt und begleitete die Truppe seit einigen Monaten, um mit Auftritten in ihrem Kreise mehr Bekanntheit zu erlangen. In Hamburg konnte der Zauberer im letzten Teil der erfolgreichen Vorstellungen, der von ihm allein bestritten wurde, seine Gewandtheit und seine Geschicklichkeit zeigen.

Da die Schausteller den Winter über pausieren wollten, beschloss Alexander allein weiterzuarbeiten. Doch ohne Geld nach einer Bleibe zu suchen und eine Arbeit zu finden war schwierig. Ein Theaterkritiker vermittelte ihm deshalb ein Treffen mit Salomon Heine.

Sofort engagierte Salomon den jungen Zauberer für einen Auftritt bei einer Soirée in seinem Stadthaus am Jungfernstieg vor den „Spitzen der Hamburger Gesellschaft". Diese Chance wusste Alexander gut zu nutzen. Nach zwei Stunden Vorbereitungszeit in einem Nebenraum in Salomons Haus trat er vor das erwartungsvolle Publikum und zeigte seine besten Nummern. Über sein effektvollstes Kunststück hat er in seinen Memoiren berichtet:

„Ich ließ von einer jungen Dame eine Karte ziehen und diese wieder in das Spiel zurückstecken, welches sie in der Hand hielt. Ein Taschentuch gegen das Spiel schwingend, erklärte ich, dass die gezogene Karte daraus verschwunden sei. Eine Durchsicht bestätigte meine Angabe.

‚Und wo befindet sich die Karte?', lautete die Frage.

‚In der Tasche des Herrn Heine', war meine Antwort.

Diese Behauptung allein genügte, in der ganzen Gesellschaft eine allgemeine Heiterkeit zu erregen. Herr Heine forschte nach, erklärte aber alsbald, daß meine Behauptung doch wohl auf einem Irrtum beruhe, da er alle seine Taschen durchsucht und das corpus delicti nicht gefunden habe.

‚Ich bin meiner Sache gewiss Herr Heine', entgegnete ich ruhig. ‚Haben Sie die Güte und nehmen sie ihre Uhr aus der Tasche, in dieser befindet sich die Karte.'

Herr Heine zog eine schwere goldene, in einem Doppelgehäuse befindliche Uhr heraus, öffnete deren erstes Gehäuse mit nicht geringer Anstrengung und fand hier in der Tat die betreffende Karte zusammengefaltet vor.

‚Aber wie ist das möglich?', erklang die Stimme des höchstlich überraschten Hausherrn. ‚Ich habe die Uhr doch beständig bei mir geführt.'

Die meisten Gäste schüttelten bedächtig den Kopf, während einzelne klügere Herren den Wirt mit pfiffig blinzelnden Augen anschauten, als ob sie vermuteten, dass er mit mir unter einer Decke stecke. Dies bewog

Herrn Heine, ‚aufs Wort', zu erklären, dass er nicht die leiseste Ahnung von dem Zusammenhange der Sache habe."[5]

Die glänzende Vorstellung bewog Senator Martin Johann Jenisch, Alexander für eine nächste Vorstellung zu engagieren. Danach folgten weitere Einladungen aus dem Kreis der Gäste Heines.

Alexander konnte sich jetzt eine Mietwohnung in der Dammtorstraße leisten und sogar einen Diener anstellen. Er mietete auf eigene Rechnung das Apollo-Theater, um dort seine Künste dem staunenden Publikum zu präsentieren.

Es war wohl jemand aus der Familie Godeffroy, der ihn zum Ende seiner Hamburger Gastspiele bat, eine Abschiedsvorstellung zu geben. Alexander ließ den Saal sehr aufwendig ausschmücken, denn es hatten sich einige Diplomaten angekündigt. Die neuen Nummern, die er einstudiert hatte, bekamen großen Beifall, so dass Salomon Heine ihn noch am selben Abend bat, die Vorstellung am nächsten Tag zu wiederholen. Es blieb nicht die letzte Vorstellung. Erst am 14. Mai 1841 verließ er die Stadt mit leider nur halb gefüllter Geldtasche, denn die Requisiten hatten einen Großteil seiner Einnahmen verschlungen.

Nach erfolgreicher Reise durch Norddeutschland kehrte er erst nach dem Großen Brand nach Hamburg zurück und musste mit Entsetzen zur Kenntnis nehmen, was in der Zwischenzeit passiert war.[6]

Heinrich Heine, gemalt von Moritz Oppenheim 1831 in Frankfurt.
Heute im Besitz der Hamburger Kunsthalle.

FÜNFTER TEIL: ERBEN UND ERINNERN

Die neue Börse und der Große Brand
Füer in de Diekstraat!

„Die Börse selbst ist alt und in einer Art chinesischen Styls erbaut. Wo der Baumeister ihn hergeholt – weiß man nicht; aber ziemlich possierlich ist das ganze", beschreibt ein durchreisender Journalist vor dem Großen Brand das bereits 1583 errichtete und später erweiterte Gebäude.

Die Börse lag an der Trostbrücke am Nikolaifleet und war einer der wichtigsten Orte für die Kaufmannsstadt und für Salomon Heine. Ein Beobachter notierte abfällig: „Die Börse war zuvor von 12–2 Uhr sehr voll, doch sind meistens Juden da, und man könnte es mit Recht eine Judenbörse nennen." Allerdings waren bislang gar nicht so viele jüdische Makler an der Börse zugelassen. Dagegen bezeichnete man später die Elbstraße als die „Judenbörse". Dort boten Händler auf der Straße ihre Waren an.

Der Handel an der Börse war schon damals kompliziert, auch wenn heute die Möglichkeiten, Geschäfte zu machen, weitaus vielfältiger sind.

Die Hamburger Börse war in erster Linie eine Warenbörse, aber auch eine Börse für Bankpapiere – für Effekten und für Staatspapiere verschiedener Länder. All dies gehörte zu Salomons Interessengebiet, und die Börse war der Gradmesser für wirtschaftlichen Erfolg oder Misserfolg. Bei Unruhen fielen die Kurse stark; politische Veränderungen waren für die Kurse der gehandelten Papiere immer ein entscheidender Faktor. Sie galt darüber hinaus aber auch als eine „Klatschbörse", denn in den Zeiten vor Erfindung des Telefons nutzte man jede Gelegenheit der Kommunikation zum Austausch von Neuigkeiten aller Art, besonders das Börsenparkett.

Das Geschehen an der Börse fand in Hamburg grundsätzlich viel Aufmerksamkeit. Auch Anekdoten oder Kurioses vom Parkett fanden hier und da den Weg in die Zeitung. So 1841 eine Episode, an der Salomon Heine beteiligt war: „Ein geachteter, doch junger Hamburger Kaufmann kam zu Heine und bat ihn, ihm 30.000 Mark Banko zur Deckung eines Wechsels zu leihen, die er nicht aufzubringen vermöge, deren Nichtzahlung aber ihn um Ehre und Kredit bringen würde. Aus seinen Büchern könne er seine völlige Solvenz darthun, wenn er nur gehörige Frist erhalte. Heine ging zu ihm, sah die Bücher genau durch und fand die Angabe richtig. Nachdem er dem jungen Kaufmanne einige leichte Vorstellungen gemacht, daß er nicht vorsichtig genug gewesen sei, drückte er ihm ein Papier in die Hand, und sagte: ‚das ist Alles, was ich jetzt für Sie thun kann', und entfernte sich schnell. Als der junge Mann das Papier entfaltete, fand er seinen eigenen Wechsel mit der Quittung, für die Zahlung auf der Rückseite."[1]

Seit langer Zeit schon beratschlagten die Hamburger über den Bau eines neuen, größeren Börsengebäudes. Bereits zu Beginn des

Die neue Börse von 1841.

19. Jahrhunderts war über eine Erweiterung gesprochen worden, denn angesichts des zunehmenden Geschäftsbetriebs war der Börsensaal zu eng geworden.

Doch erst 1836 konnte die Stadt die Pläne umsetzen und begann mit dem Bau der neuen Börse, der heutigen Handelskammer am Adolphsplatz, von Heinrich Heine verächtlich *die Schacherkirche* genannt. Dort hatte nun sein Oheim für den Neubau gespendet, und zwar den höchsten Betrag von 6.000 Mark Banco; dazu hatte er bemerkt, dass sich auf dem Platz zuvor die Mönche gemästet hätten, denn an der Stelle hatte in alter Zeit das Maria-Magdalena-Kloster gestanden.

Den Auftrag für den Bau der Börse erhielten die angesehenen Architekten Carl Ludwig Wimmel und Franz Gustav Forsmann, jener Forsmann, der später auch für Salomon das neue Heine Haus am Jungfernstieg entwerfen sollte.

Am 4. Dezember 1841 wurde die neue Börse feierlich eröffnet. Unter Kirchengeläut marschierten bei einem Umzug 1.680 Kaufleute wie in einer andächtigen Prozession von der alten zur neuen Börse. Auch die *würdige Gestalt des wohlbekannten Börsenkönigs Salomon Heine* sei dabei gewesen, wurde in der Zeitung berichtet. Man gedachte Salomon einen besonderen Stuhl zu widmen, während es sonst nur Bänke gab, er aber lehnte dankend ab. Nicht nur Bescheidenheit wird für Salomons Verzicht ausschlaggebend gewesen sein, sondern auch die Vermeidung unnötiger Aufmerksamkeit und missfälligen Geredes über die Bevorzugung eines Juden.

Das neue Gebäude hatte eine Grundfläche von 3.500 qm. Der große Saal war weiß gestrichen und reichte in der Höhe über drei Stockwerke mit Säulen und Bogengängen. Auf dem Fußboden waren Messingzahlen und -buchstaben eingelassen, an den Säulen hingen Nummern, die die gemieteten Plätze der einzelnen Kaufleute markierten.

Nur wenige Monate nach der Eröffnung wütete im Mai in Hamburg der Große Brand von 1842. Während weite Teile der Altstadt den Flammen zum Opfer fielen, war es in erster Linie dem „Commerzbürger" Theodor Dill zu verdanken,[2] dass das Haus am Adolphsplatz gerettet werden konnte. Mit nur wenig Wasser, zuletzt *löffelweise verteilt*, und mit so genannten Feuerklatschen bekämpften er und einige andere Kaufleute den Funkenflug, der von angrenzenden brennenden Gebäuden herüberwehte. Die Börse wurde gerettet und hatte kaum Schäden davongetragen, anders als große Teile der Altstadt im Umkreis der Börse. Ludolf Wienbarg, ein guter Bekannter Heinrich Heines, vertrat nach dem Großen Brand die Ansicht: „Was ist der Verlust und das Unglück der jüngsten Maitage gegen den Verlust und das Elend in der Franzosenzeit!" Dennoch: Die Stadt hatte ihre schwersten Stunden erlebt und viele Hamburger Einwohner waren von den Auswirkungen des Brandes betroffen. Auch die Familie Heine sowie deren Freunde und Bekannte. Nur diejenigen, die an der Elbe weilten, merkten vorerst nichts von dem Brand.

Heinrich Schleiden, der Verlobte von Ida Speckter, hatte erst zu Ostern eine Schule am Holzdamm in der Altstadt eröffnet, die nun, wenige Wochen danach, den Flammen zum Opfer gefallen war. Später

Der ehemalige Börsensaal und jetzige Hauptsaal der Handelskammer. Ähnlich sah die Börse einst von innen aus.

berichtete er vom Ausgangspunkt der Katastrophe: „Nachts fing das Feuer bei Eduard Cohen: Tabak und Zigarrenfabrikant auf dem 1. Boden an und bei Philipp Seligmann, Commissionair und Kaufmann in Eisen und Lumpen auf dem 2. und 3. Boden, Deichstraße 44."[3]

Erst nachdem weitere Speicher brannten, fing auch der Speicher von Ross, Vidal & Co., in dem Arak, Kampfer und Schelllack lagerten, zu brennen an. Wenig später ging ein Spirituosenlager in Flammen auf. Schnell hatte sich das Feuer von einem zum nächsten Lagerhaus ausgebreitet, denn die alten Fachwerkbalken waren trocken.

Das Feuer war in der Deichstraße ausgebrochen. Wo genau es begonnen hatte, konnte später allerdings nicht mehr rekonstruiert werden, und diesmal wurden die Juden nicht dafür verantwortlich gemacht, sondern einige Engländer.

Die Stadt stand unter Schock. Die Hamburger waren immer der Meinung gewesen, dass die Löschanstalten gut und erfolgreich ihre Arbeit verrichten würden, doch nun wurden sie bitter enttäuscht. Schon oft hatte es in der Stadt gebrannt, 1833 hatte es beispielsweise das Haus von Heinrich Heines Mutter am Neuen Wall getroffen, ohne dass ganze Straßenzüge abgebrannt wären. Bislang waren immer nur wenige Gebäude durch Brände vernichtet worden, doch nun kam alles anders.

Die ganze Nacht vom 4. auf den 5. Mai wurden die Sturmglocken gezogen. Eigentlich sollte an diesem Himmelfahrtstag die neue Eisenbahnlinie von Bergedorf nach Hamburg eröffnet werden, und Otto Speckter wollte die gedruckten Karten für die Eröffnungsfeier der Bergedorfer Eisenbahn zu den Herren des Komitees bringen. „Dat Huus is afbrennt", berichtete er aufgeregt, als er unverrichteter Dinge nach Hause zurückkam. Die große Feier fand nicht mehr statt; die Eisenbahn fuhr aber und brachte viele Hamburger aus der Gefahrenzone heraus.

Um die unweit der Deichstraße liegende Nikolaikirche zu retten, entschied die Stadt, es mit der Sprengung von Häusern zu versuchen, um Brandschneisen zu schlagen. Mal nahm man aber zu wenig und mal zu viel Pulver. Das Bürgermilitär sperrte die ersten Straßen. Der Wind kam von Südwest und wurde heftiger. Am nächsten Morgen waren bereits 30 Häuser vernichtet. Der Brand geriet nun außer Kontrolle, die Löschmannschaften waren völlig erschöpft.

Nachmittags standen die Häuser an der Neuen Burg in Flammen, damit brannte auch das Buchgeschäft von Heinrich Heines Verleger Julius Campe ab. Zum Glück war er versichert. Aber auch sein Haus in der Bohnenstraße blieb nicht verschont.

Als Folge der für Campe ruinösen Ereignisse wurde immerhin das preußische Pressezensur-Verbot im Juni 1842 aufgehoben: „Seine Majestät der König haben sich durch das Unglück, welches die Camp'sche Buchhandlung zu Hamburg bei dem großen Brande dortselbst getroffen hat, Allergnädigst bewogen befunden, das unterm 8. Dezember vorigen Jahres von uns erlassene Debistverbot ihrer Verlags- und Commissions-Artikel wieder aufzuheben."[4]

Die flüchtenden Menschen, oft schwer bepackt, viele auch mit Wagen und Karren voller Hausrat und Möbel, versuchten sich einen Weg durch die Menschenmengen zu bahnen. Gaffer versperrten die Straßen. Das berühmte Café Giovanoly, schräg gegenüber von Salomons Haus, wurde ein Opfer von Plünderern, die auch andernorts alles zertrümmerten und sich mit erbeutetem Champagner abfüllten. Doch das Haus sollte wie ein Wunder stehen bleiben, ebenso wie der Alsterpavillon.

Im Rathaus hatten der Bürgermeister und acht Ratsherren zunächst den ersten Schreckensmeldungen nicht geglaubt, auch das Rathaus sei in Gefahr. Nun packten die Schreiber die Akten zusammen und luden sie auf Wagen. Bevor schließlich das zur Sprengung freigegebene, aber nur halb gesprengte Rathaus Feuer fing, war der Senat feierlich in das Stadthaus am Neuen Wall gezogen. Die wichtigsten Papiere der Stadt, Urkunden und Verträge, waren zuletzt lose auf Blockwagen gepackt worden. Einige Männer, die bemüht waren, alles festzuhalten und so zum Neuen Wall zu fahren, mussten sich über die Akten legen.

Doch nun brannten das Niedergericht und die Hamburger Bank. Wenigstens hatten sich auf der Decke der Schatzkammer der Hamburger Bank so viele Trümmermassen abgelagert, dass deren silberner Inhalt, der zuvor unter Wasser gesetzt worden war, gerettet werden konnte.[5]

Charlotte von Embden war in großer Sorge von ihrer Wohnung in der Theaterstraße ihrer Mutter am Neuen Wall zur Hilfe geeilt. Viele

Jahre später berichtet eine Bekannte Charlottes im „Hamburgischen Correspondent" von den damaligen Ereignissen.[6] Charlotte habe in der Wohnung der Mutter versucht, Papiere ihres Bruders zu retten. Mit mehreren Manuskripten habe sie die Straße erreicht. Aber dort hätte sich die Szene rasch verändert, denn dichte Rauchwolken und Qualm erfüllten die ganze Straße. „Die tapfere, kleine Frau trotz höchster Anspannung aller Seelen- und Körperkräfte konnte dem nicht lange standhalten. Von der rücksichtslos vorwärts drängenden Menge gestoßen und geschoben, entfiel der ohnmächtig umfallenden der kostbare Schatz. Auch sie wäre wohl in dem Getümmel und dem wüsten Wirrwarr verloren gewesen, wenn nicht ein Fremder mitleidig und tätig sich ihrer angenommen und sie nach Hause gebracht hätte."

Charlottes Haus in der Großen Theaterstraße blieb stehen, das Haus ihrer Mutter am Neuen Wall brannte jedoch ab, wie schon ihr erstes dort neun Jahre zuvor. Danach zog Betty (Peira) in ein kleines Haus in die Dammtorstraße Nr. 20.

Sprengung des Hauses von Salomon Heine am Alten Jungfernstieg.
Lithografie von Peter Suhr 1842.

Noch ein Jahr nach dem Brand dachte Heinrich mit Entsetzen an die Ereignisse zurück, „… ich vergesse auch nicht wie groß meine liebe Schwester sich bey dieser Gelegenheit zeigte! Welche Heldinn! Wellington ist ein Schabbesgoye dagegen!"[7]

Viele vom Feuer betroffene Hamburger hatten kaum etwas retten können, da sie zu spät reagierten oder keine Wagen fanden, um Möbelstücke und Haushaltsgeräte wegzuschaffen. Andere trennten sich resignierend von ihrem Besitz. Hauseigentümer hatten zwar in die Pflichtkasse der Feuerversicherung zu zahlen, für den Haushaltsbestand gab es jedoch keine Pflichtversicherung und nur wenige hatten für ein solches Ereignis vorgesorgt.

Salomons Hilfe für die Stadt
Hamburgs Credit in Gefahr!

„Als Heines Haus gesprengt werden mußte, um eine Feuerschneise zu ziehen, widersetzte er sich mit keinem Wort. Auf die Versicherungssumme verzichtete er angesichts der ungeheuren Belastung für die Hamburger Feuerkasse", berichtet ein journalistischer Beobachter. Vor der Sprengung konnte Salomon Heine viele seiner Geschäftsbücher bei Johann Heinrich Gossler in Sicherheit bringen. Schon während die Sprengung seines Hauses vorbereitet wurde, war Salomon auf einer Sitzung in der Freimaurerloge hinter der Dammtorstraße, um mit den anderen Bankiers über Verhaltensmaßnahmen nach dem Brand zu beraten.

Was genau aus Heines Haus gerettet werden konnte, ist nicht bekannt. Offenbar war das Bild von Salomons Mutter Mate aus dem Schlafzimmer darunter, denn es wurde am oberen und unteren Rand beschnitten und erhielt einen neuen Rahmen. Ebenfalls konnte das große Bild aus der Bank, das heute im Rathaus hängt, in Sicherheit gebracht werden, denn auch dies wurde aus dem Rahmen geschnitten, wie bei genauer Untersuchung festgestellt werden konnte.

Salomons größter Verlust waren seine Ehefrau und seine sieben Kinder gewesen. Die Eltern, einige Brüder, Cousins, Nichten und

Freunde waren verstorben, was hatte er also noch zu verlieren? Das Haus in Ottensen mit dem Park blieb ihm ja erhalten und zum Glück auch das Gebäude seines Sohnes an den Großen Bleichen.

Hinter dem Jungfernstieg gingen auch die Gebäude der *Prätzmannspassage* mit dem Haus von Henry Heine und dem von Salomons Buchhalter Samuel Liebermann in Flammen auf. Liebermann gehörte zur angeheirateten Heine-Verwandtschaft, denn seine Ehefrau war die Schwester von John Friedländer.

Für die *Abgebrannten* wurde bereits am zweiten Tag des Brandes ein Hilfsverein gegründet. Die Leitung übernahm ein zehnköpfiges Gremium, dem drei jüdische Mitglieder angehörten, darunter war Salomon Heine. Der Verein bemühte sich um die Unterbringung der Obdachlosen, verteilte Lebensmittel, Kleidung und Geldspenden.

Auch wirtschaftlich geriet Hamburg schnell unter Druck. Zwei Tage nach dem schrecklichen Ereignis sahen viele die „Geier" über Hamburg kreisen. Einige Bankiers weigerten sich plötzlich, Wechsel einzulösen. Andere verlangten sofort bares Geld von ihren Schuldnern und setzten den Diskontsatz auf zwölf Prozent herauf.

Salomons Haltung war es zu verdanken, dass sich schließlich alle großen Geldgeber seiner Vorgabe niedrigerer Zinsbelastung anschlossen. Er habe dem Publikum zugerufen: „Nu, was ist denn verloren? Ist denn die Elbe abgebrannt? Nein? – Na, – dann ist doch nichts verloren, wenn wir die Elbe noch haben!"[1] Danach soll wieder Hoffnung und Vertrauen in der Finanzwelt geherrscht haben. Salomon Heine übernahm freiwillig die Funktion eines „Lender of the Last Resort", indem er versprach, die Wechsel anderer Kaufleute unverändert zum alten Diskontsatz zu erwerben, denn eine Zentralbank, die diese Rolle hätte übernehmen können, gab es damals noch nicht.[2]

Der Kaufmann G.R. Enet, der sich unter den Anwesenden bei der Beratung der Kaufleute im Logenhaus nahe der Großen Drehbahn befand, berichtet genau über die dortige Zusammenkunft: „Die Zerstörung des Bankgebäudes, die Unmöglichkeit zu dem Börsengebäude zu gelangen, die Befürchtung, daß manche Häuser Verluste erlitten haben könnten, die es ihnen unmöglich machen würden, ihren Verpflichtungen nachzukommen, riefen Bemühungen hervor, die darauf ausgerichtet waren, den Diskont ganz wesentlich in die Höhe zu treiben und den Kurs auf London in demselben Verhältnis zu drücken. Da trat Salomon Heine auf, bestimmte den Diskont auf 4%, eine Höhe, die er schon vorher erreicht hatte, und erklärte denjenigen für einen Schurken, der sich das allgemeine Elend, zum Schaden seiner Mitbürger, zu nutzen machen würde. Gleichzeitig hielt er den Kurs auf London, indem er selbst für einen bedeutenden Betrag als Käufer auftrat. Durch dieses energische Auftreten hat Herr Heine wesentlich dazu beigetragen, daß die Hamburger Börse der Welt das unerhörte Beispiel geben konnte, daß sie, trotz des furchtbaren Unglücks, auch nicht einen Tag gewankt hat."³

Auch der Kaufmann Edgar Daniel Ross würdigt das Verhalten Salomons in seinen Erinnerungen. „Die gänzliche Kopflosigkeit, welche von allen Seiten bewiesen wurde, war recht groß, und kann ich hier nicht unerwähnt lassen, daß ohne die feste wohlwollende Ruhe des Bankiers Salomon Heine die Verwirrung der Handelswelt gefahrdrohende Verhältnisse angenommen haben würde. Er hätte freilich als Jude, nach

Der Alte Jungfernstieg nach dem Brand. Zu sehen sind die von Salomon Heine finanzierten, schnell aufgerichteten Holzbuden für die Händler.

damaligen Satzungen, den Kaufmanns-Convent nicht besuchen dürfen, indes da er hülfreich und ratend daselbst erschien, so ließ man sich von ihm retten. Freilich, als ein paar Jahre später das Unglück vergessen war und auf den Kaufmanns-Convent die Zulässigkeit der Juden, auf welche Heine großen Wert legte, zur Abstimmung kam, lohnte man ihm die genossene Wohltat mit üblicher Beschränktheit und Undank."[4]

Salomon erklärte sich bereit, alle auf ihn fälligen Wechsel sofort abzuschreiben. Als er am 9. Mai im Haus des Präses der Commerzdeputation erschien, waren einige Herren überzeugt, „… dass Verlegenheiten entstehen könnten, und dass es namentlich einigen Häusern zweiter und dritte Klasse, welche durch das Feuer gelitten, schwer werden dürfte, sofort Geld herbeizuschaffen oder ihre Wechsel loszuwerden."[5]

Salomon bot in den auf den Brand folgenden Tagen weiterhin sein Geld zu unveränderten Konditionen an. Er erklärte, wie ein weiterer Zeitgenosse niederschrieb, „… daß [er] zur Beförderung der Geld-Circulation und zur Aufmunterung des danieder liegenden Handels im Allgemeinen bereit sei, von jedem vereideten Wechselmakler 10.000 MBco an Wechsel zum Disconto von 4% anzunehmen. Erwägt man nun, daß es etwa zwanzig solche Wechselmakler giebt, so verdankt die Hamburgische Börse diesem Herrn Heine einen Umsatz von 200.000 Mbco zu einer Zeit, wo noch keine auswärtigen Hülfsgelder eingegangen waren und der Hamburgische Wohlstand mehr als je untergraben war."[6]

Durch diese finanziellen Maßnahmen war es möglich, schnell mit dem Wiederaufbau zu beginnen. Zuerst wurden in aller Eile Unterkünfte in öffentlichen Gebäuden geschaffen und Zeltlager errichtet. Auf dem Johannisplatz, dem Jungfernstieg, dem Glockengießerwall und der Esplanade entstanden für eine dreijährige Übergangszeit Budenreihen, ebenso vor dem Dammtor, vor dem Steintor und im Hammerbrook. Es gab bald ganze Budenstädte mit Notwohnungen, einige waren sogar für eine 25-jährige Dauer ausgelegt. Feste Mieten sollten dem Mietwucher entgegenwirken. Präses des Wohnungs-Section und Hilfsvereins wurde der Architekt Alexis de Chateauneuf, der die neuen Mieter davor warnte, zu viel Geld in die Notbauten zu stecken, da sie schnell gekündigt werden könnten.[7] Spekulanten versuchte man fernzuhalten. Dabei gab es viele, die gern von dem Unglück profitiert hätten.

Nach der Sprengung seines Hauses hatte Salomon auf die Versicherungssumme der Feuerkasse von 8.000 Mark verzichtet. Ein Tropfen der Entlastung auf dem heißen Stein, denn auf die Feuerkasse kamen bisher nicht dagewesene Forderungen zu. Ohne Unterstützung des Hamburger Staats wäre die Feuerkasse, die eine Zwangskasse für Hauseigentümer war, nicht in der Lage gewesen, ihrer Pflicht nachzukommen. Auch Salomon Heine gab Geld und zwar zahlte er in die Feuerkassen-Anleihe von 1842, die 34,4 Millionen Mark Banco betrug, 18 Millionen Mark Banco ein, davon 8 Millionen eigenen Geldes und 10 Millionen von seinen Kunden.[8]

Salomon spendete dem Hilfsverein weitere 8.000 Courant Mark und beteiligte sich an der Hilfe für die Obdachlosen. Die Buden für Händler, die auf dem Jungfernstieg aufgestellt wurden, hatte er finanziert. Der Stadtkasse stellte er eine halbe Million Mark zur Verfügung, ohne Sicherheit und zinsfrei. Er sorgte durch sein Engagement für billiges Geld an der Börse. Beim Bankhaus Salomon Heine waren wie jedes Jahr Wechselproteste eingegangen. Doch 1842 verdoppelte sich deren Zahl auf 182, befand sich aber später wieder im gewohnten Rahmen.[9]

Salomon half nicht nur beim Aufbau der beiden Synagogen, sondern auch beim Aufbau der christlichen Gotteshäuser. Schon einige Jahre vor dem Brand, so war 1841 in der Zeitung zu lesen gewesen, habe Salomon für den Umbau einer Kirche 15.000 Mark Banco spendiert, nachdem drei Kirchenvorsteher bei ihm erschienen seien, die zuvor schon vom Bankier Baur dieselbe Summe erhalten hatten. Damit konnte der Umbau stattfinden.[10]

Auch der Retter der Börse, Präses Theodor Dill, würdigte zwei Jahre später Salomon Heine: „Man gedenke mit Rührung und Dank des Mannes, der trotz hohen Alters und selbst erlittenen mannigfachen Störungen mit jugendlicher Gesinnung uns Rath ertheilte, – uns Muth einflößte und uns zur Zeit der Bedrängniß mit schönem Beyspiele voranging", und hinzu fügt er, „der Mann hat zwar die Weihe der Taufe nicht empfangen, aber was hat die Art und Weise, in der wir zu Gott beten, mit den kaufmännischen Berathungen zu schaffen?"[11]

Gleich wenige Wochen nach dem Tod Salomons am 23. Dezember 1844 würde der Schriftsteller und Biograf Mendelssohn Folgendes berichten: „Wir erinnern uns, daß wiederum er allein es war, welcher dem beabsichtigten Discontowucher mehrerer Häuser durch die Erklärung, alle achtbaren Papiere wie gewöhnlich discontieren zu wollen, mit einem Schlage ein Ende machte! Solche und ähnliche Handlungen, an welchen Heine's Leben nicht arm, hätten ihn wohl des Ehrenbürgerrechtes von Hamburg nicht unwürdig gemacht. […] Bekannt ist, daß die Patriotische Gesellschaft Heine vor einigen Jahren als Ehrenmitglied aufnahm – sich selbst dadurch nicht minder ehrend als ihn."[12]

Es war Prof. Christian Friedrich Wurm, Hermine Speckters Ehemann, der wenigstens die Aufnahme von Salomon als Ehrenmitglied in die Patriotische Gesellschaft veranlasste. Wurm selbst war dort aktives Mitglied. Er hatte den Senat in seiner bekannten Rede „Wort an meine Mitbürger" noch kurz vor dem Brand zu Rechtsreformen aufgerufen und setzte sich auch in den Folgejahren für die Gleichstellung der Juden ein.

Die Auszeichnung der Patriotischen Gesellschaft jedenfalls freute Salomon wohl mehr, als er zugeben wollte. Vermutlich nahm er die Ehrung zum Anlass für ein großes Fest, welches er im Sommer 1843 in Ottensen gab. Außerdem wurde Salomon, und das sogar einstimmig, im März des gleichen Jahres in den „Blücher-Club" aufgenommen, der zu Ehren des Marschalls gegründet worden war. Dessen Neffe, Graf Blücher-Altona, der nach dem Brand viel für die Opfer getan hatte, indem er ihnen Wohnmöglichkeiten in Altona anbot, wurde zum Ehrenbürger Hamburgs ernannt.

Salomons finanzieller Einsatz nach dem Großen Brand führte nebenbei zu einem hervorragenden Geschäftsergebnis, das heißt, er hat letztlich Zinsen für seine vielen Kredite bekommen und sie nicht als Verluste abschreiben müssen. Ein Erfolg seiner eigenen Zinspolitik.

Als Folge der Ereignisse und der Angst um ihr eigenes Wohlergehen setzten Salomon und sein Sohn Carl zum Jahresende 1842 bereits ihre Testamente auf. Salomon erneuerte seines kurz vor seinem Tod 1844 und Carl seines 1863.[13]

Als Heinrich Heine in Paris von dem Brand hörte und las, war er tief getroffen: „Mein armes Hamburg liegt in Trümmern und die Orte, die mir so wohl bekannt, mit welchen alle Erinnerungen meiner Jugend so innig verwachsen, sie sind ein rauchender Schutthaufen! Am meisten beklage ich den Verlust des Petrithurmes – er war über die Kleinlichkeit seiner Umgebung so erhaben! Die Stadt wird bald wieder aufgebaut seyn mit neuen gradlinigen Häusern und nach der Schnur gezogenen Straßen, aber es wird doch nicht mehr mein altes Hamburg seyn, mein altes, schiefwinklichtes, schlabbriges Hamburg!"[14]

An die Schwester und Mutter schreibt Heinrich wenige Tage nach dem Feuer am 13. Mai: „Vierund zwanzig Stunden lang bin ich ohne Kopf herumgegangen, seit ich die allgemeinen Nachrichten aus den Blättern erfahren. Ich bewundre wie Du liebes Lottchen noch so ruhig und besonnen schreiben konntest, beim Anblick des entsetzlichen Feuers – ich danke Dir von ganzem Herzen über die Beruhigung, die Du mir ertheiltest. [...] Meine arme gute Mutter! Laß Dich nur nicht aus Kummer über materielle Verluste zu sehr agitiren. Gott ist ein guter Mann. Diesmal hatte er sich auf die guten Löschanstalten Hamburgs zu sehr verlassen!"[15]

An den Onkel und Carls Familie muss er am selben Tag geschrieben haben. Denn Carl antwortet am 19. Mai aus Hamburg:
„Lieber Harry!
Wir erhalten Dein Liebes vom 13ten und ich glaube wohl, daß Du manche Angst und Sorgen für uns ausgestanden; es ist uns aber auch ein entsetzliches Unglück passirt und man kann sich freuen mit gesunder Haut und der Wegschaffung des aller Nöthigsten weggekommen zu sein; Vater benimmt sich musterhaft und hat die Hände voll zu thun; er ist zwar sehr angegriffen, aber gottlob wohl."[16]

Am 16. Mai schreibt Heinrich an Onkel Henry, der ebenfalls mit seinem Haus an den Großen Bleichen, dicht am Jungfernstieg, zu den Abgebrannten zählte:
„Mein theurer Onkel,
Ich hoffe, daß die Schrecknisse des entsetzlichen Unglücks, welches Hamburg betraf, Sie nicht krank gemacht haben. [...] Hier in Paris hat das Unglück große Sensazion gemacht und eine Theilnahme gefunden, die wahrhaft beschämend für diejenigen Hamburger, die vom Franzosenhaß noch nicht geheilt sind, und ihn noch bis jetzt zur Schau trugen. Also trotz der vortrefflichen Löschanstalten, womit Ihr immer geprahlt, seid Ihr zur Hälfte abgebrannt! welche Strecke von der Deichstraße bis

zu Onkel Heines Haus auf dem Jungfernstieg! – Der Jungfernstieg abgebrannt mitsammt den Pavillons! – Ich bin sehr neugierig zu erfahren, wie weit die Assekuranzcompagnien ihre Verpflichtungen erfüllen werden."[17]

Ein Problem stellten später tatsächlich die Versicherungen dar, die die Schäden nur teilweise ersetzen konnten oder selbst zahlungsunfähig wurden, wie die Firma Biber. Heinrich dichtet nach seinem Besuch in Hamburg 1843 süffisant und mit Schadenfreude:

Den .... den sah ich nur von fern,
Er huschte mir rasch vorüber;
Ich höre, sein Geist ist abgebrannt
Und war versichert bei Biber.[18]

Der „unausgesprochene Herr" war der von Heinrich ungeliebte Adolph Halle, der sicherlich bei Biber versichert war. Bei dem Brandschaden muss es sich um seine Bibliothek gehandelt haben, denn sein Haus blieb unversehrt.

Aus vielen Städten und Ländern kamen nun kleine und große Spenden in Hamburg an. So sandte Salomons Schwiegersohn John Friedländer 300 Mark Banco aus Berlin, wo er inzwischen eine Wohnung in der Mohrenstraße bezogen hatte, schräg gegenüber vom Gendarmenmarkt. Blücher aus Altona, der bereits in Heide lebte, schickte 2.700 Mark Banco. Paul Mendelssohn Bartholdy schickte aus Frankfurt 4.100 Mark Banco und die Firma Ross, Vidal & Co. 500 Mark Banco sogar aus dem fernen Batavia (heute Jakarta). Insgesamt wurden fast 7.000.000 Mark nach Hamburg geschickt.

1.749 Häuser waren zerstört worden, dazu *Sähle*,[19] Buden, Lagerhäuser, sieben Kirchen, zwei Synagogen und zahlreiche öffentliche Gebäude. Die alte Börse war ins Wasser gestürzt, nur an den schwarzen Gittern konnte man erkennen, was für ein Ort das einmal gewesen war. Die Gemälde, die dort ausgestellt waren, konnten allerdings gerettet werden. Die Fleete waren noch voll von darin schwimmenden Möbeln und allerlei Schutt, Wasser war kaum zu sehen.

William Lindley war der englische Ingenieur, der die Eisenbahn Hamburg-Bergedorf entworfen und geplant hatte; wegen ihrer anstehenden Einweihung hatte er sich an den Brandtagen in der Stadt aufgehalten. Nun saß er über den Stadtplan von Hamburg gebeugt und zeichnete mit Feder und roter und gelber Aquarellfarbe seinen Plan einer neuen Stadtmitte. Bereits am 9. Mai hatte er den Auftrag dazu erhalten, am 12. Mai war er mit seinem ersten Entwurf fertig.[20] Auch sein Sielbau-Projekt weckte großes Interesse.

Um nicht mit jedem Hauseigentümer einzeln verhandeln zu müssen, verabschiedete der Rat das Expropriations-Gesetz. Dieses Gesetz bedeutete zwar wenn nötig die Enteignung der Eigentümer, sah aber auch Entschädigungs- und Rückkaufsrecht vor. Hierdurch war die Stadt in der Lage, beim Wiederaufbau schnell entscheiden zu können und alle Fäden bei der Planung in der Hand zu behalten. In diesem Fall erwies sich das nicht unumstrittene Verfahren als vorteilhaft.

Viele tausend Pfähle mussten für den Wiederaufbau in den Hamburger Untergrund gerammt werden, damit die großen Häuser genug Halt im Schwemmboden fanden. Nicht immer soll diese Arbeit zur Zufriedenheit der Fachleute ausgeführt worden sein, aber man war ja in Eile. Beim Jungfernstieg gab man sich allerdings viel Mühe, denn er sollte wieder das Aushängeschild der Stadt werden, ihre Flaniermeile, so wie ihn die Hamburger kannten und liebten, nur viel schöner.

Die meisten Straßen wurden nun breiter, gerader und luftiger. Auch der Jungfernstieg wurde zur Wasserseite hin erweitert und die Häuserfront um neun Fuß vom Wasser zurückgesetzt. Damit verbreiterte sich die Promenade beträchtlich, und auch hier erhielten die Hausbesitzer für das enteignete Teilstück ihres Grundstücks vier Mark pro Fuß ersetzt. Therese und Adolph Halle bekamen nach Salomons Tod 1.620 Mark Banco als Entschädigung ausgezahlt, da Therese nun Eigentümerin des Grundstücks geworden war.[21]

Der Auftrag für das neu zu bauende Haus für Salomon Heine am Jungfernstieg war an den Architekten Franz Gustav Forsmann gegangen. Er entwarf ein schlichtes Gebäude mit drei Vollgeschossen, einem Souterrain und einem Halbgeschoss, dem Mezzanin. Die meisten neuen Häuser erhielten ein arabisches Dach, gemeint war damit ein Flachdach oder ein nur leicht schräges Dach.

Nur wenige Gebäude in Hamburgs Innenstadt sind aus der Zeit unmittelbar nach dem Brand erhalten geblieben. Höchst eindrucksvoll sind die Alsterarkaden und die Alte Post (von der jetzt nur noch die Fassade steht), beides von dem Architekten Alexis de Chateauneuf entworfen und sehr unterschiedlich im Stil.

Dass nun, beim Neuaufbau, auch israelitische Einwohner in Hamburg Grundstücke erwerben durften, wurde von der jüdischen Gemeinde sehr begrüßt. Die Stadt hatte nämlich zunächst befürchtet, nicht genug Käufer für die neuen Grundstücke finden zu können. Welchen Grund sollte diese Entscheidung auch sonst gehabt haben? Die jüdischen Einwohner vollwertig anzuerkennen, davor scheuten die Honoratioren der Stadt nach wie vor zurück.

Zum Jahresende wurde Salomon Heine in ein weiteres Komitee der Unterstützungsbehörde gewählt. Hier wurde beschlossen, während des anstehenden Winters Kartoffeln und Torf (zum Heizen) an die Armen zu verteilen, selbstredend auch an Israeliten.[22]

Bereits am 21. April 1843 hatte der Archivar Johann Martin Lappenberg in der Senatssitzung vorgeschlagen, den Herren Salomon Heine und Jacob Oppenheimer das Ehrenbürgerrecht zu verleihen, beiden wegen ihrer Verdienste um die Börse und Heine wegen seiner Mitwirkung an der Feuerkassen-Anleihe. Lappenberg konnte sich mit seiner Idee nicht durchsetzen. Daraufhin empfahl er drei Tage später, Salomon Heine wenigstens eine kunstvoll gearbeitete Vase überreichen zu lassen, aber auch diesen Vorschlag lehnte der Senat ab.

Das Betty-Heine-Krankenhaus
„Der Zudrang aus allen Klassen war so groß …"

„Freundlicher und gesünder kann ein Hospital nicht gelegen sein", schreibt Joseph Mendelssohn über Salomon Heines Projekt zu Ehren seiner verstorbenen Frau. Es war nicht nur Hamburgs modernstes Krankenhaus, sondern das modernste Deutschlands. „Zahlreiche neue Erfindungen, namentlich in Bezug auf die Dampfkochapparate und die Wasserleitungen zum Behuf von Bädern" waren in dem Bau zu finden.[1]

Am 7. September 1843 fand die feierliche Eröffnung des Betty-Heine-Krankenhauses statt. Offiziell hieß es *Krankenhaus der Deutsch-Israelitischen Gemeinde, der sel. Betti Heine geb. Goldschmidt zum Andenken erbaut von ihrem Gatten Salomon Heine.* Diese Inschrift befand sich im Giebel über den Fenstern der kleinen Synagoge, die ebenfalls Teil des Krankenhauses war.

Der Juwelier Wolff David Hertz hielt zur Einweihungsfeier eine Rede zur Geschichte des Baus, die in mehreren Zeitungen Erwähnung fand: „Die trefflichste Stelle der ganzen Rede war indessen die in welcher Hertz mit männlichem Selbstgefühl im Namen der Hamburger Juden hervorhob und aus dem Bewußtsein derselben das Recht und die Hoffnung ableitete, das ersehnte Gut der Gleichstellung zu erlangen, und den schönsten, beneidenswerthesten Namen eines Bürgers tragen zu dürfen."[2]

In den zwei der Einweihung vorangegangenen Jahren waren weitere Spenden aus der Familie Heine und von anderen Gönnern

Das neue Israelitische Krankenhaus auf einer Lithografie von James Grey um 1850.

eingegangen. Salomon hatte das Geld für den Bau zunächst bei der Royal Exchange Insurance Association hinterlegt und später das Gebäude bei der Londoner Phoenix Assecuranz Societät versichert, die in Hamburg einen Agenten hatte. Für die Dampfkochapparate und die Heizungsanlage sowie das gusseiserne Gitter rund um das Grundstück hatte Salomon noch einmal tief in die Tasche greifen müssen.[3] Nun wurde er von den Gemeindevorstehern darüber informiert, dass das Haus zur Besichtigung freigegeben werden könne.

In einem Schreiben vom 13. Juli antwortet er:
„Aus Ihrer gefälligen Mitteilung vom 10. Juli ersehe ich mit Vergnügen, daß unser Krankenhaus nunmehr so weit fortgeschritten ist, daß es vom 10. August an dem Publikum zur Ansicht geöffnet sein und dessen förmliche Übergabe am 17. desselben Monats stattfinden wird. Gebe ich Ihnen für diese mir so angesehenen Anzeige den besten Dank sagen, benutze ich zugleich gern diese Gelegenheit, es auszusprechen, wie sehr ich durchdrungen bin von dem Gefühle der Anerkennung für den unverrückten Eifer, die tätige und gewissenhafte Sorgfalt, ja für die Liebe womit sowohl das löbliche Collegium als auch jedes Mitglied der für diesen Wirkungskreis bestimmten Commission vom Ansehen des Werkes das nun beinah vollendet dasteht und zu einem herrlichen Zweck der lebenden Menschheit Hülfe zu bringen, so schön vorbereitet ist, sich hingegeben hat. Ich freue mich Ihnen das hier durch zu erkennen zu geben und wenn ich auch mit Bedauern hin zu fügen muß, daß ich zu der von Ihnen angeführten Zeit mich wohl nicht in Hamburg befinden werde, so will ich damit durchaus in dem Gange dieser Angelegenheit keine Änderung oder Störung zu Wege bringen sondern bitte Sie höflich darauf keine Rücksicht zu nehmen und die einmal getroffenen Einrichtung uneingeschränkt bestehen zu lassen.
Ich habe die Ehre, Salomon Heine."[4]

Salomon wollte nicht der Mittelpunkt sein; dort sollten vielmehr das Krankenhaus und alle Hamburger stehen, die sich an diesem Tag den Neubau ansehen durften. Von dieser Möglichkeit zur Information oder zur Befriedigung der Neugier machten sie reichlich Gebrauch. „Der Zudrang aus allen Klassen der Bewohner Hamburgs und Altonas war so groß, daß viele den Weg mehrmals zu machen sich genöthigt sahen. Ueberraschend reiche Gaben zum Besten der Anstalt strömten ihr zu."[5]

Auch die Presse würdigte die neue Einrichtung: „Das Gebäude und dessen ganze Einrichtung hat den höchsten Beifall von Kennern und Nichtkennern erlangt und dürfte bald als eine Muster-Anstalt gelten."[6]

Im Krankenhaus gab es hölzerne Bettgestelle, da man der Ansicht war, sie seien angenehmer als die metallenen. Die Matratzen waren mit Seegras gefüllt; für Besucher gab es Tisch und Stuhl. Die Räume für die Kostgänger (Selbstzahler) waren eleganter als die der zu versorgenden Armen, sie enthielten ein Sofa, einen Kleiderschrank und einen Waschtisch. Auf zwei Etagen lagen die Krankenzimmer, alle nach Süden ausgerichtet. Treppenhäuser gab es an den Enden und in der Mitte, wo sich im oberen Geschoss auch der Betsaal befand.[7] Die im Kassenbuch der Firma Eduard Michaels verzeichneten Ausgaben für die Erstausstattung betrugen 16.990 Mark Banco. Aus der Jahresbilanz geht hervor, dass für den Anfang acht Spritzen gekauft wurden und fünfzig Bandagen. Auch für Wäsche und Garderobe wurde ein größerer Posten überwiegend bei jüdischen Anbietern ausgegeben. Spenden und Geschenke trafen weiterhin ein.

Ein Cousin von Jacob Oppenheimer, ein reicher Textilhändler, hatte für den Thora-Schrein des Betsaals einen Vorhang aus roter Lyoner Seide mit Samteinfassung in Berlin besticken lassen und dem Krankenhaus geschenkt. Dieser besonders schöne Vorhang war mit Goldbuchstaben verziert, der Text ehrte auch Salomon Heine: „Die Kronen seien zum Preis und zur Erinnerung an den Namen des hochsinnigen Herrn Salomon Heine, dem Wohltun Freude, Unterstützung der Dürftigen Lust ist, der dieses Haus gestiftet, zu lindern die Schmerzen der Leidenden, aufzurichten die Gemüther der Bedrückten, und zur Erinnerung an dessen edelmüthige Gemahlin Frau Betty Heine geb. Goldschmidt zu deren dauernden Andenken dies Haus gegründet worden im Jahr der Welt 5603."[8]

Die Eröffnungsfeier am 7. September begann vormittags um 10.30 Uhr. Anwesend waren Salomon Heine und seine Familie, sodann die Bürgermeister, die Syndici und Senatoren, die Oberalten und die

Diplomaten, Kommissionsmitglieder und viele andere mehr. Insgesamt erschienen 550 Personen. Nach der Ansprache des Gemeindevorsitzenden Wolff David Hertz wurde vierstimmig gesungen. Es folgten weitere Reden und Gesänge, erst danach durfte getrunken und gegessen werden.[9] Serviert wurden reichlich Madeira- und Portwein, dazu reichte man Kuchen und Schokolade.

In der Zeitung „Der Freischütz" fand sich zu diesem Anlass folgender Text: „Ein echt bürgerlicher Charakter, wie ihn unsere Zeit immer dringender begehrt, machte diese Feier, welcher etwa tausend Männer aller Confessionen beiwohnten, zu einer herzerfreuenden und wenngleich fast jede religiöse Zuthat wohl absichtlich vermieden war, so einte sich derselben doch die wahrhaftigste Gottverehrung durch den Dank durch das gelungene Werk."[10]

Salomon wollte bei *seinem* Krankenhaus nicht bis zu einer möglichen Gleichstellung der Religionen warten, darum hatte er bestimmt, dass es auch für nichtjüdische Patienten geöffnet sein sollte. Die Gleichstellung war nebenan in Altona 1843 erfolgt, was ihn bewogen haben wird, das Haus sogleich für Christen zugänglich zu machen. Hamburg musste auf die Gleichstellung noch sechs Jahre lang warten. Salomons Neffe ignorierte in einem Gedicht, das er anlässlich der Fertigstellung des Krankenhauses verfasste, die integrative Ausrichtung des Hauses. Das Gedicht schrieb Heinrich Heine während seines letzten Besuchs 1844 in Hamburg ins Reine. Es heißt „Das neue Israelitische Hospital zu Hamburg" und erwähnt den Zugang für Christen nicht.

Ein Hospital für arme, kranke Juden,
Für Menschenkinder, welche dreifach elend,
Behaftet mit den bösen drei Gebresten,
Mit Armuth, Körperschmerz und Judenthume!

Das schlimmste von den dreien ist das letzte,
Das tausendjährige Familienübel,
Die aus dem Nil-Thal eingeschleppte Plage,
Der altägyptisch ungesunde Glauben.
[....]

Ein Mann der That, that er, was eben thunlich;
Für gute Werke gab er hin den Taglohn
Am Abend seines Lebens, menschenfreundlich,
Durch Wohlthun sich erholend von der Arbeit.

Er gab mit reicher Hand – doch reich're Spende
Entrollte manchmal seinem Aug', die Thräne,
Die kostbar schöne Thräne, die er weinte
Ob der unheilbar großen Brüderkrankheit. [11]

Die letzten Hamburg-Besuche Heinrichs
„Heimweh im Herzen"

„Nach Deutschland gehe ich nie und nimmer zurück", schreibt Heinrich Heine noch im April 1843 an seinen Bruder Max. Doch bald darauf änderte er seine Meinung. Im Oktober desselben Jahres verließ er Paris, um nach über zwölf Jahren Abwesenheit seine Mutter in Hamburg und alle anderen Verwandten zu besuchen.

Das Reisen war durchaus mit Gefahren verbunden. Es war in Preußen ein Steckbrief gegen Heinrich erlassen worden, denn seine Schriften und die einiger anderer Autoren waren seit 1835 verboten: „Heine, Schriftsteller, 50 Jahre alt, ausgeprägte Nase, markanter israelitischer Typus, ist ein Wüstling, dessen Körper man sein zweifelhaftes Leben ansieht", heißt es, oder in einer anderen Version: „dessen müder Leib die Erschöpfung bekundet!"[1]

1836 und auch 1845 wurden vier Bücher Heines von der römisch-katholischen Kirche auf den Index der verbotenen Bücher gesetzt. Das Lesen der Bücher dieser „schwarzen Liste" war gläubigen Katholiken offiziell erst 1967 wieder erlaubt, nachdem die Liste von Paul VI. für aufgehoben erklärt worden war![2]

Zu Heinrich Heines Zeit spielte Fürst Clemens Wenzel von Metternich eine erhebliche Rolle in Sachen Zensur. Er war Monarchist, einer der mächtigsten Männer des Deutschen Bundes, wenn nicht

Europas, und erklärter Gegner nationaler und fortschrittlicher Bestrebungen. Er sandte Polizeispitzel aus, wohl deshalb, weil er eine neue Revolution fürchtete, und bediente sich der Zensur als repressivem Mittel, um die Verbreitung liberaler Ideen zu unterbinden.[3]

Heinrich Heines vierter Teil der „Reisebilder" von 1831 war „… als eines der verderblichsten Produkte, die in jüngster Zeit ins Publikum gebracht wurden", bezeichnet worden. Das Buch „… würdige das Heiligste herab, enthalte empörende Blasphemien, beleidige durch schlüpfrige Darstellungen die guten Sitten und erlaube sich neben gehäßigsten Invektionen gegen Staatsinstitutionen und Staatsverwaltungen eine Schmähung Friedrich des Großen als witzigen Kamaschengott von Sanssouci."[4]

Zwar sah Metternich in Heine den gefährlichsten Vertreter einer von ihm als Sekte verstandenen freiheitlichen Bewegung, doch weitergeleitet an die römische Index-Kongregation hatte er Heines Schriften nicht. Wie sie dorthin gelangten, bleibt ungeklärt. Allerdings war das Verbot seiner Bücher für Heine nicht nur negativ, in Paris verschaffte es ihm vielmehr eine gute Werbung.

Heinrich erreichte trotz auflauernder Spitzel nach einer unbequemen Reise, meist nachts per Kutsche, vermutlich am 29. Oktober 1843 unbeschadet die Hansestadt. Er nahm im Hotel Alte Stadt London ein Zimmer. Der Neubau des während des Brandes ebenfalls gesprengten Hauses am Jungfernstieg war zwar noch nicht fertig, aber das Hotel hatte in der Dammtorstraße Ecke Esplanade ein Ausweichquartier gefunden. Ende Mai schon hatte Carl an Heinrich geschrieben: „Der Materialismus, der ohnehin unsere Eigenthümlichkeit ist, macht sich seit dem Feuer noch mehr geltend, die Gebäude wachsen aus der Erde, manches Unkraut kömmt zum Vorschein und das Leben hat stets die nämliche Tendenz, die Du so sehr liebst. Wir bekommen breite Straßen, hohe Häuser, aber keine amüsantere Menschen. – Das Wetter bleibt kalt und unfreundlich; der Aufenthalt in Ottensen bleibt aber immer schön und angenehm und jeder von uns freut sich des Nachmittags, wenn er die Ruinen und den Schutt hinter sich hat.
[…] Vater ist ziemlich wohl, aber leider haben die vorgerückten Jahre ihn gealtert, so daß er verändert ist. – Sein Geist ist stets der nämliche

und ich glaube auch, daß er sich im Laufe des Sommer ganz erholen wird. Gott erhalte ihn uns noch viele Jahre, denn er ist ein seltener Mann von Kopf und Herz."[5]

Salomon litt inzwischen an Asthma, Magenschmerzen und anderen Beschwerden. Heinrich spürte *eine Art von Heimweh im Herzen*, auch Angst, er könne zu spät kommen. Seine Mutter war nun ebenfalls eine alte Frau; sie hatte der Brand sehr mitgenommen. Auch die Stadt, die so daniederlag, musste er noch einmal sehen. Heinrich selbst litt zu dieser Zeit ebenfalls schon unter seiner angeschlagenen Gesundheit.

Kurz nach seiner Ankunft schreibt er an seine Frau Mathilde, die er mit schlechtem Gewissen in Paris zurückgelassen hatte:
„Schönster Schatz!
Seit zwei Tagen befinde ich mich in Hamburg, wo ich alle meine Verwandten in bestem Wohlsein angetroffen habe, mit Ausnahme meines Oheims; obgleich er sich augenblicklich etwas erholt hat, ist sein Zustand doch beunruhigend, und man fürchtet, ihn bei einem nächsten Anfalle seiner Krankheit zu verlieren. Er hat mich mit großer Herzlichkeit, ja mit zuvorkommender Artigkeit empfangen, und da er sieht, daß ich nicht nach Hamburg komme, um Geld zu verlangen, sondern einzig, um ihn und meine Mutter wiederzusehen, so stehe ich hoch in seiner Gunst."[6]

Heinrich wurde überall gut aufgenommen, man gab Diners und Abendgesellschaften zu seinen Ehren. Über Salomon berichtet er: „Wir haben uns wechselseitig mit der größten Delikatesse behandelt."[7]

Mit seinem Verleger Campe beabsichtigte Heinrich in Ruhe zu sprechen. Er wollte einen neuen Vertrag aushandeln, der im Falle seines Todes seine Frau absichern sollte. Doch die Verhandlungen mit Campe zogen sich hin. Schließlich konnte er für seine Gesamtausgabe ab 1848 eine jährliche Rente von 1.200 Mark Banco vereinbaren, die Mathilde nach seinem Tod weiter bekommen sollte.

Nach gut fünf Wochen, am 7. Dezember, verließ Heinrich die Stadt wieder und erreichte Paris am 16. des Monats, nachdem er zuvor noch Hannover, Bückeburg, Minden, Köln und Brüssel besucht hatte.

An Campe schreibt er nach seiner Ankunft: „Wie ungern ich von Hamburg diesmal abreiste, davon machen Sie keinen Begriff! Eine große Vorliebe für Deutschland grassirt in meinem Herzen, sie ist unheilbar."[8]

Zunächst blieb er wie immer brieflich mit der Familie in Kontakt, auch mit Salomon, der ihm zu Weihnachten 1843 einen langen Brief schrieb, dem auch ein Geschenk an Mathilde von 400 Francs beilag und in dem er ihm von dem üppigen Festmahle des zweiten Weihnachtstages berichtet:

„An den Mann, der gefunden, daß das beste was an mir ist, daß ich sein Name führe –
Heute Mittag, den zweiten Tag Jontoft, wird gegeßen:
Krebsen Suppe, mit Rosinen theilweise
in den Krebsen
daß edle Ochsen Fleisch der Hamburger
geräuchertes Fleisch,
dabei Kastanien
noch genieße –
Englischen Buding, mit Feuer
Fasanen, 2 Stück
ein hase, den wircklich von
meine Leute im Garten geschoßen ist
salat, Mad Gädchens [die Hausdame], hatt oder
wird schon mehreres aufsetzen,
Champaner, Port wein. Mad[eira] Wein
und guten Roth wein
dann wird die hohe Familie mit ihre Gegenwart das Theater besuchen."[9]

Demnach wurden im Hause Heine auch die christlichen Feiertage festlich begangen, wie es bereits von vielen Juden praktiziert wurde, sogar mit der damals modernen Hamburger Sitte, dem Verzehr eines englischen Puddings.

Bereits im Frühjahr des nächsten Jahres schreibt Heinrich an seine Mutter: „Ich sehne mich danach, Euch alle wiederzusehen." Er plante offenbar einen erneuten Besuch für den Sommer, denn Salomon wies ihn darauf hin, dass die Familie wegen der Sommerferien erst im September wieder in Ottensen sein werde:

„Dein Brief vom 10 Juny habe erhalten, wo über gelacht, Deine Schwester hatt Dir nicht so gesagt, wie sie Dir geschrieben, natürlich habe ich nichts dagegen, wann Du soltest nach Hamburg kommen, um Geld Los zu werden, Deine Frau mit zu bringen, in Gegentheil wäre mir Recht, und was könte ich dagegen haben, wir sind alle wohl freue mich daß Du Auch beßer bist, wolte Dir nur aufmarcksam machen, Carl und Cecillie werden den 15 July weg Reisen, wann widerkommen weis ich nicht, Adolph und Therese, Auch wohl, Zu der Zeit, ich gehe nach Treveminde, mein Logie ist bestelt von 15 July bis 31 August, folglich erst Sept. werden fürchte A u ß e r carl, alle wider in Ottensen seyn, Lebe wohl und vergnügt, alle grüßen

Dein Onckel Salo Heine"[10]

Auf Wunsch der Hamburger Familie brachte Heinrich auf seiner letzten Reise in die Hansestadt, diesmal per Schiff, seine Ehefrau Mathilde mit, die ihren Papagei dabei hatte. Die spätere Prinzessin della Rocca, Heinrichs Nichte, berichtet in ihren Memoiren von der ersten Begegnung:
„Bei der Ankunft empfing sie [Mathilde] meine Mutter [Charlotte von Embden] – die sie nie zuvor gesehen hatte – mit den Worten: ‚Ach wenn Sie wüßten wie seekrank der arme Vogel war und wie leidend er war!'
Sie bekümmerte sich um nichts, sie war nur Aug und Ohr für das Thier und zeigte wenig Interesse für ihren neuen Verwandten."[11]

Moritz von Embden wollte sogleich den hölzernen Kasten ergreifen, ohne zu ahnen, was sich darin befand. Mathilde verweigerte sein höfliches Ansinnen, musste aber, um in die Kutsche zu gelangen, doch den Käfig aus der Hand geben. Prompt biss der Papagei zu.
„Das gellende Geschrei der Madame Heine, das Gelächter meines Onkels, das Schnattern des Papageis, die Ueberraschung meines Vaters, dies war die komischste Scene, die man sich nur denken kann.
Mathilde weinte, mein Vater verwirrte sich in Entschuldigungen, mein Onkel konnte vor Lachen nicht sprechen...... Glücklicherweise war dem Vogel kein Leid geschehen. Mein Onkel machte ein witziges Gedicht, dessen Inhalt die Scene darstellte und schenkte es seiner Schwester sammt anderen Schriften, als sie ihn in Paris besuchte."[12]

„Ihr französischer Charakter, ihre Pariser Gewohnheiten paßten nicht zu unseren strengen Sitten und auch sie konnte sich im Kreise unserer Familie nicht glücklich fühlen, da sie nicht geliebt, sondern nur geduldet wurde."[13] So charakterisiert die Autorin Maria Embden-Heine das Verhältnis zu Mathilde. Nach vierzehn Tagen reiste diese wieder zurück in ihre Heimatstadt.

Heinrich logierte an der Esplanade Nr. 19, wo die Wohnung bei einer Witwe 120 Courant Mark pro Monat kostete, wechselte dann aber in ein preiswerteres Quartier und zog zuletzt ganz zu seiner Schwester, die noch in der Großen Theaterstraße wohnte.

Diesmal gestaltete sich der Aufenthalt nicht so unbeschwert. Salomon war krank und es gab Streit, sicherlich ging es wieder ums Geld. Auch die Unterredungen mit Campe verliefen nicht so wie von Heinrich erhofft. Als Carl und Cécile nach dem Urlaub in Hamburg eintrafen, führten sie Heinrich immerhin ins Theater und zum Essen aus. Heinrich blieb bis zum 10. Oktober. Es war das letzte Mal, dass er seine Hassliebe Hamburg zu Gesicht bekam. Über sechs Jahre hatte er dort insgesamt verbracht, in seinem *Stiefvaterländchen*. Er wäre gern wiedergekommen, *wenn nicht die fatalen Gesichter in Hamburg wären!*

Salomon Heines Testament
„... daß früher oder später alles Irdische vergänglich ist"

In der Hansestadt waren Beerdigungen ein Ereignis, das für die Angehörigen sehr teuer war, wenn sie zu den Wohlhabenden gehörten. Bei Juden wurden Beerdigungen anders begangen. Jeder, ob arm oder reich, wurde in einem einfachen Holzsarg zu Grabe getragen. Auch Salomon wollte es so haben. „Mein Sarg kostet 4 Mark und 8 Schilling", bestimmte er. Das jüdische Religionsgesetz „duldet nicht den Kastengeist der christlichen Leichenbegräbnisse".[1] Noch dachte er nicht ans Sterben und seinen Ärzten traute er sowieso nicht über den Weg. Vielleicht ahnte er aber, wie ernst es um ihn stand; jedenfalls ließ er drei Wochen vor seinem Tod ein neues Testament in der ABC-Straße abfassen, wo er seit dem Brand wohnte. Sein zwei Jahre zuvor aufgesetztes Testament verlor damit seine Gültigkeit.

Das neue Dokument, das von dem Notar Dr. Eduard Schramm abgefasst war, hat einen Umfang von 76 Seiten und kostete 6.250 Mark an Stempelgebühren. Das Original sowie drei Kopien befinden sich im Hamburger Staatsarchiv.

„Ich will es zum Überfluß nicht unterlassen, zu erklären, daß ich bis auf die zehntausend Mark Banco, die ich mit meiner Frau erheiratet habe, alles, was ich mein nenne, unter Gottes Segen selbst erworben habe und kein Erbgut irgendeiner Art besitze.

Meine Kinder, denen ich hierdurch meinen besten väterlichen Segen erteile, bitte ich, ihren Schmerz zu mäßigen und zu bedenken, daß Gott mir ein hohes Alter geschenkt hat und daß früher oder später alles Irdische vergänglich ist."

Salomon bestimmte, dass weder sein Sohn noch die Schwiegersöhne seinem Sarg zum Grab folgen sollten. Alles sollte „ohne Gepränge" morgens um 8 Uhr, ohne Rede und Danksagung im Tempel vonstattengehen. „Meinem Sohn erlasse ich alle und jede bei unseren Glaubensgenossen üblichen Trauerzeremonien, namentlich auch das so genannte Kadisch". Salomon wünschte für sich den gleichen Stein, den er auch für seine Frau Betty ausgewählt hatte. Die Angestellten sollten auf Kosten des Hauses Trauerkleidung erhalten.

Wichtig war ihm außerdem, dass er nicht, wie bei Juden traditionell üblich, sofort bestattet wurde, sondern: „Nicht vor Ablauf von 3 x 24 Stunden und auch dann nicht eher, als bis zufolge der Erklärung der Ärzte die Fäulniß wirklich eingetreten ist und meine Kinder in die Bestattung einwilligen."[2]

Eine spätere Beerdigung verringerte die Angst davor, lebendig begraben zu werden, sie war aber auch eine Annäherung an die Bräuche der Christen. Salomon gehörte bereits seit 1812 zur neuen Beerdigungsgesellschaft, die eine spätere Beerdigung, auch trockene Beerdigung genannt, befürwortete, der Gesellschaft, der schon Adolph Embden und sein Bruder Meyer Heine angehörten.

Selbst die Todesanzeige wollte Salomon kurz und knapp abgefasst wissen, und so geschah es auch: „Am 23-sten dieses Monats starb unser geliebter Vater, Schwiegervater und Großvater Salomon Heine im 78. Jahr seines Lebens. Von der stillen Teilnahme seiner Freunde überzeugt, betrauern ihn tief seine Kinder und Enkel."

Am Tag vor seinem Tod, aber mit späterem Datum, hatte er ein „Circular" für Kunden und Geschäftsfreunde aufgesetzt, in dem das Bankhaus Salomon Heine den Tod seines Inhabers und gleichzeitig das Fortbestehen der Firma anzeigt:
„Hamburg den 24. Dez. 1844
Herr,
ich erfülle hiermit die schmerzliche Pflicht, Sie von dem am 23ten dieses Monats, nach längerem Leiden erfolgten sanften Hinscheiden des Herrn Salomon Heine, Chef und Gründer des Hauses, in Kenntnis zu setzen.
Der Sohn des Verewigten, Carl Heine, bisheriger Associé des Hauses, wird das Geschäft unter unveränderter Firma fortsetzen; sein Bestreben wird seyn, den Grundsätzen des Vaters zu folgen.
Mit Achtung ergebenst

Salomon Heine"[3]

Wenn auch über die genauen Umstände seines Todes nichts bekannt ist, außer, dass er an Brustwassersucht litt, wird er sein Ende geahnt haben. Carl und Therese sollen bis zuletzt bei ihm gewesen sein.

Die „Allgemeine Zeitung des Judenthums" vom 6.1.1845 brachte einen Nachruf, im Wortlaut übernommen von der Hamburger Börsenhallen-Zeitung: „Nicht nur die Börse, an welcher er durch seine großartige, bis an sein Lebensende fortgesetzte Geschäftsthätigkeit die erste Stelle einnahm, sondern unsere ganze Stadt empfindet diesen Verlust als einen schwer zu ersetzenden, denn im reichlichen Maße verwendete der Verstorbene die ihm zu Gebote stehenden Mittel zum Beistande der Bedrängten, und sowohl durch die Milderung der Noth vieler Einzelnen, als durch die Errichtung und Datierung milder Stiftungen, hat sich seine mildthätige Gesinnung ein bleibendes Denkmal gesetzt."

Dass die Beerdigungszeremonie nach Weihnachten nicht so abgelaufen war wie geplant, war nicht Salomon zuzuschreiben, auch wenn dieses später von manchem Zeitungsschreiber behauptet wurde. Von der Beerdigung am 27.12.1844 berichtet als Augenzeuge der Journalist

Joseph Mendelssohn: „Es war ein finsterer, kalter Nebelmorgen. Der Sarg war gegen halb Neun aus dem Trauerhaus an der ABC Straße getragen worden. Senatoren und Diplomaten hatten sich dem Kondukt angeschlossen. Bedeutender jedoch schien uns das kaum absehbare Volksgedränge, welches der Leiche wenigstens eine Strecke lang die Ehre der letzten Begleitung erweisen wollte."[4]

Ganz entgegen Salomons Plänen hatte sich die Beerdigung zu einer umfassenden Bekundung der Hochachtung dem Verstorbenen gegenüber ausgewachsen, eine Ehrung, wie sie keinem Bankier, und schon gar nicht einem Juden, zuteilwurde, weder davor noch Jahre danach. Hundert Equipagen sollen bei dem Begleitzug nach Ottensen dem Sarg gefolgt sein und, was für einen Juden besonders bemerkenswert ist, es waren Hamburger christlichen wie jüdischen Glaubens, die den Toten begleiteten.

An der Grabstätte verneigte sich auch Salomons Freund aus alten Tagen, Oberpräsident von Blücher. „Welch einen guten Mann haben wir da verloren!", waren seine Worte.[5]

Salomon war ein gütiger, großzügiger Mann, das wird deutlich, wenn man sein umfangreiches Testament liest. Doch wie soll man seine

Der Jungfernstieg im Wiederaufbau um 1844. Das große Gebäude ist das Streit's Hotel, links daneben steht das kleine Heine Haus.

Zuwendungen für die Allgemeinheit bewerten? Vergleicht man sein Testament mit denen anderer wohlhabender Bürger, lässt sich die im Verhältnis doch sehr beachtliche Summe, die er an arme Juden und an viele Institutionen vererbte, ermessen.

Bislang schätzte man die Höhe seines Erbes auf 20 bis 30 Millionen, denn aus dem Testament geht die Summe nicht hervor. Mit Sicherheit hat er die Stempelgebühren, die sich nach der Höhe des Vermögens berechneten, heruntergehandelt. Er zahlte nur 6.250 Mark, das wäre bei einem angenommenen Erbe von 25 Millionen Mark Banco ein Viertel der von Rechts wegen zu zahlenden Summe.[6]

Salomon versorgte nicht nur seine Familie großzügig, sondern er bestimmte zudem, dass 3.000 Mark Banco an christliche Arme verteilt wurden, 3.000 Mark Banco an jüdische Arme und 400 Mark Banco an sephardische arme Juden in Hamburg. Für Altona sollten es 1.500 Mark Banco für christliche Arme sein und ebenso viel für jüdische, 300 Mark Banco für die sephardischen Juden und für das Dorf Ottensen 800 Mark Banco. Es folgten der Israelitische Verein für Brod und Suppen, der Israelitische Frauenverein zur Unterstützung armer Wöchnerinnen, der Israelitische Miethverein und der Verein zur Unterstützung armer israelitischer Witwen. Das Schulhaus in Ottensen sollte 4.000 Mark Banco bekommen, die gleiche Summe erhielten die St. Petri- und die St. Nikolai-Kirche.

Für die israelitische Gemeinde in Hannover hatte Salomon 5.000 Mark Banco vorgesehen. Das Israelitische Krankenhaus und das Rauhe Haus erhielten große Summen, ebenfalls die Taubstummenanstalt und andere Institutionen – insgesamt Legate in Höhe von 160.000 Mark Banco. Bedacht wurden beispielsweise auch der Weibliche Verein für Armen- und Krankenpflege von Amalie Sieveking, einem Vorläufer der Diakonie, die Israelitische Freischule und die Talmud Thora Schule.

Zusätzlich verfügte er: „Alle Schulden bis zu 400 Courant Mark inclusive, die sich nicht auf mein Geschäft beziehen, sondern die aus von mir privatim gemachten Darlehen herwähren, sollen den Schuldnern, insofern sie eine solche Vergünstigung in Anspruch nehmen, erlassen werden."

Auch das Hauspersonal erhielt einen Anteil am Erbe: „Mein Gärtner Hüde soll, solange er arbeitsfähig ist und seiner Arbeit zur Zufriedenheit meiner Kinder vorsteht, in seiner bisherigen Stellung verbleiben. Sollte [er] aber diese Stellung aus einem oder anderen Grunde auflösen, so soll ihm eine jährliche Pension von 500 Ct während seiner Lebenszeit ausbezahlt werden." Seine Witwe sollte 250 Courant Mark erhalten, die älteste Tochter Hannchen 500 Courant Mark, Tochter Auguste, verehelichte Segelka 300.

Nicht nur die arbeitenden Angestellten wurden also berücksichtigt, sondern auch deren Witwen und Kinder. Da es auch Ehen unter den Angestellten gab, das Personal häufig sein ganzes Leben bei Familie Heine verbrachte und auch die Kinder dort in Dienst traten, ist von einer guten Arbeitsatmosphäre und ebensolcher Entlohnung auszugehen.

In dem Testament folgten als Begünstigte Salomons Arbeitsmann, weitere Arbeitsleute für den Garten, der Nachtwächter in der Stadt, der Reitknecht, die Wärterin, die alten Bediensteten; sie alle erhielten eine jährliche Pension. Selbst die Bediensteten seines Sohnes und seiner Tochter bekamen Geld, und bei jedem Angestellten wurde gestaffelt nach Zugehörigkeitsdauer eine Summe gezahlt.

Es erhielten auch Personen Zuwendungen, die nicht zum Personal gehörten, wie z.B. die Witwe des Notars Bresselau oder Heinrich Joachim Herterich, der Künstler, den Salomon gern mit der Witwe Betty (Peira) Heine verkuppelt hätte.

Die Bankangestellten wurden sehr gut bedacht. „Meinem Geschäftsführer Martin Leo schenke und vermache ich zum Lohn für seine Treue 40.000 MBco. Falls er vor mir stürbe, soll das Legat auf seine Frau übergehen."

Tatsächlich starb Martin Leo bereits einen Tag vor Salomon, am 22. Dezember, in Nizza, wo er sich zur Erholung aufgehalten hatte, an Tuberkulose. Seine Witwe trat, wie im Testament vorgesehen, das Erbe an. Salomons Buchhalter Wilhelm Daniel Vivié erhielt 6.000 Mark Banco, Carl Mosengel[7] und Moses Liebermann[8] je 10.000. John Gowa, der sogar 12.000 Mark Banco erbte, war Küster beim neuen Israelitischen Tempel, er wohnte als Wachmann direkt nebenan. Salomon kannte die Familie gut. Einer seiner Söhne war bei ihm und dann auch bei

Carl angestellt; diesen musste Carl aber später wegen Untreue entlassen. Ein anderer Sohn trat die Nachfolge des kinderlosen Papierfabrikanten Eduard Michaelis an und ein weiterer tat sich mit Levin Hertz zusammen, nahm sich aber in der Wirtschaftskrise von 1857 das Leben.

„Als Executor meines letzten Willens ernenne ich Herrn Dr. jur. Johannes Hermann Adolph Hertz [er war der Sohn von Salomons Ex-Partner Levin Hertz], den Herrn Johann Christian Söhle [er war der Schwager von Jacob Oppenheimers Schwiegersohn Nicolaus Ferdinand Haller] und den Herrn Dr. Gabriel Riesser."[9]

Die drei *Executoren* stellten beim Senat den Antrag, eine spezielle Büro-Adresse für die komplizierte Abwicklung des Testaments einrichten zu dürfen, wie es Salomon verfügt hatte. „Es ist nun nicht anzunehmen, daß die Erfüllung des Wunsches des Verstorbenen irgend ein Hinderniß im Weg stehen sollte, die eine eigene Banco Conto auf seiner Testaments Namen zu einer richtigen Administration seines Nachlaßes in Gemäßigkeit seines Testaments erforderlich ist."[10] Wie erhofft, gab der Senat dazu die Erlaubnis.

Als Jacob Oppenheimer im folgenden Jahr am 22. Dezember starb, hatte er ebenfalls zuvor ein umfangreiches Testament im ähnlichen Stil aufsetzen lassen. Interessant an seinem Erbe ist, dass er es in Silberrubeln, in russischen Inskriptionen zu sechs Prozent Zinsen, angelegt hatte,[11] während Salomon Heine, der immer den Silberrubeln sehr zugeneigt gewesen war, diese für sein Testament nicht einsetzte und sich mit weniger Zinsen begnügte. Wollte er die Legate für seine Erben auf eine solidere Basis stellen?

Das Doppelgrab von Betty und Salomon in Ottensen wurde mit einem Gitter umzäunt, an den Seiten hatte Salomon bereits Trauerweiden für Betty pflanzen lassen. Auf seinem Grabstein war ein Gedicht eines unbekannten Dichters zu lesen. Die erste Strophe lautet:

Ernste That und heiteres Leben
Pflegtest Du mit edlem Sinn.
Thränen trocknen war Dein Streben,
Wohltun schien Dir nur Gewinn.[12]

Die Commerzdeputation lehnte nach Salomons Tod die Anfertigung eines Salomon-Heine-Porträts ab; lieber hängte man sich eine

Lithografie seines Kopfes in das so genannte Commerzzimmer, das war billiger.

Viele Jahre nach Salomons Tod, als das neue Hamburger Rathaus nach dem Entwurf von Martin Haller erbaut worden war, entschloss sich die Stadt Hamburg, eine Plakette mit Salomons Konterfei zusammen mit anderen Porträts ehrenwerter Hamburger auf mehreren Rathaussäulen anzubringen. 1897 wurden diese Porträts eingemeißelt, darunter auch die Bildnisse von Gabriel Riesser und Felix Mendelssohn Bartholdy.

1938 schlugen die Nationalsozialisten diese Plaketten ab. Erst einige Jahre nach dem Krieg, 1949, fertigte man sie neu und brachte sie wieder an den Säulen in der Rathausdiele an.

Heute befindet sich im Zimmer der Bürgerschaft das größte bekannte Porträt von Salomon Heine, das so genannte Kniestück, das in seiner Bank gehangen hatte. Auffällig sind die markanten Gegenstände wie Brief, Federkiel, Taschenuhr, Verzeichnis für Postabgänge, Stehpult, Petschaft, Tintenfass und der Goldring mit dem großen Diamanten. Salomons Haare sind bereits weiß, aber sein Gesicht wirkt noch frisch, die oberen Zähne scheinen ihm zu fehlen. Der „Vatermörder" mit breiter schwarzer Binde war für die Herren sicherlich eine unbequeme Mode, die sie dennoch mit Würde trugen, so auch Salomon.

Die Entstehung des Bildes und sein Weg ins Rathaus bleiben unklar. Man kann wohl annehmen, dass das Gemälde für Carl zu dessen Hochzeit 1838 in Auftrag gegeben worden war. Hatte Carl möglicherweise das Bild dem Israelitischen Krankenhaus vermacht, als er sein Haus 1861 an die Vereinsbank verkaufte? Wurde das Bild im Krankenhaus auf St. Pauli konfisziert, als das Haus 1939 geräumt werden musste? Wurde es nach dem Krieg zurückgegeben und übergab die Krankenhausverwaltung es dem Rathaus als Dauerleihgabe? Unwahrscheinlich ist dies nicht, denn nach dem Zweiten Weltkrieg herrschte Bildermangel im Rathaus und alle Institutionen wurden gebeten, etwas Kunst zur Ausschmückung des Rathauses beizusteuern. Ein neues Israelitisches Krankenhaus, in dem das Bild hätte aufgehängt werden können, existierte zu dieser Zeit noch nicht beziehungsweise nur als Provisorium; es wurde erst zehn Jahre nach dem Krieg wieder neu aufgebaut.

Salomon Heine gemalt von einem unbekannten Künstler um 1838.
Das Gemälde hängt heute im Bürgerschaftszimmer des Rathauses.

Ein enttäuschter Erbe
„... ich sitze bis am Hals in großen Zahlungnöthen ..."

„Onkels Krankheit betrübt mich über alle Begriffe",[1] hatte Heinrich seiner Mutter noch im November 1844 geschrieben. Auch seine eigene Gesundheit machte ihm schwer zu schaffen. Er ahnte, dass er nicht wieder gesund werden würde. Das „Kopfübel", die beginnende Blindheit und die Lähmung der linken Hand setzten ihm zu. Bei allen Ängsten und Hoffnungen um Salomons Leben glaubte Heinrich, dass er nach dem Tod seines Oheims als reicher Erbe dastehen würde. Das beruhigte ihn, nicht nur mit Blick auf die Kosten seiner medizinischen Behandlung, sondern auch im Hinblick auf die Versorgung seiner Frau. Doch seine Erwartungen wurden bitter enttäuscht.

Es war nicht das erste Mal, dass eine *Jerusche* (Erbschaft), auf die die Familie Heine in Düsseldorf gehofft hatte, sich in Luft auflöste. Als Heinrich elf Jahre alt war, starb in London ein Onkel seiner Mutter, der 13 Millionen Gulden zu vererben hatte. Wäre das Erbe wie gehofft auf mehrere Familienmitglieder aufgeteilt worden, hätte noch jeder eine erhebliche Summe erhalten. Samson Heine begab sich mit einem Verwandten auf die Reise nach Amsterdam, wo ein Notar in dieser Angelegenheit bevollmächtigt wurde. Doch dieser nutzte seine Chance und verschwand spurlos mit dem ganzen Geld. So gab es für niemanden etwas zu erben.[2] Diese Enttäuschung, die eine schwere Niederlage für seinen Vater war, wird auch Heinrich nicht vergessen haben. Dieses Mal hoffte er auf einen besseren Ausgang.

Am 30. Dezember 1844, sieben Tage nach Salomons Tod, schreibt Carl jedoch an Heinrich:
„Der selige Vater hat Dir in seinem Testament Mark Banco 8 000 – hinterlassen. Obschon es mir schwer wird mich jetzt über Geldverhältniße einzulassen, so will ich es doch thun aus Achtung vor Deinem talent und Deiner Lage. – Es ist besser, wenn ich Dir damit komme, als Du mir. – Du hast nie mit Capital umzugehen gewußt, daher proponiere ich Dir, diese Mark Banco 8 000 – will ich, wenn Du es wünschst, zu mir nehmen und Dir darauf 4% Zinsen vergüten.– Ich meinerseits stelle die Bedingung, daß Du nicht ohne triftige, nothwendige Gründe darüber

disponirst und nur die Zinsen erhebst. Ich dagegen bin jeder Zeit frei das Geld zu Deiner Disposition zu stellen, wenn mir solches nicht mehr convenirt.
Hoffentlich wirst Du in diesem Vorschlag nur erkennen, daß ich Dir womöglich einen Sparpfennig erhalten will.
Der selige Vater hat Dir F 4000 – jährlich gegeben; daß es sich nicht thun läßt, daß ich mich in dieselben Lasten hineinbegebe, versteht sich von selbst auch liegt es in der Sache selbst. Ich wünsche aber, daß Du pecuniär den unersetzlichen Verlust nicht zu sehr empfinden mögest, auch kenne ich Deinen kränkelnden Zustand und will Dir pro Jahr F 2000 – geben, d.h. nicht als rente, sondern es bleibt meinem freien Willen überlassen dieses aufzuheben. […] – Nie im Leben hast Du Ansprüche darauf zu machen. –
Willst Du die Mark Banco 8000 – nicht bei mir lassen, so sage ich Dir schon heute, daß ich die F 2000 – nicht gebe. – […] Für Deine Mutter ist nach wie vor durch eine rente gesorgt."³

Fotografie von Carl Heine, aufgenommen um 1860.

Dieser Brief traf Heinrich wie ein Schlag in die Magengrube. Nur 8.000 Mark Banco anstatt einer Million, wie er erhofft hatte, und möglicherweise keine Rente mehr!?

Heinrich war sich so sicher gewesen, als großer Erbe dazustehen, dass er nun seine Enttäuschung als schreckliches Ereignis empfand und angeblich wie tot zu Boden gefallen sein soll. Bestand eigentlich eine

Abmachung, dass die Rente für Heinrich auf Lebenszeit gezahlt werden sollte, wie er meinte, oder gab es andere Versprechungen? Ludwig Rosenthal konstatiert: „Die Rentenzusage war eine Art Gentlemen's Agreement." Schriftlich hinterlegt war in dieser Angelegenheit jedoch nichts.

Der Brief seines Vetters war eine Ohrfeige, ja geradezu eine Kriegserklärung. Doch war Carl zu irgendetwas verpflichtet? Rechtlich wohl nicht. Allerdings hätte er als Cousin und Freund so nicht agieren dürfen. Sein Brief war sehr unsensibel, ja brüskierend und es drängt sich der Eindruck auf, zwischen den Cousins müsse vor dem Tod des Onkels etwas vorgefallen sein, dass ihn so hart mit Heinrich umgehen ließ. Hatte Heinrich ihm mit der Veröffentlichung seiner Memoiren gedroht? Oder war Cécile die Unerbittliche? Heinrich hatte sich nämlich offiziell negativ über die „Dynastie Fould" geäußert, was sie verärgert haben könnte. Carl jedenfalls wusste ebenso gut wie Heinrich, dass Salomons mündliche Rentenzusage nicht rechtsverbindlich war, eine eventuelle Klage Heinrichs also nutzlos. Anders als im Brief mitgeteilt, stellte die Rentenzahlung für Carl keine finanzielle Belastung dar. Was wollte er nun eigentlich mit dem Brief bezwecken?

Heinrich glaubte sich einer Intrige ausgesetzt, in der die Schwiegereltern von Carl, Fould und Furtado, sowie Gabriel Riesser, Anwalt Salomons und seiner Schwiegersöhne, eine Rolle spielten.[4] War das neue Testament vor Salomons Tod noch einmal zu Ungunsten von Heinrich geändert worden?

An Campe schreibt Heinrich am 4.2.1845: „Carl Heine [...] ist eben starrköpfig und verschlossen. Carl Heinen ist es ganz gleichgültig, was die Leute reden. Er hat nur drey Leidenschaften: die Weiber, Zigarren und Ruhe".[5]

Im September folgte ein weiterer Brief an Campe: „Wahrlich nicht die Geldsache, sondern die moralische Entrüstung, daß mein intimster Jugendfreund u Blutsverwandter das Wort seines Vaters nicht in Ehren gehalten hat, das hat mir die Knochen im Herzen gebrochen und ich sterbe an diesem Bruch."–[6]

Von Giacomo Meyerbeer, der kurz vor Carls Hochzeit 1838 in Paris eine Unterredung mit Onkel Salomon gehabt hatte, bei der die Rentenzahlung ausgehandelt worden war, erwartete Heinrich

Unterstützung. Meyerbeer empfand es zwar als eine „Undelikatesse", sich in Familienangelegenheiten einzumischen, teilte aber mit, er habe seinerzeit vernommen, dass Salomon dem Neffen Heinrich eine Rente von 4.000 Franc auf Lebenszeit garantiert habe. Weiter bemerkte er: „Carl Heine ist ein durch und durch wohlwollender und loyaler Charakter, ich habe ihn außerdem stets mit so vieler Theilnahme und Liebe sich über Sie äußern hören daß ich vermuthe, es muß irgend ein specieller Grund vorhanden sein, warum er die von seinem Vater versprochne Pension Ihnen nicht in Ihrer Integrität weiterzahlen will."[7]

Meyerbeer schreibt am 14. Juni 1846 in dieser Sache an Carl: „Daß Ihr Herr Vater die H.H. gewährte Pension als eine lebenslängliche betrachtete, wie dies auch schon aus der Phrase hervorgeht, mit der er ihm diese Gunst ankündigte, indem er ihm sagte, ‚nun brauchst Du wenigstens nicht zu fürchten einst in Deinen alten Tagen auch Dein Brot durch Bücherschreiben erwerben zu müssen.' Da ich von mehreren Seiten her weiß, mit welcher Pietät Sie, hochgeehrter Herr, jede Willensäußerung, jede wohltätige Intention des edlen Verblichenen im weitesten Umfange zu erfüllen suchen, so habe ich es für meine Pflicht gehalten [...] Ihnen diese ergebene Mitteilung zu machen. [...] in dieser Hoffnung M.B."[8]

Die Angelegenheit zog weitere Kreise. Hermann von Pückler-Muskau, der 1826 bei Salomon Heine zu Gast gewesen war,[9] schaltete sich ein und erinnerte Carl, er habe damals seinem Vater Salomon zu seinem Neffen gratuliert: „Daß in diesem Augenblick der geniale Dichter [...] jetzt von körperlichen Schmerzen niedergebeugt, mit Erblindung bedroht ist, [...] dem vollständigen Mangel entgegensieht, weil, wir können es kaum glauben, Ew. Hochwohlgeboren, der Sohn und Universalerbe Ihres Vaters, der doppelte Millionär, Ihrem Vetter die unbedeutende Pension [...] seit dessen Tode verweigern, sich darauf stützend, daß Ihr Vetter nicht im Testamente ausdrücklich erwähnt sey, obwohl ich im gleichen Falle mich befindend, der Meinung sein würde, daß bey Leuten von Ehre so etwas sich von selbst verstehe."[10]

Auf diesen Brief von Fürst Pückler-Muskau erwidert Carl: „Meine Handlungsweise gegen den Dichter Heinrich Heine hat derselbe sich selbst zuzuschreiben. Stets Anhänger seines Talents und ihn von Jugend an verteidigend, können Ew. Durchlaucht denken, daß es mir schwer fällt, sein Betragen durchaus zu tadeln; um so fataler ist es mir, wenn dem Anschein nach nur eine Geldverlegenheit als Motiv dient und der Welt gegenüber zu meinem Nachteil entschieden werden mag. Ich habe leider bittere Klagen gegen Heinrich Heine zu führen und briefliche Beweise in Händen, die mich nötigen, in meiner Handlungsweise zu beharren. Die Pietät, die ich meinem verstorbenen Vater schuldig bin, gebietet mir selbst, der Bosheit Schranken zu setzen."[11]

Am 6. Juli 1846 endlich hatte Carl sich besonnen und erklärt gegenüber Heinrich: „Die mir persönlich angethanenen Beleidigungen will ich vergessen, nur kann und darf ich nicht vergessen die Art und Weise, wie Du über meinen herrlichen Vater geschrieben. – Bereuest Du dieses, so sei Dir hiermit die Hand der Versöhnung gereicht."[12]

Rathausmedaillon mit dem Abbild von Salomon Heine an einer Säule der großen Halle, nach dem Zweiten Weltkrieg neu angebracht.

Die Verletzungen saßen aber offenbar tief, denn trotz dieser Geste verharrte Carl in seinem Groll. Er fühlte sich beleidigt, durch in seinen Augen respektlose Äußerungen Heinrichs über seinen Vater und über seine französische Verwandtschaft, und befürchtete Ähnliches für die Zukunft. „Ich wünschte Dr. Heine hätte lieber weniger Talent und honettere Gesinnungen."[13]

Erst nachdem Heinrich sich verpflichtet hatte, *keine familienschädlichen Enthüllungen* mehr zu veröffentlichen, erhielt er von Carl eine jährliche Rente auf Lebenszeit garantiert. Heinrichs Ehefrau

Mathilde sicherte Carl die Hälfte der Summe als Witwenrente zu. Er überwies schließlich doch die 8.000 Mark Banco, allerdings nach Abzug der Collateralsteuer von 400 Mark – diese niedrige Hamburger Erbschaftssteuer wurde kurz darauf von 5 Prozent auf 7 ½ Prozent erhöht, wenigstens diese Erhöhung traf Heinrich nicht mehr. „Schofelli" (aus dem Jiddischen: Geizhals) nannte er seinen Cousin Carl.

Was also war vorgefallen, das Carl so erbost hatte und ihn verleitete, seinen Cousin entgegen seinem sonstigen Wesen so zu behandeln?

Blicken wir einige Jahre zurück: Vor Salomons Tod hatte Heinrich bereits versucht, durch Einschüchterung des Onkels an „sein" Geld zu kommen. Er ließ verbreiten, er habe vor, seine Memoiren zu veröffentlichen.[14] Er wies zwar die Verdächtigung von sich, er wolle seinen Onkel darin beleidigen, ließ aber gleichzeitig die Möglichkeit im Raum stehen. „Ich stehe schon schlecht genug mit meinem Onkel, ich sitze bis am Hals in großen Zahlungsnöthen und er läßt mich in Stich, aber ich bin nicht der Mann, der um dergleichen Misere auch nur in einer Zeile sich rächt. Gottlob, als ich meine Memoiren schrieb, wo er oft besprochen werden mußte, standen wir noch brilliant, und ich habe ihn wahrlich con amore gezeichnet."[15]

Noch waren diese Memoiren aber eine Fiktion, nur ein Teil war neu geschrieben. Es war die Geldnot, die ihn zu diesem Mittel subtiler Erpressung greifen ließ. Max wurde damals beauftragt, den Onkel vor dem „Skandalbuch" zu warnen, das ja eigentlich erst nach Heinrichs Tod erscheinen sollte. „Die Furcht geprellt zu werden hat Ihn [Salomon] hart gemacht …," urteilte Max, „Freiwillig tut er alles, gequetscht garnichts."[16]

Bei Carl hätte diese Taktik nicht gewirkt, denn dem war es gleichgültig, was die Leute über ihn redeten. Salomon war dagegen auf eine gute öffentliche Meinung bedacht und die wollte Carl ihm erhalten.

Heinrich Heines Biograf Walter Wadepuhl ist der Überzeugung, dass Carl Heine und Gabriel Riesser mit Salomon übereinkamen, die Jahresrente im Testament unerwähnt zu lassen, um einen Verhandlungsspielraum zu haben. So soll es zu dem Brief von Carl am 30. Dezember 1844 gekommen sein. Er wolle „einen Mistkarren von Dreck" heranfahren, drohte Heinrich daraufhin. Angriffe auf Dr. Adolph Halle folgten. Da dieser beabsichtigte, Senator zu werden, und somit keine schlechte Presse gebrauchen konnte, bot er sich als Zielscheibe an.

In Carls Brust schlage kein menschliches Herz, wenn nötig, müsse er das Schwert ziehen, drohte Heinrich in Richtung seines Cousins. Doch Carl ließ sich nicht einschüchtern oder unter Druck setzen. Am Ende war Heinrich nur am Geld interessiert und nahm seine Drohungen zurück; er unterschrieb das Revers, in dem er sich verpflichtete, dass er über Salomon und die Familie nichts veröffentlichen werde, das diese in ein schlechtes Licht rücken könnte.

Als Alfred Meißner ihn 1854 besuchte, sagte Heinrich, er sammle seit Jahren fratzenhafte Porträts, abschreckende Silhouetten. „Manche wissen von dem Kästchen und zittern, daß ich es öffne und verhalten sich inzwischen in banger Erwartung still."[17]

Weitere Erben
„Nicht Carl noch Therese kennen mehr die Familie Schröder"

Nach dem Tod des Vaters erbte Carl Heine auch das rückwärtig vom Jungfernstieg gelegene Grundstück mit dem bestehenden Gebäude an der damaligen Königstraße, in dem nach wie vor Christian Morris Oppenheimer und sein Schwiegersohn Gabe mit Familie wohnten. Carl war aber an dem Besitz wenig interessiert: „Er hatte nicht Lust, sich diese Eigenschaft jetzt zuzulegen. Er verzichtete deshalb mir und meiner Tochter gegenüber auf sein Eigenthumsrecht",[1] erklärte Morris Oppenheimer gegenüber den Behörden, verkaufte das Haus an seinen Nachbarn Streit und zahlte die dafür nach seiner Ansicht erforderliche zweiprozentige Abgabe. Damit war die „löbliche Kämmerei" jedoch nicht zufrieden, sie forderte vier Prozent und dazu eine Abgabe für ein großes Stück des Hofes. Das wiederum würde ihm nicht gehören, meinte Oppenheimer, dafür hätte es keine Umschreibung gegeben. Mit dieser Rechnung kam er bei der Kämmerei aber nicht durch. Nach dem Verkauf bezogen die Familien Oppenheimer und Gabe ein Haus in der Großen Theaterstraße Nr. 43.

In einer weiteren Beschwerde versuchte er, sich von der *Collateralsteuer* befreien zu lassen, und argumentierte mit Bezug auf ein Gesetz von 1771, sein Erbe sei eine Rente, auf die diese Steuer nicht zuträfe. Doch auch diese Auslegung akzeptierte die Kämmerei nicht.[2]

Um 1870 zog Morris Oppenheimer allein in die Esplanade Nr. 39. Zwei Jahre später folgte Charlotte von Embden als Witwe mit ihrem Sohn. Charlotte war keine reiche Witwe, die sich eine vornehme Wohnung allein hätte leisten können, denn ihr ererbtes Geld soll größtenteils schon verbraucht gewesen sein. Für Oppenheimer hingegen war es sicherlich recht angenehm, nicht mehr allein, umgeben nur von seinem Personal, dort wohnen zu müssen.

Im selben Jahr hatte Oppenheimer sein viertes Testament aufsetzen lassen, was auf seinen schlechten Gesundheitszustand hindeuten könnte, immerhin war er schon 84 Jahre alt.[3] Später, nach seinem Tod 1877, fiel es Charlotte durch steigende Rentenzahlungen aus einer Tontine (Lebensversicherung) leichter, die Miete zu zahlen, unterstützt wohl auch von ihrer verwitweten Tochter Helene, die aus Berlin zu ihrer Mutter nach Hamburg zurückkehrte.

Aus Salomon Heines Testament erhielt jede seiner verheirateten Töchter oder ihre Nachkommen, die Kinder von Fanny, Friederike und Amalie für ihren Stamm, wie man es damals ausdrückte, je 900.000 Mark Banco als Legat. Dr. C.W.A. Schröder erhielt für sich selbst jährlich aus dem Legat für Fannys Erben 5.000 Mark Banco. Von diesem Einkommen sollte der 4. Teil, also 1.250 Mark Banco, auf die Rente der zweiten Ehefrau Pauline übergehen, falls sie ihren Ehemann überleben sollte, denn sie zog ja verdienstvoll Salomons Enkelkinder groß. Ihr Ehemann vermachte Pauline später eine lebenslange Rente von 4.500 Mark Banco aus dem Erbe, das er von Salomon Heine erhalten hatte, dazu mietfreie Wohnung in Groß Borstel mit Nebengebäuden und Garten.[4] Pauline überlebte ihren Gatten nur um vier Jahre, eigene Kinder hat sie keine bekommen.

Durch seine zwei reichen Heiraten war Salomons Schwiegersohn Dr. Schröder in der Lage gewesen, viel Geld in Ackerland zu investieren. Zu bewirtschaften waren in Groß Borstel zunächst 14,2 Hektar, die Schröder im Laufe der Jahre durch Zukäufe auf 22,1 Hektar vergrößert hatte. Angebaut wurden meist Kohl und Zuckerrüben. Allerdings hatte er durch zu üppige Ausgaben einige Schulden bei seinem Schwiegervater Salomon angesammelt, die vom Legat in Abzug gebracht wurden.

Seit dem Tod von Salomon Heine stand der Familie das Geld, das heißt die Zinsen von ca. drei bis vier Prozent, aus dem Legat der 900.000 Mark Banco zu.

Der älteste Sohn C.W.A. Schröders, Georg Wilhelm, hatte mit Erfolg Jura studiert. Er wurde aber später für „geisteskrank" erklärt, vermutlich aufgrund eines Selbstmordversuchs. Er starb 1868 unverheiratet im Alter von 49 Jahren. Heinrich Heine schreibt am 7. Juni 1851 aus Paris an Charlotte: „Ist es wirklich wahr, daß Dr Schröder in Borstel sich erhängt hat?"[5] Sie bemerkt in einem Brief vom März 1852 an ihren Bruder: „Der arme Wilhelm Schröder ist aber noch eben so verrückt wie er war, er dauert mich in volem ernst. Nicht Carl noch Therese kennen mehr die Familie Schröder."[6] Der Kontakt der Neffen, Nichten, Cousins und Cousinen mit den Kindern von Fanny geb. Heine war abgebrochen. Allerdings sollte Carl später in seinem Testament die Nachkommen mit weiteren 200.000 Mark Banco beglücken. Geblieben ist von der Familie Heine-Schröder bis heute das 300 Jahre alte Landhaus auf dem Frustberg in Groß Borstel. Der große Teich am Haus ist allerdings verschwunden, der heutige Garten ist recht klein. Das Fachwerkhaus trägt jetzt den Namen „Stavenhagenhaus" und wird als Kulturhaus des Stadtteils genutzt. Nachdem es beinahe zum Abriss freigegeben worden wäre, ist es mit viel Aufwand 1960/62 restauriert worden und strahlt heute wieder im alten Glanz.[7]

Die 48er Revolution
Das Weltrevolutionsgepolter

Besonders seit dem Hamburger Brand gab es dringende Forderungen der unterschiedlichsten gesellschaftlichen Gruppen nach Reformen. Vor allem die allgemeine Teilhabe an städtischer Politik und die Änderung der Einflussmöglichkeiten auf die städtische Verwaltung waren Ziele der in liberalen Vereinen entwickelten Reformprogramme. Eine zentrale Forderung war die Aufhebung der Pressezensur. Den Beginn dieser Entwicklung hatte Salomon Heine noch miterleben dürfen, sein vorläufiges Ende, das die lang ersehnte Gleichstellung der Juden brachte, kam jedoch erst einige Jahre nach seinem Tod.

Ende Februar 1848 wurde auch dem Hamburger Senat der Ernst der Lage klar; das seit Jahren währende Brodeln unter der Oberfläche brach sich Bahn. Eine Revolution war ausgebrochen, die von Frankreich kommend in den deutschen Staaten auf fruchtbaren Boden fiel.

Bereits am 23. Februar 1848 konnte Heinrich Heine in Paris von seiner Wohnung aus die Straßenkämpfe miterleben, die einen Tag zuvor ausgebrochen waren. Durch das Eingreifen der französischen Armee hatten fünfzig Menschen ihre Teilnahme an der großen Demonstration mit ihrem Leben bezahlt. Kurz darauf musste der französische Regent Louis Philippe I. nach England fliehen, um einer neuen provisorischen Regierung Platz zu machen, die sich aus linken, liberalen, demokratischen und konservativen Kräften zusammensetzte. Für James Rothschild in Paris erschien die Revolution sehr bedrohlich. Er schreibt von der schlimmsten Revolution, die jemals stattgefunden habe.

Der völlig neu gestaltete Jungfernstieg um 1860.

Vorsichtshalber schickte er Frau und Kinder zu seinem Neffen nach England. Er hatte Angst, er könne alles verlieren, behielt aber seine Geschäfte in Paris im Auge, obwohl die Zustände *anarchisch* seien. Keiner wisse, wer in Paris an der Macht sei, stellte er fest.[1]

Heinrich schreibt am 30. März an seine Mutter:
„Eben weil es jetzt so stürmisch in der Welt, und hier besonders tribulant hergeht, kann ich Dir wenig schreiben. Der Spektakel hat mich physisch und moralisch sehr heruntergebracht. Ich bin so entmuthigt, wie ich es noch nie war. [...]
Du hast keinen Begriff davon, welche Misère hier jetzt herrscht. Die ganze Welt wird frey und bankrott. –Leb' wohl!"[2]

Schon zwei Jahre zuvor hatte die beginnende Wirtschaftskrise einen offenbar unaufhaltsamen Preisanstieg der Lebensmittel zur Folge gehabt, die Arbeitslosigkeit war hoch, Bargeld wurde knapp. Nachdem seitens der neuen Regierung staatliche Beschäftigungsmaßnahmen eingestellt wurden, kam es im Juni 1848 zu einem weiteren großen Aufstand in Paris, der blutig niedergeschlagen wurde. Die neue republikanische Regierung war am Ende und machte einer restaurativen Politik Platz. So konnte bereits im Dezember 1848 mit Hilfe einer neuen Verfassung Louis Napoleon Bonaparte, Neffe des ehemaligen Kaisers Napoleon I., zum ersten Staatspräsidenten gewählt werden. Er war aus seinem britischen Exil zurückgekehrt, lebte seit September wieder in Paris und durfte nun in den Elyseé-Palast einziehen und in der Republik politisch Fuß fassen. Über Achille Fould, der seine *Wahlfeldzüge* finanziert hatte, berichtet Heinz Rieder: „Fould war entschieden die aufschlußreichste Persönlichkeit. Er war der Sohn eines jüdischen Bankiers, der damals noch lebte und über ein riesiges Vermögen verfügte. [...] 1848 sattelte er rasch auf den Prinzen Napoleon um."[3]

Im Dezember 1851 schreibt Heinrich an seine Mutter in Hamburg: „Mit Ludwig Napoleon scheint es zu Ende zu sein.[...] Leider hat er nicht begriffen, daß die Franzosen die Republik zwar nicht lieben, aber doch sie behalten wollen. Was soviel gekostet hat, läßt man sich nicht gerne nehmen."[4]

Doch es war zu spät. Louis Napoleon Bonaparte, der am 2. Dezember mit einem Staatsstreich die Macht an sich gerissen hatte, wurde

1852 als Napoleon III. zum Kaiser der Franzosen ernannt. Achille Fould machte er zu seinem Finanzminister. Die Brüder Armand und Michel Heine, Cousins Heinrich Heines, waren mit ihren Ehefrauen bei Napoleon III. und seiner schönen Frau später gern gesehene Gäste.

Schon die Nachrichten im Februar 1848 aus Paris hatten in Hamburg lebhafte Diskussionen ausgelöst. Im März gab es hier die ersten Straßentumulte. Carl Heine schrieb zuvor, am 29. Februar, offensichtlich in Verkennung der Lage, er habe Rothschild in London gebeten, eine Einlage an das Pariser Haus weiterzuleiten, da die direkte Kommunikation zwischen Paris und Hamburg gestört sei. Im März meinte Carl noch einmal, dass die Revolution recht bald vorüber sein werde. Hamburg war zwar tatsächlich weniger von Unruhen betroffen als beispielsweise Berlin, aber auch hier führte die Erhebung bis Juni zu heftigen Ausschreitungen und in hitzigen politischen Auseinandersetzungen wurden Reformen eingefordert.[5]

Das Verlangen nach Freiheit, nach Demokratie, nach einem Ende der Bevormundung und der Zensur hatte sich wie ein Flächenbrand über Mitteleuropa ausgebreitet. Doch am Ende waren die Revolutionäre nicht in der Lage, die Zustände dauerhaft zu ändern. Die Freiheit schien nahe – war aber doch nicht zu erreichen.

Die in Hamburg eingesetzte Reform-Deputation erließ lediglich ein umstrittenes Pressegesetz, das zu einer kurzfristigen Aufhebung der Pressezensur führte. Die von allen volljährigen Männern gewählte und im Dezember 1848 eingesetzte verfassungsgebende Versammlung verabschiedete zwar 1849 eine Verfassung, stieß aber auf Widerstand. Die etablierten Hamburger Bürger empfanden die neue Verfassung als zu radikal und der Rat lehnte sie, auch auf Druck Preußens, ab. Längst hatten restaurative Kräfte wieder die Oberhand gewonnen. Die Konstituante wurde 1850 aufgelöst. Tatsächlich trat eine reformierte Verfassung erst am 28. September 1860 in Kraft.

Auch die im Zuge der allgemeinen Reformbestrebungen anfangs judenfreundliche Stimmung in Hamburg erlitt schnell einen Rückschlag. Angeblich seien zu viele Juden oder getaufte Juden als Abgeordnete in die Frankfurter Nationalversammlung gewählt worden.[6] Immerhin gab es endlich einen Fortschritt – die Diskriminierung der Juden sollte ein

Ende haben. „Volle Glaubens- und Gewissensfreiheit wird gewährleistet, wodurch ihnen auch das Groß- und Kleinbürgerrecht gestattet wird", war zu lesen.[7] In Carl Heines Papieren stand nun: jüdischer Bürger.

Nicht nur Carls Status änderte sich zu dieser Zeit. Zehn Jahre waren Cécile und Carl verheiratet, doch die Ehe war kinderlos geblieben. Kurz nach der Revolution wurden sie Vormünder einer Pflegetochter, die sie offiziell erst am 18. März 1858 adoptieren konnten.[8] Die Adoptivtochter hieß Adelaine Paule Laure Juliette Marguerite Heine (1847–1903), genannt Paule. Sie war die uneheliche Tochter von Céciles Bruder Joseph Paul Furtado, der kurz vor seiner geplanten Hochzeit 1848 gestorben war.

Vor diesem Todesfall hatte Heinrich an seinen Bruder Max geschrieben: „Karl Heine und seine Sippschaft behandeln mich mit empörender Gemüthlosigkeit. Ersterer, nämlich Karl, wird Ende dieses Monats nebst seiner Frau hier erwartet, zur Hochzeitsfeier seines Schwagers."[9]

In späteren Jahren besuchte Carl einige Male seinen kranken Vetter in Paris, manchmal in Begleitung eines anderen Familienmitgliedes.

Zehn Jahre nach Salomon Heines Tod erwarb Carl 1854 eine große Weide auf der gegenüberliegenden Straßenseite der Chaussee in Ottensen, Bollenstall genannt. Auch einen Gemüsegarten hatte er hinzugekauft und mit Wagenremisen und Stallungen bebaut. Heute stehen auf dem Gelände zwischen der Großen Brunnenstraße und Rothe Straße mehrere Einzelhäuser, die nach 1903 gebaut wurden. Nach Westen zum Neumühlener Kirchenweg kaufte Carl ebenfalls Land hinzu. Er ließ die Bebauung abreißen und errichtete dort große Treibhäuser, ein Palmenhaus und eine Orangerie. Die Orangerie fiel 1893 der Verlegung des Kirchenweges zum Opfer.

Nachdem Carl eine große Summe in die Hermann Heine'sche Stiftung eingebracht hatte, half er trotz eigener schwerer Verluste während der Wirtschaftskrise 1857 bei der größten Geldklemme Hamburgs den Hamburger Geschäftsleuten mit viel eigenem Vermögen. Wenige Jahre später, als sich 1864 im Zuge der Einführung der Gewerbefreiheit und der Revision des Bürgerrechts auch die öffentliche Fürsorgepflicht änderte, legte er 400.000 Courant Mark für das Krankenhaus in Staatspapieren an, denn nun war die jüdische Gemeinde nicht mehr verpflichtet, für ihre Armen aufzukommen. Per Testament verfügte er, dass die im Bau befindliche Kunsthalle zum Ankauf von Bildern 200.000 Mark Banco erhalten sollte, nachdem er schon für den Bau eine erhebliche Summe gegeben hatte. Weitere Summen für Arme und für sämtliche Hamburger Stiftungen wurden verfügt. Die Familie kam aber dabei nicht zu kurz. Die Bank sollte mangels Nachfolger nach seinem Tod liquidiert werden.[10]

In seinen letzten Lebensjahren war Carl mit seiner Familie überwiegend in Paris anzutreffen, wo er Charles genannt wurde. Der Vater seines Schwiegervaters Beer Lion Fould, der 1855 starb, hatte ihm elf Millionen Francs vermacht, insgesamt betrug sein Erbe aber erheblich mehr. „Wo Geld ist, kommt immer noch [etwas hin] zu", bemerkte Charlotte sehr richtig.[11] Die Schwiegereltern Furtado starben allerdings erst nach Carl Heines Tod,[12] so dass das ganz große Erbe Cécile allein zufiel. Das Schloss gehörte ihr bereits seit 1848. Bei seinem Tod 1865 hinterließ Carl nach unterschiedlichen Schätzungen ein Vermögen zwischen 40 und 66 Millionen Francs. Das heißt, er vererbte 1865 in etwa die gleiche Summe, die sein Vater vererbt hatte.

Ein Opfer der 48er Revolution wurde Therese Halles Ehemann; denn er soll durch die Ereignisse um seinen Verstand gebracht worden sein. „Er fürchtete, durch das Fallen der Staatspapiere und communistische Tendenzen ruiniert zu werden und hat seitdem mehrere Jahre in einer Irrenanstalt bei Dresden zugebracht, wo er einmal an der großen Elbbrücke Vorübergehende um Almosen angesprochen haben soll."[13]

„Daß Dr. Halle verrückt ist und wie ein Hahn kräht, wirst Du wissen. Wie witzig ist Gott!", schreibt Heinrich schadenfroh an seinen Bruder Max.[14] Dr. Adolph Halle wurde allerdings wieder gesund.

Tod und Vermächtnis Heinrich Heines
„Das Staatsgeheimnis"

Maximilian Heine behauptete nach dem Tod seines Bruders Heinrich: „Ich habe die feste Überzeugung und Heine starb auch mit derselben, daß Paris und die Behandlung der früheren französischen Aerzte sein Leben um viele Jahre verkürzt haben".[1]

Über seine vielen Krankheiten ist jahrelang gerätselt und gestritten worden. Im Heine-Jahrbuch von 1998 kommt der Arzt Heinrich Tölle zu dem Schluss: Heinrich Heine „litt an einer schweren lebensbegleitenden, aber nicht tödlichen Lungentuberkulose und an Lues cerebrospinales, möglicherweise einer vererbten Syphilis und es fand sich Blei in Heines Magen."[2]

Tuberkulose war damals nicht diagnostizierbar, aber da verschiedene Familienmitglieder von TBC infiziert waren, mag auch Heinrich daran erkrankt sein, sogar Mathilde spuckte einmal Blut. Allerdings verlief bei vielen Infizierten die Krankheit nicht tödlich.

Die Jodpräparate, mit denen er jahrelang behandelt wurde, waren jedenfalls ein nachweislich wirksames Medikament. Vielleicht wäre er ohne diese Behandlung schneller gestorben.

„Ich lasse dahingestellt seyn ob man meine Krankheit bei ihrem rechten Namen genannt hat, ob sie eine Familienkrankheit [...] oder eine jener Privatkrankheiten ist woran der Deutsche der im Auslande privatisirt zu leiden pflegt", formulierte Heinrich kryptisch 1849 für deutsche Zeitungen.[3]

Die Hoffnung, die Heine in die medizinischen Künste seines Bruders Max setzte, muss groß gewesen sein: „Wie oft in der Nacht rufe ich Deinen Namen und meine Frau, die über mir schläft, erzählt des Morgens, daß ich wieder so sehr nach Max gejammert. Du bist in der That mein einziger Freund in dieser Welt und Deine Liebe, Deine thätliche Liebe, gewährt mir den süßesten Trost."[4]

Im Dezember 1848 hatte Heinrich Max berichtet, er habe sein Bett nicht mehr verlassen können und sei Tag und Nacht Krämpfen ausgesetzt: „Liebster Max! Du hast keinen Begriff davon, wie viel ich gelitten habe und wie viel ich in diesem Leiden Charakterstärke, schauerlichstarke Charakterstärke an den Tag gelegt habe. Blos meines Weibes wegen habe ich diesen Leiden nicht ein Ende gemacht, wie es wohl einem Manne erlaubt wäre, dem alle Hoffnung erloschen ist, je wieder das Leben genießen zu können."[5]

In seinem Krankenzimmer in der Rue d'Amsterdam Nr. 50, das als „Matratzengruft" in die Geschichte eingehen sollte, unterschrieb Heinrich am 13. November 1851 in Gegenwart von Zeugen und Notaren sein letztgültiges Testament.[6] Es war die vierte Version.

Nach Heinrichs Tod am 17. Februar 1856 meldet sich Carl Heine bei seiner Schwägerin Mathilde:

„Madame! Da Sie sich verpflichten, die unter Heinrichs Nachlaß befindlichen Familienmemoiren niemals zu veröffentlichen, – von dieser Bedingung, ich wiederhole es, würde ich zu keiner Zeit abgehen – so gereicht es mir zum größten Vergnügen, sofort die nötigen Schritte in Ihrem Interesse zu thun. [...] Ich eröffne Ihnen heute einen Credit bei den Herren, B.L. Fould und Fould Oppenheim, rue de bergère No 22; einen jährlichen Kredit von 2.400 Frank, zahlbar in zwei Raten von 1.200 Frank, jeden ersten Januar und ersten Juli.

Auch habe ich bereits die nötigen Verfügungen in meinem Testament getroffen. Sie meiner Ergebenheit versichernd, bin ich Carl Heine."[7]

Mathilde erhielt von Carl Heine als Witwe sogar eine Rente von insgesamt 6.200 Francs jährlich. Schnell zeigte sich nun, dass Mathilde hinsichtlich Heinrichs Vermächtnis sehr geschäftstüchtig war und allem Anschein nach keineswegs das liebende Dummchen, für das sie viele hielten.

Sie schrieb am 8. März, also kurz nach dem Tod ihres Mannes, einen Brief, der im Januar 2011 für 3.800 Euro in einem Antiquariat angeboten wurde. Heinrich hätte darüber sicherlich schallend gelacht. Der Brief ist adressiert an den Chefredakteur der Zeitung „Le Siècle"; beigefügt ist der Text für eine Annonce, in der sie bekannt gibt, dass „Ein Grabmal nicht auf dem Grab Henri Heines ohne meine Erlaubnis errichtet werden kann."[8] Mit ihrem Schwager Gustav stand Mathilde schlecht, denn er hatte es nicht für nötig befunden, ihr sein Beileid auszusprechen, stattdessen hatte er eine protzige Anzeige drucken lassen, in der er mitteilte, für seinen Bruder ein Grabdenkmal für

10.000 Francs errichten lassen zu wollen. Das versuchte Mathilde mit ihrer Replik zu verhindern.

1902, achtzehn Jahre nach Mathildes Tod, wurde das jetzige Grabmal errichtet. Sie starb übrigens am selben Tag wie ihr Heinrich – allerdings 27 Jahre später – und wurde neben ihm beigesetzt.

Mathilde und Heinrichs Anwalt Henri Julia waren sich schon zu Lebzeiten Heinrichs näher gekommen. Sogar der Verleger Campe wusste von dem „Staatsgeheimnis". Die beiden gingen so raffiniert vor, dass Heinrich nichts ahnte. Sie schmiedeten Pläne, wie sie die vorhandenen Manuskripte zu Geld machen könnten. Ihnen ging es offenbar nur ums Geld. Aber so einfach entwickelte sich die Angelegenheit nicht. 1869, nach verunglückten Verkaufsversuchen und nach einer Verstimmung zwischen den beiden, verkaufte Mathilde den Nachlass für 10.000 Francs an Campe jun., dessen Vater in der Zwischenzeit verstorben war. Sie behielt aber die Memoiren zurück.[9] Carl war vor vier Jahren verstorben, so dass es eigentlich keinen Hinderungsgrund mehr für die Veröffentlichung der Memoiren gab. Doch Ludwig von Embden, Charlottes Sohn, hatte bei Carls Testamentsvollstrecker Carl Mosengel nachgehakt und der entschied: „Wenn Frau Heine sich nicht ruhig verhält und die geringste Kleinigkeit über die Familie veröffentlicht, kann sie riskieren,

Neuer Grabstein Heinrich Heines auf dem Friedhof Montmartre, gestaltet um 1890 von Hasselriis.

daß man ihr die Rente entzieht."[10] Bereits zwei Jahre zuvor war Charlottes Tochter Maria de la Rocca bei Mathilde gewesen, in der Hoffnung, von ihr die Memoiren erwerben zu können. Sie bemühte sich vergebens. Auch ihr Bruder Ludwig von Embden war später nicht erfolgreich. Aber er warnte seine Tante vor jeder Veröffentlichung, da sonst ihr Schwager Gustav und seine Kinder die Erben werden könnten. Als Mathilde starb, war sie immer noch im Besitz der Memoiren. Nun begann ein Kampf zwischen dem Anwalt Henri Julia und Ludwig von Embden um diese letzten Blätter. Nach vielen nutzlosen Verhandlungen reiste Ludwig selbst nach Paris. Kurze Zeit nach seiner Rückkehr erstanden der Verleger der „Gartenlaube" und der Verlag Hoffmann & Campe die Memoiren gemeinsam für 16.000 Francs.[11] In den später veröffentlichten Memoiren geht es nur um Heines Jugenderinnerungen, der reiche Onkel kommt darin nicht vor.

Im Jahre 1900 kam dennoch ein Rest aus Heinrichs Nachlass auf den Markt, Blätter, die Henri Julia Mathildes Schwester zur Aufbewahrung gegeben hatte. Zwei Briefe Heinrichs, erworben 1917, liegen noch heute im Museum für Hamburgische Geschichte.

Heinrich Heines Mutter Peira starb am 3. September 1859 in Hamburg. Sie wurde auf dem Friedhof am Grindel beerdigt und später, nach Auflösung des Friedhofs, ehrenhalber zum jüdischen Teil des Friedhofs Ohlsdorf umgebettet. Dort wurde außer dem alten Stein zusätzlich ein neuer aufgestellt.

Charlotte von Embden hatte ein langes Leben. Sie starb 1899 und wurde wie Betty und Salomon Heine in Ottensen beigesetzt.

Ihr einziger Sohn, der spätere Baron Ludwig Heinrich von Embden, blieb unverheiratet. Den Titel hatte er nach einem Besuch der österreichischen Kaiserin Elisabeth erhalten, die einmal an der Esplanade zu Gast war. Er hatte 1892 ein kleines Buch zur Familiengeschichte mit dem Titel „Heinrich Heines Familienleben" veröffentlicht.

Anstelle eines Nachworts: Der alte Ottenser Friedhof
Die Ewigkeit dauerte 330 Jahre

Die Geschichte des Ottenser jüdischen Friedhofs, Betty und Salomon Heines Begräbnisplatz, ist lang und seit dem Ende des 19. Jahrhunderts zunehmend kompliziert und unwürdig.

1663 hatte der damalige Landdrost zu Pinneberg Hamburger Juden gestattet, ein Friedhofsgrundstück in Ottensen zu erwerben. Ein Vorfahre Betty Heines sorgte gemeinsam mit Anderen 40 Jahre später dafür, dass Land zur Vergrößerung des Friedhofareals hinzugekauft werden konnte.[1]

Der Friedhof wurde von Hamburgern genutzt, lag aber auf dänischem Staatsgebiet. Auch die Altonaer jüdische Gemeinde unterstand zu Salomons Zeiten dem dänischen Königshaus. 1834 versuchte die dänische Seite durch ihren Oberpräsidenten Blücher in Altona, die Hamburger jüdische Gemeinde zu finanziellen Zugeständnissen zu zwingen, indem man ihr androhte, die Zugänge zum Friedhof Ottensen und zum Hamburger Teil des Friedhofs an der Königstraße in Altona

Friedhof Ottensen. Kreidelithografie von Jacob Gensler 1836.

zu sperren, sollte sie neu geforderten Schutzgeldzahlungen nicht nachkommen. Nach langen unergiebigen Verhandlungen konstituierte sich im März 1835 eine Kommission mit dem jungen Juristen Gabriel Riesser an der Spitze. „Ende März versuchte Blücher, zu einer Entschärfung des Konflikts beizutragen, indem er Salomon Heine in Hamburg um Vermittlung bat. Das mochte auch taktische Gründe haben. Heine lehnte indes mit der Begründung ab, daß er in der Gemeinde keine amtliche Stellung bekleide. Aber eben diese Neutralität hätte ihn besonders qualifiziert. Es mochten also andere Gründe gewesen sein. Vielleicht war Heine nur zu bewußt, daß eine vermittelnde Lösung kaum möglich sein werde", folgerten Ina Lorenz und Jörg Berkemann.[2] Da Salomon sowohl mit Blücher als auch mit Riesser befreundet war und in Ottensen wie in Hamburg lebte, saß er zwischen den Stühlen. Salomon wollte sicherlich keine der beiden Seiten gegen sich aufbringen, denn das hätte sich nachteilig für ihn ausgewirkt.

Am Ende, nachdem es weitere Erpressungsversuche seitens Dänemarks gegeben hatte, verlief die Angelegenheit im Sande.

Die vermutlich erste Schändung des Friedhofs erfolgte 1893, als 27 Grabsteine umgeworfen wurden, darunter auch diejenigen von Betty und Salomon Heine. Die Suche nach den Tätern blieb erfolglos.[3]

Teile des Friedhofsgeländes in Ottensen wurden seit 1939 von den Nationalsozialisten beschlagnahmt und zweckentfremdet. Bereits zu Beginn des Zweiten Weltkrieges war ein Hochbunker auf dem Platz errichtet worden, nach dem Krieg standen Marktstände darauf.

Einige Jahre zuvor mussten die jüdischen Friedhöfe Hamburgs an den Fiskus zwangsverkauft werden, über zwei Millionen Mark wanderten in die Taschen der Nazi-Regierung.[4]

Während des Zweiten Weltkrieges versuchte die jüdische Gemeinde 1941 zu retten, was zu retten war.[5] Die Nationalsozialisten gestatteten der Gemeinde, einige der Toten und 175 Grabsteine auf den Friedhof Ohlsdorf zu überführen, darunter jene von Betty und Salomon Heine. In Ohlsdorf trafen zunächst nur 47 Grabsteine ein. Als die restlichen gezeichneten Grabsteine 1942 nach Ohlsdorf gebracht werden sollten, berichtete der mit der Auswahl beauftragte Rechtsanwalt Hans W. Hertz, habe man nur die Gebeine von Betty und Salomon und die

Gebeine einiger jüdischer Rabbiner verlegen dürfen.[6] Die Grabsteine von Betty und Salomon waren verschwunden. Die Überreste von Charlotte geb. Heine und Moritz von Embden wurden dagegen zum Friedhof Bornkamp, im seit 1937 zu Hamburg gehörenden Stadtteil Bahrenfeld, gebracht. Dort erhielten sie einen gemeinsamen Grabstein.

Seit 1948 forderte die neu gegründete jüdische Gemeinde die Rückgabe des Friedhofs Ottensen. Ab 1953 zahlte Hamburg fünf Millionen Deutsche Mark als Entschädigung an die Londoner Jewish Trust Corporation, der die Rückerstattungsverhandlungen oblagen. Der Vorsitzende dieser Organisation war Sir Henry d'Avigdor Goldsmid, ein Nachkomme der Goldsmid-Familie, die 1799 das Schiff *Lutine* mit viel Geld nach Hamburg geschickt hatte.

1953, als der Hertie-Konzern auf dem Friedhofsgelände ein Kaufhaus bauen wollte, weigerte sich die Stadt Hamburg, Geld zur Verfügung zu stellen, damit die noch vorhandenen Gräber ermittelt und die Gebeine geborgen werden konnten. Die jüdische Gemeinde nahm die Entscheidung nicht hin und erreichte schließlich, dass das Grundstück untersucht werden durfte. Weitere 78 Gräber wurden exhumiert, 61 Grabsteine wurden gefunden und Hertie wurde gebaut.

1991 gingen Bilder von demonstrierenden ultra-orthodoxen Juden aus Antwerpen und anderen Städten, die auf einer Baustelle in Ottensen von Polizei umstellt waren, um die Welt. Sie versuchten, das Gelände des ehemaligen Ottenser Friedhofs vor erneuten Baumaßnahmen zu schützen. In vielen Ländern regte sich Empörung, da man bei den Bauarbeiten zu einem Einkaufszentrum auf Überreste des Friedhofs gestoßen war, die beim Fortgang des Baus einer Tiefgarage vernichtet worden wären. Manche Hamburger wunderten sich nun über seltsam schwarz gekleidete Menschen auf der Baustelle. Welcher Hamburger wusste damals noch etwas über die jüdische Vergangenheit dieses Ortes, über die jüdische Geschichte der Stadt?

1992 kam es zum Schlichtungsspruch durch den nach Hamburg gereisten Jerusalemer Oberrabbiner Itzhak Kolitz. Es würde keine Ausschachtung, sondern eine Abdeckung des Geländes durch eine Betonplatte geben. Jetzt konnte das Mercado Shopping Center darauf errichtet werden.[7]

Mitten im Center führt heute eine halbe Treppe zu einer Wand, versehen mit kleinen Namenstafeln der einst an dieser Stelle begrabenen Juden. Darunter auch der Name Beracha, ein seltener Vorname, der Segen bedeutet. Eine von Betty und Salomon Heines früh verstorbenen Töchtern hatte den Namen Beracha (oder Baracha) erhalten, ebenso einige ihrer Cousinen und Nichten. Beracha, verheiratete Goldschmidt, gestorben 1747, beerdigt in Ottensen, war die Großmutter von Betty Heine geb. Goldschmidt gewesen. Viele ihrer Goldschmidt-Vorfahren sind ebenfalls auf dem Ottenser Friedhof begraben, auch wenn sie nicht alle auf den Tafeln erwähnt werden.[8]

Nach der Überführung der Gebeine von Betty und Salomon auf den Friedhof Ohlsdorf zu Beginn der 1940er-Jahre ließ die jüdische Gemeinde erst 1965 einen gemeinsamen Grabstein für Betty und Salomon Heine setzen. Doch wie Felix Epstein 1967 feststellte, gibt es darauf zwei falsche Daten. „Um diesen Übelstand zu beseitigen und vor allem, um den um die Stadt Hamburg und insbesondere die Hamburger Judenheit hochverdienten Philantropen eine wahrhaft würdige Gedenkstätte zu bereiten, wofür sein am 19. Oktober dieses Jahres sich

Die Tafeln mit Namen der nachgewiesenen Toten des Ottenser Friedhofs im Zwischengeschoss des Mercado-Einkaufszentrums.

zum 200. Mal jährender Geburtstag die passendste Gelegenheit bietet, ist beabsichtigt, an Hand von Fotografien der Originalsteine zwei diesen anzugleichende neue Steine zu errichten."[9]

Die dringende Bitte um eine unverzügliche Aufnahme der Vorbereitungen verlief jedoch im Sande. Das Denkmalschutzamt hatte zwar zugestimmt, doch die „… schikanöse Opposition von der jüdischen Gemeinde, die auf die 100%ige Wiederherstellung pocht, obwohl sie vorher den schlechten Stein aufgestellt hatte",[10] brachte die Angelegenheit zu Fall. So ist bis heute der Grabstein in Ohlsdorf zu sehen, der von Felix Epstein moniert wurde.

Manchmal liegen kleine Kieselsteine auf dem großen Grabstein, bei Juden ein Zeichen, dass jemand dort war und der Verstorbenen gedacht hat. Obwohl Blumen auf jüdischen Gräbern unüblich sind, wird das Grab der Heines jedes Jahr mit Fleißigen Lieschen bepflanzt.

Der Ersatzgrabstein von Salomon und Betty Heine, 1967 mit fehlerhaften Daten auf dem jüdischen Friedhof Ohlsdorf an der Ilandkoppel aufgestellt.

Dank

Als ich vor vielen Jahren mit meinen Forschungen zur Familie Heine begann, hatte ich bereits den 250. Geburtstag Salomon Heines im Blick. Bei der Umsetzung meines Vorhabens haben mich viele Menschen begleitet, einige von ihnen möchte ich hier stellvertretend nennen.

Joseph A. Kruse danke ich besonders für seinen großen Zuspruch zu Beginn meiner Arbeit, was mich beflügelt hat und mir Mut machte.

Hinweise zu Unterlagen aus dem Staatsarchiv erhielt ich von Jürgen Sielemann, der mir auch bei der Transkription von Salomon Heines Briefen half. Den Zugang zu den Briefen verdanke ich dem Heine-Institut und dort Christian Liedtke, der mir auch Einsicht in das Archiv des Instituts gewährte. Auch Susanne Koppel war eine große Hilfe beim Lesen der Briefe. Ebenso die CD mit Texten zu Heinrich Heine, die mir Rolf Pfennig schenkte. Ihnen allen sei an dieser Stelle gedankt.

Die Materialsammlung nahm schnell mehrere Ordner ein und über 600 Seiten umfasste bald das Manuskript, doch wuchs der Text weiterhin, denn ich fand immer wieder interessante Details zur Familie Heine. Bis es zu der hier vorliegenden, von mir stark gekürzten Fassung kam, war es ein langer Weg.

Allen, die mir gern angenommene Ratschläge gaben und beim Gegenlesen, Strukturieren oder Korrigieren halfen, gilt mein großer Dank. Dazu gehören insbesondere Christiane Pritzlaff, vor allem für das beherzte Streichen in der ersten Fassung, Ute Haug, Sabine Manke und Marianne Holderied-Friese für das Korrigieren, Hinweise zum Textaufbau und das Lektorieren. Ein weiterer Dank gilt den Mitarbeiterinnen und Mitarbeitern des Rothschild Archivs in London, des Warburg-Archivs in Hamburg-Blankenese und des Hamburger Staatsarchivs.

Durch Beate Borowka-Clausbergs Vermittlung konnte ich im Rathaus das Bild von Salomon Heine genau studieren und kam in Kontakt mit der Restauratorin Ewa Gilun, die das Bild von Betty Heine in der Kirche St. Jacobi ausgezeichnet restaurierte und viele Hinweise zur Entstehung der Heine-Bilder beitragen konnte.

Allen, die zum Gelingen dieses Buchs beigetragen haben, danke ich herzlich, denn ohne ihre Hilfe wäre das Werk nicht vollendet worden. Besonders danken möchte ich aber Claudia Thorn, die mit ihrem historischen Wissen und ihrer Genauigkeit eine sehr kompetente Schluss-Lektorin war. Auch dem Verlag danke ich sehr für die engagierte Mitarbeit. Christian Wöhrl möchte ich für seine Geduld und Gewissenhaftigkeit bei Gestaltung und Satz danken und Karl Clausberg für seine guten Ratschläge und die präzise Bildbearbeitung. Alle Fehler, die jetzt noch zu finden sind, gehen zu meinen Lasten. Für weitere Informationen zu Salomon Heines Leben und den Biografien seiner Familienmitglieder bin ich jederzeit dankbar.

Sylvia Steckmest, Frühjahr 2017

Anhang

Anmerkungen

Das Heine Haus am Jungfernstieg (S. 11–16)

1 Bis zum Zweiten Weltkrieg hieß das Haus Streit's Hotel. Erst Mitte der 1950er-Jahre wurde es in Streit's Haus umbenannt, da es längst kein Hotel mehr war.
2 Hedinger/Berger, 2003: Lose Einlage in der Ausgabe der Bibliothek im Staatsarchiv Hamburg.
3 Vgl. Staatsarchiv Hamburg (im Folgenden: StAHbg), 333-1/1 Hamburger Feuerkasse, II 1. Bd. II b.
4 Die Grundfläche des Hauses mag damals ca. 400–500 Quadratmeter betragen haben. Heute hat das Heine Haus fast 600 Quadratmeter Grundfläche inklusive Lichtschacht, da es rückwärtig ausgebaut wurde.

Salomon Heines Vorfahren (S. 16–19)

1 Es ließ sich nicht abschließend klären, ob es sich um Krefeld-Bockum oder um Hamm-Bockum handelte.
2 Auf dem jüdischen Friedhof Oberstraße in Hannover sind Salomon Gans (–1654) sowie der zweite Ehemann von Jente Leffmann Behrens begraben. Auch Salomon Heines Vater liegt dort. Siehe Gronemann, 1913, S. 24.
3 Gronemann, 1913, S. 13 f.
4 Vgl. Schnee, 1953, Heft 1, S. 54 f.
5 Vgl. Nick, 2015, S. 178.
6 Auf Reisen waren Juden damals verpflichtet, ein gelbes Tuch zu tragen. Seit dem Mittelalter gab es Kleiderordnungen, die am Rande der Gesellschaft stehenden Bevölkerungsgruppen eine spezielle Kennzeichnung auferlegten. So mussten auch Juden sich durch überwiegend gelbe Zeichen kenntlich machen. Es gab so genannte Judenringe, die auf die Kleidung aufgenäht wurden, oder spitze gelbe Hüte. In Preußen wurde die Kennzeichnungspflicht 1790 abgeschafft. Diese Kleiderordnungen sind der historische Bezug, auf dessen Basis die Nationalsozialisten schließlich die Zwangskennzeichnung mit dem so genannten Judenstern einführten. Vgl. Freudenthal, 1928, S. 54.
7 Hoffaktoren, auch Hofjuden genannt, konnten auch Steuereintreiber für ihre Fürsten sein oder Heereslieferanten. Leffmann Behrens besorgte z.B. während des Großen Türkenkriegs 1685 Geld und ebenso im Spanischen Erbfolgekrieg für den Krieg gegen Frankreich und Kurbayern 1700–1705. Siehe Die Hofjuden. In: Deutsch-jüdische Geschichte, Bd. 1, 1995, S. 110–113.
8 Vgl. Schnee, 1953, Heft 1, S. 54 f.
9 Von 1682–1856 lebten Mitglieder aus der Familie Heine in Bückeburg. Die erste dortige Privatbank wurde von Joseph Heine gegründet. Siehe High, 2006, S. 182–189.
10 Es gab noch einen älteren Bruder mit Namen Gottfried (1680–1748), der Anfang des 18. Jahrhunderts in das habsburgische Slowenien zog. Dieser

Familienzweig nannte sich dort Hayne. Ich danke Dr. Thomas Freiherr von Heine-Geldern in Wien für die freundliche Information.
11 Vgl. StAHbg, 552-1 Jüdische Gemeinden, 66b.
12 Vgl. High, 2006, S. 183. Grab auf dem Friedhof in Hannover: Nr. 305.
13 Ferngeschäfte erfolgten immer mittels Wechsel, die fast wie Bargeld angenommen wurden. Man befriedigte seinen Handelspartner, indem man sich auf einen Dritten berief, der an einem angegebenen Ort die Zahlung veranlassen würde. Der Wechsel konnte von Hand zu Hand weiter wechseln.
14 Düsseldorfer Heine-Ausgabe (im Folgenden: DHA) Bd. 4, S. 89 ff.

Familie Popert aus Altona (S. 20–25)

1 Vgl. Grisebach, 1988, S. 5 f.
2 Vgl. StAHbg, 211-2 Reichskammergericht, V 16.
3 Heinrich Heine nannte seinen Großvater „den kleinen Mann mit dem großen Bart". Vgl. DHA Bd. 15, S. 75.
4 Jehuda Löb Heine, geboren um 1706, war von 1750 bis 1761 Hoflieferant. Er hatte zwei Söhne, Daniel und Joseph. Joseph wurde in Bückeburg und ab 1825 auch in Hamburg Bankier. Dessen Sohn Salomon Joseph Heine (1804–1868) lebte zuerst ebenfalls in Bückeburg, dann in Hamburg und München. Er war seit 1838 mit Nannette Kaula in München verheiratet. Die ältesten Söhne, Levi und Lazarus Heine, wurden ebenfalls Bankiers in Bückeburg, machten aber Bankrott, und Lazarus floh nach Australien.
5 Das beschriebene Porträt ist sehr wahrscheinlich identisch mit dem Gemälde im Heine'schen Wohnstift. Es zeigt eine Frau mit grüner Haube, die Heine wohl als schwarze Haube in Erinnerung blieb.
6 DHA Bd. 15, S. 76.
7 Vgl. Heckscher, 1905, S. 7, und High, 2006, S. 419.
8 Riesbeck, 1990, S. 103.
9 Baggesen, 1986, S. 62 f.
10 Bendix Schiff war ein Günstling des dänischen Königs, der sogar an dessen Tafel nach Kopenhagen geladen wurde. In Altona veranstaltete er Synagogenfeste, wenn der König in der Stadt war.
11 Informationen zum Friedhof Königstraße unter www.steinheim-institut.de.
12 Der Merchant Banker war Händler und Bankier zugleich. Er handelte als Makler oder Großhändler mit diversen Waren und vergab (Wechsel-)Kredite an Kaufleute. Eine Trennung der Waren- und Bankgeschäfte erfolgte erst gegen Mitte des 19. Jahrhunderts.
13 Vgl. StAHbg, 424-03 Magistrat Altona, Abt. XXXII, B II s Nr. 23. „Wir Frederik VI. […] thun hiermit kund, daß auf Antrag des Altonaer Bürgers Isaak Bendix Schiff …" Unterschrift Lawaetz.

Salomon Heines frühe Hamburger Jahre (S. 25–33)

1 Brief Salomon Heines an Maximilian Heine vom 12.8.1835. Heinrich Heine Institut.
2 Vgl. Wiborg, 1994, S. 22. Ebenfalls Wiborg, 2012, S. 36, ohne Quellenangabe. Die Notiz über den Verkauf von Bleistiften wurde zuerst von Marie Zacharias aufgeschrieben, die eine enge Vertraute von Alfred Lichtwark war. Vielleicht war es nur ein Gerücht. Vgl. Zacharias, 1954, S. 108.
3 Vgl. Ehrenberg, 1905, S. 27 f. u. 55. Siehe auch Grisebach, 1988, S. 7.
4 Vgl. StAHbg, 371-2 Admiralitätskollegium, F 6 Bd. 42.
5 Die Straßen waren in nummerierte Abschnitte eingeteilt.
6 Salomons schnelles Ausscheiden bei Popert könnte durch die unkalkulierbare Art des Handelns von Meyer Wolf Popert befördert worden sein, denn der galt, anders als sein Vater, in seinen Kreisen als leichtsinnig und gutmütig, was ihn schließlich in größte Schwierigkeiten brachte und den endgültigen Konkurs des Bankhauses zur Folge hatte. Vgl. Mendelssohn, 1845, S. 7.
7 Der wohlhabende Emanuel Aron von Halle würde später der Schwiegervater von Salomons Tochter Therese werden, aber das konnte Salomon zu dieser Zeit noch nicht ahnen.
8 Vgl. Weber, 2004, S. 243. Geldwechsler, Kreditgeber und Lotteriebetreiber waren unter der jüdischen Bevölkerung häufig zu finden, denn nur wenige andere einträgliche Berufe waren den Juden erlaubt. Erst während der so genannten Franzosenzeit von 1811 bis 1814, als Hamburg seine Souveränität an das französische Kaiserreich verlor, sollten sich die Erwerbsmöglichkeiten für Juden verbessern. Von öffentlichen Ämtern blieben sie bis dahin ausgeschlossen. Noch aus dem Jahre 1710 stammte das „Judenreglement", die Grundlage des Judenrechts, das erst 1811 durch die Franzosen vorübergehend außer Kraft gesetzt wurde. Auch von zünftigen Berufen waren sie ausgeschlossen, denn die Zünfte hatten Angst vor Konkurrenz, was 1819 nicht nur in Hamburg zu Ausschreitungen gegen Juden führen sollte.
9 Alle Geburten vor 1811 siehe StAHbg, 522-1 Jüdische Gemeinden, 65a.
10 HSA Bd. 24, S. 227, Nr. 156.
11 Vgl. StAHbg, 522-1 Jüdische Gemeinden, 65a.
12 Nur wenige hatten seinerzeit ein Bankkonto. Wer ohne eigenes Konto war, fand eine Möglichkeit, sein Geld bei einem Bekannten unterzubringen, der sich ein Konto leisten konnte. Im Adressbuch hieß es dann: in B.C. unter…
13 Der alte Heckscher war auf der Herbstmesse in Leipzig am 1.10.1795 einem Raubmord zum Opfer gefallen. Er hatte vor allem mit Stoffen gehandelt, weswegen er die Messe in Leipzig besucht hatte. Über den Verlauf des Überfalls, in dessen Folge Abraham Marcus Heckscher starb, ist nichts bekannt. Selbst die Zeitgenossen erfuhren erst spät davon. Er wurde in Halle begraben. Seine beherzte Witwe, die ebenfalls erst viel später vom Mord an ihrem Mann erfuhr, führte die Firma zunächst allein weiter und übergab sie zwei Jahre später an ihren Sohn. Im gleichen Jahr trat Samuel Heine als Partner bei Heckscher ein.

14 Levin Hertz stammte aus Lippehene in Brandenburg. Er war vermutlich nicht mit dem bekannten Zweig Hertz Hildesheim verwandt. Hertz war von 1819–1823 im Vorstand der jüdischen Gemeinde. Zu Hertz vgl. StAHbg, 741-2 Genealogische Sammlungen, 1 Hertz.
15 Vgl. Schnurmann, 2014, S. 86.
16 Verschiedene große Handelshäuser in Hamburg und im Ausland hatten Einlagen bei der Heckscher Bank. Mit J.H. Wüstenberg in Bordeaux gab es ein Conto a metà, ein Gemeinschaftskonto für den Zuckerhandel. Vgl. Pohl, 1986, S. 45.
17 Die Leinenausfuhr von Hamburg lief über Cádiz. Da die Zuckereinfuhr aus Brasilien meist über portugiesische Häfen erfolgte, wird auch ein enger Kontakt mit einer Hafenstadt dort bestanden haben. Erst nach 1818 wurde Zucker aus Brasilien auch direkt nach Hamburg verschifft. Die Zahlungen liefen über London. Siehe Petersson, 1998, S. 140.
18 1801 kämpften die Engländer in einer Seeschlacht gegen Dänemark und 1807 beschossen sie sogar Kopenhagen. So wurden die Dänen in die Arme der Franzosen getrieben, mit denen sie sich dann verbündeten.
19 Hamburg importierte z.B. 1797 39 Millionen Pfund Kaffee. Zucker und Kaffee waren die Haupteinfuhrprodukte; es folgten Baumwolle, Wolle, Tabak, Indigo, Kakao, Blauholz, Rosinen, Reis, Kork und viele andere Handelswaren. Zu den Großimporteuren zählten u.a. Caspar Voght, J. de Chapeaurouge und J. Parish (seine Schiffe segelten unter Hamburger Flagge), die direkt Waren aus Amerika bezogen. John Gabe importierte aus Portugal, Peter Godeffroy, Johann Lawaetz und Lion von Embden überwiegend aus England. Siehe StAHbg, 371-2 Admiralitätskollegium, F 6 Bde. 32–45.
20 Die Mark Banco war die Zahlungseinheit der 1619 gegründeten Hamburger Bank, eine bargeldlose Währung (auch als Ware bezeichnet), die durch Silberbarren gedeckt war. Sie galt als sehr stabile Währung. Es gab deshalb ein Gutschriftverfahren, aber keine Münzen. Zur Krise von 1799 siehe Loss, StAHbg, 731-1 Handschriftensammlung, 2923.
21 Vgl. Handelskrise 1799 in Hamburg. Verzeichnis von 134 fallit gewordenen Firmen mit im Ganzen über 38 Millionen MBco. Maschinenschrift, StAHbg, 222-3 Handelsgericht, A 4 Bd. 2.
22 Eine längere Zwischenstation machte Isaak Heine südlich von Hamburg, vielleicht bei seinen beiden Onkeln in Bückeburg. Jedenfalls hatte er bald einen Sohn namens Jacob, der südlich von Hamburg ohne Vater aufwuchs, wie einem späteren Brief von Salomon Heine zu entnehmen ist.
23 In der Fallitenliste von 1799 ist Meyer Wolf Popert nicht aufgeführt, obwohl sein Konkurs noch im Oktober desselben Jahres erfolgt war.
24 Die Familie Goldsmid war über Frankfurt und Amsterdam nach London gekommen. Laut Paul Emden in London betrug das Vermögen der Goldsmids um 1800 ca. 800.000 englische Pfund.
25 Siehe Krawehl, 1999, S. 2 f. u. 12–17.
26 Vgl. Hertz, 1801, S. 13 u. 16.

27 Vgl. ebd., S. 15.
28 Vgl. Grisebach, 1988, S. 8, sowie StAHbg, 331-2 Polizeibehörde – Kriminalwesen, C 1799 Nr. 41: Fallitsache L. S. Hertz.
29 Vgl. Warburg-Archiv Hamburg-Blankenese, Hauptbuch und Bilanz von 1801.

Unruhige Zeiten (S. 33–35)

1 Die Flüchtlinge brachten eine entspanntere Lebensart und die französische Mode mit, die gern von den steiferen Hamburgern übernommen wurde. Die Fremden übten zum Teil einen positiven Einfluss auf die Sitten, den Geschmack und den Stil der Hamburger aus, wenn auch manche die „Nachäfferei" französischer Sitten verwerflich fanden und den Einfluss der geflüchteten Franzosen alles andere als positiv sahen: „Frankreich hätte nie Republik werden können, wenn diese Pest dort geblieben wäre." Siehe Aust, 1972, S. 25, der Frau Dr. Reimarus mit diesem Ausruf zitiert.
2 Vgl. StaHbg, 111-1 Senat, 57436.
3 Vgl. Ahrens, 1981, Bd. 68, S. 23.
4 Vgl. ebd., S. 24.
5 Vgl. ebd. u. StAHbg, 311-1 I Kämmerei, Nr. 253, Bd. 2. Kopfgeld von 1803.
6 Vgl. Ahrens, 1981, Bd. 68, S. 25 f.
7 Die 1805 geborene Marianne Prell, eine Hamburger Kaufmannstochter, schrieb über die Ereignisse, die sie von ihren Eltern geschildert bekam. Auch konnte sie auf ein Tagebuch einer anderen Hamburger Zeitzeugin, Elisabeth Dorothea Moller, zurückgreifen, das erst fünf Jahre später 1903 in der Zeitschrift des Vereins für Hamburgische Geschichte veröffentlicht wurde. Prell, 1898, S. 10.
8 Die wichtigsten Häfen für Hamburger Einfuhren waren London und Bordeaux, erst mit großem Abstand folgten Lissabon, Nantes, Le Havre, Porto, Liverpool und andere.

Rothschild, Mendelssohn und Voght (S. 35–38)

1 Zum Teil lief der Warenverkehr nun über alternative Strecken. Hamburger Kaufleute beklagten die langen Lieferzeiten der Pakete aus England, die über Holland geschickt wurden. Auch über Kiel, Lübeck und Kopenhagen gelangten Waren nach Hamburg. Vom Frühjahr bis Oktober 1806 blockierten die Engländer erneut die Elbe, wenige Wochen später sperrten die Franzosen die Flussmündung.
2 Vgl. Weber, 2004, S. 231.
3 Vgl. Schnurmann: http://www.immigrantentrepreneurship.org/ entry.php?rec=11 (letzter Abruf 4.11.2016).
4 Voght schreibt an eine langjährige Freundin aus Paris: „Ich habe mein Haus in Flottbek und den Park an den reichen Bankier Heckscher bis Ult September 1810 für 4 700 Mark Courant vermiethet. Er übernimt meine 3 Bedienten dort gänzlich und einige andere Kosten, welches mir über 3.000 Mark erspart. Für

diese 8.000 Mark Courant kann ich den nächsten Winter in Paris zubringen. Mad. Heckscher ist eine ordentliche Hausfrau und wird das Haus ordentlich bewohnen. Er räumt mir ein Zimmer ein, wenn ich hinkomme. Wird unterdessen Flotbeck nicht verkauft, so komme ich gegen Winter zuhause – bin 3 Jahr abwesend gewesen und kann meine kleine Wirtschafft einrichten, wie ich will. Freylich hatte ich nicht so viel und so vieles an Flotbeck [auf]gewandt, damit ein französischer General es occupieren – ein jüdischer Gauner es bewohnen sollte." Zit. nach Möller, 1959, S. 26.
5 Vgl. Weber, 2004, S. 231.
6 Vgl. StAHbg, 371-2 Admiralitätskollegium, F6 Bd. 49.
7 Vgl. Lackmann, 2008, S. 110. Die Mendelssohn-Bank in Hamburg war eine Kooperation mit Zadik. StHbg, 311-1. Kämmerei I., 225, Bd. 2, S. 239.

Die Franzosenherrschaft (S. 38–41)

1 Haller schreibt: „Mein Großvater Jacob Oppenheimer (1778–1845) war von jeher vermöge seiner Klugheit, seiner Bildung und seines tadellosen Charakters ein in Hamburg hochangesehener Mann. Schon zur Franzosenzeit gehörte er zu den von der Stadt ernannten Notabeln, die mit dem Napoleonischen Regime und später mit Marschall Davout verhandelten. Meine Großmutter beschrieb ihn stets als einen Mann von Edelsinn, Herzensgüte, Sittenreinheit und hohen Geistesgaben." Vgl. Haller, 1985, S. 21. Siehe auch StAHbg, 622-1/33 Familie Martin Haller, Nr. 49, Bd. 1.
2 Vgl. Haarbleicher, 1886, S. 71 f. Siehe auch Lorenz/Berkemann, Chronik, 1995, S. 69.
3 Vgl. StAHbg, 622-1/33 Familie Martin Haller, Nr. 49, Bd. 1. Die Vereidigung fand am 19.12.1812 satt.
4 Vgl. StAHbg, 522-1 Jüdische Gemeinden, 273a Bd. 1.
5 Der jüdische Friedhof am Grindel, ehemals bei der Rentzelstraße gelegen, existiert heute nicht mehr.
6 Vgl. Ahrens, 1981, Bd. 68, S. 30.

Flucht und Befreiung (S. 41–45)

1 Die Handelswaren, die per Schiff kamen, wurden 1811 meist über Altona verzeichnet, zuvor war als letzter Hafen z.B. Hull, London, Porto oder St. Thomas angegeben. Das bedeutete, die Schiffe für Hamburg wurden in Altona vom französischen Zoll kontrolliert, bevor sie weiterfahren durften. In Transito waren allein die Waren der Mendelssohns. Die Firma Heckscher & Comp. ist im Jahre 1811 zum ersten Mal mit Einführen von Blauholz, Kaffee und Baumwolle zu finden. Vgl. StAHbg, 371-2 Admiralitätskollegium, F6 Bd. 49 u. 50.
2 Zit. nach Lackmann, 2005, S. 88.
3 Vgl. Hertz, 2010, S. 134.
4 Vgl. Lackmann, 2008, S. 58.
5 Vgl. Hertz, 2010, S. 135.

6 Vgl Lackmann, 2008, S. 54.
7 1664 wurde Altona zur Stadt erhoben. Mitte des 19. Jahrhunderts hatte es sich zur zweitgrößten Stadt im dänischen Reich nach Kopenhagen entwickelt.
8 Schiff, 1812, S. 5 f.
9 Vgl. Haarbleicher, 1886, S. 80. Er schreibt von der Separationsakte vom 26. April.
10 Zit. nach Laufenberg, 1913, S. 179.
11 Das Verzeichnis der Contribuenten zur Ausrüstung der Hanseatischen Legion war in 9 Klassen eingeteilt von der 1. Klasse = 1 600 Marc Banco bis zur 9. Klasse = 40 Mark Banco. Jacob Oppenheimer zahlte 1.200 Mark Banco, die Cousins Isaak und Moses Heine je 100. Vgl. StAHbg: 311-1 I Kämmerei, Nr. 255.
12 Vgl. Nirrnheim, , 1914, S. 126.
13 Belege oder Aktenstücke, 1814, S. 12.
14 Croly, 1834, S. 147.
15 Ebenfalls verließen Levin Hertz und Marcus Abraham Heckscher mit ihren Familien Hamburg. In Hamburg geblieben war beispielsweise Bettys Onkel Joel Lion Goldschmidt. Vgl. StAHbg: 522-1 Jüdische Gemeinden, Nr. 114 a-b.

Eine Villa in Ottensen (S. 46–48)

1 Vgl. Schleswig-Holsteinische Provinzialberichte 1812, 5. Heft, S. 612 f.
2 Vgl. StAHbg., 424-13 Liegenschaftsverwaltung, Nr. 716.
3 1794 war das Grundstück von dem holländischen Gesandten Abbéma gekauft worden, der das Haus bauen ließ, es aber bereits 1799 an Rainville weiterverkaufte, der seinerseits dann im „Hansen-Haus" ein Wirtshaus eröffnete.
4 DHA Bd. 3/1, S. 195.
5 Zum Heine-Park siehe http://www.gartenhistorie.de/v1_09/gartenhistorie/heine-park-2/ [letzter Abruf 10.2.2017].

Die belagerte Stadt (S. 48–57)

1 Vgl. Ahrens, 1981, Bd. 68, S. 29.
2 Der Makler Grasmeyer zählte 1808 bereits 41 christliche und zwei jüdische Millionäre. Letztere waren Wolf Elias von Halle (–1834) mit seinem Sohn sowie die Witwe von Isaak Hesse. Zu den „Halbmillionären" zählten Salomons Partner Marcus Abraham Heckscher, Gottschalk Lion Goldschmidt und die Gebrüder Dellevie. Siehe Schramm, 1949, S. 271.
3 Vgl. ebd., S. 282.
4 Vgl. Clemens, 1844, S. 656.
5 Vgl. StAHbg, 622-1/108 Familie Voigt, B Nr. 76/5. Siehe auch die entsprechende Liste in der Commerzbibliothek. Ein Foto der Liste findet sich bei Wiborg, 2012, S.37.

6 Meyer Heyne lebte seit 1812 wieder in Altona an der Palmaille. Sicherlich fungierten Salomons Verwandte in Altona als Postadresse für seinen Briefverkehr mit England.
7 Vgl. StAHbg, 522-1 Jüdische Gemeinden, Nr. 115 Bd. 1 u. 2: Steuern von 1812/13. sowie StAHbg, 112-3 Mairie, Nr. 18. Unter den 100 reichsten Hamburgern von 1812 sind fünf Juden aufgeführt, aus der Firma Heckscher war nur Levin Hertz darunter.
8 Vgl. ebd., S. 683–696. In Hamburg gab es den „Feinsilber-Standard".
9 Lüntzmann, 1814, S. 15.
10 Vgl. Clemens, 1844, S. 699.
11 Vgl. StAHbg, 522-1 Jüdische Gemeinden, 273a Bd. 1. Zur Familie Schiff siehe auch Grunwald, 1904, S. 295 f.
12 Bereits 1816 verfügte Lübeck die Ausweisung der Juden, doch erst 1824 wurde die Ausweisung, mit Ausnahme des Vororts Moisling, umgesetzt. Vgl. StAHbg: 622-1/108 Familie Voigt, Nr. B 76/7.
13 Vgl. StAHbg, 311-1 I Kämmerei, 441 Bd. 102/104. Die Walddörfer sind heute Hamburger Stadtteile.
14 Vgl. Schellenberg, 1967, S. 29. Schellenberg schreibt, die Speckters hätten bei Heine gewohnt, hier irrt er sich. Vgl. Möller, 1971. Das Haus der Familie Dehn diente später dem Vorgänger des Altonaer Museums als erster Ausstellungsort.
15 Vgl. Schnurmann, 2014, S. 90–95.
16 Vgl. Mutzenbecher, 1814, S. 28.
17 Ebd., S. 28. Hospice = Scheune.
18 Eduard Michaelis hatte aus Berlin kommend 1804 einen Papierhandel in der Neustadt eröffnet. Johann Martin Lappenberg berichtete später über Michaelis: „Es war besonders der Israelit Michaelis, der durch die Beharrlichkeit, womit er der Krankenanstalt im Waisenhause vorstand, sehr viel linderte, der, den Pesthauch nicht scheuend, die Kranken reichlich bettete und kleidete."
19 Vgl. Institut für die Geschichte der deutschen Juden, Archiv Nr. 09-008.
20 Vgl. Essen, 2000, S. 96.
21 Der Grabstein, ein Sarkophag, befindet sich seit 1841 am Rande von Planten un Blomen, an der Petersburger Straße; die Gebeine liegen unter der Straße. Die Pacht in Ottensen war nicht erneuert worden.
22 Vgl. Weber, 2004, S. 234.
23 Vgl. Clemens, 1844, S. 574.
24 Zit. nach Aust, 1972, S. 132.
25 Vgl. Nirrnheim, 1914, S. 160 f.
26 Vgl. Borcherdt, 1999, S. 38.
27 Zum Bau der Brücke hatten die Franzosen das gesamte Holzlager von Peter Godeffroy requiriert. Vgl. Renn, 1977, S. 46.
28 Vgl. Königl. privil. Altonaer Adreß-Comtoir-Nachrichten vom 27. Mai 1815.
29 Conrad Blüchers Ehefrau Manone hatte als Anerkennung für ihre Hilfe den Garten vor ihrem Haus an der Palmaille zugesprochen bekommen, ebenso

einen Nachbargarten auf Ottenser Gebiet, den sie 1828 für 90.000 Courant Mark an Lazarus Gumpel verkaufte.
30 Vgl. Renn, 1998, S. 47.
31 Vgl. StAHbg, 522-1 Jüdische Gemeinden, 273a Bd. 1, Revisor-Commission.
32 Vgl. ebd., 423.

Die Zeit nach Waterloo (S. 57–63)

1 Siehe Testament von Benjamin Goldschmidt von 1810, eröffnet am 15. September 1813: "I give and bequeath the sum of 4.000 Pound to be disbursed and laid out by my Executors in Hamburg herein after named shall think proper I give and bequeath the like sum of 4.000 Pound to be disbursed and laid out for the benefit of such of the poor in London ..." StAHbg, 232-3 Testamente, Serie A Benjamin Goldschmidt. Die eine Hälfte des Geldes erhielt die städtische Armenanstalt, mit der anderen Hälfte wurde die Erziehungsanstalt errichtet. Vor dem Tod von Salomon Heine flossen von seiner Seite der Schule jährlich 600 Mark zu, seit 1840 sogar 1.200 Mark (geschrieben und umgerechnet 1890). Vgl. StAHbg, 111-1 Senat, Cl. VII Lit Lb Nr. 18 Vol.7b Fasc. 2 Invol. 37a.
2 Zit. nach Gossler, 2015, S. 86. Vgl. auch StHbg, 522-1 Jüdische Gemeinden, 535a, Statuten der jüdischen Freischule.
3 Vgl. StAHbg, 522-1 Jüdische Gemeinden, 4859, S. 12–16.
4 Vlg. ebd., 273 a, Bd. 2, S. 34.
5 Siehe Wiborg, 2012, S. 46.
6 Vgl. Gallois, 1856, Bd. 3, S. 160.
7 „Großvater war mit Salomon Heine und einem Hertz jahrelang assoziiert. Er trat, mutmaßlich in den zwanziger Jahren, aus der Firma aus, weil seine Grundsätze sich nicht mit Heines geschäftlichen Transaktionen vertrugen. [...] Heine, der Großvater den Kopf der Firma zu nennen pflegte, beklagte sein Ausscheiden und soll sich später noch oft, aber stets vergebens, bemüht haben, ihn zum Wiedereintritt zu bewegen. Trotzdem wurde der Verkehr nicht aufgegeben." Haller, 1985, S. 22.
8 Vgl. Neddermeyer, 1832, S. 81. Claude Carra Saint-Cyr war ein französischer General, der Hamburg am 12.3.1813 verließ. Vgl. StAHbg, 112-3 Mairie, Nr. 101.
9 Vgl. Hoffmann, 1977, S. 184–185.
10 Vgl. Schnurmann, 2014, S. 103.

Die Düsseldorfer Heines (S. 65–70)

1 DHA Bd. 15, S. 61.
2 Vgl. Ebke, 2016, S. 9 ff.
3 Als so genannter Münzjude durfte man Münzen prägen. Viele berühmte Persönlichkeiten, so z.B. Karl Marx, der Gründer des Philips-Konzerns Frederik Philips und Walter Benjamin, sind Nachfahren von Simon Preßburg.

4 Die Forschung geht von diesem Geburtsdatum aus. Eine Geburtsurkunde gibt es nicht, auch nicht von Heinrich Heines jüngeren Geschwistern.
5 DHA, Bd. 15, S. 77–78.
6 Einige Freimaurerlogen nahmen Juden auf. Heinrich Heine wurde Mitglied in einer Loge, ebenso Gabriel Riesser und Julius Campe.
7 DHA, Bd. 15, S. 87.
8 Das Geburtsdatum der Schwester Charlotte war laut nachträglich erstellter Urkunde 1804, richtig ist aber 1800. Vgl. StAHbg, 332-5 Sterberegister, 451, der Jahre 1763–1899.
9 Zit. nach Balzac, 1913, S. 43 f.
10 Großherz[ogtum] Berg. Wöchentl[iche] Nachrichten am 12. Dez. 1809, S. 731 (Auszug).
11 Vgl. Briegleb, 1997, S. 67 f. Klaus Briegleb vertritt die Ansicht, dass das Lager „ein ruhendes Kapital" sei. Eine Annahme, die für Modestoffe genauso wenig gilt wie für so genannte haltbare Lebensmittel.
12 Vgl. Schulte, 1974, S. 116.

Harry Heine in Hamburg (S. 70–80)

1 HSA Bd. 20, S. 17, Nr. 1. Der Eintrag datiert vom 17.2.1815.
2 Vgl. Kruse, 1986, S. 24.
3 Vgl. Karpeles, 1885, S. 52.
4 Feldmarschall Blücher war am 12. September 1816 in Hamburg eingetroffen, er blieb bis zum 22. September in Hamburg und Altona. Siehe Dierksen, 1935, S. 136.
5 HSA Bd. 20, S. 20, Nr. 3 vom 20.11.1816.
6 Vgl. StAHbg, 622-1/138 Familie Parish, B 3 und 622-1/120 Familie Hans W. Hertz, Nr. 702. Die Gäste gehörten zu den reichsten Kaufleuten. Parish zählte zur „landed gentry", allein im Jahre 1804 gab er 54 große Diners.
7 Vgl. Hoffmann, 1998, S. 41.
8 Vgl. Schnurmann, 2014, S. 193.
9 HSA Bd. 20, S. 17–18., Nr. 2.
10 Heine, 1868, S. 63–64.
11 Vgl. Karpeles, 1885, S. 55.
12 Vgl. Ebke, 2016, S. 5. In Hamburg begann die Wehrpflicht erst mit 24 Jahren.
13 Vgl. StAHbg, 522-1 Jüdische Gemeinden, 273a Bd. 1, S. 376.
14 Vgl. Ebd., S. 410.
15 Vgl. StAHbg, 233-2 Notariatsakten, Bresselau, Bd. II 1817–1819. Vollmacht vom 23.11.1818.
16 Vgl. Schulte, 1974, S. 122. Das Scheitern des Geschäfts war von vornherein absehbar und nicht die Schuld Heinrich Heines.
17 Karpeles, 1899, S. 57 f. Der Text erschien auch in der Allgemeinen Zeitung des Judenthums in Heft Nr. 47 vom 20.11.1854.
18 Die Affäre um die Entmachtung Samsons sieht der Heine-Forscher Klaus Briegleb als barbarischen Akt der Brüder Salomon und Henry Heine, die dabei

nur an ihr eigenes Prestige dachten. Die Unterlagen über den Verlauf der Untersuchungen mögen eine unverhältnismäßige Härte zeigen, aber es ging auch um eine riesige Summe Geldes. Rücksichtsloses Handeln, Vernichtung einer Existenz sind Brieglebs Vorwürfe. Aber wäre ohne die geleistete Hilfe der Brüder die Existenz nicht schon lange zuvor vernichtet gewesen? Der Wert des Stofflagers lag bei ca. 100.000 Reichstalern (1Rtl = 2 MBco), wobei auch viele Möbel, die offensichtlich als Verkaufsware geführt wurden, vorhanden waren (vgl. Schulte, 1974, S. 124 ff.). Zum Vergleich: die Uhlenhorst (ein unbebauter Stadtteil in Hamburg) kostete 1837 ca.70.000 Mark Banco und das Israelitische Krankenhaus 1843 mit allen Extras ca. 123.000 Mark Banco! Konnte man erwarten, dass Samsons Geschäfte mit veralteter und sicherlich teilweise beschädigter Ware wieder gut anliefen? Das ist mehr als zweifelhaft. Die Methode jedoch, wie Samson in die Knie gezwungen wurde, war sicherlich nicht die feine hanseatische Art. Vgl. Briegleb, 1997, S. 64–68.
19 Karpeles, 1899, S. 60.

Geschäft und Moral   (S. 80–83)

1 Vgl. Salomon Heine an N.M. Rothschild vom 1.6.1819. The Rothschild Archive, XI/38/134 A. Siehe auch Schnurmann, 2014, S. 87. Ursächlich war der Untergang eines oder mehrerer nicht versicherter Schiffe der Oppenheimer Firma.
2 Vgl. Mendelssohn, 1845, S. 11.
3 Vgl. StAHbg, 233-2 Notariatsakten, Bresselau, Bd. 2 1812–1814, Bd. 3 1815–1816, Bd I 1816–1817, Bd. II 1817–1819, Bd. III 1819–1822, Bd. IV 1822–1825. Man rechnete mit ca. 5 Prozent an Krediten, die zu Protest gingen.
4 Vgl. Zacharias, 1954, S. 110.
5 Zit. nach ebd.

Sommerreisen und neue Bekanntschaften   (S. 83–86)

1 Vgl. Heine, 1868, S. 199 ff.
2 Vgl. Werner, 1973, Bd. 1, S. 142.
3 Vgl. Speckter, 1964, S. 26. Von Hamburg nach Marienbad war man sieben Tage unterwegs.
4 Heine, 1868, S. 213 ff.
5 Vgl. Zacharias, 1954, S. 109.
6 Vgl. Mendelssohn, 1845, S. 35, Nachtrag.
7 Vgl. Albrecht, 2005, S. 32.

Salomons Töchter Amalie und Fanny   (S. 86–93)

1 Carl oder Kalman(n) Meyer Rothschild (1788–1855), einer der fünf Söhne von Meyer Amschel. Siehe Landes, 2008, S. 91 ff. C. Rothschild ging nach Neapel.
2 Vgl. ebd., 2008, S. 91.

3 Zit. nach Liedtke, 2006, S. 27 f. Brief vom 26.2.1817, der Brief ist in so genanntem Judendeutsch mit hebräischen Buchstaben geschrieben, und Brief vom 4.3.1817. Beide Briefe befinden sich im Rothschild Archiv in London.
4 HSA Bd. 20, S. 291. Siehe auch Kruse, 1986, S. 21 u. 25.
5 Zit. nach Kruse, 1986, S. 25.
6 DHA, Bd. 1/1, S. 227.
7 So die Beschreibung von Schellenberg, 1967, S. 11.
8 Das Stammbuch befindet sich im Leo Baeck Institut, New York, Nr. F 36406. Ich danke Beate Borowka-Clausberg für den Hinweis.
9 Da der Orden auf dem Bild aber auf dem Revers haftet und nicht am Band hängt, scheint der Maler, der diese nachträgliche Änderung am Porträt vorgenommen hat, kein Kenner gewesen zu sein, bemerkte Carl Schellenberg. Vgl. Schellenberg, 1967, S. 25.
10 Zar Alexander I. war ein angeheirateter Verwandter des Herzogs von Sachsen-Coburg, denn seine Schwester hatte den Bruder des Zaren geheiratet.
11 Elisabeth Gossler war die Stiefgroßmutter von Marie Zacharias, der späteren Freundin Alfred Lichtwarks. Über die Familien Gossler und Hüffel gab es Beziehungen zur Familie Heine. Heinrich Heines Mutter beschäftigte als Witwe eine Gesellschafterin aus der Familie Hüffel.
12 Vgl. StAHbg, 611-1 Archiv des Johannis Klosters, 1243. Umschreibung des Kätnerhofs in Borstel.
13 Vgl. Kommunalverein, 1989, S. 22.
14 Heine, 1868, S. 65.
15 Vgl. Steckmest, 2013, S. 234–247.

Reformen müssen her! (S. 93–96)

1 Das Edikt hatte maßgeblich Wilhelm von Humboldt zusammen mit Staatskanzler Karl August von Hardenberg ausgearbeitet.
2 Vgl. Hertz, 2010, S. 150.
3 Vgl. Heitmann, 2012, S. 1.
4 Vgl. Hertz, 2010, S. 147.
5 Vgl. ebd., S. 3.
6 Vgl. ebd., S. 141.
7 Vgl. Mendelssohn, 1845, S. 24 f.
8 Israel Jacobson war Hoffaktor im Königreich Westphalen bei Jérôme Bonaparte gewesen. Seine Tochter Jeanette wird 1826 Heinrich Heine in Cuxhaven begegnen.
9 Zit. nach Mendelssohn, 1845, S. 17. Siehe auch Lüth, 1964, S. 26.

Die schönen Seiten des Lebens (S. 96–100)

1 Die Köchin bei Heines war so wie die anderen Hausangestellten immer eine Christin (Goje). Knelekes oder Knelchers waren Klöße. Koscher bedeutet sauber, milchige und fleischige Nahrung müssen voneinander getrennt werden,

beim Essen wie beim Kochen. Brief von Salomon Heine vom 30.9.1840 im Warburg-Archiv.
2 Vgl. StAHbg, 522-1 Jüdische Gemeinden, 273a Bd. 2.

Erfolg verpflichtet (S. 101–105)

1 Vgl. ebd., Bd. 1. Gumpel stellte am 23. Nov. 1814 den Antrag, in die Hamburger Gemeinde aufgenommen zu werden. 650 Courant Mark hatte er dafür zu zahlen.
2 Vgl. Weinrestaurant Jacob, 1966, S. 9–13.
3 Ramée war auf Einladung von John Parishs Sohn David nach Amerika gereist. Vgl. Hedinger/Berger, 2003, S. 137.
4 Vgl. Kopitzsch, 1990, S. 785.
5 Vgl. Behörde für Arbeit, Jugend und Soziales, Ingrid Bauer (Hg.), 1987, S. 75 f.
6 Vgl. von Essen, 1992, S. 126.
7 Weitere Aktionäre waren Conrad Heinrich Donner, Conrad Daniel Graf von Blücher-Altona und Senator Martin Johann Jenisch. Für die Armenkolonie verpfändete Lawaetz seinen Besitz in Neumühlen.
8 Hoffmann, 1977, S. 74–77.
9 Vgl. Behörde für Arbeit und Soziales, Ingrid Bauer (Hg.), 1987, S. 79 f.
10 StAHbg, 622-1/107 Familie von Voght, Nr. 19.

Samsons Familie in der Obhut Salomon Heines (S. 105–112)

1 HSA Bd. 20, S. 39, Nr. 17.
2 Ebd., S. 41, Nr. 17.
3 Diese Akte befindet sich im Landesarchiv Schleswig Holstein: Judaica, Deutsche Kanzlei in Kopenhagen, Abt. 65 (AXVIII), Nr. 4555.
4 Zit. nach Preuß, 1987, S. 121 f.
5 Vgl. ebd.
6 Hädecke, 1989, S. 156 f. Siehe auch Werner, 1973, Bd. 1, S. 58.
7 Vgl. Lackmann, 2008, S. 280.
8 Zit. nach Houben, 1926, S. 52.
9 HSA Bd. 20, S. 120, Nr. 81.
10 Ebd., S. 121, Nr. 82.
11 Ebd., S. 113, Nr. 77.
12 Ebd., S. 234, Nr. 162.
13 DHA Bd.10, S. 313.

Charlotte Heine wird Frau von Embden (S. 112–115)

1 Vgl. StAHbg, 522-1 Jüdische Gemeinden, 273a Bd. 3.
2 HSA Bd. 20, S. 70, Nr. 46.
3 Ebd., S. 99, Nr. 67.
4 Ebd., S. 131, Nr. 88.
5 Ebd.

Förderer, Gönner und Philanthrop (S. 117–119)

1 Mendelssohn, 1845, S. 16 f.
2 Ebd.
3 Vgl. ebd., S. 21 f.
4 Vgl. Rosenthal, 1982, S. 29.
5 Salomon schreibt in einem Brief an Heinrich Heine: „Ich nehme aus Grundsatz von keinem ein Geschenck, und alle Wißen es, und verschonen mich [...] Jeder hat seine Grille, [...] meine Sel. Frau, und Kinder haben mir nie etwas schencken dürfen." So reagierte Salomon auch auf einen Dank. An einen Herrn schrieb er: „Sorgen Sie dafür, daß ich keinen Dank erhalte, das liebe ich nicht." Vgl. HSA Bd. 25, S. 234, Nr. 511.
6 Lüth, 1964, S. 35.

Eine Bank in London und die Finanzkrise von 1825/26 (S. 119–128)

1 Siegmund Robinow: „Mein Vater (Marcus) stand schon mit dem Gründer Nathan Meyer Rothschild auf intimen Fuße, noch ehe letzterer sich in London etabliert hatte! [Rothschild war zuerst im Stoffhandel in Manchester tätig gewesen.] Vater gab als Prokurent von Mendelssohn & Zadig – Rothschild für Manufaktur Waren Ankäufe in Manchester – einen Credit, und an dieses Verhältnis erinnerte im Jahre 1826 – Rothschild meinen Vater selbst, in meiner Gegenwart an der Börse in London." StAHbg, 622-1/193 Familie Robinow, Nr. 16, S. 10.
2 Die Dellevies in Hamburg und Paris sowie die Lewisohns in Hamburg waren mit Hambro verwandt; jeder Familienzweig hatte sich einen eigenen Nachnamen gewählt.
3 Die Eskeles waren berühmte Bankiers in Wien, zusammen mit Arnsteins. Baring in London war 1820 nicht viel reicher als Goldschmidt in London. Nur Rotschild wurde zehnmal so vermögend.
4 Die Zeitschrift Die Gartenlaube berichtet 1858: „S[alomon] Heines imposante Stellung erschütterte nicht einmal das finanzielle Erdbeben des Jahres 1825, welches von London ausgehend in Hamburg B.A. Goldsmith u.a. niederwarf und in seinen Folgen in ganz Deutschland tief empfunden wurde."
5 Vgl. StAHbg, 622-1/193 – Robinow, Nr. 16, S. 8 f.
6 Vgl. Schnurmann, 2014, S. 129.
7 Vgl. StAHbg: 622-1/193 Robinow Nr. 16, S. 8 f.
8 Siehe auch Lehmann, 1896, S.19: „In einer der finanziellen Krisen (1825) mußte auch meines Onkel Firma [Leo] in Paris und London zeitweilig ihre Zahlungen einstellen. Sie [meine Tante Valentin] fand sich mit Grazie und Resignation in ihre neue, beschränkte Lage."
9 Flandeau/Flores, 2007, S. 8.
10 Bereits am 21.2.1826 hatte die französische Zeitschrift Le Constitutionnel irrtümlich von einem Selbstmord Goldschmidts berichtet, was sie aber am 24.2. korrigierte.

11 StAHbg 622-1/193 Familie Robinow, Nr. 16, S. 175 ff.
12 L.A.G. starb am 18.2.1826 und liegt auf dem Friedhof Brady Street, Jewish Cemetery, London, begraben.
13 Vgl. StAHbg, 233-2 Notariatsakten, Bresselau, Bde. 1825–1826.
14 Vgl. ebd., Bd. 1825, S. 158, Nr. 10828. Die Heckscher-Bank hatte zuvor schon 1811 mit Zucker gehandelt. Aber nur einmal, 1825, findet sich darüber etwas in den Unterlagen des Notars Bresselau.
15 Brief von Salomon Heine vom 5.12.1825. Er wurde 1982 im Auktionshaus Dörling angeboten. Christian Rother (später von Rother) war zu jener Zeit auch Direktor der Seehandlungsgesellschaft, einer Bank in Berlin.
16 Siehe auch die Zeitung Börsen Halle vom 25.6.1832.
17 Vgl. StAHbg, 232-2 Notariatsakten, Bresselau, Bd. 4 1822–1825.
18 Zu Norwegen siehe Hadassah Magazine vom April 2001, Vol. 82, No. 7: http://www.hadassahmagazine.org (letzter Abruf vom 10.5.2009).
19 Bereits ab 1687 war es für Juden schwierig, sich in Norwegen anzusiedeln. Wenn sie dort ohne Sicherheitszertifikate ankamen, riskierten sie die Deportation. Salomon Heine regte an, Eintrittsdokumente ausstellen zu lassen.
20 HSA Bd. 20, S. 266, Nr. 193.
21 Da Salomon seine Frau Betty gerne mit Mutter anredete, wird das Geld von ihr gekommen sein. Heinrichs Mutter konnte schwerlich so viel Geld übrig haben.
22 Heine, 1868, S. 56 ff.
23 Der Wechsel befindet sich im Warburg-Archiv, Hamburg-Blankenese.
24 Paul berichtete dies in einem Brief an seine Verlobte Albertine im September 1832. Ich bedanke mich für den Hinweis und die Transkription bei Angelika Ellmann-Krüger. Paul Mendelssohn Bartholdys Briefe befinden sich im Mendelssohn-Archiv in der Staatsbibliothek Berlin.
25 Heine, 1868, S. 57 f.
26 HSA Bd. 29, S. 4, Nr. 2.
27 Adolph Goldschmidt lebte später einige Jahre in Australien und wurde dort mit seiner Schafzucht reich. Er kehrte, nachdem er dort alles verkauft hatte, als wohlhabender Mann nach Paris zurück.

Theater und gutes Essen in Gesellschaft (S. 128–137)

1 Siehe Diedrichsen, 1977, S. 103.
2 Diese Loge befand sich gleich hinter dem Vorhang beim Orchester. Heute ist dies häufig die Intendantenloge. Auch Jacob Oppenheimer hatte eine Loge gemietet.
3 Mendelssohn, 1845, S. 20–21.
4 Embden-Heine, Principessa della Rocca, 1882, S. 114–115.
5 Vgl. Lüth, 1964, S. 17 f.
6 Embden-Heine, Principessa della Rocca, 1882, S. 115.
7 Vgl. Thomsen, 2013, S. 184–186.
8 Zit. nach Dirksen, 1935, S. 329–336.

9 Ebd.
10 Doch selbst im Haus am Jungfernstieg gab es noch kein richtiges Watercloset, wie es bereits in England mancherorts zu finden war. Hinter den kleinen Einzelhäusern stand lediglich ein Privet, ähnlich dem Plumpsklo, das wir von früher kennen. Bei Salomon und Betty Heines Haus war der Abort immerhin mit einer Pumpvorrichtung versehen und aus feinstem Mahagoniholz in Form eines Sofas gearbeitet. Die Umstellung auf fließendes Wasser erfolgte erst nach dem Großen Brand. Das Haus besaß allerdings schon einen privaten Brunnen.
11 StAHbg, 341-1 Bürgermilitär, BC 41 Bd I u. Bd IV.
12 Mendelssohn, 1845, S. 5.
13 Embden-Heine, Principessa della Rocca, 1881, S. 17.
14 Vgl. Schramm, 1952, S. 311.
15 Jacob Oppenheimer ließ seine Kinder taufen, ebenso Abraham Mendelssohn. Salomon wartete bei seinen Töchtern mit der Taufe ab, bis es einen Ehekandidaten gab, der ebenfalls getauft war. Bei Carl legte er Wert darauf, dass dieser bei seinem jüdischen Glauben bleibe.
16 Karpeles, 1885, S. 102.
17 HSA Bd. 20, S. 226, Nr. 158.
18 Siehe dazu den Brief von Salomon Heine vom zweiten Weihnachtstag 1843 im Kapitel „Die letzten Hamburg-Besuche Heinrichs".
19 Meyer-Marwitz, 1956, S. 66.
20 DHA Bd. 7/1, S.43.
21 Gutzkow, 1990, S. 181.

Ein Journalist auf Reisen (S. 137–140)

1 HSA Bd. 20, S. 339, Nr. 281.
2 StAHbg, 522-1 Jüdische Gemeinden, 273a, Bd. 4. Der ursprüngliche Grabstein ist verschwunden, ein neuer wurde gegen Ende des 19. Jahrhunderts aufgestellt und 2014 wiederentdeckt.

Therese Heine (S. 141–145)

1 Louis Asher war ebenfalls ein Nachkomme von Jente Hameln-Goldschmidt und somit entfernt verwandt mit Therese. Er war der Bruder des Anwalts C.W. Asher.
2 DHA Bd. 2, S. 179.
3 Anzeige vom 18.5.1828 in der Staats- und Gelehrte Zeitung des Hamburgischen unpartheyischen Correspondenten.
4 HSA Bd. 20, S. 342 f., Nr. 283. Porto war im Verhältnis zu anderen Dingen damals sehr teuer.
5 Siehe Kruse, 1972, S. 112 f. Der Text sollte im Sinne von Salomon Heine sein, da dieser sich an Witzen über Gumpels Ignoranz königlich amüsierte.
6 Lazarus Gumpel war der erste Hamburger Jude, der 1838 eine Freiwohnungsstiftung einrichtete. Es folgten 12 weitere jüdische Stiftungen dieser Art bis

zum Ersten Weltkrieg. Heinrich Heine beschreibt Gumpel als kunstbeflissen, aber protzig und unwissend.
7 HSA Bd. 20, S. 248, Nr. 175.
8 HSA Bd. 21, S. 209, Nr. 637.

Die Revolution von 1830 (S. 145–148)

1 DHA Bd. 5, S. 216.
2 Ebd.
3 Eigentlich Herz David mit Namen. Sein Vater hieß Salomon Michael David, war Bankier in Hannover und hatte 1791 Konkurs gemacht. John Friedländers Großvater war ein Cousin von Georg Harrys. Auch der Maler Louis Asher war mit Harrys verwandt, ebenso Heinrich Heines Freund August Lewald.
4 DHA Bd. 4, S. 89–158. Hier 1. Vers, Caput VI.
5 Peter Ahrens' Salon in der Neustädter Neustraße wurde zu einer Sehenswürdigkeit Hamburgs, besonders der Herren, wo selbst Prinzen und Fürsten verkehrten. Der Ruf des Hauses war nicht nur wegen der 1823 eingerichteten Gasbeleuchtung, der ersten in Deutschland, legendär.
6 HSA Bd. 20, S. 359, Nr. 425.
7 Hertz, 2010, S. 278 f.
8 Lehmann, 1896, S. 5.
9 Schramm, 1952, S. 311.
10 Zit. nach Houben, 1926, S. 184. Nach dem Zeugnis Varnhagens.

Nach Paris! (S. 148–150)

1 Das Bild kam über die 1909 von Heinrich Heines Patenkind gegründete Camp'sche Stiftung in die Kunsthalle.
2 HSA Bd. 21, S. 21, Nr. 380.
3 Zwei weitere Schwestern heirateten in Frankreich und die beiden Brüder Armand und Michel fanden in New Orleans ihre Ehefrauen, mit denen sie später nach Paris zogen.

Die Cholera (S. 150–154)

1 Lehmann, 1885, S. 13.
2 DHA Bd. 12/1, S. 132.
3 Ebd.
4 HSA Bd. 24, S. 122 f., Nr. 84.
5 Ebd., S. 123 f., Nr. 85.
6 Den Ärzten in Hamburg blieb die Krankheit weiterhin rätselhaft. Manche Pferdekuren wurden verschrieben. Die Apotheker hatten viel zu tun. Kamille, Melisse und Riechessig waren heißbegehrte Artikel. Die Cholera war bereits vor ihrem Ausbruch in Hamburg ein Thema gewesen. Bei Perthes gab es viele Bücher darüber zu kaufen und auch in der Zeitung war zuvor darüber geschrieben worden. Siehe auch Lehmann, 1885, S. 13.

7 HSA Bd. 24, S. 131 f., Nr. 90 f.
8 Ebd., S. 153. Nr. 110.
9 Ebd., S. 155, Nr. 111.
10 Vgl. StAHbg, 211-3 Oberappellationsgericht, H I 600, 1833.

Max besucht seinen Onkel an der Elbe   (S. 154–158)

1 HSA Bd. 24, S. 184, Nr. 132.
2 Heine, 1868, S. 189–193.
3 HSA Bd. 24, S. 208, Nr. 145.
4 Ebd., S. 266 f., Nr. 189.
5 Den Diamantring erhielt Max für seine Verdienste als Militärarzt bei der Pestepidemie. Ob Salomon bekannt war, dass Zar Nikolaus I. von Juden brutal die Taufe erzwang und das Tragen von Schläfenlöckchen verbot, wissen wir nicht. Die Briefe von Salomon Heine an seinen Neffen Maximilian wurden mir freundlicherweise vom Heine-Institut in Düsseldorf zur Verfügung gestellt.

Umgestaltung in Ottensen   (S. 158–163)

1 Vgl. Hedinger/Berger, 2003, S. 77.
2 Vgl. Landesarchiv Schleswig-Holstein, Judaica, Deutsche Kanzlei in Kopenhagen, Abt 65 (AXVII), Nr. 3959: „Der genannte Kaufmann Heine ist ein Hamburgischer Israelit, hat seinen eigentlichen Wohnsitz in Hamburg und besitzt seit einer Reihe von Jahren ein zu einem Lustgarten eingerichtetes, mit zwey Wohnhäusern versehenes Grundstück in Ottensen, welches an das gedachte Grundstück der Rainvilleschen Ehefrau gränzt. […] Ich ertheilte (Ober-Präsidio) unter dem 14ten d. Mts. dem erwähnten Königlichen Collegio diese Nachricht dahin, das eine solche Erlaubniß nicht vorhanden, auch in ähnlichen Fällen für die hiesigen Israeliten niemals nöthig erachtet worden sey."
3 Vgl. Hedinger/Berger, 2003, S. 42.
4 Die Plangesche Villa, erbaut für den Sohn des Mühlenbesitzers Plange, steht nördlich des Eiskellers.
5 Brief von Salomon Heine vom 21. Juli 1834 (Heinrich-Heine-Institut Düsseldorf).
6 Lüth, 1980, S. 1.
7 Das Haus wurde 2011 restauriert, nachdem es bereits um 1903 von dem Käufer Plange umgebaut worden war. Es ist kürzlich zu Luxuswohnungen umgebaut worden.
8 HSA Bd.21, S. 156, Nr. 587.
9 Eduard Gans war der Enkel von Isaak Jacob Gans, dem Arbeitgeber von Samson Heine in Celle.
10 Witte, 1927, S. 170 f.

Der Kunstförderer   (S. 164–170)

1 HSA Bd. 24, S. 227, Nr. 156. Brief vom 22.11.1833.

2 Die doppelte Kinnfalte wurde erst später bei einer Restaurierung hinzugefügt. Information: Ewa Gilun.
3 Da die Bilder nicht leicht zu entdeckende Signaturen haben, war es lange nicht möglich, sie ebenfalls Carl Gröger zuzuordnen. Dank der Arbeit der Restauratorin Ewa Gilun ist das Rätsel seit einiger Zeit gelöst – sie konnte Grögers Signatur nachweisen.
4 Ewa Gilun, Restauratorin in der St. Jacobi-Kirche, restaurierte das Bild von Betty zum zweiten Mal, da es zuvor nur teilrestauriert worden war. Das Gemälde war während der Naziherrschaft der Gemeinde übergeben worden, die es aus dem Rahmen herausschneiden und aufgerollt zusammen mit anderen Bildern dem Altonaer Museum zur Aufbewahrung übergeben ließ. Nach dem Ende des Krieges erhielt die Gemeinde die Bilder zurück, ließ sie aber aufgerollt liegen, bis der Hausmeister sie wiederentdeckte. Die kennzeichnenden Aufkleber auf der Rückseite der Bilder schrieb vor dem Krieg Leo Lippmann.
5 Im Testament von Christian Morris Oppenheimer wurden verschiedene Familienbilder pauschal erwähnt.
6 Die Größe von 18 Karat schätzte ein Juwelier.
7 DHA Bd. 15, S. 76.
8 Vgl. Schellenberg, 1972, S. 78.
9 Siehe StHbg: 232-3 Testamentsbehörden, H 6511. Adolph Mosengel studierte in Düsseldorf, Genf und Paris. Die künstlerische Ausbildung kostete seinen Vater 6.081 Mark Banco. Seinem zweiten Sohn Carl jun. finanzierte Carl Mosengel eine Reise nach China.
10 Martin Theodor Leo (1785–1844) heiratete 1825 in der Kirche St. Nikolai Marianne Charlotte Oppert (= Oppenheimer). Ihr Enkel Gustav Leo wurde Oberbaudirektor in Hamburg.
11 Vgl. Lehmann, 1885, Bd. 1., S. 74.
12 Die Familie Lehmann wohnte in den Sommermonaten gegenüber der Christianskirche in Ottensen. Sie schauten von ihrer gemieteten Wohnung auf einen Garten, in dem das Haus von Henry Heines Familie stand. Siehe Emil Lehmann, 1885, Bd. 1, S. 30.
13 Vgl. Haug, 2013, S. 75.
14 Mendelssohn, 1845, S. 6.
15 Brief von Salomon Heine vom 18.10.1825 an Georg Harrys im Stadtarchiv Hannover. Autographensammlung, Harrys, Nr. 3598 a. Ich bedanke mich für die schriftliche Auskunft. Harrys brachte u.a. 1823 „Blitzableiter für melancholische Gewitterschauer. Allen Hypochondristen, Kopfhängern etc. aufrichtigst geweiht." heraus. Den Hinweis auf die Subskriptionslisten verdanke ich Susanne Koppel.
16 Gurlitt trat für uneingeschränktes Bürgerrecht der Juden ein und förderte seinen Schüler Mendel sehr. Dieser hatte zusammen mit dem älteren Karl August Varnhagen von Ense die Schule besucht. Siehe Mönckeberg, 1885, S. 398.
17 Vgl. Mendelssohn, 1845, S. 32, Nachtrag.

Weitere Unruhen (S. 170–173)

1 Vgl. StAHbg, 522-1 Jüdische Gemeinden, Nr. 260 f, S. 55.
2 Vgl. StAHbg, 111-1 Senat, CI. VIII Lit Lb No 18 Vol 7a Fasc. 4 Inv.1.
3 Lazarus Gumpel wurde 1834 gebeten, dem Komitee zur Gleichstellung der Juden beizutreten, was er aber wegen wichtiger Geschäfte und häuslicher Angelegenheiten am 18. Februar ablehnte. Sein Sohn hatte den dringenden Wunsch geäußert. „Lasse uns Juden unsere bürgerlichen Rechte erlangen und durch rechtlichen moralischen Wandel uns dieses Glücks würdig machen." Zit. nach Stein, 1991, S. 38 f.
4 Vgl. Berkemann, 2005, S. 177.
5 Zit. nach Stein, 1991, S. 39.
6 Hemmerich & Lesser war die Keimzelle des Verlages von Axel Springer.
7 Die elegante Gaststätte Alsterhalle wurde 1831 neben einer Konditorei an der Ecke Jungfernstieg und Neuer Jungfernstieg gebaut und zunächst von den Konditoreibetreibern Perrini & Josty geführt, später von A. Giovanoly. Sie existierte bis 1866.
8 HSA Bd. 24, S. 348, Nr. 252.

Carl Heine (S. 175–176)

1 HSA Bd. 24, S. 295, Nr. 213.
2 Ebd.
3 Ebd.
4 Ebd., S. 349, Nr. 252.
5 Ebd., S. 357, Nr. 256.

Betty und ihr Kammermädchen (S. 177–179)

1 HSA Bd. 25, S. 190, Nr. 466.
2 Vgl. StAHbg, 622-2/10 Nachlass Georg Friedrich Bueck, I. Konvolut H. Brief von Salomon Heine an Oberst Stephany.
3 Vgl. StAHbg, 522-1 Jüdische Gemeinden, 273a Bd. 7.
4 HSA Bd. 21, S. 266, Nr. 698.
5 Vgl. ebd., S. 224, Nr. 655.
6 Vgl. ebd., Bd. 25, S. 66, Nr. 367.
7 Salomon hatte Heinrich in Hamburg bei einem Streit mit dem Stock auf die Schulter geschlagen.
8 HSA Bd. 21, S. 222–223, Nr. 654.
9 Ebd., S. 226, Nr. 657.
10 Ebd., S. 228 ff., Nr. 658.
11 Alfred Lichtwarks Mutter lebte ab 1872 für einige Jahre bei Therese im Heine'schen Wohnstift, bis ihr Sohn nach Hamburg zurückkehrte. Die Heines wie auch die Lichtwarks waren mit der Familie Vivié befreundet. Später unterstützte Carl Heine den Bau der Kunsthalle.

Die Hermann Heine'sche Stiftung (S. 180–183)

1 Der Originalbrief befindet sich in der Handschriftenabteilung der Hamburger Staats- und Universitätsbibliothek: Sign. P22:H57.
2 Christliche Meister nahmen meist keine jüdischen Lehrlinge auf, mit der Zahlung einer Prämie sollten sie dazu veranlasst werden. Info: Allan Falk, Kopenhagen.
3 StAHbg, 111-1 Senat, Cl. VII Lit Lb Nr. 18 Vol. 73 Fasc. 2 Invol. 5a.
4 Sulamith, Nr. 1, 8 (1837), S. 207.
5 Zu den ersten Administratoren gehörten unter anderem Gerson G. Cohen, Henry Heine und Moses Heilbut.
6 Vgl. StAHbg, 111-1 Senat, CI. VII Lit Lb Nr. 18 Vol. 7b, Fasc. 2 Invol. 5a.
7 Vgl. Ebd., Invol. 5n.

Der Gang der Geschäfte (S. 183–190)

1 Vgl. StAHbg, 233-2 Notariatsakten, Bresselau, 1812–1830.
2 Die Rothschilds verfügten über ein sehr großes Agentennetz, dazu gehörte auch Salomon Heine. Er berichtete ca. zweimal pro Woche über Börsenkurse nach London. Vgl. Rothschild Archive London, XI/38, 140A 1837 und vgl. Liedtke, 2006, S. 57.
3 Zucker(rohr) war das wichtigste Exportgut Kubas, obwohl es in Europa bereits Zucker aus Zuckerrüben gab. Das Rohr wurde von Sklaven mit Macheten geerntet und in Siedehäusern zu Sirup gekocht. 1850 gab es auf Kuba ca. 14.000 Zuckerrohrplantagen und über 600 Zuckersiedereien. 1824 wurden bereits 245.329 Kisten mit raffiniertem Zucker verschickt.
4 Auch das Haus Berenberg & Gossler war an südamerikanischen Investitionen beteiligt. Außerdem Firmen wie Parish & Co., Caspar Voght & Sieveking, Chapeaurouge und Godeffroy. Seit 1827 gab es einen Hansisch-Amerikanischen Handelsvertrag, der die Geschäfte beförderte. Vgl. Schnurmann, 2014, S. 127–129 und 131.
5 Vgl. StAHbg, 233-2 Notariatsakten, Bd. 4 1822–1825, Nr. 9331 u. 9683. Der Name Hyorth wird auch manchmal Hjiorth geschrieben.
6 Brief von Salomon Heine an Mathilde Arnemann vom 9.3.1839. Ich bedanke mich bei der Universitätsbibliothek Leipzig.
7 Siehe z.B. die hamburgische Abendzeitung Börsen-Halle vom 20.12.1838. StAHbg, 233-2/100 Notare, Repertorium Gabriel Riesser, 1840–1843.
8 Information von Poul Thestrup, Direktor des Eisenbahnmuseums in Odense, vom 5.2.2017.
9 Rothschild Archive London, XI/38, 140 A 1837 Siehe auch Schnurmann, 2014. S. 193. Die Empfehlung ist im Gegensatz zu der von Adolph Godeffroy, Cesars Sohn, weniger euphorisch formuliert und eher distanziert.
10 Siehe Schnurmann: http://www.immigrantentrepreneurship.org/entry. php?rec=11 (letzter Abruf 4.11.2016).

11 Zit. nach Liedtke, 2006, S. 106. James Rothschild an seine Brüder, 30. Mai 1816.
12 Das Bankgebäude gehört heute zur Universität, das private Gebäude auf der Insel ist heute ein Kurhaus. Ich bedanke mich bei Irina Fogel für den Hinweis.
13 Vgl. Landes, 2006, S. 53.
14 The Baring Archive Limited unter www.baringarchive.org.uk/materials/the_baring_archive_hc10.pdf (letzter Abruf 19.12.2016).
15 Ludwig Stieglitz' Mutter war eine geb. Marc. Vgl. Zenker, 2004, S. 43.
16 Zit. nach Liedtke, 2006, S. 133 f.
17 Ebd.
18 Vgl. ebd., 2006, S. 98.

Carl und Cécile (S. 190–194)

1 HSA Bd. 25, S. 190, Nr. 466.
2 Ebd., S. 175, Nr. 449.
3 Ebd. Bd. 21, S. 266, Nr. 698. So berichtet es Heinrich Heine an Giacomo Meyerbeer.
4 Vgl. Ebd. Bd. 25, S. 181, Nr. 454.
5 StAHbg, 231-3 Handelsregister, B 16769.
6 Vgl. Ebd.
7 Vgl. StAHbg, 332-8 Meldewesen, A 24 Bd. 1.
8 Das Bild Carls, gemalt 1818 von Johann H. Barckhan, und das seiner Schwester Therese befinden sich heute im Heine'schen Wohnstift.
9 Vgl. StAHbg, 341-1 Bürgermilitär, BC 41 Bd. V u. VI.
10 Vgl. Schnurmann, 2014, S. 239.
11 Vgl. ebd., S. 178.

Beer Lion Fould (S. 194–196)

1 Vgl. Lackmann, 2008, S. 377.
2 Mit dem Heiratskontrakt von 1813 wurde auch die Bankgründung von B.L. Fould & Oppenheim vereinbart. Das Anfangskapital betrug 60.000 Francs. Siehe Stürmer, 1989, S. 41.
3 Landes, 2008, S. 104.
4 Vgl. Rosenthal, 1982, S. 55 ff.
5 Paule heiratete zweimal in den französischen Adel ein. Ihre Kinder wählten ebenfalls Adelige als Ehepartner.

Unterschiedliche Lebensauffassungen (S. 196–200)

1 Vgl. Zacharias, 1954, S. 108.
2 HSA Bd. 20, S. 220, Nr. 152.
3 Vgl. Embden-Heine, Principessa della Rocca, 1881, S. 109.
4 Mendelssohn, 1845, S. 6.
5 Ebd., S. 20.

6 Zit. nach Lüth, 1964, S. 25.
7 Heine nannte die Staatspension eine humanitäre Hilfe, um nicht an Mäzene gebunden zu sein, andere sahen es eher als „Verkauf an das politische System". Siehe dazu Werner, 1978, S. 126 f.
8 Nach einer Konto-Aufstellung vom 16. Januar 1841 hat Heinrich Heine in den Jahren 1837–1839 pro Jahr ca. 5.000 Marc Banco verdient, eine stattliche Summe, in anderen Jahren war es allerdings weniger. Vgl. HSA Bd. 25, S. 305, Nr. 585.
9 HSA Bd. 25, S. 181, Nr. 454.
10 HSA Bd. 21, S. 264, Nr. 698.
11 HSA Bd. 21, S. 267, Nr. 698.
12 Strothmann, 1867, S. 43. Dieser Satz stammt aus einer negativen Rezension eines Heine-Buches von Karl Gutzkow. Siehe Borowka-Clausberg, 2013, S. 28.
13 Vgl. HSA Bd. 24, S. 431, Nr. 323 u. Gutzkow, 1990, S. 182.
14 Heinrich Heine hielt sich auch bei Jacob Oppenheimer mit hämischer Kritik zurück. Siehe Schnurmann, 2014, S. 268.
15 Houben, 1926, S. 772.
16 HSA Bd. 22, S. 157, Nr. 1069.
17 HSA Bd. 21, S. 83, Nr. 485.

Gustav Heine (S. 200–202)

1 Bei der verzeichneten Firma mit Namen Gustav Heine in Hamburg handelte es sich um seinen Cousin zweiten Grades.
2 HSA Bd. 25, S. 113, Nr. 403.
3 Vgl. StAHbg, 111-1 Senat, 2915, Nr. 2.

Die Gründung eines Krankenhauses (S. 203–206)

1 Vgl. StAHbg, 522-1 Jüdische Gemeinden, Nr. 273a Bd. 7.
2 Vgl. ebd. und 522-1 Jüdische Gemeinden, Nr. 516, S. 3–4.
3 Vgl. ebd., Nr. 516, S. 11.
4 Der Bauplatz sei über 100.000 Mark wert, war in der Allgemeinen Zeitung des Judenthums zu lesen. In Altona gab es ein kleines jüdisches Krankenhaus in der Königstraße (heute beim Eingang zum jüdischen Friedhof), das noch bis 1866 weiterbetrieben wurde.
5 Vgl. StAHbg, 611-11, Israelitisches Krankenhaus, Nr. 53 und ebd., 411-2 Patronat St. Pauli, II A 2267, Briefe betreffend Wasserleitung, Brunnen, Siele und Pläne für den Bauplatz.
6 Es war damals üblich, als Angestellter in höherer Position oder als Auftragnehmer eine Kaution zu hinterlegen, auch Ärzte waren dazu verpflichtet, da sie nicht versichert waren.
7 StAHbg, 522-1 Jüdische Gemeinden, Nr. 516, S. 14–16.
8 Vgl. ebd., Nr. 516, S. 18–19.

9 Vgl. ebd., Nr. 514 b. S. 31–32. „Kasten nebst Album".
10 Allgemeine Zeitung des Judenthums, Nr. 27, 11. Juni 1841, S. 383.
11 Vgl. Steckmest, Salomon Heine – Stifter des Israelitischen Krankenhauses, in Jenss u.a., 2016, S. 19–25.

Mathilde Heine geb. Mirat (S. 206–209)

1 HSA Bd. 21, S. 423, Nr. 882.
2 Ebd. Bd. 25, S. 339, Nr. 616.
3 Meißner, 1856, S. 163.
4 Vgl. Meißner, 1856, S. 163–164 u. 172–173.
5 Siehe dazu Liedtke, 2015, S. 39–45.

Weitere unterhaltsame Gäste bei Salomon (S. 209–213)

1 Gretsch, 1992, S. 81–84.
2 Brief von Salomon Heine vom 21. Juli 1834 an Max Heine (Heinrich-Heine-Institut Düsseldorf).
3 Zit. nach Lehmann, 1885, Bd. 1, S. 70.
4 Über Alexander Heimbürgers Aufenthalt in Hamburg berichtet Werner Johannsen, 2005, Heft 4, Bd. 15, S. 85–86.
5 Ebd.
6 Ebd.

Die neue Börse und der Große Brand (S. 215–222)

1 Anonym. In: Der Orient, Berlin, Nr. 44, 2 (1841), S. 278.
2 Dill war Kaufmann und Mitglied der Hamburger Bürgerschaft.
3 Schleiden, 1843, S. 39 f.
4 Zit. nach http://www.hoffmann-und-campe.de/verlag/verlagsgeschichte/1823-1867/ (letzter Abruf 19.12.2016). – Die Pressezensur wurde in Hamburg allgemein erst 1848 aufgehoben, auch für Hoffmann & Campe.
5 Jeder Kontoinhaber hatte Geld in Form von Silberbarren dort abzuliefern. Gold lagerte dort nicht.
6 Anna Sussmann Ludwigs Bericht. In: Staats- und gelehrte Zeitung des hamburgischen unpartheyischen Correspondenten, 1890.
7 Ein Schabbesgoye ist ein Christ, der das verrichtet, was ein Jude am Schabbat nicht tun darf. HSA Bd. 22, S. 60, Nr. 944.

Salomons Hilfe für die Stadt (S. 222–231)

1 Zit. nach Zacharias, 1954, S. 108.
2 Vgl. Hecker, 2016, S. 454 f.
3 Enet, 1892, S. 388.
4 Zit. nach Steindorfer, 1985, S. 189.
5 Zit. nach Kramer/Lüth, 1868, S. 16.
6 Herbert, 1842, S. 116.

7 Vgl. StAHbg, 351-3 Unterstützungsbehörde, Nr. 14–15. In St. Georg stehen noch heute einige dieser Notbauten. Chateauneufs Vater war 1794 als Flüchtling aus Frankreich nach Hamburg gekommen.
8 Siehe Mendelssohn, 1845, S. 10. Die Feuerkassenanleihe entsprach dem Fünffachen der jährlichen Staatseinnahmen; sie übertraf die damalige Staatsschuld Hamburgs um rund ein Drittel. Siehe auch Ahrens, 1984, S. 3.
9 Vgl. StAHbg, 233-2/100 Notare, Repertorium Gabriel Riesser 1840–1843.
10 Vgl. Anonym. In: Der Orient, Berlin, Nr. 44, 2 (1841), S. 278.
11 Zit. nach Grobecker, 1990, S. 63 f.
12 Mendelssohn, 1845, S. 9–10.
13 Vgl. StAHbg, 233-2/100 Notare, Repertorium Gabriel Riesser, 1840–1843.
14 DHA Bd. 14/1, S. 237.
15 HSA Bd. 22, S. 23, Nr. 899.
16 HSA Bd. 26, S. 28, Nr. 642.
17 HSA Bd. 22, S. 24, Nr. 901.
18 DHA Bd. 4, S. 89 ff.
19 Die Hamburger Sahlwohnungen bestanden aus einem Raum und waren über eine separate Hintertreppe zu erreichen.
20 Vgl. Dirksen, 1935, S. 301 ff.
21 Heinrich Heine behauptete, Dr. Adolph Halle habe das Haus geerbt, so stand es in den offiziellen Papieren, doch die Erbin war laut Testament Therese. Vgl. StAHbg: 323-1 Rat- und Bürgerdeputation, Nr. 108.
20 Siehe StAHbg, 522-1 Jüdische Gemeinden, 273a, Bd. 8.

Das Betty-Heine-Krankenhaus (S. 231–236)

1 Mendelssohn, 1845, S. 14.
2 Der Orient, Nr. 40 (1843), S. 315.
3 Vgl. Heilbut, 1843, S. 12.
4 StAHbg, 522-1 Jüdische Gemeinden, Nr. 516. S. 29–30.
5 Mendelssohn, 1845, S. 15.
6 Allgemeine Zeitung des Judenthums, Heft 40, 7 (1843), vom 2.10.1843, S. 593.
7 Vgl. Heilbut, 1843, S. 10 f.
8 StAHbg, 611-11 Israelitisches Krankenhaus, Nr. 54 und 522-1 Jüdische Gemeinden, Nr. 516. S. 31 f.
9 Baumeister Schäfer hatte ebenfalls für den Tag gedichtet: „Nach den ersten Weiheworten/ kommt das Werk so segensreich,/ öffnen gastlich sich die Pforten/ für die Schmerzbelad'nen gleich./ Der von düst'rer Pein umnachtet/ auf dem dürft'gen Lager schmachtet/ süßer Hoffnung Sonnenschein/ ruft freundlich „komm herein!" StAHbg, 522-1 Jüdische Gemeinden, Nr. 530.
10 StAHbg, 522-1 Jüdische Gemeinden, Nr. 516.
11 DHA Bd. 2, S. 117.

Die letzten Hamburg-Besuche Heinrichs (S. 236–241)

1 Vgl. Decker, 2007, S. 338.
2 Dazu gehörten: „De l'Allemagne", „De la France", „Reisebilder" und „Neue Gedichte". Siehe Wolf/Schopf, 1998, S. 8.
3 Vgl. Decker, 2007, S. 44 f.
4 Ebd., S. 60.
5 HSA Bd. 26, S. 71–72., Nr. 680.
6 Ebd. Bd. 22, S. 70, Nr. 595. Übersetzung aus dem Französischen.
7 Ebd., S. 91, Nr. 984.
8 Ebd., S. 93, Nr. 984.
9 Ebd. Bd. 26, S. 86 f., Nr. 696.
10 HSA Bd. 26., S. 103, Nr. 711.
11 Embden-Heine, Principessa della Rocca, 1881, S. 106.
12 Ebd., S. 107.
13 Ebd., S. 105.

Salomon Heines Testament (S. 241–249)

1 Mendelssohn, 1845, S. 25.
2 StAHbg, 522-1 Jüdische Gemeinden, Nr. 773a.
3 StAHbg, 231-3 Handelsregister, B 16769.
4 Mendelssohn, 1845, S. 24–25.
5 Zit. nach ebd., S. 26.
6 Laut § 81 war für Testamente eine Abgabe von „1 per mille vom Werth" gefordert. Der bekannte „krumme" Betrag von 6.250 Mark Banco entspräche einem Viertel von 25.000, damit betrüge das Erbe 25 Millionen, was ein realistischer Wert ist. – Wenn Salomon seine Abgabe auf ein Viertel reduzieren konnte, gelang ihm das vermutlich wegen seiner hohen Spenden für die Stadt. Vgl. Lappenberg, Bd. 16 (1840/41) und Bd. 18 (1844), S. 811.
7 Carl Mosengel war als Buchhalter auch bei Carl Heine tätig. Er wurde von ihm später zum Liquidator der Bank bestellt und verwaltete dann auch das Konto von Cécile Heine in Hamburg. 1861, als die Preise noch günstig waren, kaufte er sich ein großes Grundstück auf der Uhlenhorst, das Carl Heine zusammen mit zwei Geschäftspartnern 1837 erworben hatte. Siehe StAHbg, 232-3 Testamentsbehörden, H 6511.
8 Moses Liebermann war der unverheiratete Bruder von Samuel Liebermann. Beide wohnten in demselben Haus. Samuel Liebermann ist im Testament nicht erwähnt, was darauf schließen lässt, dass er sich bereits zuvor – möglicherweise mit einer Abfindung von Salomon Heine – selbstständig gemacht hat und bei Salomons Tod nicht mehr in der Bank beschäftigt war. Vgl. StAHbg, 232-3 Testamentsbehörden, H 4384.
9 StAHbg, 522-1 Jüdische Gemeinden, Nr. 773a: Testament Salomon Heine.
10 StAHbg, 131-1 Senatskanzlei I, 33 H 556. Mit Testamentskopie.
11 Vgl. StAHbg, 232-3 Testamentsbehörden, H 339.

12 StAHbg, 611-11 Israelitisches Krankenhaus, Nr. 47.

Ein enttäuschter Erbe (S. 250–256)
1 HSA Bd. 22, S. 143, Nr. 1051.
2 Vgl. Karpeles, 1899, S. 43–48.
3 HSA Bd. 26, S. 123–124, Nr. 732.
4 Heinrich Heine glaubte, er sei wegen Gabriel Riesser so schlecht im Testament bedacht worden. Als Exekutor hatte Riesser aber nicht am Testament mitgewirkt, sondern erhielt 10.000 Mark Banco für die Umsetzung des Testamentsinhaltes.
5 HSA Bd. 22, S. 160, Nr. 1072.
6 Ebd., S. 224, Nr. 1150.
7 Ebd. Bd. 26, S. 139, Nr. 755.
8 Zit. nach Becker, 1958, S. 96 f.
9 Hermann von Pückler-Muskau war mit einer Tochter von Graf Hardenberg verheiratet. Bei Familie Beer in Berlin, Heinrich Heines Freunden, war Karl August von Hardenberg oft zu Gast.
10 Zit. nach Werner, 1973, Bd. 1, S. 583 f.
11 Ebd., S. 585 f.
12 HSA Bd. 26, S. 166, Nr. 788.
13 Zit. nach Werner, 1973, Bd. 1, S. 588.
14 Die Memoiren und ihr Umfang blieben für lange Zeit ein Rätsel. Inzwischen ist nachgewiesen, dass es nie mehrere Bände gegeben und Heinrich Heine selbst viel vernichtet hat. Siehe DHA 15, 1017.
15 HSA Bd. 21, S. 173, Nr. 606.
16 HSA Bd. 25, S. 66, Nr. 367.
17 Zit. nach Meißner, 1856, S. 211.

Weitere Erben (S. 256–258)
1 StAHbg, 131-1 Senatskanzlei I, 33 O 119.
2 Vgl. ebd.
3 Vgl. StAHbg, 232-3 Testamentsbehörden, H 6143. Aufgesetzt am 25. Mai 1872.
4 Vgl. ebd., Serie A Dr. C.W.A. Schröder.
5 HSA Bd. 23, S. 102, Nr. 1333.
6 Ebd. Bd. 27, S. 32, Nr. 974.
7 Siehe dazu Steckmest, 2013, S. 234–247.

Die 48er Revolution (S. 258–263)
1 Vgl. Liedtke, 2006, S. 157–160.
2 HSA Bd. 22, S. 270, Nr. 1215. Ein Staatsbankrott war im Anzuge, es herrschte eine bedrohliche Geldklemme.
3 Rieder, 2006, S. 150.

4 HSA Bd. 23, S. 166, Nr. 1384.
5 Vgl. Liedtke, 2006, S. 148. (Es war nicht Salomon Heine, sondern Carl.)
6 Die englische Gemeinde in Hamburg ließ im April auf Englisch einen Aufruf drucken, man möge „for the efficient and excellent Dr. Riesser" stimmen.
7 Zit. nach Kleßmann, 1981, S. 437.
8 Siehe auch oben das Kapitel „Beer Lion Fould". Paule, wie das Kind genannt wurde, war am 28. Oktober 1847 geboren. Die Adoptionsakte begann: „Wir Frederik der VII. Von Gottes Gnaden König zu Dänemark, der Wenden und Gothen, Herzog zu Schleswig, Holstein, Stormarn, der Dithmarschen und zu Lauenburg, wie auch zu Oldenburg. Thun kund hiermit: dass der Eingesessene Carl Heine zu Ottensen in der Herrschaft Pinneberg und seine Ehefrau Cécile geb. Furtado. [...] dem Pflegekind den Familiennamen Heine geben. [...] und die Adoption erlaubt wird." Zit. nach Michel Lange. In: Genami, Nr. 51, März 2010, S. 9.
9 HSA Bd. 22, S. 292, Nr. 1242.
10 Carl Heines Testamentsunterlagen befinden sich in Frankfurt im Archiv der Deutschen Bank, da er zu den Gründungsmitgliedern der Norddeutschen Bank 1856 gehörte, diese später von der Diskonto-Bank übernommen wurde und diese dann von der Deutschen Bank. 2016 erschien in der Hamburger Kunsthalle ein Buch zu seinem Legat und eine kleine Ausstellung wurde zu seinen Ehren gezeigt. Therese vermachte 1880 der Kunsthalle ihre Bilder-Sammlung. 2008 hatte es dazu ebenfalls eine Ausstellung in der Kunsthalle mit einer dazugehörigen Veröffentlichung gegeben. Siehe zu Carl Heine: Steckmest, 2011, S. 129–148, und dies., 2016, S. 28–34.
11 HSA Bd. 27, S. 318, Nr. 1231.
12 Die genauen Umstände seines Todes sind nicht geklärt, bekannt ist lediglich, dass er nach einem Sturz vom Pferd starb.
13 Preuß, 2004, S. 100.
14 HSA Bd. 23, S. 19, Nr. 1279.

Tod und Vermächtnis Heinrich Heines (S. 264–267)

1 Heine, 1868, S. 102.
2 Das hamburger ärzteblatt beschäftigte sich 2006 ebenfalls mit diesem Thema.
3 HSA Bd. 22, S. 310, Nr. 1263.
4 Ebd., S. 292, Nr. 1242.
5 Ebd., S. 301, Nr. 1254.
6 Ebd. Bd. 23, S. 150, Nr. 1375.
7 Julia, 1886, S. 305. Übersetzung aus dem Französischen.
8 Frankfurter Allgemeine Zeitung vom 8. Januar 2011. Dagegen wurde ein Brief von Heinrich Heine im Juni 2011 für 26.000 Euro vom Heinrich-Heine-Institut angekauft.
9 Vertrag mit Hoffmann & Campe: „1. Vendu pour la somme de 10,000 Frs. – les oeuvres posthumes de Henri Heine qui sont à présent entre les mains de Mr. von Embden...."

10 Zit. nach Wadepuhl, 1974, S. 421.
11 Vgl. ebd., S. 425.

Anstelle eines Nachworts: Der alte Ottenser Friedhof (S. 268–272)

1 Vgl. Lorenz/ Berkemann, 1995, Texte und Dokumente, S. 45, und Chronik, S. 57.
2 Ebd., Chronik, S. 80.
3 Vgl. Ebd., Texte und Dokumente, S. 72 f.
4 Vgl. ebd., Texte und Dokumente, S. 146–152.
5 Die Fotos der Grabsteine aus jener Zeit befinden sich im Institut für die Geschichte der deutschen Juden.
6 Vgl. Lorenz/Berkemann, 1995, Chronik, S. 152.
7 Vgl. ebd., Chronik, S. 270–344.
8 In Kürze wird es möglich sein, alle Namen der beerdigten Personen in Ottensen im Internet zu finden, zu allen anderen Hamburger jüdischen Friedhöfen kann man bereits jetzt im Internet forschen.
9 Felix Epsteins Notiz vom 24. März 1967: Warburg-Archiv, Hamburg-Blankenese. Hierfür mein Dank an Beate Borowka-Clausberg.
10 StAHbg, 611-11 Israelitisches Krankenhaus, Nr. 47.

Zeittafel

1767 Salomon Heine wird am 19.10. in Hannover als vierter Sohn von Heymann Heine und Eva Mate geb. Popert aus Altona geboren.

1777 Betty (Bela) Goldschmidt-Levi wird am 15.09. als Kind von Moses Lion Goldschmidt-Levi und Jette (Gütel) geb. Goldschmidt in Hamburg geboren.

1780 Salomons Vater Heymann Heine stirbt und wird in Hannover begraben.

1784 Salomon Heine kommt nach Hamburg und beginnt eine Ausbildung bei der Bank von Wolf Levin Popert, einem Cousin seiner Mutter.

1792 Nach dem Tod von Wolf Levin Popert übernimmt der Sohn Meyer Wolf Popert das Bankhaus.

1794 Am 18.05. heiratet Salomon Heine Betty Goldschmidt. Er erhält 10.000 Mark Banco als Mitgift. Salomon wird Associé bei Emanuel Aron von Halle.

1795 Am 24.04. wird Betty und Salomons erste Tochter geboren. Ihr jüdischer Name ist Rachel, genannt Friederike.

1796 Geburt der Tochter Beracha am 25.09. Das Kind stirbt früh.

1797 Salomons Halbbruder Samuel wird Partner von Marcus Abraham Heckscher bei der Bank Heckscher & Comp.

1798 Die dritte Tochter von Betty und Salomon Heine wird am 09.04. geboren. Ihr jüdischer Name ist Frommet, genannt Fanny.

1799 Die vierte Tochter wird am 05.09. geboren. Ihr jüdischer Name ist Mate, genannt Amalie. Bankrott des Bruders Isaak Heine in Hamburg und des Bankhauses Wolf Meyer Popert.

1801 Salomon wird nach dem Weggang seines Bruders Samuel Partner in Marcus Abraham Heckschers Bankhaus.

1802 Der erste Sohn Bettys und Salomons wird am 25.11. geboren. Er stirbt im Kindesalter.

1804 Der zweite Sohn wird am 01.02. geboren. Er erhält den jüdischen Namen Chajim, genannt Hermann.

1805	Am 18.03 wird wieder ein Sohn geboren. Er heißt Moses und stirbt früh.
1807	Der 17.12. ist das Geburtsdatum der fünften Tochter Thamor, genannt Therese.
1808	Samuel Heine stirbt. Er ist bereits Großvater.
1810	Salomons „Thronfolger" wird am 21.01. geboren, mit Namen Beer Carl. Salomon wird Curator des zehn Jahre zuvor verstorbenen Gottschalk Lion Goldschmidt, einem Onkel seiner Frau.
1812	Salomon Heine kauft in Ottensen ein Landhaus mit Grundstück oberhalb der Elbe.
1813	Während der Belagerung Hamburgs durch die Franzosen lebt die Familie Heine von Mai 1813 bis Ende 1814 an der Elbe. Nach dem Tod des Bruders Meyer Heine lebt dessen Tochter Tilly bei Salomon. Bettys Cousin Benjamin Goldschmidt stirbt in London.
1814	Henry Heine heiratet Henriette von Embden.
1815	Salomon wird Vormund für Kinder aus der entfernten Verwandtschaft. Seine Reisetätigkeit zu den Kurbädern beginnt. Tochter Friederike heiratet Morris Oppenheimer.
1816	Salomons Neffe Heinrich Heine kommt für drei Jahre nach Hamburg.
1818	Die Familie Heine wechselt zur liberalen jüdischen Gemeinde, die in jenem Jahr ihren Tempel eröffnet. Eine Bankenkrise erreicht Hamburg. Fanny heiratet Dr. C.W.A. Schröder.
1819	Am 01.01. eröffnet Salomon Heine ein Bankhaus unter seinem Namen mit 1.000.000 Mark Banco Eigenkapital. Im Sommer gibt es die gegen die Juden gerichteten so genannten Hep-Hep-Unruhen.
1821	Amalie heiratet John Friedländer und zieht nach Königsberg.
1823	Friederike stirbt.
1824	Salomon kauft am Jungfernstieg ein Haus, zahlt offiziell aber Miete.

1825/6	Die große Bankenkrise aus London erreicht Hamburg. Bettys Londoner Cousin Lion Abraham Goldschmidt stirbt. Salomon Heine verliert Geld.
1828	Heinrich Heines Vater Samson stirbt am 27.12. in Hamburg und wird auf dem Friedhof Königstraße beerdigt.
1829	Fanny stirbt in Heidelberg.
1830	Unruhen und Pöbeleien gegen Juden.
1831	Hermann Heine stirbt im Februar in Rom. Heinrich Heine reist nach Paris, um sich dort niederzulassen. Carl Heine setzt in Paris seine Ausbildung fort. Er erkrankt an der Cholera, wird aber gesund.
1835	Erneute Unruhen gegen Juden.
1837	Betty stirbt am 15.01. in Hamburg. Salomon gründet die Hermann Heine'sche Stiftung zu Ehren seines verstorbenen Sohnes. Carl Heine erwirbt zusammen mit Adolph Jencquel und August Abendroth die Uhlenhorst.
1838	Amalie stirbt in Berlin. Ihr Mann John Friedländer bleibt mit den Kindern in Berlin. Carl Heine heiratet im September in Paris Cécile Furtado.
1839	Salomon erklärt sich am 10.11. bereit, Geld für ein neues Krankenhaus zu stiften.
1841	Heinrich Heine heiratet in Paris Mathilde Mirat.
1842	In Hamburg wütet der Große Brand. Salomon sichert die Finanzfähigkeit der Stadt. Sein Haus am Jungfernstieg wird gesprengt, das Haus von Carl an den Großen Bleichen bleibt unversehrt.
1843	Eröffnung des Israelitischen Krankenhauses auf St. Pauli, genannt Betty-Heine-Krankenhaus. Salomon wird Ehrenmitglied in der Patriotischen Gesellschaft. Heinrich Heine besucht Hamburg.
1844	Heinrich Heine besucht mit seiner Frau zum letzten Mal Hamburg. Salomon stirbt am 23.12. in der ABC-Straße. Die Beerdigung findet am 27.12. in Ottensen statt. Es folgt ein Streit um das Erbe und die Rente zwischen Heinrich Heine und Carl Heine.

1846	Hochzeit von Gustav Heine in Wien.
1848	Carl Heine verdoppelt die Summe der Hermann Heine'schen Stiftung für Kredite von christlichen Antragstellern.
1849	Jüdische Bürger werden gleichberechtigt und sind nun verpflichtet sich einen festen Nachnamen zuzulegen.
1856	Heinrich Heine stirbt nach langer Krankheit am 17.02. in Paris. Carl Heine ist Mitbegründer der Norddeutschen Bank, die am 15.10. eröffnet wird.
1857/8	Die Finanzkrise fordert etliche Konkurse, Carl Heine vergibt an viele Hamburger Kaufleute Kredite.
1859	Peira Heine geb. van Geldern stirbt in Hamburg. Carl Heine unterstützt den Bau der Kunsthalle.
1860	Hochzeit von Maximilian Heine in St. Petersburg.
1864	Carl Heine stiftet Geld zur finanziellen Absicherung des Israelitischen Krankenhauses und schreibt die Fundamentalbestimmungen, da die Zwangszugehörigkeit zur jüdischen Gemeinde aufgehoben wird.
1865	Er stirbt am 04.07. in Südfrankreich. Das Bankhaus Salomon Heine wird liquidiert. Die Heine-Straße auf St. Pauli wird nach ihm benannt (heute Hamburger Berg).
1866	Dr. Adolph Halle stirbt am 26.01. Am 12.09. Genehmigung zur Gründung des Heine'schen Asyls am Jungfernstieg durch Therese Halle geb. Heine.
1872	Dr. C.W.A. Schröder stirbt am 24.01. in Groß Borstel.
1880	Therese Halle geb. Heine stirbt am 22.04. in Baden-Baden.
1881	Der Weg auf halber Höhe unterhalb des Heine-Parks wird angelegt und Salomon-Heine-Weg genannt.
1883	Mathilde Heine stirbt am 17.02. in Paris.
1898	Cécile Heine-Furtado stirbt am 19.12. in Paris.
1903	Zwangsversteigerung des Heine-Parks. Bau des heutigen Heine Hauses am Jungfernstieg.
1960	Einweihung des neuen Israelitischen Krankenhauses am Orchideenstieg Nr. 14. Der Fußgängerweg beim Krankenhaus am Alsterkanal heißt jetzt Salomon-Heine-Weg, nachdem der bisherige, an der Elbe gelegene Weg gleichen Namens unter

der nationalsozialistischen Regierung in Arthur-Schopenhauer-Weg umbenannt worden war.

1975 Gründung des Vereins Heine-Haus e.V. im ehemaligen Gärtnerhaus im Heine-Park.

2014 Neugestaltung des Heine-Parks nach den alten Plänen Joseph Ramées. Der Grundriss der alten Villa Salomon Heines wird auf dem Gelände mit Steinplatten nachgebildet und als Erholungsplatz mit Büschen und Bänken eingerichtet. Das Gärtnerhaus wird renoviert und mit Dokumenten und Bildern ausgestattet.

Register der Personen und Bankhäuser

Abbéma, Balthasar Elias (holländischer Gesandter) (1739–1805) 283
Abendroth, Amandus Augustus (Bürgermeister) (1767–1842) 40, 86
Abendroth, Dr. August (1796–1867) 309
Ahrens, Peter 146, 293
Ahrons, Familie in Lüneburg 106
Arnemann, Carl Theodor (1804–1866) 185
Arnemann, Mathilde (1809–1896) 185, 297
Arnstein & Eskeles, Bankhaus in Wien 201
Asher, Dr. jur. Carl Wilhelm (1798–) 292
Asher, Louis (Maler) (1804–1878) 141 f., 292, 293
Assing, Rosa Maria, geb. Varnhagen (1783–1840) 43, 52

B. A. Goldsmith, Bankhaus in London 120–122, 126–128, 290
Baggesen, Jens (Dichter) (1764–1826) 24
Bahre, Ricardo (Architekt) 11
Banque de France 195
Barckhan, Johann Hironymus (Maler) (1785–1864) 298
Baring, Bankhaus in London 121, 186, 188, 190, 290
Baring, Sir Francis (Bankier) (1796–1866) 122
Baur (Bankier) 226
Beer, Familie in Berlin 94, 303
Beer, Jacob Herz (1769–1825) 95
Beer, Jacob Liebmann Meyer, siehe Meyerbeer, Giacomo

Behrens, Leffmann = Eliser Lipmann ben Jissachar Bärmann (1634–1714) 16–18, 65, 277
Benjamin, Walter (1892–1940) 285
Berenberg & Gossler, Bankhaus in Hamburg 297
Berkemann, Jörg 269
Berr, Cerf (1726–1793) 195
Blacker, John (–1803) 47
B.L. Fould, Bankhaus in Paris 37, 145, 149, 153, 191, 195 f.
B.L. Fould & Fould Oppenheim, Bankhaus in Paris 265, 298 f.
Blücher-Altona, Conrad Daniel von (1764–1845) 52, 54, 56 f., 73, 85, 205, 227, 229, 244, 268 f., 289
Blücher, Gebhard Leberecht von (Feldmarschall) (1742–1819) 73, 286
Blücher, Manone 284
Bock, Sarla (–1779) 66
Bonaparte, Jerome, König von Westphalen (1784–1860) 288
Bresselau, Meyer Israel (Advokat) (1785–1839) 82, 84, 112, 123, 172, 291
Bresselau, Witwe 246
Briegleb, Klaus 286
Brockhaus, Friedrich Arnold (Verleger) (1772–1823) 109
Bückeburg, Aron David Simon siehe Heine
Bückeburg, Chajim siehe Heine, Heymann
Bundsen, Jess (Maler) (1766–1829) 14 f., 101

Campe, Julius (Verleger) (1792–1867) 11, 137 f., 146, 170, 200, 202, 220, 238, 241, 252, 266, 286

Campe, Julius Heinrich (Verleger) (1846–1909) 11, 146, 266, 293
Canning, George (englischer Staatsmann) (1770–1827) 122
Carra Saint-Cyr (General) 62, 285
Caspar Voght & Sieveking, Handelshaus in Hamburg 297
Cassel, Chajim ben Joseph Halewi-Goldschmidt (–1772) 19
Chapeaurouge, Jacques Henri de 49, 280
Chapeaurouge, Jean Dauphin de (1770–1827) 297
Charles (Karl) X., König von Frankreich (1757–1836) 146
Chateauneuf, Alexis de (Architekt) (1799–1853) 225, 231
Chopin, Frédéric (Musiker) (1810–1849) 149
Christian VII., König von Dänemark (1749–1808) 20
Christiani, Charlotte, geb. Heine (1813–1869) 150, 162, 192
Christiani, Dr. jur. Rudolph (1798–1858) 111, 150, 162
Cohen, Behrens Isaak (um 1600–1675) 16
Cohen, Chajim 17
Cohen, Eduard (Händler) 219
Cohen, Gerson Gabriel (1785–1862) 114, 297
Cohen, Isaak (Bockum) (–1636) 16 f.
Colla (Maler) 73
Cotta, Baron Johann Friedrich von (1764–1832) 151
Croly, George 45

David, Herz siehe Harrys, Georg
David, Michael 293
Davout, Louis Nicolaus (eigentlich d'Avout) (Marschall) (1770–1823) 40, 48–49, 54 f., 68, 282
Dehn, Simon (1784–1814) 52

Dehn, Salomon (um 1770–1837) 52
Dellevie, Familie 283, 290
Devrient, Eduard (Schauspieler) (1801–1877) 131, 133
Devrient, Familie 131 f., 136
Devrient, Therese, geb. Schlesinger (Sängerin) (1803–1882) 131, 133
Dill, Theodor (1797–1855) 217, 226, 300
Donner, Conrad Hinrich (Bankier) (1774–1854) 101, 117, 289
Döring (Schauspieler) 130

Embden, Adolph (1780–1855) 60, 211, 242
Embden, Charlotte von, geb. Heine (1800–1899) 67, 76, 111–113, 115, 138, 200, 202, 220 f., 228, 240 f., 257 f., 263, 266 f., 270, 286
Embden, Helene Therese von, siehe Hirsch
Embden, Henriette von, siehe Heine
Embden, Lion von (1756–1809/16) 280
Embden, Moritz von (1790–1866) 84, 113 f., 135, 240, 270
Embden-Heine, Baron Ludwig Heinrich von (1826–1904) 257, 266
Embden-Heine, Maria Henriette von, siehe della Rocca
Emden, Paul (1882–1953) 280
Enet, G.E. (Börsenmakler) 223
Epstein, Felix (1882–1982) 305
Ernst von Cumberland (Ernst August I., König von Hannover) (1771–1851) 65, 169
Ernst I., Herzog von Sachsen-Coburg und Gotha (1784–1844) 92
Eskeles, Familie und Bankhaus in Wien 121, 290

Euchel, Isaac Abraham (Lehrer) (1756–1804) 94 f.
Forsmann, Franz Gustav (Stadtbaumeister) (1795–1878) 11, 13, 217, 230
Fould & Cie., Bankhaus in Paris (Inhaber Heine) 196
Fould & Oppenheim, Bankhaus in Paris 298
Fould, Achille (franz. Minister) (1800–1867) 128, 194, 260 f.
Fould, Beer Lion (1767–1855) 37, 189, 194 f., 263, 304
Fould, Benoît (1782–1858) 195
Fould, Familie 152, 191, 195, 252
Fould, Henriette, geb. Goldschmidt (1800–1870) 128
Fould, Rosa, siehe Furtado
Frederik VI., König von Dänemark (1768–1839) 56, 278
Frederik VII., König von Dänemark 304
Friedländer, Amalie, geb. Heine (1799–1838) 29, 52, 72 f., 75, 86, 88 f., 91, 94, 105, 141, 164, 179, 257, 307, 308, 309
Friedländer, Brunette = Bune, geb. Oppenheim (1774/6–1836) 89 f.
Friedländer, David Joachim, in Berlin (1750–1834) 90, 94 f., 109
Friedländer, David Meyer (1769–1825) 90
Friedländer, Joachim Moses, in Königsberg (1712–1776) 89
Friedländer, Jonathan = John (1793–1863) 88, 90 f., 94 f., 105, 229, 308 f.
Friedländer, Joseph Meyer (1774–1846) 95
Friedrich Wilhelm III. von Preußen (1770–1840) 94, 237
Furtado, Cécile Charlotte, siehe Heine

Furtado, Elie (1796–1867) 194, 252, 263
Furtado, Familie 190 f.
Furtado, Joseph Paul (–1848) 196, 262
Furtado, Rosa, geb. Fould (1800–1871) 194, 252, 263

Gabe, Bertha, geb. Oppenheimer (1816–1866) 194
Gabe, Dr. Johann Anton Carlo (1811–1890) 194, 205, 256
Gabe, John oder Johann (Senator) (1737–1817) 74, 183, 280
Gans, Familie 16
Gans, Edel (–1757) 19 f.
Gans, Prof. Eduard (1798–1839) 163, 294
Gans Isaak & Söhne 65
Gans, Isaak Jacob, in Celle (1728–1798) 294
Gans, Recha (um 1700–1773) 19
Gans, Salomon (1613–1654) 19, 277
Geldern-Heine, Baron Gustav von 202
Geldern, van, Familie 17, 65 f.
Geldern, Gottschalk van (1726–1795) 66
Geldern, Juspa Jacob van (1653–1727) 65
Geldern, Lazarus van (1695–1769) 65 f.
Geldern, Peira van, siehe Heine
Geldern, Simon van (1768–1833) 69
Georg III., König von Großbritannien (1738–1820) 56
Getting, Jacob siehe Göttingen
Geymüller, Bankhaus in Wien (vormals Peter Ochs) 201
Gilun, Ewa (Restauratorin) 295
Giovanoly, A. 220, 296
Godeffroy, Adolph (1814–1893?) 75, 297

Godeffroy, Cesar (1781–1845) 74 f.
Godeffroy, Familie 74, 213, 297
Godeffroy, Peter, in Dockenhuden (1749–1822) oder (1782–1835) 44 f., 49, 280, 284
Goethe, Johann Wolfgang von (1749–1832) 85, 198, 206
Goldmann, Jette, siehe Lichtwark
Goldschmidt, Adolph (1797–) 127 f., 291
Goldschmidt, Baracha Sara (–1747) 271
Goldschmidt, Baruch = Benjamin Abraham, in London (1783–1813) 35, 50, 59, 87, 120, 285, 308
Goldschmidt, Benny David (1794–) 125 f.
Goldschmidt, Betty = Bela, siehe Heine
Goldschmidt, Familie 16, 32, 81, 270, 280
Goldschmidt, Firma 38
Goldschmidt, Gottschalk Lion (–1800?) 283, 308
Goldschmidt, Henriette, siehe Fould
Goldschmidt, Jeanette, geb. Jacobson (1806–) 125 f., 128, 288
Goldschmidt, Jette = Güttel, geb. Goldschmidt (–1814) 28, 307
Goldschmidt, Joel Lion (um 1752–1823) 283
Goldschmidt, Lion Abraham (1777–1826) 49, 59, 63, 120, 123, 127, 309
Goldschmidt, Moses Lion = Moses Leib Levi (–1802) 28 f., 307
Goldschmidt-Oldenburg, Bune Mirjam, geb. Popert (–1779) 20, 89
Goldschmidt-Oldenburg, Jonathan (1700–1778) 20 f.
Goldsmid, Sir Henry d'Avigdor (1909–1976) 270

Gossler, Elisabeth, geb. Berenberg (1749–1822) 92, 288
Gossler, Familie 288
Gossler, Johann Heinrich (1805–1879) 222
Göttingen, Jacob 16
Gottschalk-Düsseldorf, Amalie, siehe Stieglitz
Gowa, John (Küster beim Tempel) 246
Grasmeyer, Georg Ludwig Wilhelm (Makler) (1757–1833) 283
Gretsch, Nicolai (Journalist) (1787–1867) 209 f.
Grey, James 232
Gröger, Friedrich Carl (Maler) (1766–1838) 64, 89–91, 116, 165, 295
Gubitz, Friedrich Wilhelm (1786–1870) 110
Gumpel, Lazarus = Gumpelino (Bankier) (1770–1843) 93, 96, 101, 136, 144, 285, 289, 292 f., 296
Gurlitt (Direktor des Johanneums) (1754–1827) 169, 295
Gutzkow, Carl (Schriftsteller) (1811–1878) 299

Haarbleicher, Martin Moses (1797–1869) 79
Hagedorn, Pauline, siehe Schröder
Halevi Goldschmidt (Hoffaktor) 18
Halewi Cassel, Chajim ben Joseph (–1772) 19
Halle, von, Bankhaus 28, 30
Halle, Dr. jur. Christian Hermann Adolph (1798–1866) 13, 15, 140–143, 161–163, 168, 184, 205, 209, 229 f., 230, 249, 255, 263, 301, 310
Halle, Emanuel Aron von (1773–) 28, 279, 307
Halle, von, Familie 7

Halle, Marianne von, siehe Hambro
Halle, Therese, geb. Heine (1807–1880) 12 f., 29, 115 f., 132, 140–143, 161–163, 165, 168, 179, 192, 230, 240, 243, 256, 258, 279, 296, 298, 301, 304, 308, 310
Halle, Wolf Elias von (–1834) 283
Halle, Wolf Emanuel von (1780–) 43
Halle, Wolf Levin von (1756–1828) 49
Haller, Martin (Architekt) (1835–1925) 13, 168, 248
Haller, Nicolaus Ferdinand (Bürgermeister in Hamburg) (1805–1876) 16, 247
Hambro, Bankhaus in Kopenhagen und London 120 f., 123 f., 185
Hambro, Charles Joachim (Bankier) (1807–1877) 121, 185
Hambro, Familie 290
Hambro, Joseph (Bankier) (1780–1848) 120 f., 124
Hambro, Marianne, geb. von Halle (–1838) 121
Hameln-Goldschmidt, Jente, verw. Gans (1623–1695) 16, 19, 37, 65, 292
Hansen, Christian Frederik (Architekt) (1756–1845) 47
Hardenberg, Karl August Freiherr von (1750–1822) 94, 303
Hardorff, Gerdt, d. Ä. (Maler) (1769–1864) 165, 168
Hardorff, Julius Theodor (Architekt und Maler) (1818–1887) 165, 205
Harrys, Georg (1780–1838) 145 f., 169, 293, 295
Hasselriis, Louis (Bildhauer) (1844–1912) 266
Hayne, Gottfried (1680–1748) 277

Heckscher & Comp., Bankhaus in Hamburg 30, 33, 36 f., 42, 49, 60, 62, 72, 81, 187, 280, 282 f., 291, 307
Heckscher, Abraham Marcus (1745–1795) 30, 279
Heckscher, Charles August (1806–1866) 62, 186 f., 194
Heckscher, Esther Emilie, siehe Oppenheimer
Heckscher, Familie 37, 49
Heckscher, Frummet, siehe Popert
Heckscher, Marcus Abraham = Martin Anton (Bankier) (1770–1823) 30, 32 f., 36 f., 50, 60 f., 74 f., 77, 186, 190, 279, 281, 283, 307
Heilbut, Dr. med. Samuel (1804–1867) 205
Heimbürger, Alexander (Zauberer) (1819–1909) 211–213
Heine & Cie., Bankhaus in Paris 190
Heine, Amalie, To. von Salomon, siehe Friedländer
Heine, Anna, siehe Hertz
Heine, Armand, Sohn von Isaak (1817–1883) 185, 187, 190, 261, 293
Heine, Aron David Simon (1685–1744) 19
Heine, Beer Carl, Sohn von Salomon (1810–1865) 13, 15, 30, 82, 124, 128, 131, 141, 143, 149, 151–154, 163, 168, 173–179, 182 f., 185, 189–195, 199, 205, 227, 240, 243, 247 f., 250–256, 258, 261–263, 265 f., 292, 296, 298, 302, 304, 308–310
Heine, Beracha, To. von Salomon (1796–) 29, 271, 304
Heine, Betty = Peira, geb. van Geldern (1771–1859) 65–67, 72, 77, 80, 127, 138 f., 148, 164, 197, 199, 202, 208, 221, 228, 236, 238 f., 246, 250 f., 260, 267, 310

Heine, Betty, geb. Goldschmidt (1777–1837) 24, 28, 51, 65, 83 f., 89, 100, 116, 120, 124 f., 127, 133–136, 150, 161, 163, 165 f., 169, 177, 179 f., 192, 199, 203, 206, 211, 234, 242, 247, 267–269, 271 f., 291 f., 295, 307, 309
Heine, Cécile, geb. Furtado (1821–1896) 128, 176, 190–193, 195 f., 240 f., 252, 262 f., 302, 309 f.
Heine, Cecilie Maria Friederike, To. von Salomon, siehe Oppenheimer
Heine, Charlotte, siehe Christiani
Heine, Charlotte = Sarah, siehe von Embden
Heine, Daniel, in Bückeburg 278
Heine, Fanny Wilhelmine Friederike Marianne, To. von Salomon, siehe Schröder
Heine, Golde (1690–1755) 18 f., 22
Heine, Gustav = Gottschalk (1803/4–1886) 67, 138, 197, 200–202, 265, 267, 310
Heine, Harry = Dr. jur. Christian Johann Heinrich (1797–1856) 11, 15 f., 19 f., 22, 25, 47 f., 61, 65–68, 70–80, 83, 86–88, 91, 94, 105, 108–115, 124, 126–128, 132, 135–142, 145 f., 148–151, 153–155, 157, 162, 166 f., 169 f., 173, 175–177, 190, 192, 196–200, 202, 206–209, 214, 217 f., 227–229, 235–239, 241, 250–260, 262, 264–267, 278 f., 286, 288, 290, 293, 298 f., 301, 304, 308, 310
Heine, Henriette, geb. von Embden (1788–1868) 113, 162, 308
Heine, Henry = Herz, Bruder von Salomon (1774–1855) 20, 26, 50, 52, 70, 79, 84, 96–98, 105, 112 f., 115, 120, 138 f., 144, 148, 162, 205, 223, 228, 286, 295, 297, 308
Heine, Dr. med. Henry = Carl Robert (1806–) 205

Heine, Hermann, Sohn von Henry (1816–1870) 163
Heine, Hermann, Sohn von Salomon (1804–1831) 29, 51, 71, 144, 145, 163, 180, 203, 307, 309
Heine, Heymann = Chajim Bückeburg (1722–1780) 19, 21 f., 278, 307
Heine, Isaak, Bruder von Salomon (1769–1828) 20, 31 f., 77, 120, 150, 185, 280, 307
Heine, Isaak, Cousin von Salomon (1761–1822) 283
Heine, Isaak Rinteln = Jitzak ben Chajim (1653/4–1734?) 17 f.
Heine, Jacob, Sohn von Isaak (um 1804–) 280
Heine, Jehuda Löb, in Bückeburg (1706–1787) 22–24, 278
Heine, Joseph, in Bückeburg 278
Heine, Juspa, Sohn von Salomon (1802–) 29
Heine, Lazarus, in Bückeburg (1787–1853) 278
Heine, Levi, in Bückeberg 278
Heine, Mate Chava, geb. Popert, zuletzt verh. Schiff (–1799) 20–22, 24, 222, 307
Heine, Mathilde = Crescence Eugénie, geb. Mirat (1815–1883) 198, 206–208, 238–241, 250, 254, 265–267, 309 f.
Heine, Mathilde = Tilly, Tochter von Meyer (1808–1828) 143, 308
Heine, Dr. med. Maximilian = Meyer (1805/6–1879) 26, 67 f., 76, 85, 93, 127, 138 f., 154–159, 161 f., 176–178, 197, 201, 209, 211, 310
Heine, Meyer, Bruder von Salomon (1775–1813) 21, 30, 35, 120, 143, 205, 242, 255, 262–264, 284, 308

Heine, Michel (Bankier) in Paris (1819–1904) 185, 187, 190, 196, 261, 293
Heine, Moses, Cousin von Salomon (1760–1822) 57, 283
Heine, Moses, Sohn von Salomon (1805–) 29, 308
Heine, Nanette, geb. Kaula (1812–1876) 278
Heine, Salomon (1767–1844) und Bankhaus passim
Heine, Salomon Joseph, in Bückeburg (1804–1868) 278
Heine, Samson, Bruder von Salomon (1764–1828) 20, 26, 65–70, 72, 77–79, 105, 107, 139, 250, 287, 309
Heine, Samuel = Schamschon, Halbbruder von Salomon (–1808) 19, 30, 32 f., 35, 120, 279, 307
Heine, Therese, siehe Halle
Heine-Furtado, Marguerite Laure Juliette Paule (1847–1903) 196, 262, 298, 304
Heine-Geldern, Gustav Freiherr von (1804/5–1886) 202
Heine-Geldern, Thomas Freiherr von 278
Herterich, Heinrich Joachim (Maler) (1772–1852) 52, 164, 168, 246
Hertz, Adelheid, siehe Rothschild (1800–1853)
Hertz, Anna, geb. Heine (1815–1901) 150
Hertz, Gustav (1804–1870) 150
Hertz, Hans W. (1903–1993) 269
Hertz, Dr. jur. Johannes Hermann Adolph 247
Hertz, Leffmann Samson (1754–1838) 32
Hertz, Levin (1765–1829) 30, 49, 150, 247, 280, 283 f.
Hertz, Moses Isaak (1778–1848) 39, 87

Hertz, Wolff David (Juwelier) (1790–1850) 232, 235
Hesse, Hartwig (1778–1849) 142, 148, 184
Hesse, Isaak (um 1736–1807) 74, 142, 283
Hessen, Carl von (1769–1829) 103
Hillert, Georg (Wirt) 56
Hirsch, Aron (Buchhalter) (1770–1836) 72, 78–80
Hirsch, Helene, geb. von Embden (1833–1907) 257
Hoffmann, E.T.A. (Schriftsteller) (1776–1822) 85, 87
Hoffman, Paul Theodor (1891–1952) 103
Hope & Co., Bankhaus in Amsterdam 30, 186
Hüde (Gärtner) 99, 246
Hüde, Auguste, verh. Segelka 246
Hüde, Hannchen 246
Hüffel, Familie 288
Humboldt, Wilhelm von (Universitätsgründer in Berlin) (1769–1835) 288
Hyorth (= Hjiorth), Johann Nicolaus, (norw., schwed. Konsul) 124, 185

Itzig, Isaak Daniel 95

Jacob, Daniel Louis (Restaurantbesitzer und Gärtner) (1763–1830) 102, 185
Jacob, Lea, verh. Göttingen (Getting) 16
Jacobson, Israel (Reformer) (1768–1828) 95, 125, 288
Jacobson, Jeanette, siehe Goldschmidt
Jan Wellem (Kurfürst) (1658–1716) 65
Jean Paul (Schriftsteller) (1763–1825) 84 f.
Jencquel, Adolph (1792–1855) 307

Jenisch, Martin Johann (1793–1857) 74, 136, 213, 289
J. H. Wüstenberg, Bankhaus in Bordeaux 280
Julia, Henri 266 f.

Kallmers, Julius (11)
Karpeles, Gustav (Schriftsteller) (1848–1909) 135
Kinsky, Graf (1769–1843?) 201
Klees-Wülbern, Johann (Architekt) (1800–1845) 204
Kley, Israel (Lehrer und Prediger) (1789–1867) 95
Klopstock, Friedrich Gottlieb (Dichter) (1724–1803) 46, 62, 104
Kolitz, Itzhak (Rabbiner) (1922–2003) 270
Krebs, Carl August (Kapellmeister) (1804–1880) 129
Kruse, Joseph Anton 72

Landdrost zu Pinneberg 268
Lappenberg, Johann Martin (Archivar) (1794–1865) 231, 284
Lawaetz, Johann Daniel (1750–1826) 47, 54, 74, 102–104, 278, 280, 289
Lehmann, Emil (1823–1887) 150
Lehmann, Familie 295
Lehmann, Heinrich (Maler) (1814–1882) 149
Lehmann, Leo (1778–1859) 168, 211
Lehmann, Rudolf (Maler) (1819–1905) 149, 168
Léo, Auguste (Bankier in Paris) (1793–1859) 149, 290
Leo, Gustav (Baudirektor) (1868–1944) 295
Leo, Martin Theodor (Buchhalter) (1785–1844) 157, 168, 246, 295
Léo, Nanette, geb. Dellevie 149
Lessing, Theodor (1872–1933) 16

Levi, Joseph Herz 18
Levy, Calmer (1747–1806) 121
Lewald, Johann Karl August (1792–1872) 293
Lewisohn, Familie 290
Lichtwark, Alfred = Christian Danger Alfred (Kunsthallendirektor) (1852–1914) 179, 279, 288
Lichtwark, Carl Johann (Müller) (1806–1869) 179
Lichtwark, Helene, geb. Bach (1829–1909) 296
Lichtwark, Jette, geb. Goldmann (um 1805–1851) 179
Liebermann, Moses (Buchhalter) (–1873) 246, 302
Liebermann, Samuel (Buchhalter) (1797–1883) 84, 223, 302
Lindley, William (Ingenieur) (1808–1900) 229
Lipke, Leonhard (Bankier) (1780–nach 1848) 110
Lippmann, Leo (1881–1943) 295
Liszt, Franz (Musiker) (1811–1886) 149
Lorenz, Ina 269
Louis Philippe Herzog von Orléans (1773–1850) 33, 146
Luis & Jencquel, Handelshaus 14
Luis, Johann Dietrich (–1821) 14
Lüth, Erich (1902–1989) 118, 130, 161

Marc, Familie 188
Marx, Karl (1818–1883) 285
Matfeld, Gustav Adolph 186
Meißner, Alfred (Schriftsteller) (1822–1885) 206 f., 256
Mellish, Joseph Charles (engl. Konsul) (1768–1823) 62
Mendel, David siehe Neander
Mendelssohn & Comp., Bankhaus in Berlin und Hamburg 37, 282, 290

Mendelssohn, Abraham (1776–1835) 37, 41, 95, 109 f., 128, 131 f., 145, 188. 195, 292
Mendelssohn Bartholdy, Albertine 291
Mendelssohn Bartholdy, Felix (Komponist) (1809–1847) 16, 37, 248
Mendelssohn Bartholdy, Paul (Bankier) (1812–1874) 126, 128, 229, 291
Mendelssohn, Familie 35, 37 f., 42, 56, 109, 133
Mendelssohn, Fanny (1805–1847) 37
Mendelssohn, Henriette, Schwester von Abraham (1775–1831) 41, 196
Mendelssohn, Joseph (Bankier in Berlin) (1770–1848) 37, 41, 110
Mendelssohn, Joseph (Journalist) (1817–1856) 28, 56, 81 f., 117 f., 130, 134, 168, 197, 226, 231, 244
Mendelssohn, Lea, geb. Salomon (1777–1842) 37
Mendelssohn, Moses (1729–1786) 37
Metternich, Clemens Fürst von (Außenminister von Österreich) (1773–1859) 57, 236 f.
Meyerbeer, Giacomo (Opernkomponist) (1791–1864) 95, 149, 162, 192, 198, 206, 252 f., 298
Michaelis, Eduard (Papierhändler) (1771–1847) 53 f., 59, 138, 170, 234, 247, 284
Mirat, Crescence Eugénie (Mathilde), siehe Heine
M. M. Warburg & Co., Bankhaus in Hamburg 125
Moller, Elisabeth Dorothea 227
Mönckeberg, Carl (1807–1886) 169
Mosengel, Adolph (Maler) (1837–1885) 168, 293

Mosengel, Carl (Buchhalter) (1808–1878) 168, 246, 266, 295, 302
Moser, Moses (1796–1838) 110–112, 125
Mutzenbecher, Johann Daniel (1780–1866) 53, 72

Napoleon I. (1769–1821) 34 f., 38 f., 42 f., 44, 48, 50, 54 f., 57, 68, 70, 93 f., 195, 260
Napoleon III. (1808–1873) 85, 260 f.
Neander, August Johann Wilhelm (Mendel) (1789–1850) 169, 295
N M Rothschild & Sons, Bankhaus in London 184, 186, 261, 287

Oppenheim, Brunette (Bune) in Königsberg 89
Oppenheim, Moritz (Maler in Frankfurt) (1800–1882) 148, 214
Oppenheim, Salomon (Bankier in Köln) (1772–1828) 195
Oppenheimer, Amschel Theodor (1754–1818) 74
Oppenheimer, Bertha, siehe Gabe
Oppenheimer, Carl Theodor (1808–) 184
Oppenheimer, Christian Morris (1788–1877) 14, 62 f., 76 f., 193 f., 205, 256 f., 308
Oppenheimer, Emma (1818–) 194
Oppenheimer, Familie 49
Oppenheimer, Friederike, geb. Heine (1795–1823) 29, 62, 71, 86, 165, 257, 308 f.
Oppenheimer, George (1777–1838) 30, 50, 55, 63, 81, 122
Oppenheimer, Jacob Amschel (Bankier) (1778–1845) 30, 39, 43, 45, 49, 57, 59, 61 f., 106, 184, 231, 234, 247, 282 f., 285, 291 f., 299
Oppenheimer, James (1811–nach 1886) 186

Oppenheimer, Wilhelm Gustav (um 1804–1859?) 184
Oppert, Marianne Charlotte (1799–1849) 295
Paasche (Dolmetscher) 190
Paganini, Johann Joseph Christian = Nicolò (1782–1840) 145 f.
Papst Paul VI. (–1978) 236
Parish & Co., Handelshaus in Hamburg 186, 297
Parish, David (1778–1826) 188, 289
Parish, George (1780–1839) 56, 136
Parish, John (1742–1829) 27, 36 f., 56, 74 f., 195, 280, 286
Perthes, Friedrich Christoph (1772–1843) 293
Pereira, Louis 126
Philips, Frederik 285
Plange, Georg (Produzent von Diamant Mehl) (1842–) 294
Popert, Bankhaus 27 f., 31, 279
Popert, Bune Mirjam, siehe Goldschmidt–Oldenburg
Popert, Familie 28
Popert, Frummet, geb. Heckscher (–1755) 20
Popert, Jente, siehe Schiff
Popert, Juda (Samson) Löb (–1746/7) 20
Popert, Mate Chava, siehe Heine
Popert, Meyer Samson (–1768) 20 f., 25
Popert, Meyer Wolf (1763–1805) 27 f., 32 f., 74 f., 279 f., 307
Popert, Wolf Levin (–1792) 23 f., 26 f., 74, 307
Popper, Isidor (Maler) (1816–1884) 66
Prell, Marianne, (1805–1877) 281
Preßburg, Simon Michael (1656–1719) 65, 285
Pückler-Muskau, Hermann Ludwig, Fürst von (1785–1871) 253, 303

Rainville, Cesar (1767–1845) 47, 53, 283
Rainville, Familie und Restaurant 47, 53, 56, 101 f., 144, 294
Ramée, Daniel 168
Ramée, Joseph (Gartenbauarchitekt) (1764–1842) 48, 102, 158–161, 289, 311
Rieder, Heinz 260
Riesser, Familie 51
Riesser, Dr. jur. Gabriel, (1806–1863) 170–172, 175, 200, 247 f., 252, 255, 269, 286, 303 f.
Rintelsohn = Wallach, David Hein (1778–1866) 67
Robinow, Marcus (1770–1840) 96, 120, 122 f., 125, 170
Robinow, Siegmund (1808–1870) 120, 288
Rocca, Maria Principessa della, geb. von Embden (1824–1908) 76, 131, 240 f., 267
Rodbertus, Catharina (1775–1843) 72
Rosenthal, Ludwig 118, 252
Ross, Edgar Daniel (1807–1885) 224
Rother, Christian (Bankier in Berlin) (1778–1849) 124, 291
Rothschild, Adelheid, geb. Hertz (1800–1853) 87
Rothschild, Betty von 126, 190, 297
Rothschild, Carl = Kalman (Bankier), in Neapel (1788–1855) 86 f., 287
Rothschild, Familie 27, 35. 41, 55 f., 60, 82, 83, 120 f., 151
Rothschild, James Meyer de (Bankier), in Paris (1792–1868) 60, 86, 126 f., 187, 259, 298
Rothschild, Meyer Amschel (Bankier), in Frankfurt (1744–1812) 36, 287

Rothschild, Nathan Meyer (Bankier), in London (1777–1836) 36, 42, 50, 60, 63, 81, 86, 122, 125, 290
Ross, Vidal & Co, Handelshaus in Hamburg 219, 229
Rücker, Peter 47
Runge, Philipp Otto (Maler) (1777–1810) 168
Runge, Otto Sigismund (1806–1839) 168

Sal. Oppenheim, Bankhaus in Köln 195
Schäfer, Johann Heinrich (Baumeister) 204, 301
Schaumburg-Lippe, Friedrich Christian Graf zu (1655–1728) 17 f.
Schellenberg, Carl (1898–1968) 288
Schiff, Bendix = Bendit (1730/5–1794) 21, 25, 29
Schiff, Hermann = David Bär (1801–1867) 23, 25, 68, 109, 112, 145
Schiff, Hertz Bendix (um 1720–1794) 25, 278
Schiff, Isaak Bendix (1762–) 25, 42, 47, 51, 54
Schiff, Jente, geb. Popert (–1772/8?) 20, 23 f.
Schiff, Mate, geb. Popert, verw. Heine (–1799) 24 f.
Schiff, Mathilde 25
Schinkel, Karl Friedrich (Architekt) (1781–1841) 128
Schleiden, Carl Heinrich (Leiter einer Privatschule) (1804–1881) 218
Schleiden, Ida, geb. Speckter (1809–1894) 218
Schmidt, Friedrich Ludwig (Theaterdirektor) (1772–1841) 130
Schnitter, Joachim 48
Schumann, Robert (Musiker) (1810–1856) 211

Schramm, Dr. jur. Eduard (1809–1875) 242
Schramm, Percy Ernst (1894–1970) 135, 147
Schröder, Dr. med. Christian Wilhelm Albrecht (1788–1872) 87 f., 92 f., 104, 257 f., 160, 205, 308, 310
Schröder, Fanny, geb. Heine (1798–1829) 29, 86–88, 91–93, 144, 257 f., 307–309
Schröder, Georg Wilhelm (1819–1868) 258
Schröder, Pauline, geb. Hagedorn (–1876) 93, 257
Sethe, Christian 73, 75
Sieveking, Amalie (1794–1859) 245
Sieveking, Georg Heinrich (1751–1799) 158
Sieveking, Friedrich (Senator) 201
Sina, Bankhaus in Wien 121, 201
Söhle, Johann Christian (1801–1871) 247
Sonntag (Witwe des Senators) 193
Späth, Oberst von 47
Speckter, Familie 52, 164, 168, 284
Speckter, Hermine, siehe Wurm
Speckter, Ida, siehe Schleiden
Speckter, Johann Michael (1764–1845) 164, 168
Speckter, Otto (1807–1871) 143, 155, 164, 167, 219
Springer, Axel (1912–1985) 296
Stephany (österr. Oberst), in Hamburg 296
Stieglitz & Co, Bankhaus in St. Petersburg 188
Stieglitz, Baron Alexander von (Bankier), in St. Petersburg (1814–1884) 182, 188
Stieglitz, Amalia, geb. Gottschalk (1777–1833/8) 155, 162
Stieglitz, Dr. med. Johann (1767–1840) 169

Stieglitz, Baron Ludwig von (Bankier), in St. Petersburg (1778–1843) 155, 162, 182, 187, 188
Suhr, Peter (Lithograf) (1788–1857) 15, 221

Tettenborn, Baron Friedrich Karl von (1778–1845) 43 f., 154
Thornten, John (1764–1835) 74
Tölle, Dr. med. Heinrich 264

Vallentin, Sebastian 149
Vallentin, Sophie, geb. Dellevie 149, 290
Varnhagen von Ense, Karl August (1785–1858) 43, 109, 148, 154, 293, 295
Varnhagen von Ense, Rahel (1771–1833) 109
Varnhagen, Rosa Maria, siehe Assing
Vivié, Ernst Gottfried (Bildhauer) (1823–1902) 168
Vivié, Wilhelm Daniel (Buchhalter) (1790–1876) 167 f., 246
Voght, Baron Caspar von (1752–1839) 35–37, 74 f., 102, 104, 180, 267, 280 f.
Wadepuhl, Walter 255

Warburg, Dr. med. Daniel (1804–1883) 163
Warburg, Max 291
Warburg, Ruben Daniel (1773–1847) 96
Warburg, Sara (1805–1884) 99
Wellington, Herzog Arthur von (Feldmarschall) (1769–1852) 42
Wieck, Clara (Pianistin) (1819–1896) 211
Wienbarg, Ludolf (1802–1872) 218
Wimmel, Ludwig (Architekt) (1786–1845) 217
Winterhalter, Hermann (Maler) (1808–1891) 191
Witte, Karl (1800–1883) 163
Wurm, Prof. Christian Friedrich (1803–1859) 200, 227
Wurm, Hermine, geb. Speckter (1801–1852) 52, 85, 91, 164, 227

Zacharias, Marie (1828–1907) 83, 196, 279, 288
Zadik, Firma 38
Zar Alexander I. von Russland (1777–1825) 92, 158, 288, 294
Zenker & Cie., Bankhaus in Moskau 188

Zur Quellenlage

Ohne Heinrich Heine wäre dieses Buch wohl kaum geschrieben worden, denn hauptsächlich durch diesen Neffen, seine Geschwister und Nichten ist über seinen Hamburger Onkel Salomon Heine und dessen Familie in Hamburg etwas Persönliches in Form von Briefen und Büchern erhalten geblieben. Weitere private Briefe von und an Salomon sind im Heine-Institut in Düsseldorf zu finden, Geschäftsbriefe liegen im Rothschild-Archiv in London. Im Staatsarchiv in Hamburg gibt es z.B. Unterlagen der Jüdischen Gemeinde, der Vormundschaftsbehörde, des Handelsgerichts und der Stiftungen, aus denen sich Salomons Verbindungen zur Gemeinde und seine Mäzenaten-Tätigkeit erkennen lassen. Darüber hinaus finden sich Hinweise zu Salomon Heine versteckt in Nachlässen seiner Zeitgenossen, die sich beispielsweise in Korrespondenzen mit Dritten über Salomon Heine geäußert haben.

Die Rekonstruierung seines beruflichen Lebens ist schwieriger, denn es existieren keine Bankunterlagen mehr, da diese beim Großen Brand 1842 oder bei der Liquidation 1865 vernichtet wurden. Lediglich Unterlagen betreffend das Erbe Salomon Heines haben die Zeit überdauert und befinden sich jetzt im Warburg-Archiv in Hamburg-Blankenese, sowie die Bücher der Notare im Staatsarchiv. So bleibt die Quellenlage zu manchen Lebensbereichen eher dünn. Sie wird ergänzt durch die kurz nach Salomon Heines Tod verfasste Würdigung des Schriftstellers Joseph Mendelssohn und durch neuere Forschungen Claudia Schnurmanns und Rainer Liedtkes zur Geschäftstätigkeit Salomon Heines.

Insgesamt ergibt sich, wie ich meine, ein eindrückliches Bild der privaten und der öffentlichen Person Salomon Heine und seiner Familie, auch wenn an manchen Stellen Schlussfolgerungen nur Annahmen bleiben können, die sich zwar aus der Gesamtschau der Quellen ergeben, aber nicht eindeutig und unbestreitbar belegt werden können.

Siglen und Quellen

Siglen

Ct	Courant Mark
DHA	Heinrich Heine: Historisch-kritische Gesamtausgabe der Werke. In Verbindung mit dem Heinrich-Heine-Institut hrsg. von Manfred Windfuhr im Auftrag der Landeshauptstadt Düsseldorf. Bd. 1–16. Hamburg 1973–1997.
HGH	Hamburgische Geschichts- und Heimatblätter
HSA	Heinrich Heine: Werke, Briefwechsel, Lebenszeugnisse. Säkularausgabe. Hrsg. von den Nationalen Forschungs-und Gedenkstätten der klassischen deutschen Literatur in Weimar (seit 1991: Stiftung Weimarer Klassik) und dem Centre National de la Recherche Scientifique in Paris. Bd. 1–27. Berlin/Paris 1970 ff.
MBco	Mark Banco
MHG	Mitteilungen des Vereins für Hamburgische Geschichte
StAHbg	Staatsarchiv Hamburg
ZHG	Zeitschrift des Vereins für Hamburgische Geschichte

Quellen und Archive

(Einzelnachweise siehe Anmerkungen)

Adressbücher von Hamburg und Altona http://agora.sub.uni-hamburg.de/sub-hh-adress/digbib/start (letzter Abruf 16.2.2017)

Archiv des Heinrich-Heine-Instituts Düsseldorf (u.a. Briefe von Salomon Heine an Maximilian Heine)

Hamburger Gesellschaft für jüdische Genealogie e. V.

Heinrich-Heine-Portal http://hhp.uni-trier.de/Projekte/HHP/briefe (Sämtliche Briefe der Weimarer Säkularausgabe sind auf dem Heinrich-Heine-Portal einsehbar; letzter Abruf 16.2.2017)

Institut für die Geschichte der deutschen Juden

Landesarchiv Schleswig-Holstein

Staats- und Universitätsbibliothek Hamburg Carl von Ossietzky, Handschriftensammlung.

The Rothschild Archive, London.

Warburg (Max) Archiv Hamburg-Blankenese

Gedruckte Quellen und Literatur

175 Jahre Weinrestaurant Jacob. Hamburg 1966.
Ahrens, Gerhard: Das Staatsschuldenwesen der freien Hansestädte im frühen 19. Jahrhundert. In: Vierteljahresschrift für Sozial- und Wirtschaftsgeschichte 68 (1981), S. 22–51.
Ahrens, Gerhard: Von der Franzosenzeit bis zur Verabschiedung der neuen Verfassung 1806–1860. In: Hamburg. Geschichte der Stadt und ihrer Bewohner. Bd. 1: Von den Anfängen bis zur Reichsgründung. Hrsg. von Werner Jochmann u. Hans-Dieter Loose. Hamburg 1982, S. 415–490.
Ahrens, Gerhard: Staatsverschuldung ohne Ende? Hamburg 1984.
Ahrens, Gerhard: „Ein Kaufkraft-Multiplikator als Hilfsmittel für den Historiker". In: Zeitschrift des Vereins für Lübeckische Geschichte und Altertumskunde Bd. 84 (2004), S. 289–296.
Albrecht, Thorsten: Travemünde, vom Fischerort zum See- und Kurbad. Chronik. In: Kleine Hefte zur Stadtgeschichte 19. Lübeck 2005.
Allfrey, Anthony: The Goldschmidts. London 2004.
Aufenanger, Jörg: Heinrich Heine in Paris. München 2005.
Aust, Alfred: Mir ward ein schönes Los. Liebe und Freundschaft im Leben des Reichsfreiherrn Caspar von Voght. Hamburg 1972.
Baggesen, Jens: Das Labyrinth. Oder Reise durch Deutschland in die Schweiz. München 1986.
Balzac, Honoré de: Lebensbilder. Drei Teile in zwei Bänden mit einer Geschichte des Werkes und einer Biographie von Dr. Hermann Schiff. Hamburg 1913.
Bargholz, Heinz: Die Nachkommen des Isaac Levin Hesse. Hamburg 2006.
Bartels, Johann Heinrich, Bürgermeister. In: Hamburg um die Jahrhundertwende 1800. Hamburg 1900.
Bauche, Ulrich (Hrsg.): Vierhundert Jahre Juden in Hamburg. Eine Ausstellung des Museums für Hamburgische Geschichte vom 8.11.1991 bis 29.3.1992. Hamburg 1991.
Becker, Heinz: Der Fall Heine – Meyerbeer. Neue Dokumente revidieren ein Geschichtsurteil. Berlin 1958.
Becker, Heinz und Gudrun: Giacomo Meyerbeer. Ein Leben in Briefen. Leipzig 1987.
Beheim, Wolfgang: Merchant Banker. Diplomarbeit. Hamburg 1971.
Behörde für Arbeit, Jugend und Soziales, Ingrid Bauer (Hrsg.): Armut, Arbeit und bürgerliche Wohltätigkeit. Johann Daniel Lawaetz und seine Zeit. Hamburg 1987.
Belege oder Aktenstücke zu der Erzählung aller Begebenheiten im unglücklichen Hamburg vom May 1813 bis zum May 1814, welche vom Marschall Davoust, einst sogenannten Prinzen Eckmühl, und dessen Mithelfern theils publicirt, theils ausgeführt worden. Nebst einem Anhange enthaltend

freye Erklärungen hiesiger Bürger gegen gewisse Beamte der franz. Regierung. Hamburg 1814.

Beurmann, Eduard: Skizzen aus den Hanse-Städten. Hanau 1836.

Berkefeld, Henning (Hrsg): Hamburg in alten und neuen Reisebeschreibungen. Düsseldorf 1990.

Berkemann, Jörg: Dänischer Schutzjude oder emanzipierter hanseatischer Staatsbürger? Die Gutachtertätigkeit Gabriel Riessers als „Staatsrechtler" 1835. In: Andreas Brämer (Hrsg.): Aus den Quellen. Beiträge zur deutsch–jüdischen Geschichte. Festschrift für Ina Lorenz zum 65. Geburtstag. Hamburg 2005 (= Studien zur jüdischen Geschichte, Bd. 10), S. 176–186.

Bock, Helmut: Heinrich Heine in der Matratzengruft. Von Utopie und Tragik des Weltbürgers. Vortrag im Verein „Heine-Haus e.V." [Hamburg] 1996.

Borcherdt, Albert: Von Wirtshäusern und vom guten Essen im alten Hamburg. Hamburg 1999.

Borowka-Clausberg, Beate (Hrsg.): Salomon Heine in Hamburg. Geschäft und Gemeinsinn. Göttingen 2013.

Briegleb, Klaus: Bei den Wassern Babels. Heinrich Heine. Jüdischer Schriftsteller der Moderne. München 1997.

Brilling, Bernhard: Heinrich Heines Berliner Verwandte und deren Vorfahren. Ein Beitrag zur Familienforschung. Sonderdruck aus: Der Bär von Berlin. Jahrbuch des Vereins für die Geschichte Berlins 5 (1955). Berlin 1955.

Buek, Friedrich Georg: Wegweiser durch Hamburg und die umliegende Gegend. Eine statistisch-historische Übersicht. Hamburg 1836.

Chapman, Stanley D.: N.M. Rothschild 1777–1836. London 1977.

Chernow, Ron: Die Warburgs. Odyssee einer Familie. Berlin 1994.

Clemens, Friedrich: Hamburgische Chronik oder Hamburgs Schicksale und Begebenheiten, vom Ursprung der Stadt bis zur letzten Feuersbrunst und Wiedererbauung. Hamburg 1844.

Croly, George: Das Befreiungsjahr. Ein Tagebuch der Vertheidigung Hamburgs gegen das französische Heer unter Marschall Davoust im Jahre 1813. Aus dem Englischen von F. G. Buek. Hamburg 1834.

Decker, Kirstin: Heinrich Heine. Narr des Glücks. Biographie. Berlin 2007.

Der Orient. Berichte, Studien und Kritiken für jüdische Geschichte und Kultur. Leipzig 1840–1851.

Deutsch-jüdische Geschichte in der Neuzeit. Bd. 1: Tradition und Aufklärung 1600–1780, hrsg. v. Mordechei Breuer und Michael Graetz, Bd. 2: Emanzipation und Akkulturation 1780–1871, hrsg. v. Michael Brenner, Stefi Jersch-Wenzel und Michael A. Meyer. München 1995/1996.

Devrient, Therese: Jugenderinnerungen. Stuttgart 1905.

Die Biene. Schönwissenschaftliches Unterhaltungsblatt in Hamburg. 1821–1830.

Diedrichsen, Diedrich: „Die Theaterfabrik". Das Stadttheater im 19. Jahrhundert (1827–1897): In: 300 Jahre Oper in Hamburg 1678–1978. Hrsg. vom Museum für Kunst und Gewerbe. Hamburg 1977, S. 103–117.

Dietz, Alexander: Stammbuch der Frankfurter Juden. Geschichtliche Mitteilungen über die Frankfurter jüdischen Familien von 1349–1849, nebst einem Plane der Judengasse. Frankfurt 1907.

Dirksen, Victor (Hrsg.): Ein Jahrhundert Hamburg. 1800–1900. Zeitgenössische Bilder und Dokumente. Veränderte Aufl. Leipzig 1935.

Ebke, Hans: Vater und Sohn Heine und das hannoversche Militär. In: Heine Jahrbuch 55 (2016), S. 1–15.

Eckstein, Julius (Hrsg.) mit Alexander Engel: Historisch-biographische Blätter. Der Staat Hamburg. Berlin 1998.

Ehrenberg, Richard: Die Fugger, Rothschild, Krupp. Jena 1902 (= Grosse Vermögen, ihre Entstehung und ihre Bedeutung, Bd. 1).

Ehrenberg, Richard: Das Haus Parish in Hamburg. Jena 1905 (= Grosse Vermögen, ihre Entstehung und ihre Bedeutung, Bd. 2).

Embden-Heine, Maria Principessa della Rocca: Erinnerungen an Heinrich Heine von seiner Nichte Maria Embden-Heine, Principessa della Rocca. Hamburg 1881.

Embden-Heine, Maria Principessa della Rocca: Skizzen über Heinrich Heine von seiner Nichte Fürstin della Rocca. Leipzig 1882.

Emden, Paul: Money powers of Europe in the nineteenth and twentieth centuries. London 1937.

Enet, G. R.: Eine Erinnerung an Salomon Heine. In: MHG, Bd. 5, 15 (1892), S. 388.

Essen, Manfred von: Johann Daniel Lawaetz und die Armenkolonie Friedrichsgabe. Neumünster 1992 (= Quellen und Forschungen zur Geschichte Schleswig-Holsteins, Bd. 97).

Essen, Philip von: Alltagserfahrungen im belagerten Hamburg 1813/14. Wissenschaftliche Hausarbeit der Universität Hamburg. Hamburg 2000.

Evans, Richard J.: Tod in Hamburg. Stadt, Gesellschaft und Politik in den Cholera-Jahren 1830–1910. Hamburg 1996.

Ferguson, Niall: Der Aufstieg des Geldes. Die Währung der Geschichte. Berlin 2010.

Flandeau, Marc und Juan H. Flores: Bonds und Brands. Intermediaries and Reputation in Sovereign Debt Markets 1820 1830 from the 1820s. O.O. 2007 (pdf): https://www.princeton.edu/~pcglobal/conferences/globdem/papers/Bonds_and_Brands14.pdf (letzter Aufruf 13.02.2017).

Freimark, Peter und Arno Herzig: Die Hamburger Juden in der Emanzipationsphase (1780–1870). Hamburg 1989 (= Veröffentlichungen des Hamburger Arbeitskreises für Regionalgeschichte (HAR), Bd. 3).

Freimark, Peter und Franklin Koptizsch (Hrsg.): Spuren der Vergangenheit sichtbar machen. Beiträge zur Geschichte der Juden in Hamburg. Hamburg 1991.

Freudenthal, Max: Leipziger Messegäste. Die jüdischen Besucher der Leipziger Messen 1675–1764. Frankfurt 1928.

Friedländer, Ernst (Hrsg.): Das Handelshaus Joachim Moses Friedlaender & Söhne zu Königsberg i. Pr. Für die Familie hrsg. von Ernst Friedlaender. Hamburg 1913.

Gallois, Johannes Gustav: Geschichte der Stadt Hamburg. Hamburg 1856.

Gans, Angela und Monika Groening: Die Familie Gans 1350–1963. Ursprung und Schicksal einer wiederentdeckten Gelehrten- und Wirtschafts-Dynastie. Heidelberg 2006.

Gelder, Ludwig: Drei Hamburger Kunstförderer mit Langzeitwirkung. Hartwig Hesse – Carl Heine – Julius Campe jr. Vortrag im Verein „Heine-Haus e.V." am 2. Dez. 1996. Hamburg 1996.

Goos, Berend: Erinnerungen aus meiner Jugend. Hamburg 1907.

Gossler, Claus: „Nur" Heinrich Heines Papierverkäufer? Der jüdische Wohltäter Eduard Michaelis 1771–1847. Reinbek 2015.

Graßmann, Antjekathrin: „Es bedarf keiner weiteren Schilderung des Elends. Es war namen- und beispiellos" – Die Aufnahme der vertriebenen Hamburger in Lübeck 1814. Eine erfolgreiche Form von Krisenmanagement. In: ZHG 83/1 (1997), S. 323–342.

Gretsch, Nikolai: Briefe über Hamburg (1835–1837–1841). Hrsg. von Clemens Heithus. Hamburg 1992.

Grisebach, Joachim: Die Popert-Chronik. Familie Popert in Hamburg und Altona. Hamburg 1988.

Grobecker, Kurt: „Dem heilsahmen Commercio diensahmb." 325 Jahre Handelskammer in Hamburg. Hamburg 1990.

Grolle, Inge: Die freisinnigen Frauen. Charlotte Paulsen, Johanna Goldschmidt, Emilie Wüstenfeld. Bremen 2000 (= Hamburgische Lebensbilder in Darstellungen und Selbstzeugnissen, Bd. 16).

Grolle, Inge: Friedrich Christoph Perthes. Hamburg 2004 (= Hamburger Köpfe).

Gronemann, Selig: Genealogische Studien über die alten jüdischen Familien Hannovers. Berlin 1913.

Grunwald, M.: Hamburgs deutsche Juden bis zur Auflösung der Dreigemeinden 1811. Hamburg 1904.

Gutzkow, Karl: Rückblicke auf mein Leben 1837/1842. In: Hamburg in alten und neuen Reisebeschreibungen. Ausgewählt von Henning Berkefeld. Düsseldorf 1990, S. 180–182.

Haarbleicher, Moses Michael: Zwei Epochen aus der Geschichte der Deutsch-Israelitischen Gemeinde in Hamburg. Hamburg 1886.

Hädecke, Wolfgang: Heinrich Heine. Eine Biographie. Reinbek b. Hamburg 1989.

Haller, Martin: Erinnerungen an Kindheit und Elternhaus. Bearbeitet von Renate Hauschild-Thiessen. Hamburg 1985.

Hallier, Bernd: Sammler, Stifter und Mäzene. Köln 2002.

Hameln, Glückel von: Die Memoiren der Glückel von Hameln. Autorisierte Übertragung nach der Ausgabe von David Kaufmann, Weinheim 1994.

Haug, Ute und Jenns Howoldt (Hrsg.): Therese Halle geb. Heine. Mit einem Beitrag von Sylvia Steckmest. Hamburg 2008.

Haug, Ute: Therese Halle und Carl Heine. Zwei Kinder Betty und Salomon Heines und die Hamburger Kunsthalle. In: Salomon Heine in Hamburg. Geschäft und Gemeinsinn. Im Auftrag des Heine-Haus e.V. hrsg. von Beate Borowka-Clausberg. Göttingen 2013, S. 73–100.

Hauschild, Jan-Christoph und Michael Werner: „Der Zweck des Lebens ist das Leben selbst." Heinrich Heine. Eine Biographie. Frankfurt 2005.

Hecker, Christian: Der Irrtum Heinrich Heines: Auch Finanzkapital kann nachhaltig misswirken. In: Vierteljahresschrift für Sozial- und Wirtschaftsgeschichte Nr. 4, 103 (2016), S. 452–462.

Heckscher, Joseph: Aus Hamburgischen Sammlungen. Eine Ergänzung zu M. Grunwalds Hamburgs deutsche Juden bis zur Auflösung der Dreigemeinden 1811, S. 143. Breslau 1905 (= Mitteilungen zur jüdischen Volkskunde).

Hedinger, Bärbel und Julia Berger (Hrsg.): Joseph Rameé. Gartenkunst, Architektur und Dekoration. Ein internationaler Baukünstler des Klassizismus. München 2003.

Heilbut, Samuel: Das neue Krankenhaus der Israelitischen Gemeinde in Hamburg, erbaut von Herrn Salomon Heine. Mit 5 lithographirten Tafeln. Hamburg 1843.

Heine, Maximilian: Erinnerungen an Heinrich Heine und seine Familie von seinem Bruder Maximilian Heine. Berlin 1868.

Heinrich Heine. In: Jedermanns Blatt. Wochenblatt für die ganze Familie. Nr. 9, 1. März 1906, S. 1–3.

Heinrich Heines Urgroßvater. In: Allgemeine Zeitung des Judentums, Nr. 23, 1902.

Heitmann, Margret: Anbruch „einer neuen glücklichen Ära"? 200 Jahre Emanzipationsedikt in Preußen. In: Kalonymos, Heft 1, 15 (2012).

Herbert, Ernst: Geschichtliche Darstellung des Großen Hamburger Brandes vom 5. bis 8. Mai 1842. Nach den Berichten von Augenzeugen und authentischen Quellen/Der Hamburger Neubau. Altona 1842.

Hertz, Deborah: Wie Juden Deutsche wurden. Die Welt jüdischer Konvertiten vom 17. bis zum 19. Jahrhundert. Frankfurt/New York 2010.

Hertz, Leffmann: Öffentliche gerichtliche Defension des unglücklichen Kaufmanns Herrn Leffmann Samson Hertz zu Hamburg. Hamburg 1801.

Herzig, Arno: Das jüdische Armenwesen in Hamburg in der Übergangsphase von der Dreigemeinde zur Deutsch-Israelitischen Gemeinde 1788–1818. In: Aus den Quellen. Beiträge zur deutsch-jüdischen Geschichte. Festschrift für Ina Lorenz zum 65. Geburtstag. Hamburg 2005, S. 37–45.

Herzig, Arno: Gabriel Riesser. Hamburg 2008 (= Hamburger Köpfe).

Heyden, Wilhelm: Die Mitglieder der Hamburger Bürgerschaft 1859–1862. Festschrift zum 6. Dezember 1909. Hamburg 1909.

High, Thomas W.: Heine. Genealogical Data and Notes, 1 und 2. [Boston] 2006.

Hinnenberg, Ulla: Die Kehille. Geschichte und Geschichten der Altonaer jüdischen Gemeinde. Ein Buch über Altona. Hrsg. vom Stadtteilarchiv Ottensen e.V. Hamburg 1996.

Hipp, Hermann: Freie und Hansestadt Hamburg. Geschichte, Kultur und Stadtbaukunst an Elbe und Alster. Köln 1989 (= DuMont Kunst-Reiseführer).

Hoffmann, Gabriele: Das Haus an der Elbchaussee. Die Godeffroys – Aufstieg und Niedergang einer Dynastie. Hamburg 1998.

Hoffmann, Paul Theodor: Die Elbchaussee. Ihre Landsitze, Menschen und Schicksale. 8. Aufl. Hamburg 1977.

Holzhausen, Paul: Heinrich Heine und Napoleon I. Frankfurt 1903.

Houben, Heinrich Hubert (Hrsg.): Gespräche mit Heine. Zum ersten Mal gesammelt und herausgegeben von H. H. Houben. Frankfurt 1926.

Huck, Jürgen: Das Ende der Franzosenzeit in Hamburg. Quellen und Studien zur Belagerung und Befreiung von Hamburg 1813–1814. Hamburg 1984.

Jacobsen, Jacob (Hrsg.): Jüdische Trauungen in Berlin 1759–1813. Mit Ergänzungen für die Jahre 1723–1759. Berlin 1968.

Jenss, Harro, Marcus Jahn, Peter Layer und Carsten Zornig (Hrsg.): Israelitisches Krankenhaus in Hamburg – 175 Jahre. Berlin 2016.

Johannsen, Werner: Alexander Heimbürger „bezaubert" Salomon Heine. Ein Beitrag zur Vergnügungskultur im alten Hamburg. In: HGH Bd. 15, Heft 4 (2005), S. 81–91.

Julia, Henri: Heinrich Heine. Erinnerungen. Zweiter Teil. III. – In Deutsche Revue XI (1886), H.1 (März),S. 296–312.

Jungmann, Max: Heinrich Heine ein Nationaljude. Eine kritische Synthese. Berlin 1896.

Karpeles, Gustav: Heinrich Heine's Biographie. Hamburg 1885.

Karpeles, Gustav: Heinrich Heine. Aus seinem Leben und aus seiner Zeit. Leipzig 1899.

Kaufmann, David: Aus Heinrich Heines Ahnensaal. Breslau 1896.

Kaufmann, Max: Heinrich Heine und Hamburg. Eine Studie. Hamburg 1909.

Keiter, Heinrich: Heinrich Heine. Sein Leben, sein Charakter und seine Werke. Köln 1906.

Kirchner, Harmut: Heinrich Heine und das Judentum. Bonn 1973.

Kleßmann, Eckart: Geschichte der Stadt Hamburg. Hamburg 1981.

Koglin, Michael: Spaziergänge durch das jüdische Hamburg. Hamburg 1998.

Kommunal Verein Groß Borstel von 1889 (Hrsg.): Groß Borstel – Vom Dorf zum Stadtteil. Hamburg 1989.

Kopitzsch, Franklin: Joseph Mendelssohn. Zur Erinnerung an einen Schriftsteller aus der Heine-Zeit. In: Die Hamburger Juden in der Emanzipationsphase (1780–1870). Hamburg 1989, S. 83–98.

Kopitzsch, Franklin: Grundzüge einer Sozialgeschichte der Aufklärung in Hamburg und Altona. 2., erg. Aufl. Hamburg 1990 (= Beiträge zur Geschichte Hamburg, Bd. 21).

Kopitzsch, Franklin und Dirk Brietzke (Hrsg.): Hamburgische Biografie. Personenlexikon. 6 Bände. Hamburg 2001–2003. Göttingen 2006–2012.
Kramer, Gerhard und Erich Lüth: Salomon Heine in seiner Zeit, Gedenkreden zu seinem 200. Geburtstag. Hamburg 1968 (= Vorträge und Aufsätze des Vereins für Hamburgische Geschichte, Bd. 16).
Krawehl, Otto Ernst: Die letzte Ladung der Lutine. Versuch einer handelsgeschichtlichen Erklärung. Handschrift. Hamburg 1999.
Krohn, Helga: Die Juden in Hamburg 1800–1850. Ihre soziale, kulturelle und politische Entwicklung während der Emanzipationszeit. Frankfurt 1967 (= Hamburger Studien zur neueren Geschichte, Bd. 9).
Kruse, Joseph A.: Heines Hamburger Zeit. Heine Studien. Hamburg 1972.
Kruse, Joseph A.: Denk ich an Heine. Biographisch literarische Facetten. Düsseldorf 1986.
Kruse, Joseph A.: Heine-Zeit. Stuttgart/Weimar 1997.
Kruse, Joseph A.: Heinrich Heine. Leben, Werk, Wirkung. Frankfurt 2005 (= Suhrkamp-Basis Biographie, Bd. 7).
Kürschner-Pelkmann, Frank: Jüdisches Leben in Hamburg. Ein Stadtführer von Frank Kürschner-Pelkmann mit Fotografien von Thomas Nagel. Hamburg 1997.
Lackmann, Thomas: Das Glück der Mendelssohns. Geschichte einer deutschen Familie. Berlin 2005.
Lackmann, Thomas: Der Sohn meines Vaters. Abraham Mendelssohn Bartholdy und die Wege der Mendelssohns. Göttingen 2008.
Landes, David: Die Macht der Familie. Wirtschaftsdynastien in der Weltgeschichte. München 2006.
Landsberg, Abraham: Last Traces of Heinrich Heine in Hamburg. In: Year Book of the Leo Baeck Institute of Jews from Germany 1 (1956), S. 360–369.
Lappenberg, Johann Martin (Hrsg.): Sammlungen der Verordnungen der freyen Hanse-Stadt Hamburg, Bd. 16 (1829–1831) – Bd. 32 (1864) Hamburg 1832–1965.
Laufenberg, Heinrich: Hamburg und die Französische Revolution. Hamburg 1913 (= Sammlung sozialistischer Schriften, Bd. 16/17).
Lehmann, Emil: Lebenserinnerungen. Den Seinigen erzählt, Bd. 1 1823–1843. Bad Kissingen 1885.
Lehmann, Rudolf: Erinnerungen eines Künstlers. Berlin 1896.
Liedtke, Christian: Heinrich Heine. Reinbek bei Hamburg 1997 (= Rowohlts Monographien).
Liedtke, Christian und Sylvia Steckmest: Heinrich Heine in Hamburg. Halle 2014.
Liedtke, Christian: Heinrich Heine. Ein A B C. Hamburg 2015.
Liedtke, Rainer: N M Rothschild & Sons. Kommunikationswege im europäischen Bankwesen im 19. Jahrhundert. Köln 2006.
Lohausen, Herman: Heinrich Heine. Seine Abstammung aus der Hoffaktoren-Nobilität. In: Mitteilungen der Westdeutschen Gesellschaft für Familienkunde. Heft 8, Oktober–Dezember 1972, S. 197–203.

Lorenz, Ina und Jörg Berkemann (Hrsg.), Zev Walter Gotthold (Mitarbeit): Streitfall Jüdischer Friedhof Ottensen. Bd. 1: Wie lange dauert die Ewigkeit. Chronik Bd. 2: 1663–1992. Texte und Dokumente. Hamburg 1995 (= Studien zur jüdischen Geschichte, Bde. 1 u. 2).
Loss, Henning: Die Hamburgische Wirtschaft im letzten Jahrzehnt des 18. Jahrhunderts. Von der Hochkonjunktur zur Wirtschaftskrise von 1799. Manuskript o. O. u. J.
Lossin, Yigal: Heinrich Heine. Wer war er wirklich? Neu Isenburg 2006.
Lüntzmann, Andreas: Mémoire gegen die Vertheidigungs-Schrift des Herrn Marschall Davout vor Sr. Majestät Ludwig XVIII. Hamburg 1814.
Lüth, Erich: Hamburgs Juden in der Heine-Zeit. Hamburg 1961.
Lüth, Erich: Der Bankier und der Dichter. Zur Ehrenrettung des großen Salomon Heine. Hamburg 1964.
Lüth, Erich: Die Geschichte der Hamburger Juden. In: Hamburg, ein Sonderfall. Festschrift zum Kongreß der Lehrer und Erzieher in Hamburg. Hamburg 1966, S. 25–34.
Lüth, Erich: Jacob. Die Geschichte des Weinrestaurants des Kunstgärtners Daniel Louis Jacob erzählt von Erich Lüth. Hrsg. von Jürgen Parbs. Hamburg 1966.
Lüth, Erich: (Hrsg.): Das Heine-Haus an der Elbchaussee. Hrsg. anlässlich der Eröffnung des restaurierten Gartenhauses vom Verein Heine-Haus e.V. [Hamburg] 1979.
Lüth, Erich: Salomon und Heinrich Heine in Ottensen. Rede im Heine-Haus e.V. Vervielfält. Masch. Schrift. [Hamburg 1980].
Lynder, Frank: Spione in Hamburg und auf Helgoland. Neuentdeckte Geheimdokumente aus der napoleonischen Zeit. Hamburg 1964.
Marwedel, Günter: Geschichte der Juden in Hamburg, Altona und Wandsbek, Hamburg 1982 (= Vorträge und Aufsätze des Vereins für Hamburgische Geschichte, Bd. 25).
Meier, Brigitte: Jüdische Seidenunternehmer und die soziale Ordnung zur Zeit Friedrichs II. Moses Mendelssohn und Isaak Bernhard. Interaktion und Kommunikation als Basis einer erfolgreichen Unternehmensentwicklung. Berlin 2007 (= Veröffentlichungen des Brandenburgischen Landeshauptarchivs, Bd. 52).
Meißner, Alfred: Heinrich Heine. Erinnerungen. Hamburg 1856.
Melhop, Wilhelm: Die Alster. Geschichtlich, ortskundlich und flußbautechnisch beschrieben. Hamburg 1932.
Mende, Fritz: Heinrich Heine. Chronik seines Lebens. Hrsg. von den nationalen Forschungs- und Gedenkstätten der klassischen deutschen Literatur in Weimar. Berlin 1970.
Mendelssohn, Joseph: Salomon Heine. Blätter der Würdigung und Erinnerung für seine Freunde und Verehrer. Nebst dem Bildnis des Verewigten. Hamburg 1845.

Meyer-Marwitz, Bernhard (Hrsg): So lebt – so liebt – so lacht man an Alster und Elbe. Köstliches und Kostbares aus vier Jahrhunderten. Hamburg 1956.
Möller, Kurt Detlev (Bearb.): Briefe Johann Michael Speckters an Johann Martin Lappenberg aus den Jahren 1813–1817. In: ZHG 57 (1971), S. 83–101.
Möller, Kurt Detlev (Bearb.): Caspar Voght und sein Hamburger Familienkreis. Briefe aus einem tätigen Leben. Teil 1 Briefe aus den Jahren 1792 bis 1821 an Magdalena Pauli, geb. Poel. Hamburg 1959 (= Veröffentlichung des Vereins für Hamburgische Geschichte, Band XV/I).
Mönckeberg, Carl: Geschichte der Freien und Hansestadt Hamburg. Hamburg 1885.
Morton, Frederic: Die Rothschilds. Ein Portrait der Dynastie. Wien 1992.
Muhlstein, Anka: Der Brand von Moskau. Napoleon in Russland. Frankfurt a. M. 2009.
Mutzenbecher, Johann Daniel: Berichte nebst Beylagen betreffend die Arbeiten der Special-Committee zur Unterstützung der vertriebenen Hamburger in Altona 1814. Hamburg 1814.
Nathan, N. M.: Das Israelitische Vorschuss-Institut in Hamburg 1816–1916. Festschrift anlässlich des hundertjährigen Bestehens. Hamburg 1916.
Neddermeyer, Franz Heinrich: Topographie der Freien und Hanse Stadt Hamburg. Hamburg 1832.
Nick, Dagmar: Eingefangene Schatten. Mein jüdisches Familienbuch. München 2015.
Nirrnheim, Hans: Briefe von Peter Godeffroy und George Parish aus dem Jahr 1813–1814. In: ZHG 18 (1914), S. 115–169.
Nölling, Wilhelm: Der Beitrag der jüdischen Privatbanken zur Entwicklung Hamburgs. Vortrag im Verein „Heine-Haus e.V.". [Hamburg] 1990.
Obst, Arthur: Zur Handelskriese 1763. In: MHG, Bd. 7, 19 (1902), S. 65–70.
Obst, Arthur: Aus Hamburgs Lehrjahren. Kulturhistorische und topographische Skizzen. Hamburg [um 1910].
Petersson, Astrid: Zuckersiedergewerbe und Zuckerhandel in Hamburg im Zeitraum von 1814 bis 1834. Entwicklung und Struktur zwei wichtiger Hamburger Wirtschaftszweige des vorindustriellen Zeitalters. Stuttgart 1998 (= Vierteljahresschrift für Sozial- und Wirtschaftsgeschichte, Beihefte, Nr. 140).
Plagemann, Volker (Hrsg.): Industriekultur in Hamburg. Des Deutschen Reiches Tor zur Welt. München 1984.
Pohl, Manfred: Hamburger Bankengeschichte. Mainz 1986.
Postel, Rainer und Helmut Stubbe da Luz: Die Notare. Johann Heinrich Hübbe, Eduard Schramm, Gabriel Riesser, Hans Harder Biermann-Ratjen. Bremen 2001 (= Hamburgische Lebensbilder in Darstellungen und Selbstzeugnissen, Bd. 17).
Prell, Marianne: Erinnerungen aus der Franzosenzeit in Hamburg von 1806 bis 1814. Für Jung und Alt erzählt von Marianne Prell. 3. Aufl., Hamburg 1898.

Preuß, Werner H.: „....widrigen Falls...die hiesigen Lande sofort wieder zu verlassen." Aufenthaltsgenehmigung für die Familie Samson Heine – ein bürokratischer Vorgang. Lüneburg 1822. In: Heine-Jahrbuch 26 (1987), S. 116–134.

Preuß, Werner H: Rudolph Christiani (1798–1858). Heinrich Heines eleganter Vetter – der „Mirabeau der Lüneburger Heide". Husum 2004.

Prölß, Robert: Heinrich Heine. Sein Lebensgang und seine Schriften nach den neuesten Quellen dargestellt. Stuttgart 1886.

Raddatz, Fritz J.: Taubenherz und Geierschnabel, Heinrich Heine. Eine Biographie. Weinheim 1997.

Renn, Gerhard: Oberpräsident Graf Conrad von Blücher-Altona. Handschrift Hamburg 1977.

Reinhold, C. F.: Heinrich Heine. Sein Leben in Selbstzeugnissen, Briefen und Berichten. Berlin 1947.

Reulecke, Jürgen (Hrsg.): Wohnen. Geschichte des Wohnens. Band 3: 1800–1918: das bürgerliche Zeitalter. Stuttgart 1997.

Rieder, Heinz: Napoleon III. Abenteurer und Imperator. Gernsbach 2006.

Richarz, Monika (Hrsg.): Die Hamburger Kauffrau Glikl. Jüdische Existenz in der frühen Neuzeit. Hamburg 2001 (= Hamburger Beiträge zur Geschichte der Juden, Bd. 24).

Riesbeck, Johann Kaspar: Briefe eines reisenden Franzosen über Deutschland 1783. In: Henning Berkefeld (Hrsg.): Hamburg in alten und neuen Reisebeschreibungen. Düsseldorf 1990, S. 103–108.

Rosenbacher, M.: Heinrich Heines Vater. In MHG Bd. 13, 39 (1919), S. 231–237.

Rosenbaum, E. und A. J. Sherman: Das Bankhaus M.M. Warburg & Co. 1798–1938. 2. Aufl., Hamburg 1978.

Rosenthal, Ludwig: Heinrich Heine als Jude. Frankfurt a. M./Berlin 1973.

Rosenthal, Ludwig: Heinrich Heines Erbschaftsstreit. Hintergründe, Verlauf, Folgen. Bonn 1982 (Abhandlungen zur Kunst-, Musik- und Literaturwissenschaft, Bd. 323).

Rothschild, Guy de: Geld ist nicht alles. Hamburg 1984.

Schädel, Dieter (Hrsg.): Wie das Kunstwerk Hamburg entstand. Von Wimmel bis Schuhmacher. Hamburger Stadtbaumeister von 1841–1933. Hamburg 2006 (= Schriftenreihe des Hamburgischen Architekturarchivs, Bd. 21).

Schedlitz, Bernd: Leffmann Behrens. Untersuchungen zum Hofjudentum im Zeitalter des Absolutismus. Hildesheim 1984 (= Quellen und Darstellungen zur Geschichte Niedersachsens, Bd. 97).

Schellenberg, Carl: Vier Porträts F.C. Grögers von Salomon Heine und einigen der Seinen. In: Jahrbuch Altonaer Museum in Hamburg 5 (1967), S. 11–32.

Schellenberg, Carl (Hrsg.): Alfred Lichtwark. Briefe an seine Familie 1875–1913, Hamburg 1972 (= Veröffentlichung der Lichtwark-Stiftung, Bd. 14).

Scherf, Hanno: Heinrich Heine – Krankheit, Prosa, Gedichte. In: Hamburger Ärzteblatt. Zeitschrift der Ärztekammer Hamburg und der Kassenärztlichen Vereinigung Hamburg, Nr. 2, 54 (2006), S. 68–74.

Schiff, Isaac Bendix: Ein Wort zu seiner Zeit oder Abschiedsrede bey Gelegenheit der Aufhebung der jüdischen Gemeinden zu Altona und Hamburg. Abgefasst in Hebräisch von Bendix Schiff, übersetzt ins Deutsche von Sal. Cohn. Manuskript. Altona 1812.
Schiffter, Roland: Die Leiden des Heinrich Heine. In: Hamburger Ärzteblatt. Zeitschrift der Ärztekammer Hamburg und der Kassenärztlichen Vereinigung Hamburg, Nr. 2, 54 (2006), S. 66–67.
Schleiden, Heinrich: Versuch einer Geschichte des großen Brandes in Hamburg vom 5. bis 8. Mai 1842. Auch als erläuternde Zugabe zu den 14 Speckter'schen Lithographien und dem Panorama. Mit einem Plane des Brandes in seinem Fortschritt von 6 zu 6 Stunden. Hamburg 1843.
Schnee, Heinrich: Heines väterliche Ahnen als lippische Hoffaktoren. In: Die Institution des Hoffaktorentums in Hannover und Braunschweig, Sachsen und Anhalt, Mecklenburg, Hessen-Kassel und Hanau. Köln 1953 (= Die Hochfinanz und der moderne Staat, Bd. 2), S. 54–69.
Schnitter, Joachim: Heine-Park in Hamburg-Ottensen: Pflege und Entwicklungsplan, erste Stufe. Unveröffentlichtes Manuskript im Bezirksamt Hamburg-Altona. Hamburg 2009.
Schnurmann, Claudia: Brücken aus Papier. Atlantischer Wissenstransfer in dem Briefnetzwerk des deutsch-amerikanischen Ehepaars Francis und Mathilde Lieber, 1827–1872. Berlin 2014.
Schnurmann, Claudia: Charles August Heckscher: A Model Self-Made Man and Merchant in the Atlantic World in the First-Half of the Nineteenth Century (1806–1866). In: Immigrant Entrepreneurship: German-American Business Biographies, 1720 to the Present: http://www.immigrantentrepreneurship.org/entry.php?rec=11 (letzter Abruf 19.12.2016).
Schoeps, Julius H.: Das Erbe der Mendelssohns. Biographie einer Familie. Frankfurt 2010.
Scholl, Carl August Franz und Walther Matthies: Hundert Jahre Vereinsbank in Hamburg. Hamburg 1956.
Scholz, J.G.: Hamburg und seine Umgebungen. Ein nützliches und notwendiges Hülfs- und Hand-Buch für Einheimische und Fremde. Hamburg 1808.
Schramm, Percy Ernst: Kaufleute zu Haus und über See. Hamburgische Zeugnisse des 17., 18. und 19. Jahrhunderts. Hamburg 1949.
Schramm, Percy Ernst: Hamburg Deutschland und die Welt. Leistung und Grenzen hanseatischen Bürgertums in der Zeit zwischen Napoleon I. und Bismarck. Ein Kapitel deutscher Geschichte. 2., bearb. Aufl., Hamburg 1952.
Schramm, Percy Ernst: Neun Generationen. Dreihundert Jahre deutsche „Kulturgeschichte" im Lichte einer Hamburger Bürgerfamilie (1648–1948). Bd. 1, Göttingen 1963.
Schulte, Klaus H. S.: Das letzte Jahrzehnt von Heinrich Heines Vater in Düsseldorf. Notariatsurkunden über Samson Heines Geschäfte (1808–1821). In: Heine–Jahrbuch 13 (1974), S. 105–131.

Schulte Beerbühl, Margrit: Deutsche Kaufleute in London. Welthandel und Einbürgerung 1600–1818. München 2007 (= Veröffentlichungen des Deutschen Historischen Instituts London, Bd. 61).

Selig, Geert: Die juristische Lesegesellschaft von 1828. In: HGH Bd. 10, Heft 6/7 (1981), S. 164–176.

Semi-Gotha. Historisch-genealogisches Taschenbuch des gesamten Adels jehudäischen Ursprungs. Weimar 1912.

Speckter, Marie Auguste: Familienchronik Speckter. Für die Kinder von Otto Speckter niedergeschrieben von seiner Frau Maria Auguste Speckter geb. Bergeest. Hamburg 1964.

Steckmest, Sylvia: Therese Halle, geb. Heine (1807–1880). Zur Erinnerung an eine Hamburger Stifterin. In: Therese Halle geb. Heine. Eine Hamburger Sammlerin und Stifterin. Hrsg. v. Ute Haug und Jenns Howoldt im Auftrag der Hamburger Kunsthalle. Hamburg 2008. S. 9–18.

Steckmest, Sylvia: Beer Carl Heine. In: Heine-Jahrbuch 50 (2011), S. 129–148.

Steckmest, Sylvia: Isaak Heine und die Untersuchung wegen angeblicher Wechselfälschung während der Handelskrise 1799. In: Heine-Jahrbuch 51 (2012), S. 155–164.

Steckmest, Sylvia: Von Lust und Leid des Erbens. Salomon Heines Tochter Fanny Schröder und ihre Nachkommen. In: Salomon Heine in Hamburg. Geschäft und Gemeinsinn. Göttingen 2013, S. 234–247.

Steckmest, Sylvia: „Nach dem letzten Willen des Verblichenen". Das große Erbe Carl Heines. In: Heine-Jahrbuch 53 (2014), S. 224–234.

Steckmest, Sylvia: Onkel Henry und „die ganze Henriade". In: Heine-Jahrbuch 54 (2015), S. 121–130.

Steckmest, Sylvia: Familie Friedländer und das Erbe Salomon Heines. In: Jürgen Sielemann (Hrsg.): 20 Jahre Hamburger Gesellschaft für jüdische Genealogie. Lübeck 2016, S. 171–188.

Steckmest, Sylvia: Salomon Heine – Stifter des Israelitischen Krankenhauses. In: Harro Jenss u.a. (Hrsg.): Israelitisches Krankenhaus in Hamburg – 175 Jahre. Berlin 2016, S. 19–25.

Steckmest, Sylvia: Beer Carl Heine – Hamburger Unternehmer, Kaufmann und Mäzen. In: Beer Carl Heine. Mäzen der ersten Stunde. Hrsg. v. Ute Haug im Auftrag der Hamburger Kunsthalle. Hamburg 2016. S. 28–34.

Stein, Irmgard: Lazarus Gumpel und seine Stiftung für Freiwohnungen in Hamburg. Hamburg 1991 (= Hamburger Beiträge zur Geschichte der deutschen Juden, Bd. 18).

Stein, Irmgard: Ein Hoch auf Martens Mühle. In: HGH Bd. 15, Heft 1 (2004), S. 10–15.

Steindorfer, Helmut: Edgar Daniel Ross (1807–1885). Ein deutsch-britischer Liberaler aus der Freien und Hansestadt Hamburg. Zum 100. Todestag am 23. März 1985. In: HGH Bd. 11, Heft 8 (1985), S. 184–190.

Streicher, Tatjana Rebecca: Die Situation der Hamburger Juden während der Franzosenzeit. Wissenschaftliche Hausarbeit der Universität Hamburg. Hamburg 1989.

Strothmann, Adolf: Heinrich Heines Leben und Werke. Bd. 1. Berlin 1867.

Studemund-Halévy, Michael und Almut Weinland: Die Mendelssohns in Hamburg. Der jüdische Friedhof Königstraße. Hamburg 2009 (= Archiv aus Stein, Bd. 2).

Stürmer, Michael, Gabriele Teichmann u. Wilhelm Treue: „Wägen und Wagen". Sal. Oppenheim jr. & Cie. Geschichte einer Bank und einer Familie. München 1989.

Thiemann, Gregor: Ahnenliste Heinrich Heine. Genealogische Gesellschaft Hamburg e.V.

Thomsen, Hargen: Das Hamburger Stadttheater in der Ära Friedrich Ludwig Schmidts, 1815–1841. In: Salomon Heine. Geschäft und Gemeinsinn. Im Auftrag des Heine-Haus e.V. hrsg. von Beate Borowka-Clausberg. Göttingen 2013, S. 184–202.

Varnhagen von Ense, Karl August: Denkwürdigkeiten des eigenen Lebens, Bd. 1 1785–1810. Mannheim 1838 (= Werke, Bd. 1).

Voggenreiter, Anne-Kristin: Die jüdische Familie Robinow. Untersuchung zur Intimkultur einer jüdischen Familie in Hamburg. Wissenschaftliche Hausarbeit an der Universität Hamburg. Hamburg 1999.

Wadepuhl, Walter: Heinrich Heine. Sein Leben und seine Werke. Köln 1974.

Warburg, Ferdinand S.: Die Geschichte der Firma R.D. Warburg & Co. Ihre Teilhaber und deren Familien. Berlin 1914.

Weber, Klaus: Deutsche Kaufleute im Atlantikhandel 1680–1830. Unternehmen und Familien in Hamburg, Cádiz und Bordeaux. München 2004 (= Schriftenreihe der Zeitschrift für Unternehmenskunde, Bd.12).

Wegner, Matthias: Hanseaten. Von stolzen Bürgern und schönen Legenden. Berlin 2001.

Wehrs, Johann Christian Hermann: Hamburg 1813–1814. Erlebnisse eines Siebzehnjährigen. Bearb. von Renate Hauschild-Thiessen. Hamburg 1989.

Werner, Michael: Genius und Geldsack. Zum Problem des Schriftstellerberufs bei Heinrich Heine. Hamburg 1978.

Werner, Michael (Hrsg.): Begegnungen mit Heine. Berichte von Zeitgenossen hrsg. von Michael Werner in Fortführung von H. H. Houbens „Gespräche mit Heine". 2 Bde. Hamburg 1973.

Wiborg, Susanne: Salomon Heine. Hamburgs Rothschild, Heinrichs Onkel. Hamburg 1994.

Wiborg, Susanne und Jan Peter: Salomon Heine. Hamburg 2012 (= Hamburger Köpfe).

Wichmann, E. H.: Hamburgische Geschichte in Darstellungen aus alter Zeit. Hamburg 1889.

Wienbarg, Ludolf: Hamburg und seine Brandtage. Hamburg 1843.

Wille, Francois: Francois Willes Erinnerungen an Heinrich Heine. Hrsg. von Eberhard Galley. In: Heine-Jahrbuch 6 (1967), S. 3–20.
Witte, Carl: Briefe über seine Reise nach Hamburg im Jahre 1838. Veröffentlicht von Hermann Witte. In: HGH Bd. 1, Jg. 2 (1927), Nr. 1, S. 152–157 und Nr. 2, S. 168–172.
Wolf, Hubert und Wolfgang Schopf: Die Macht der Zensur. Heinrich Heine auf dem Index. Düsseldorf 1998.
Zacharias, Marie: Familien-, Stadt- und Kindergeschichten. Hamburg 1954.
Zeromski, Anna von: Alfred Lichtwark. Ein Führer zur deutschen Zukunft. Jena 1924.
Ziegler, Edda: Heinrich Heine. Leben und Werk. Düsseldorf 2004.
Zimmermann, Mosche: Hamburgischer Patriotismus und deutscher Nationalismus. Die Emanzipation der Juden in Hamburg 1830–1865. Hamburg 1979.
Zürn, Gabriele: Die Altonaer jüdische Gemeinde(1611–1873). Ritus und soziale Institutionen des Todes im Wandel. Münster 2001 (= Veröffentlichungen des Hamburger Arbeitskreises für Regionalgeschichte, Bd. 8).

Bildnachweis

Düsseldorf, Heine-Institut – 66, 73, 98, 101, 113, 124, 155, 201, 207, 221, 251, 266
Hamburg, Bildarchiv Jens Wunderlich – 8, 115
Hamburg, Archiv Heine-Haus e.V. – 46, 159, 160
Hamburg, Hartwig-Hesse-Stiftung – 10, 64, 116, 142 (Fotos: Ewa Gilun)
Hamburg, Jüdische Gemeinde – 166 (Foto: Ewa Gilun)
Hamburg, Kunsthalle – 174, 214 (Fotos: Elke Walford)
Hamburg, Rathaus – 249 (Foto: Elke Walford)
Hamburg, Staatsarchiv – 12, 14, 21, 26, 36, 40, 44, 52, 61, 71, 74, 75, 129, 143, 164, 180, 216, 224, 254, 259, 268
Hamburg, Stiftung Historische Museen Hamburg, Altonaer Museum – 90, 91 (Fotos: Elke Schneider)
Roland Rücker-Embden – 107
Harro Jenss – 232
Familie E. Roos – 97
Sylvia Steckmest – 140, 162, 218, 272
Jan Peter Wiborg – 18
Wikipedia – 171, 187, 191 (Originalfotovorlage im Staatsarchiv), 271

Ich bedanke mich bei allen Institutionen, bei Ewa Gilun und bei den Herren, die mir die Bilder zur Verfügung gestellt haben, ganz herzlich.

Transkription der Abbildung im Frontispiz:
Brief von Salomon Heine an den Archivar Dr. Lappenberg, Esplanade 45, Wallseite

Hamb[urg] den 15. Mertz 1837 (?)
P.[ergite] P.[ergite]
Recht sehr danke ich Ihnen für das mir zu geschickte Bild. Nicht allein daß Sie mir das Bild geben, [Sie] haben zu gleich den Ramen, der kostspielig ist, mitgegeben, ich bin wirklich in Verlegenheit, wie ich diese freundschaftliche Gesinnung gegen mich begegnen soll, nochmals meinen Dank.
Mit Hochachtung und Freundschaft,
ganz ergebenst
Salomon Heine

Stammtafeln

Vorfahren und Geschwister von Salomon Heine

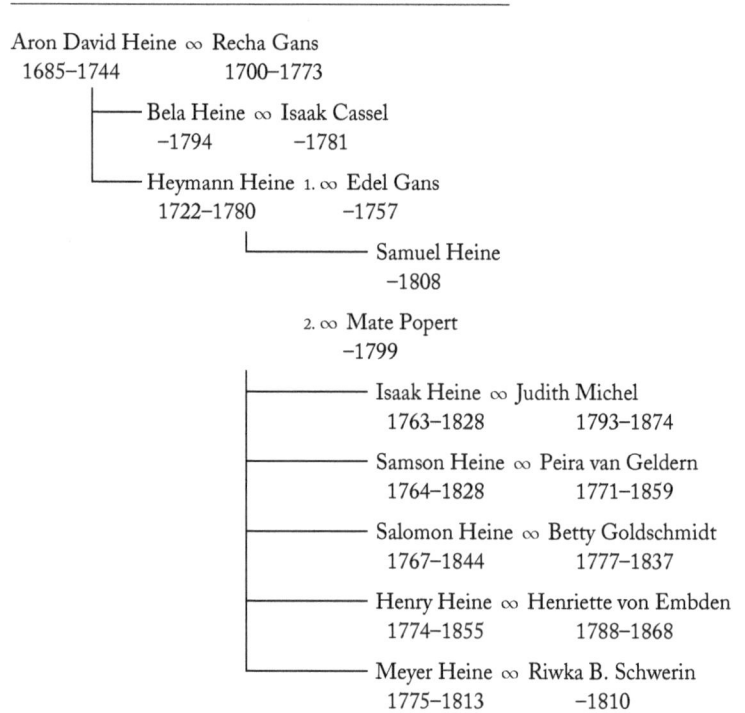

Aron David Heine ∞ Recha Gans
1685–1744 1700–1773
- Bela Heine ∞ Isaak Cassel
  –1794 –1781
- Heymann Heine 1. ∞ Edel Gans
  1722–1780 –1757
  - Samuel Heine
    –1808

  2. ∞ Mate Popert
  –1799
  - Isaak Heine ∞ Judith Michel
    1763–1828 1793–1874
  - Samson Heine ∞ Peira van Geldern
    1764–1828 1771–1859
  - Salomon Heine ∞ Betty Goldschmidt
    1767–1844 1777–1837
  - Henry Heine ∞ Henriette von Embden
    1774–1855 1788–1868
  - Meyer Heine ∞ Riwka B. Schwerin
    1775–1813 –1810

Nachkommen von Samson Heine

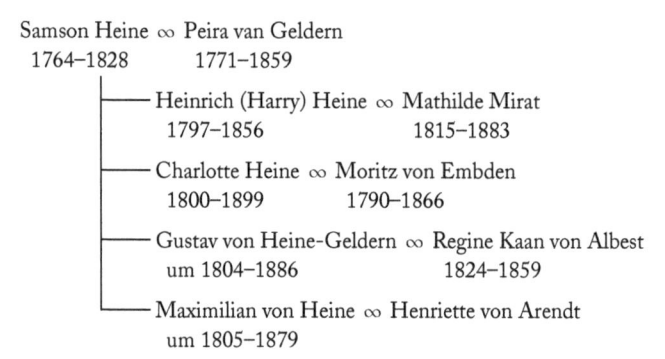

Samson Heine ∞ Peira van Geldern
1764–1828 1771–1859
- Heinrich (Harry) Heine ∞ Mathilde Mirat
  1797–1856 1815–1883
- Charlotte Heine ∞ Moritz von Embden
  1800–1899 1790–1866
- Gustav von Heine-Geldern ∞ Regine Kaan von Albest
  um 1804–1886 1824–1859
- Maximilian von Heine ∞ Henriette von Arendt
  um 1805–1879

Nachkommen von Salomon Heine

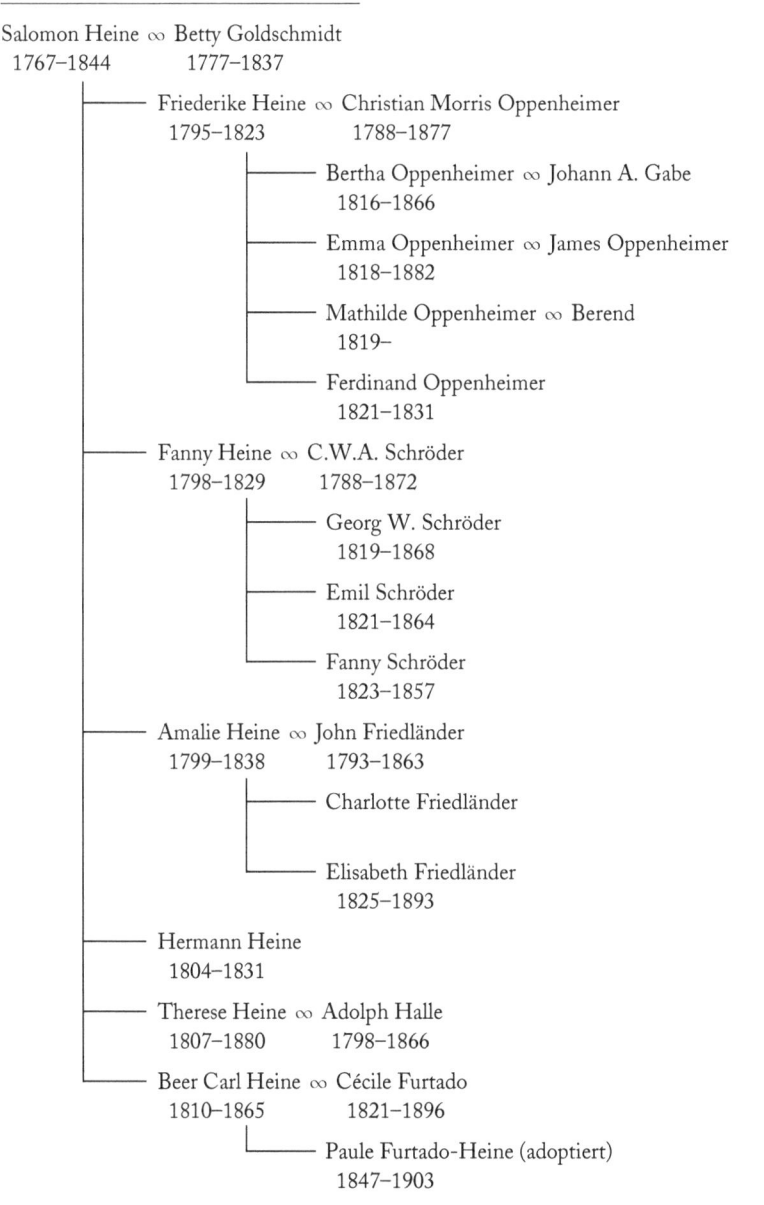

Salomon Heine ∞ Betty Goldschmidt
1767–1844   1777–1837
- Friederike Heine ∞ Christian Morris Oppenheimer
  1795–1823   1788–1877
  - Bertha Oppenheimer ∞ Johann A. Gabe
    1816–1866
  - Emma Oppenheimer ∞ James Oppenheimer
    1818–1882
  - Mathilde Oppenheimer ∞ Berend
    1819–
  - Ferdinand Oppenheimer
    1821–1831
- Fanny Heine ∞ C.W.A. Schröder
  1798–1829   1788–1872
  - Georg W. Schröder
    1819–1868
  - Emil Schröder
    1821–1864
  - Fanny Schröder
    1823–1857
- Amalie Heine ∞ John Friedländer
  1799–1838   1793–1863
  - Charlotte Friedländer
  - Elisabeth Friedländer
    1825–1893
- Hermann Heine
  1804–1831
- Therese Heine ∞ Adolph Halle
  1807–1880   1798–1866
- Beer Carl Heine ∞ Cécile Furtado
  1810–1865   1821–1896
  - Paule Furtado-Heine (adoptiert)
    1847–1903

Weitere Bücher im Programm DIE HANSE

„Menschenliebe ist die Krone aller Tugenden"

Marcus Scherer
ICH KOCHE
90 leckere Rezepte aus der Gourmet-Küche –
einfach selber zubereiten und genießen
Herausgegeben vom Israelitischen
Krankenhaus in Hamburg
142 Seiten, Broschur
mit zahlreichen Abbildungen
ISBN 978-3-86393-086-8

Dieses Kochbuch überzeugt mit der wohltuenden Botschaft: Einfach innehalten, sich Zeit nehmen zum Kochen und das Essen genießen! Die Idee dazu stammt aus dem Israelitischen Krankenhaus in Hamburg. Hier setzt der Meisterkoch Marcus Scherer, der schon für Luxus-Häuser wie das „Louis C. Jacob" oder „Vier Jahreszeiten" am Herd stand, als Küchenleiter neue Maßstäbe. Patienten und Mitarbeiter sind begeistert von seinen köstlichen Kreationen.

Scherer veröffentlicht hier eine Auswahl von 90 leckeren Rezepten, ergänzt um wertvolle Anregungen und Tipps. Sie wecken Gaumenfreude ebenso wie die Lust aufs Kochen. Und sie zeigen, wie wohlschmeckend gesundes Essen sein kann.

www.europaeische-verlagsanstalt.de

*Michael Koglin spürt der jüdischen Geschichte Hamburgs nach:
den Häusern und Gebäuden wie dem Israelitischen Krankenhaus,
dem Gartenhaus von Salomon Heine oder dem jüdischen Logenhaus
und vor allem den Menschen, die einst hier lebten.*

Michael Koglin
Zu Fuß durch das Jüdische Hamburg
3. überarbeitete und ergänzte Auflage
204 Seiten, Broschur
mit zahlreichen Abbildungen
ISBN 978-3-86393-026-4

Täglich fahren hunderte von Autos über den Hamburger Ballindamm. Doch welcher Fahrer weiß, nach wem die Straße benannt wurde? Die Oberstraße 120, früher ein Tempel, ist heute ein Gebäude des Norddeutschen Rundfunks, in der Rutschbahn 11a am Grindel steht ein Gewerbebau, in der Simon-von-Utrecht-Straße auf St. Pauli erstreckt sich ein Gebäude der Sozialbehörde. Sie alle haben eine Geschichte: In der Rutschbahn befand sich ein jüdisches Lehrhaus und in der Simon-von-Utrecht-Straße das von Salomon Heine gestiftete neue Israelitische Krankenhaus. Michael Koglin erzählt ihre Geschichte und die ihrer Bewohner und zeigt auf, welche kulturelle Bereicherung Hamburg durch die jüdischen Bürger erfuhr. Privathäuser und Villen, Schulen, Krankenhäuser, Bibliotheken, Synagogen und Tempel erschließen mit Text und Fotos ein Hamburg, wie es war vor der systematischen Verfolgung und Ermordung seiner jüdischen Bevölkerung.

www.europaeische-verlagsanstalt.de

Sie lebte wie in einem Märchen aus 1001 Nacht.
Doch für einen hanseatischen Kaufmann gab sie alles auf.

Emily Ruete
geb. Prinzessin Salme von Oman und Sansibar
Leben im Sultanspalast
Memoiren aus dem 19. Jahrhundert
Herausgegeben und mit einem Nachwort
von Annegret Nippa
288 Seiten, gebunden, mit Schutzumschlag
ISBN 978-3-86393-043-1

Salme, die Tochter des Sultans von Oman, verließ 1866 heimlich die Insel Sansibar, um den Hamburger Kaufmann Heinrich Ruete zu heiraten, dem sie in seine Heimat folgte.
Als 1886 ihre Memoiren erschienen, erregte das Buch große Aufmerksamkeit und wurde sogleich in mehrere Sprachen übersetzt. Salme erzählt vom exotischen und turbulenten Alltag in Sultanspalast und Harem, schildert die Palastintrigen und die Folgen der Kolonialpolitik für das Sultanat.
Zu Lebzeiten von ihrer Verwandtschaft verstoßen, ist Emily Ruete heute im Palastmuseum ein Raum zu ihrem Andenken gewidmet, sie selber liegt auf dem Ohlsdorfer Friedhof in Hamburg begraben – das Gefühl der Heimatlosigkeit aber und ihre Sehnsucht blieben, so zeigen uns diese bewegenden Memoiren, bis zu ihrem Tod schmerzhaft.

www.europaeische-verlagsanstalt.de